中华优秀传统文化系列培训读本

编委会

主　任：党怀兴
副主任：黄怀平　李铁绳　柯西钢　许广玺
　　　　郭建中　刘东风　李国华　葛文双
　　　　雷永利
委　员：杨雪玲　胡　丹　龙卓华　赵菁晶
　　　　冯　俊

陕西师范大学教师干部培训学院立项资助

◆ 中华优秀传统文化系列培训读本 ◆

十三经名句释读

党怀兴 主编

陕西师范大学出版总社

图书代号　ZZ22N1782

图书在版编目（CIP）数据

十三经名句释读 / 党怀兴主编. —西安：陕西师范大学出版总社有限公司, 2023.6
ISBN 978-7-5695-3146-6

Ⅰ.①十… Ⅱ.①党… Ⅲ.①十三经—名句—鉴赏 Ⅳ.①Z126.1

中国版本图书馆CIP数据核字（2022）第153964号

十三经名句释读
SHISANJING MINGJU SHIDU

党怀兴　主编

责任编辑	邱水鱼
责任校对	杨雪玲
封面设计	金定华
出版发行	陕西师范大学出版总社
	（西安市长安南路199号　邮编710062）
网　址	http://www.snupg.com
印　刷	陕西日报印务有限公司
开　本	720 mm×1020 mm　1/16
印　张	27
字　数	562千
版　次	2023年6月第1版
印　次	2023年6月第1次印刷
书　号	ISBN 978-7-5695-3146-6
定　价	126.00元

读者购书、书店添货或发现印刷装订问题，请与本社高等教育出版中心联系。
电　话：（029）85307864　85303622（传真）

总　序

　　陕西师范大学教师干部培训学院策划立项的"中华优秀传统文化系列培训读本"付梓出版，这是一件值得庆贺的大喜事。

　　首届全民阅读大会2022年4月23日在北京开幕。中共中央总书记、国家主席、中央军委主席习近平发来贺信，指出："阅读是人类获取知识、启智增慧、培养道德的重要途径，可以让人得到思想启发，树立崇高理想，涵养浩然之气。中华民族自古提倡阅读，讲究格物致知、诚意正心，传承中华民族生生不息的精神，塑造中国人民自信自强的品格。希望广大党员、干部带头读书学习，修身养志，增长才干；……希望全社会都参与到阅读中来，形成爱读书、读好书、善读书的浓厚氛围。"

　　把马克思主义基本原理同中华优秀传统文化相结合，是党的十八大以来以习近平同志为核心的党中央提出的重大命题，是百年来坚持和发展马克思主义的经验总结，是继续推进马克思主义中国化时代化的必由之路。党的二十大报告指出："坚持和发展马克思主义，必须同中华优秀传统文化相结合。只有植根本国、本民族历史文化沃土，马克思主义真理之树才能根深叶茂。"我国有5000多年的文明史，是世界四大文明中唯一一个历史文化没有中断的国家，无数的先贤为我们留下了丰富的传统文化遗产。保护好、传承好、利用好中华优秀传统文化，挖掘其丰富内涵，以利于更好坚定文化自信、凝聚民族精神。

　　陕西师范大学作为教育部直属的师范类高校，是一所历史悠久、文化积淀深厚的高等学府，在中华传统文化的研究、宣传和教育方面具备强健的实力，建校 79 年来一代又一代的陕师大人，取得了令学界瞩目的丰硕学术成果。譬如 20 世纪 80 年代学校组织承担的国家辞书规划项目《十三经辞典》，编写者用了 28 年时间完成了 15 册 3000 万字的巨著，被学界誉为"千古不朽的事业"，获得教育部人文社科优秀成果二等奖。注意把科研成果转化为教学内容，相关部门与学院组织编写了一系列教材，开设的相关课程获评国家级精品资源共享课、一流本科课程、国家级研究生课程思政课等称号。教师干部教育工作是陕西师范大学承担的一项光荣任务，在教育中夯实教师干部的文化基础，做好教师干部优秀传统文化的培训工作，是长期的神圣使命。干部需要读书，需要读好书。好的中华优秀传统文化读本必须精益求精，让读者满意，从而取得良好的教育效果。为适应中国特色社会主义建设的新形势新任务新要求，教师干部培训学院在学校各级领导的大力支持下，针对教师干部学习和工作的实际需要，总结经验，统一规划，认真论证，精心部署，计划组织我校长期从事传统文化教学与研究的相关学者陆续推出一系列教育培训读本。这套读本涉及《周易》《尚书》《诗经》《春秋左传》《大学》《中庸》《论语》《孟子》《老子》以及"三礼"等中华文化核心经典，引导教育干部学习经典。这既是筑牢陕西师范大学教师干部教育的基础，也是加强教师干部培训品牌建设的重要举措。

"非学无以广才，非志无以成学"，借这套读本出版的东风，希望教师干部要努力成为勤于学习、善于学习的典范，要珍惜光阴、不负韶华，如饥似渴学习，一刻不停提高。要发扬"挤"和"钻"的精神，从经典中汲取智慧和营养。荀子在《劝学》中说："不积跬步，无以至千里；不积小流，无以成江海。"学习非一朝一夕之事，不可能毕其功于一役。我们的教师干部要树立终身学习的观念，养成勤读书善思考的习惯，在阅读中坚定理想信念，在阅读中培育人民情怀，在阅读中涵养道德情操，在阅读中树立文化自信。

"问渠那得清如许？为有源头活水来。"让我们一同努力，为把教师干部教育培训事业推向前进而不懈奋斗。

党怀兴

2023 年 1 月

前　言

　　人类历史发展到 21 世纪,从世界范围看,古老的东方文化愈来愈显示出它的独特魅力,而具有几千年悠久历史的儒家文化则是东方文化的主干。它以其丰富的人类智慧与积极的精神火花,正引起越来越多的人的极大兴趣。在东南亚,"儒教文化圈"已是人们普通承认的现实。新加坡前任总理李光耀曾说:"儒家思想深深地影响着我们东方人的言行思想,是我们的精神支柱。"① 不独在东亚,在太平洋彼岸,在欧罗巴,儒家思想已成为人们的关注对象。有的学者预言,未来现代社会生活的指导思想将是儒学,"后工业化社会"(指那些完成工业化后享有高度物质文明的发达社会)物质文明与精神文明的矛盾(社会伦理、道德水平降低的问题),"希望利用中国哲学(主要指儒家伦理哲学)来解决","中国哲学甚至可以为当前世界文化的发展提供一个崭新的方向。这不但将是中国文化对世界文化的新贡献,也将是中国哲学对世界人类前途、价值取向与文化发展的贡献"。② 有人甚至提出"儒教资本主义""儒教工业文明"等术语。这些提法是否完全正确,还需学者们进一步讨论研究。但这一点足以说明儒家思想在当今社会发展中的地位和作用。

　　中国共产党二十大报告指出:"坚持和发展马克思主义,必须同中华优秀传统文化相结合。只有植根本国、本民族历史文化沃土,马克思主义真理之树才能根深叶茂。中华优秀传统文化源远流长、博大精深,是中华文明的智慧结晶,其中蕴含的天下为公、民为邦本、为政以德、革故鼎新、任人唯贤、天人合一、自

---

① 冯增铨.儒学在新加坡[J].孔子研究,1986(1):117-119.
② 成中英.中国文化的现代化与世界化[M].北京:中国和平出版社,1988:13,12.

强不息、厚德载物、讲信修睦、亲仁善邻等,是中国人民在长期生产生活中积累的宇宙观、天下观、社会观、道德观的重要体现,同科学社会主义价值观主张具有高度契合性。"中华文明的这些智慧结晶,在"十三经"中有集中体现。"十三经"是儒家的经典著作,是儒家思想的宝库,是中国思想文化宝库中的精华。了解东方文化,不能不了解中国儒家文化,了解儒家文化,不能不首先翻阅"十三经"。但是,"十三经"作为经典,古奥难读,古人皓首穷经,足见一斑。因此,长期以来,"十三经"的学习与研究成了专家们的事,一般读者只能望而却步。专家们的有关"十三经"的学术专著,一般读者也不愿问津。因而,在前人研究的基础上编写普及性的"十三经"著作已是时代的需要了。《十三经名句释读》就是这样一部著作。我们从"十三经"中选取那些耐人寻味、影响深远、流传至广的名句,分经书分类排列,使读者能够在有限的时间内及时、迅速地翻阅有关条目,了解有关思想精华。如果说"十三经"是儒家思想的精华所在,那么,《十三经名句释读》则是把这精华中的精华奉献给读者诸君。如果能为弘扬中华优秀传统文化尽绵薄之力,那我们的愿望就实现了。

　　本书在汇集名句时,凡人们熟知或历史上影响较大的一概收入。本书在编写过程中汲取了学术界有关"十三经"的研究成果,恕不一一注明,谨此致谢!

　　本书由党怀兴担任主编,刘艳清、王娅维担任副主编,具体编写人员为党怀兴、刘艳清、王娅维、陈楠、杨琳、尹琼、薛紫炫、王耀国、翟筱雪、薛丹阳、赵冬浣、郭惠、李泓菲、杨清义、刘洁琳、王根强、雷信荣、关会民、张磊、王亚元、罗时伟、黄耀明、雷西琴等,本书不足之处,欢迎读者批评指正。

编者
2022 年 10 月

凡 例

一、本书收集儒家经典著作"十三经"中的名句,共计1627条。按《周易》《尚书》《诗经》《周礼》《仪礼》《礼记》《左传》《公羊传》《穀梁传》《论语》《孝经》《尔雅》《孟子》十三部经书的顺序分书分类编排。每一部经书的分类依该书所收名句内容而定,多少不一(见"目录")。本书归类求宽不求细,凡一事兼类者,只从一类。

二、各书各类词条均按汉语拼音音序排列,凡首字声、韵、调相同者看第二字的语音顺序,依次类推。

三、每一词条下包括如下内容:

1. 出处。一般标出书名、篇名或卷次,用圆括号标明。
2. 注释。注释难字、难词的音义,释义力求简单明了。
3. 译文。一般为直译,不便直译者采取意译或附加解释(译文中用圆括号表示)。

四、本书对"十三经"每一经分别作了简介,放在每一经名句之前,以便读者了解该经书的大概情况。

五、本书后有词条汉语拼音音序索引。凡较长的词条在索引中不便全出,一般只出现该词条的前边一句或两句。

Contents 目录

周易 ··· 1
　　哲理 ··· 4
　　政事 ··· 13
　　修养 ··· 18
　　人事 ··· 26
　　文论 ··· 29
尚书 ··· 30
　　哲理 ··· 32
　　政事 ··· 34
　　修养 ··· 50
　　人事 ··· 55
诗经 ··· 58
　　哲理 ··· 60
　　修养 ··· 60
　　人事 ··· 62
　　事业 ··· 63
　　志向 ··· 64

情感	65
爱情	72
教学	81
赞辞	81
景物	83

周礼 ······ 86

哲理	87
政事	88
人事	92
教育	92

仪礼 ······ 94

哲理	96
政事	96
修养	96
人事	99
典章制度	100

礼记 ······ 101

哲理	103
政事	105
伦理	114
礼乐教化	122
修养	131
人事	150
教学	153

左传 ······ 159

哲理	161
政事	168

  军事 …………………………………… 197
  修养 …………………………………… 201
  人事 …………………………………… 208
  志向 …………………………………… 213
  教学 …………………………………… 214

公羊传 ………………………………… 216
  哲理 …………………………………… 217
  政事 …………………………………… 217
  修养 …………………………………… 219
  军事 …………………………………… 220
  人事 …………………………………… 221
  典章制度 ……………………………… 222

穀梁传 ………………………………… 223
  哲理 …………………………………… 224
  政事 …………………………………… 224
  修养 …………………………………… 227
  人事 …………………………………… 228

论语 …………………………………… 230
  哲理 …………………………………… 232
  德政 …………………………………… 232
  修养 …………………………………… 239
  人事 …………………………………… 249
  孝悌 …………………………………… 253
  志向 …………………………………… 254
  教学 …………………………………… 255
  文论 …………………………………… 259
  孔子 …………………………………… 261

孝经 ·· 266
　　孝义 ··· 268
　　孝行 ··· 270
　　德政 ··· 271
　　修养 ··· 275
尔雅 ·· 278
　　修养 ··· 280
　　名物制度 ······································· 281
孟子 ·· 284
　　哲理 ··· 287
　　仁政 ··· 293
　　修养 ··· 303
　　人事 ··· 314
　　志向 ··· 318
　　教学 ··· 319
　　文论 ··· 320
附录 ·· 322
　　附录一 《十三经注疏》目 ················ 322
　　附录二 《周易》中的成语 ················ 323
　　附录三 《尚书》中的成语 ················ 332
　　附录四 "三礼"中的成语 ················ 339
　　附录五 《左传》中的成语 ················ 344
索引 ·· 355

周 易

远古，人们对自然、社会缺乏认识，就想通过各种方式认识、了解、支配社会与自然。占卜便是其中最主要的一种。商及西周占卜主要使用甲骨，甲骨文是占卜情况的记录。此后人们又用蓍草卜卦，叫占筮，《周易》就是占筮情况的记录，它是在对占筮材料整理的基础上编写而成的一部供占筮者使用的占卦书。相传上古占筮书除《周易》外，还有《连山》《归藏》，已佚。

《周易》简称《易》，"一名而含三义，易简，一也；变易，二也；不易，三也"（郑玄《易赞·易论》引《易纬·乾凿度》说）。《易》以六十四卦包括宇宙间一切天人现象，以简驭繁，这是"易简"；占卜时以卦爻变化预示吉凶祸福，每次都有不同的卦、爻象，这是"变易"；"天不变，道亦不变"，《易》理是万世不变的，这是"不易"。《说文解字》"易"下引《秘书》说："日月为易，象阴阳也。"《周易》之解有二：其一，郑玄《易赞·易论》言："《周易》者，言《易》道周普，无所不包。"其二，周为周代。

《易》由"经"与"传"两部分构成。《易》古经在写法、编排体例等方面都有自己的特点。《易》以"卦"为单位，共六十四卦，每卦由卦画、卦名、卦辞、爻辞四部分组成。八卦是构成《周易》卦画的基本符号，八卦由—（阳）与– –（阴）两个符号连叠三层构成（—有人认为是结绳的一大结，– –是两小结；也有人认为—是男性生殖器的象征，– –是女性生殖器的象征，此与远古生殖崇拜有关）：☰（乾三连）、☷（坤六断）、☳（震仰盂）、☶（艮覆碗）、☲（离中虚）、☵（坎中满）、☱（兑上缺）、☴（巽下断）。这八个符号分别代表"天""地""雷""山""火""水""泽""风"等物象。相传画卦人为伏羲，八卦（《周礼》叫"经卦"）相重，又构成六十四卦（也叫"别卦"），每卦六爻，计三百八十四爻。每卦六爻，从下往上数，第一爻叫"初"爻，第二、三、四、五依次而数，第六爻称"上"爻。汉人把六爻称"上"爻。汉人编《易》，根据每一卦卦画的阴阳属性，将阴爻(--)称"六"，阳爻(—)称"九"。初爻若为阳爻，便叫"初九"，若为阴爻，便叫"初六"，最上一爻叫"上九"或"上六"，其余的便是"九二""九三""九四""九五"或"六二""六三""六四""六五"。六十四卦每一卦都有标题，也即卦名。如☰卦名为"乾"，☷卦名为"坤"。《易》的卦名有时可以总括全卦内容，有时选取卦爻辞中的常见词作卦名。总体上看，六十四卦一卦说一类事。卦辞，在初爻之前，一般是说明题意的，也有卦辞与爻辞连续的。爻辞是各卦内容的主要部分，每一爻讲述问题的一个方面，爻辞的排列一般按内容作先后次序安排。重卦者是什么人？过去认为，伏羲画卦并重卦，或认为神农重卦，或认为夏禹重卦，而以周文王重卦说为上(见《史记·周本纪》)。卦、爻辞为何人所作？在古代有人认为是周文王所作，也有人认为卦辞是文王所作，爻辞是周公所作。现代学者一般认为卦、爻辞的作者较难确定，文王、周公所作无法得到证明，卦、爻辞当作于西周初年(有人认为作于西周末年)，作者是一位筮官。《易》古经较为广泛地反映了西周社会生活的各个方面，是我们研究西周社会、历史、经济、军事、思想、文化、风俗、语言等的宝贵材料。

　　"传"是产生于春秋战国伪托孔子的较早的释《易》著作，有七种十篇，称为《十翼》，即为"经"的羽翼(经、传本别本单行，郑玄合在一起)。分叙如下：《彖传》，分上、下两篇，是解释六十四卦卦名、卦义、卦辞的。《象传》，分上、下两篇，是解释六十四卦卦象及各爻爻象的。《系辞》，分上、下两篇，相传为文王、周公所作，系卦爻之下者，是《易经》的通论。《文言》，只解释《乾》《坤》二卦的卦辞和爻辞("文饰《乾》《坤》两卦之言")。《说卦》，主要述说八卦所代表的事物、重卦的道理。《序卦》，《易经》六十四卦先后排列，有一定的顺序，《序卦》解释其中蕴含的道理，即事物向正面或反面转化的朴素辩证法。《杂卦》，解释六十四卦的卦义，但不按顺序排列，故谓之杂卦。《易传·系辞》，司马迁的父亲司马谈称之为《易大传》，故后人称《十翼》为《周易大传》。《易传》作者相传为孔子，人多不信，今人多认为此非一人一时所作。《易传》为春秋战国人所作，对《易经》的解释往往脱离了《易经》的环境，而打上了时代的烙印，赋予《易经》以新的思想。因此，《易传》是通过《易经》来宣扬儒家思想的一部哲学著作，是研究中国古代思想史的必读书。汉人释《易》贯穿了"象"与"数"的观念，即以《易》象(八卦的众多卦象)、《易》数(阴阳奇偶数)为途径解《易》。到三国魏末，王弼注《易》，一扫"象数"，独树新帜，开"玄学"之风，全然把《周易》看成一部哲学著作。到了宋代,陈抟、刘牧、邵雍等创"先天图""后天图""河图""洛书",宋儒朱熹大加称引,形成"宋《易》"。清代攻难"宋《易》",倡导"汉《易》",力求实证。

《周易》研究中运用马克思主义观点的代表人物是郭沫若,其《〈周易〉的时代背景与精神生产》一文为代表作。高亨、李镜池是较早将"经"与"传"分开来进行研究的学者,高亨的《周易古经今注》《周易大传今注》对经、传作了较为系统的研究,取得了很好的成绩(特别是文字训诂方面)。李镜池的《周易通义》对古经作了系统的注说,《周易探源》是其研究论文集,多有创见。今人黄寿祺、张善文的《周易译注》博古通今,可谓传统易说的集大成者。党怀兴主编的《十三经辞典·周易卷》(陕西人民出版社2012年版)是解释《周易》的语词及部分句子的辞典,可作为学习《周易》的参考。

哲　理

臣弑其君,子弑其父,非一朝一夕之故,其所由来者渐矣,由辩之不早辩也。(《周易·坤·文言》)

【注释】弑:下杀上叫"弑"。上处死下叫"杀"。辩:通"辨",辨明、辨别。

【译文】臣子杀死君主,儿子杀死父亲,不是一朝一夕的缘故,作恶的由来是渐渐的,是君父不曾早日辨清真相的缘故。

尺蠖之屈,以求信也。(《周易·系辞下》)

【注释】尺蠖:昆虫名,屈伸虫,行走时先屈后伸。信:通"伸",舒展、伸张。

【译文】尺蠖虫的弯曲,是为了伸直前行。

方以类聚,物以群分。(《周易·系辞上》)

【注释】方:指抽象的道德观念。物:指具体的事物。全句互文。

【译文】天下抽象的道德观念按门类或聚合或区分,各种具体的事物按群体或聚合或区分。

积善之家,必有馀庆;积不善之家,必有馀殃。(《周易·坤·文言》)

【译文】积善行的人家一定有多余的吉庆,积不善的人家一定有多余的灾殃。

家道穷必乖。(《周易·序卦》)

【注释】乖:违背、背离常道。

【译文】家道窘迫的一定会产生乖违(的事端)。

君子见几而作,不俟终日。(《周易·系辞下》)

【注释】几:预兆。俟:等待。

【译文】君子看到预兆就行动,不会等待一整天。

君子尚消息盈虚,天行也。(《周易·剥·彖》)

【注释】消息:消亡与生长。盈虚:盈满与亏缺。天行:天道,大自然的规律。

【译文】君子重视消长盈亏的道理,这是天道。

君子以同而异。(《周易·睽·象》)

【注释】同:指结合。异:指分别。

【译文】君子寻求事物间的结合点而又区别它们之间的不同。

亢龙有悔。(《周易·乾·上九》)

【注释】亢龙:爬到最高处的龙,比喻到达最高地位的人。

【译文】爬到最高处的龙往往会遭到(败亡的)悔恨。

"亢"之为言也,知进而不知退,知存而不知亡,知得而不知丧。(《周易·乾·文言》)

【注释】亢:指"亢龙"的"亢"。之为言:指的是。

【译文】"亢"讲的是,只知进而不知退,只知存而不知亡,只知得到而不知丧失。

枯杨生华,老妇得其士夫,无咎无誉。(《周易·大过·九五》)

【注释】无:通"毋",不要。咎(jiù):加罪,指责。

【译文】枯杨树又开新花,老妇人又嫁了个年轻男子,不必指责也不必称赞。

枯杨生稊,老夫得其女妻,无不利。(《周易·大过·九二》)

【注释】稊(tí):通"荑",树木再生的嫩芽。

【译文】枯杨树(突然)生出嫩芽新枝,老态龙钟的人又娶了个年轻的妻子,没有什么不吉利。

龙蛇之蛰,以存身也。(《周易·系辞下》)

【注释】蛰:动物冬眠潜伏在地下、洞中的状态。

【译文】龙蛇蛰伏起来,是为了保存身体。

履霜,坚冰至。(《周易·坤·初六》)
【注释】履:踩。
【译文】脚踩着霜,坚冰将要到来。

慢藏诲盗,冶容诲淫。(《周易·系辞上》)
【注释】慢:怠慢。诲:教诲,此指引诱。冶:美丽,漂亮。
【译文】怠慢收藏财物(实际上是)引诱寇盗,美丽妖艳的容貌引诱人淫荡。

穷大者必失其居。(《周易·序卦》)
【译文】极尽其丰大的人必定要失去他的居所。

穷则变,变则通,通则久。(《周易·系辞下》)
【注释】穷:困厄,困窘。
【译文】困窘至极就出现变化,变化就能畅通,畅通就可以长久。

仁者见之谓之仁,知者见之谓之知。(《周易·系辞上》)
【注释】知:同"智"。
【译文】仁人看见道(有"仁"的因素)就叫作仁,智者看见道(有"智慧"的因素)就叫作智。

日往则月来,月往则日来,日月相推而明生焉。寒往则暑来,暑往则寒来,寒暑相推而岁成焉。(《周易·系辞下》)
【注释】往:过去。岁:年。
【译文】太阳落下月亮就升起,月亮落下太阳就升起,太阳月亮互相推移而光明产生。寒冷的季节过后酷热的季节到来,酷热的季节过后寒冷的季节又到来,寒暑互相推移而年岁形成。

日月丽乎天,百谷草木丽乎土。重明以丽乎正,乃化成天下。(《周易·离·彖》)

【注释】丽：附着。乎：介词，相当于"于"。

【译文】太阳月亮附着在天上，百谷草木附着在地上。双重光明附着在正道上，就可以化育生成万物。

日中则昃，月盈则食，天地盈虚，与时消息。(《周易·丰·彖》)

【注释】昃(zè)：太阳偏西。食：通"蚀"，亏缺。消息：消亡与生长。

【译文】太阳居中天后就要偏西，月亮圆满就要亏缺，天地自然间有圆满的就有亏缺的，都随着一定的时间消长。

三人行则损一人，一人行则得其友。(《周易·损·六三》)

【注释】损：减少。

【译文】三人同行(意见分歧)就减少一人，一人独行就得到他的朋友(的帮助)。

善不积，不足以成名；恶不积，不足以灭身。(《周易·系辞下》)

【注释】足以：能够，会。

【译文】不积累善行，就不能成就美名；不积累恶德，就不会有杀身之祸。

升而不已必困。(《周易·序卦》)

【注释】已：止。

【译文】上升不停止就一定会陷入困境。

时止则止，时行则行，动静不失其时，其道光明。(《周易·艮·彖》)

【注释】止：停止，静止。

【译文】有时要静止就静止，有时要行动就行动，行动与静止不失时机，它的道就光明。

损而不已必益。(《周易·序卦》)

【注释】已：停止。

【译文】损失不停一定会转为得益。

损刚益柔有时。损益盈虚,与时偕行。(《周易·损·彖》)

【注释】损:减少。益:增加。

【译文】减损刚强增加阴柔有一定的时机。减少、增加、圆满、亏缺,是随着一定的时序进行的。

天道亏盈而益谦,地道变盈而流谦,鬼神害盈而福谦,人道恶盈而好谦。(《周易·谦·彖》)

【注释】天道:天的规律。亏:亏损。盈:满。流:流布,充实。

【译文】天的规律是亏损盈满的而增加虚空的,地的规律是变易盈满的而充实虚空的,鬼神是损害盈满的而降福于谦恭的,人类的规律是憎恶盈满的而爱好谦虚的。

天道下济而光明,地道卑而上行。(《周易·谦·彖》)

【注释】天道:天的规律。济:济生,生成。光明:指日月星照耀。地道:地的规律。卑:地在下,所以说"卑"。上行:指地气上升。

【译文】天的规律是向下济生促成万物(生长)而天体(日月星)愈显光明,地的规律是位置卑下而地气源源上升(以滋育万物)。

天地不交,而万物不兴。(《周易·归妹·彖》)

【注释】兴:生长。

【译文】天地阴阳不交接,万物就不能生长。

天地感而万物化生,圣人感人心而天下和平。(《周易·咸·彖》)

【译文】天地阴阳二气交感,则万物化生;圣人感化人心,则天下和平。

天地革而四时成,汤武革命,顺乎天而应乎人。(《周易·革·彖》)

【注释】汤武革命:指商汤用武力推翻暴君夏桀,周武王用武力推翻暴君商纣王,建立了新政权。乎:介词,相当于"于"。

【译文】天地变革,四季形成,商汤周武变革夏桀、商纣的王命,那是既顺应天意又合乎人民心愿的。

天地睽而其事同也,男女睽而其志通也,万物睽而其事类也。(《周易·睽·彖》)

【注释】 睽(kuí):乖离,乖异。类:同。

【译文】 天地乖离,但他们化育万物的道理是相同的;男女乖异,但他们相互吸引、交感求合的心意是相同的;万物异类,但他们生存发展的事是相同的。

天地之大德曰生。(《周易·系辞下》)

【译文】 天地间最大的德叫生长、创造万物。

天地之道,恒久而不已也。(《周易·恒·彖》)

【注释】 恒:长久。已:停止。

【译文】 天地的规律是恒久运行而不停止的。

天下同归而殊途,一致而百虑。(《周易·系辞下》)

【注释】 一致:目的一致。百虑:多种打算。

【译文】 天下人走不同的路,到达同一个地方,经过多种考虑,达到同一个目的。

天尊地卑,乾坤定矣。卑高以陈,贵贱位矣。动静有常,刚柔断矣。(《周易·系辞上》)

【注释】 以:通"已",已经。常:指一定的规律。断:分别。

【译文】 天是尊高的,地是卑低的,乾坤(乾为天,坤为地)的位置就确定了。(地)卑低(天)尊高的位置已经确定,(天)贵(地)贱的位置也就确定了。(天)动(地)静有一定的规律,阳刚阴柔的性质也就分辨清楚了。

同声相应,同气相求。水流湿,火就燥,云从龙,风从虎。(《周易·乾·文言》)

【注释】 就:靠近,趋向。

【译文】 同类的声音互相应和,同样的气息互相求合。水向湿处流,火向干处烧,云跟随着龙,风伴随着虎。

危者使平,易者使倾。(《周易·系辞下》)
【注释】易:平易,或曰怠慢。
【译文】(知道)危险能使人平安,(只知道)平易会导致倾覆。

诬善之人其辞游,失其守者其辞屈。(《周易·系辞下》)
【注释】游:浮游不定,指不可靠。守:操守。屈:亏屈无理。
【译文】诬陷善良人的话必定是无稽之谈,失掉操守的人的话必定亏屈无理。

无平不陂,无往不复。(《周易·泰·九三》)
【注释】陂(pí):倾斜。复:回复,回来。
【译文】没有平坦的不倾斜,没有外出的不回来。

物不可以久居其所。(《周易·序卦》)
【译文】事物不可能长久地居住在一个处所。

物不可以终动,止之。(《周易·序卦》)
【注释】终:始终,一直。
【译文】事物不可能永远处在运动之中,需要它静止。

物不可以终遁。(《周易·序卦》)
【注释】遁:隐去。
【译文】事物不可能永远隐居退避。

物不可以终过。(《周易·序卦》)
【注释】过:过失,过错。
【译文】事物不可能永远有过错。

物不可以终难。(《周易·序卦》)
【译文】事物不可能永久困难。

物不可以终否。(《周易·序卦》)

【注释】否(pǐ):闭塞。

【译文】事物不可能永远闭塞不通。

物不可以终通。(《周易·序卦》)

【译文】事物不可能永远通顺。

物不可以终止。(《周易·序卦》)

【译文】事物不可能永远静止不动。

物不可以终壮。(《周易·序卦》)

【译文】事物不可能永远强盛壮大。

物生必蒙。(《周易·序卦》)

【注释】蒙:蒙昧,幼稚。

【译文】事物初生时一定蒙昧无知。

物稚不可不养也。(《周易·序卦》)

【注释】稚:幼小。

【译文】事物幼小不能不加以养育。

小人以小善为无益而弗为也,以小恶为无伤而弗去也。故恶积而不可掩,罪大而不可解。(《周易·系辞下》)

【注释】伤:妨碍。去:抛去,扔掉。

【译文】小人把小善看作是无多大益处的事而不愿意去干,把小恶看作是无伤大雅的事而不愿意除去。因此恶行积累以至无法掩盖,罪行很大以至难以解脱。

形而上者谓之道,形而下者谓之器。(《周易·系辞上》)

【注释】形:事物的形体、形象。

【译文】形象以上的抽象道理叫道,形象以下的具体东西(物质形式)

叫嚣。

仰以观于天文,俯以察于地理,是故知幽明之故。(《周易·系辞上》)
【注释】天文:指日月星辰。地理:指山川草木。
【译文】抬头观察天文,低头观察地理,所以知道地下幽暗、天上光明的缘故。

一阴一阳之谓道。(《周易·系辞上》)
【注释】之谓:叫作。
【译文】一阴一阳的对立转化叫作道。

益而不已必决。(《周易·序卦》)
【注释】已:止。决:溃决。
【译文】得益不停一定会溃决。

应乎天而时行,是以元亨。(《周易·大有·象》)
【注释】乎:介词,相当于"于"。元:大。
【译文】顺应天(自然)的规律,万事按时施行,必然大为亨通。

有天地然后有万物,有万物然后有男女,有男女然后有夫妇,有夫妇然后有父子,有父子然后有君臣,有君臣然后有上下,有上下然后礼义有所错。(《周易·序卦》)
【注释】错:通"措",处置。
【译文】有了天地然后才有万物,有了万物然后才有男女,有了男女然后才有夫妇,有了夫妇然后才有父子,有了父子然后才有君臣,有了君臣然后才有尊卑上下,有了尊卑上下然后礼义才有所施行。

知进退存亡而不失其正者,其唯圣人乎!(《周易·乾·文言》)
【注释】唯:只。
【译文】知道进取、引退、生存、灭亡的道理而不偏离正确途径的,大概只有圣人吧!

中心疑者其辞枝。(《周易·系辞下》)

【注释】枝:枝蔓,杂乱无章。

【译文】内心疑惑的人,言辞必然杂乱无章。

子曰:"危者,安其位者也;亡者,保其存者也;乱者,有其治者也。"(《周易·系辞下》)

【译文】孔子说:"凡是危险的,(因为)都曾经安于自己的位置(忘记了危险);凡是灭亡的,(因为)都曾经以为会永远保存下去(忘记了灭亡);凡是变乱的,(因为)都曾经自以为永远太平无事(忘记了变乱)。"

政　　事

父父、子子、兄兄、弟弟、夫夫、妇妇而家道正,正家而天下定矣。(《周易·家人·彖》)

【注释】父父、子子、兄兄、弟弟、夫夫、妇妇:第二个"父、子、兄、弟、夫、妇"均为动词。

【译文】(在家中)父亲应像父亲的样子(尽父亲的责任),儿子应像儿子的样子(尽儿子的责任),兄长应像兄长的样子(尽兄长的责任),弟弟应像弟弟的样子(尽弟弟的责任),丈夫应像丈夫的样子(尽丈夫的责任),妻子应像妻子的样子(尽妻子的责任),这样家道就端正了。端正了家道,天下就安定了。

观乎天文,以察时变;观乎人文,以化成天下。(《周易·贲·彖》)

【注释】乎:介词,相当于"于"。天文:天的文采,指日月星辰、阴阳变化等。人文:人的文采,指礼义、文章等。

【译文】观察天象变化,可以知晓四时交替(的规律);观察人文变化,可以教化天下。

居上位而不骄,在下位而不忧。故乾乾因其时而惕,虽危无咎矣。(《周易·乾·文言》)

【注释】乾乾:勤奋努力,自强不息。惕:警惕。

【译文】处在上位而不骄傲,处在下位而不忧郁。所以不停地奋进,随时谨慎警惕,虽然处在险境也不会有什么危害。

君子安而不忘危,存而不忘亡,治而不忘乱,是以身安而国家可保也。(《周易·系辞下》)

【注释】治:治理得好,太平。是以:因此。

【译文】君子平安时不忘记危险,存在时不忘记灭亡,太平无事时不忘记变乱,因此身体平安而国家可以永保。

君子以常德行,习教事。(《周易·坎·象》)

【注释】常:恒久保持。

【译文】君子因此恒久保持自己的美德懿行,熟悉政教事务。

君子以明慎用刑而不留狱。(《周易·旅·象》)

【注释】留:滞留,拖延。狱:官司。

【译文】君子因此明察审慎地用刑,而不拖延狱讼。

君子以赦过宥罪。(《周易·解·象》)

【注释】宥(yòu):宽容,饶恕。

【译文】君子因此赦免过错宽恕罪恶。

君子以施禄及下,居德则忌。(《周易·夬·象》)

【注释】居:积聚。忌:憎恶。

【译文】君子因此要施分俸禄,降恩泽于下民,(一味)积聚德惠(不知施舍)必被憎恶。

默而成之,不言而信,存乎德行。(《周易·系辞上》)

【注释】乎:介词,相当于"于"。

【译文】默默地有所成就,不需言辞而能取信于人,在于德行。

能以众正,可以王矣。(《周易·师·彖》)

【注释】王(wàng):做王,统治天下。
【译文】能够使众人归正,就可以称王天下了。

日月得天而能久照,四时变化而能久成。圣人久于其道而天下化成。(《周易·恒·彖》)
【译文】日月在天上能够经久地照耀,四时交替变化能够经久地生成(万物)。圣人经久地掌握着道,能够教化成就天下(人)。

上古结绳而治,后世圣人易之以书契,百官以治,万民以察。(《周易·系辞下》)
【注释】结绳:在绳子上打结,文字产生前人类使用的一种帮助记忆的方法。其做法是"大事结大结,小事结小结"。易:改变。书契:指文字。
【译文】上古靠结绳记事来治理天下,后代圣人用文字来代替它,百官用文字来治理政事,万民用文字来明察事理。

圣人亨以享上帝,而大亨以养圣贤。(《周易·鼎·彖》)
【注释】亨:烹饪,后作"烹"。享:祭祀。
【译文】圣人烹煮食物以祭祀上帝,同时大规模烹煮食物以奉养圣贤。

圣人以神道设教,而天下服矣。(《周易·观·彖》)
【注释】神道:天、地至神之道。
【译文】圣人用神道来设教于天下,天下人都服从了。

损上益下,民说无疆。自上下下,其道大光。(《周易·益·彖》)
【注释】说:喜悦,后作"悦"。疆:极限,止境。下下:第一个"下"为动词。
【译文】减损上面,增益下面,人民喜悦无限。从上面谦逊地对待下面,他的行道大为光明。

天地不交而万物不通也,上下不交而天下无邦也。(《周易·否·彖》)
【注释】交:交接,沟通。上下:比喻君与臣、朝廷与人民。
【译文】天地阴阳互不交接,万物生长就阻塞不畅;上(面)下(面)互不交接(不通气),那么天下大乱,国家危亡。

天地交而万物通也,上下交而其志同也。(《周易·泰·彖》)
【注释】交:交接,沟通。上下:比喻君与臣、朝廷与人民。
【译文】天地阴阳交接,万物生长就畅通无阻;上(面)与下(面)交接沟通,人们的思想意志就协同一致。

天地节而四时成,节以制度,不伤财,不害民。(《周易·节·彖》)
【注释】节:节度,节制。制度:各种典章制度,如法律、礼仪等。
【译文】天地有节度,四时才能形成;(君主)以典章制度为节度,才能不浪费财物,不伤害百姓。

危以动,则民不与也;惧以语,则民不应也;无交而求,则民不与也。(《周易·系辞下》)
【注释】与:第一个"与"为赞同,第二个"与"为帮助。应:呼应,响应。
【译文】在危险的情况下去行动,人们不赞同他;在恐惧的心情下去说话,人们不呼应他;在没有任何交情的情况下去求人,人们不会帮助他。

唯君子为能通天下之志。(《周易·同人·彖》)
【注释】通:会通,通达。
【译文】只有君子才能会通天下民众的意志。

《象》曰:地中有山,《谦》。君子以裒多益寡,称物平施。(《周易·谦·象》)
【注释】《象》:指《周易》中的《象传》,是对卦、爻辞的解释,重在阐释卦、爻辞的象征意义。《谦》:卦名,艮(☶)下坤(☷)上,艮为山,坤为地,所以《象传》说"地中有山"。裒(póu):取。称:权衡,称量。
【译文】《象传》说:大地中有山,是《谦》卦。君子因此取多补少,称量财物,公平施予。

《象》曰:地中有水,《师》。君子以容民畜众。(《周易·师·象》)

【注释】《师》:卦名,坎(☵)下坤(☷)上,坎为水,坤为地,所以《象传》说"地中有水"。畜(xù):养。

【译文】《象传》说:地中有水,是《师》卦。君子因此容纳百姓蓄养众人。

《象》曰:风行地上,《观》。先王以省方观民设教。(《周易·观·象》)

【注释】《观》:卦名,坤(☷)下巽(☴)上,坤为地,巽为风,所以《象传》说"风行地上"。省(xǐng):观察。方:方国。

【译文】《象传》说:风在大地上吹,是《观》卦。先王因此巡视万国,观察万民,设置教化。

《象》曰:山下有风,《蛊》。君子以振民育德。(《周易·蛊·象》)

【注释】《蛊》:卦名,巽(☴)下艮(☶)上,巽为风,艮为山,所以《象传》说"山下有风"。振:赈济、救济,后作"赈"。

【译文】《象传》说:山下吹来风,是《蛊》卦。君子因此赈济百姓,培育德行。

《象》曰:山下有火,《贲》。君子以明庶政,无敢折狱。(《周易·贲·象》)

【注释】《贲》:卦名,离(☲)下艮(☶)上,离为火,艮为山,所以《象传》说"山下有火"。庶:各项政事。折狱:判定案件。

【译文】《象传》说:山下大火燃烧(照亮四方),是《贲》卦。君子因此修明政事,不敢(轻易)断案(当明察公断)。

《象》曰:上天下泽,《履》。君子以辩上下,定民志。(《周易·履·象》)

【注释】《履》:卦名,乾(☰)上兑(☱)下,乾为天,兑为泽,所以《象传》说"上天下泽"。辩:通"辨",辨别。

【译文】《象传》说:上是天,下是泽,是《履》卦。君子因此辨别上下名分,端正百姓的意志(使之循礼而行)。

《象》曰:泽上有地,《临》。君子以教思无穷,容保民无疆。(《周易·临·象》)

【注释】《临》:卦名,兑(☱)下坤(☷)上,兑为泽,坤为地,所以《象传》说"泽上有地"。容保:包容,养育。

【译文】《象传》说:泽上有大地,是《临》卦。君子因此教育百姓、思念百姓至于无穷,包容百姓、养育百姓至于无限。

《象》曰:泽上于地,《萃》。君子以除戎器,戒不虞。(《周易·萃·象》)

【注释】《萃》:卦名,坤(☷)下兑(☱)上,坤为地,兑为泽,所以《象传》说"泽上于地"。除:修整。不虞:意外的祸患。

【译文】《象传》说:水泽在地上(横流),是《萃》卦。君子因此修整兵器,以防备意外的祸患。

以贵下贱,大得民也。(《周易·屯·象》)

【注释】下:动词,这里指来到社会底层。

【译文】以尊贵的身份来到社会底层,将大得民心。

说以先民,民忘其劳;说以犯难,民忘其死。(《周易·兑·彖》)

【注释】说:喜悦,后作"悦"。先:在……之先(劳苦)。

【译文】(君子大人)乐于在百姓之先辛勤劳苦,百姓也必然能任劳忘苦;(君子大人)乐于排除危险困难,百姓也就会舍生忘死。

修　养

不恒其德,或承之羞。(《周易·恒·九三》)

【注释】承:受。

【译文】不能恒久地保持美德,将时或承受别人施加的羞辱。

不事王侯,高尚其事。(《周易·蛊·上九》)

【注释】事:侍奉。

【译文】不侍奉王侯贵族,保持自己的崇高志向。

成性存存,道义之门。(《周易·系辞上》)

【注释】存存:存在。
【译文】成就美德善性,并一直保持它,就找到了通向"道""义"的门户。

地势坤,君子以厚德载物。(《周易·坤·象》)
【注释】坤:顺。
【译文】地势柔顺,君子(效法地)增厚美德,容载万物。

富有之谓大业,日新之谓盛德。(《周易·系辞上》)
【注释】之谓:叫作。
【译文】广泛获有万物叫作大业(宏大的功业),日日增新不断变化叫作盛德(盛美的德行)。

含章可贞。(《周易·坤·六三》)
【注释】章:文采,比喻美德、才干。
【译文】蕴含着华美的文采,可以坚守正固。

吉人之辞寡,躁人之辞多。(《周易·系辞下》)
【译文】善良的人话少,浮躁的人话多。

见险而能止,知矣哉!(《周易·蹇·彖》)
【注释】知:同"智"。
【译文】看到危险就能停止前进,这是聪明的(表现)。

君不密则失臣,臣不密则失身,几事不密则害成。是以君子慎密而不出也。(《周易·系辞上》)
【注释】密:保密。几:政务,政事。害:妨碍。出:泄漏。
【译文】国君不守机密就失掉臣子,臣子不守机密就丢掉性命,处理政事不守机密就妨碍事情的成功。因此君子谨慎保密而不泄漏。

君子敬以直内,义以方外。(《周易·坤·文言》)
【注释】内:指内心。外:外物,或指外部行动。

【译文】君子用谨慎不苟促使内心正直,用道义促使外物方正(或用道义促使外部行动方正)。

君子体仁足以长人,嘉会足以合礼,利物足以和义,贞固足以干事。(《周易·乾·文言》)

【注释】体仁:实行仁。嘉:美。贞:正,正道。

【译文】君子实行仁足以做人们的尊长,集合美好就合乎礼,对人物有利就符合义,坚持正道足以办好事务。

君子学以聚之,问以辩之,宽以居之,仁以行之。(《周易·乾·文言》)

【注释】辩:通"辨",辨别。居:治理。

【译文】君子用学习来积累知识,用询问来辨明是非,用宽容之心来治理(天下),用仁心来行事。

君子以惩忿窒欲。(《周易·损·象》)

【注释】窒(zhì):堵塞。

【译文】君子因此制止愤怒,堵塞邪欲。

君子以多识前贤往行,以畜其德。(《周易·大畜·象》)

【注释】畜:蓄聚,蓄养。

【译文】君子因此多多记取前贤往圣的言行,以便蓄养自己的品德。

君子以反身修德。(《周易·蹇·象》)

【注释】反:反省。

【译文】君子因此努力反省自身、修明自己的美德。

君子以非礼弗履。(《周易·大壮·象》)

【注释】履:践,行动。

【译文】君子因此不做不合礼的事情。

君子以果行育德。(《周易·蒙·象》)

【注释】果:果敢。
【译文】君子用果敢的行为来培养人的品德。

君子以见善则迁,有过则改。(《周易·益·象》)
【注释】迁:就,趋向。
【译文】君子因此看见善行就趋向它(学习它),有了过错就改正。

君子以居贤德善俗。(《周易·渐·象》)
【注释】居:积蓄,积累。善:使美好。
【译文】君子因此逐渐积累贤德,美化风俗。

君子以立不易方。(《周易·恒·象》)
【注释】方:道。
【译文】君子因此守着正道而不加改变。

君子以慎言语,节饮食。(《周易·颐·象》)
【注释】节:节制。
【译文】君子因此谨慎言语,节制饮食。

君子以思不出其位。(《周易·艮·象》)
【译文】君子因此考虑的(问题、事情)不超出自己的职位(本分)。

君子以虚受人。(《周易·咸·象》)
【注释】虚:虚心。
【译文】君子因此虚怀若谷,容纳众人。

君子以言有物而行有恒。(《周易·家人·象》)
【注释】恒:恒久,准则。
【译文】君子因此要言之有物,行为有准则(不出尔反尔)。

君子以懿文德。(《周易·小畜·象》)

【注释】懿(yì):动词,修美。
【译文】君子因此修美礼乐教化(以待时机)。

君子以作事谋始。(《周易·讼·象》)
【注释】始:开始,做事之初。
【译文】君子因此做事先考虑好开头(以避免争讼)。

君子终日乾乾,夕惕若厉,无咎。(《周易·乾·九三》)
【注释】乾乾:自强不息的样子。惕若:谨慎,警惕。厉:危险。
【译文】君子整日勤奋努力自强不息,直到深夜还像遇到危险一样保持警惕,这样就会免于灾祸。

劳谦,君子有终,吉。(《周易·谦·九三》)
【注释】终:结果。
【译文】勤劳而谦虚的君子,有好结果,最终吉利。

蒙以养正,圣功也。(《周易·蒙·彖》)
【注释】蒙:蒙昧(的人,儿童)。
【译文】蒙昧的时候应当培养纯正无邪的品质,这样就可以造就出圣人。

鸣鹤在阴,其子和之。我有好爵,吾与尔靡之。(《周易·中孚·九二》)
【注释】爵:酒杯,此指"酒"。靡:共。
【译文】老鹤在山阴鸣叫,小鹤就来应和。我有甜蜜的美酒,我和你举杯共饮。

谦尊而光,卑而不可逾。(《周易·谦·彖》)
【注释】逾:越,超越。
【译文】谦虚处于尊位就更加光明盛大,即使处于卑下的职位,人们也难以超越。

天行健,君子以自强不息。(《周易·乾·象》)

【注释】天行:天道。

【译文】天道的运行刚强劲健(永不停息),所以君子(以天为准则)自强不息。

无妄行,有眚,无攸利。(《周易·无妄·上九》)

【注释】眚(shěng):过错,灾害。无:通"毋",不要。攸:所。

【译文】不要肆意妄为,这样会有灾害,没有好处的。

《象》曰:地中生木,《升》。君子以顺德,积小以高大。(《周易·升·象》)

【注释】《升》:卦名,坤(☷)上巽(☴)下,坤为地,巽为木,所以《象传》说"地中生木"。

【译文】《象传》说:地中生出树木,是《升》卦。君子因此遵循美德,积累小善以成就高大的德行。

《象》曰:火在天上,《大有》。君子以遏恶扬善,顺天休命。(《周易·大有·象》)

【注释】《大有》:卦名,乾(☰)下离(☲)上,乾为天,离为火,所以《象传》说"火在天上"。遏(è):遏止。休:使美好。

【译文】《象传》说:火在天上(无处不照),是《大有》卦。君子因此制止邪恶,宣扬善行,顺应"天"意,以求美好的命运。

《象》曰:洊雷,《震》。君子以恐惧修省。(《周易·震·象》)

【注释】洊(jiàn)雷:重复打雷。《震》:卦名,震(☳)上震(☳)下,所以《象传》说"洊雷"。

【译文】《象传》说:巨雷连续打响,是《震》卦。君子因此惶恐惊惧,自我修身省过。

《象》曰:明两作,《离》。大人以继明照于四方。(《周易·离·象》)

【注释】《离》:卦名,离(☲)上离(☲)下,离为火,所以《象传》说"明两作"。

【译文】《象传》说:光明两次升起(悬挂高空),是《离》卦。大人君子因此用接连不断的光明照耀四方。

《象》曰:天地不交,《否》。君子以俭德辟难,不可荣以禄。(《周易·否·象》)

【注释】《否》(pǐ):卦名,乾(☰)上坤(☷)下,乾为天,坤为地,天气上升而不降,地气下沉而不升,所以《象传》说"天地不交"。辟:通"避"。以:第二个"以"同"而"。

【译文】《象传》说:天(气)地(气)不交接,是《否》卦。君子因此以节俭为德,避开危难,不能追求荣华并谋求利禄。

《象》曰:泽灭木,《大过》。君子以独立不惧,遁世无闷。(《周易·大过·象》)

【注释】《大过》:卦名,巽(☴)下兑(☱)上,巽为木,兑为泽,所以《象传》说"泽灭木"。

【译文】《象传》说:大泽淹没树木,是《大过》卦。君子因此(虽处"大过")仍独立不惧,隐居而不苦闷。

《象》曰:泽无水,《困》。君子以致命遂志。(《周易·困·象》)

【注释】《困》:卦名,坎(☵)下兑(☱)上,坎为水,兑为泽,所以《象传》说"泽无水"。遂:顺,此指完成、实现。

【译文】《象传》说:大泽中没有水,是《困》卦。君子因此(在危困中)舍命以实现崇高的志向。

小惩而大戒,此小人之福也。(《周易·系辞下》)

【注释】戒:警告,劝人警惕。

【译文】受到小小的惩罚而能大加警惕,这是小人的幸福。

言出乎身,加乎民;行发乎迩,见乎远。(《周易·系辞上》)

【注释】乎:介词,相当于"于"。

【译文】言论从自身发出,要施加给百姓;行动从近处发出,要影响到远处。

言行,君子之枢机。枢机之发,荣辱之主也。(《周易·系辞上》)
【注释】枢:门户的转轴。机:指门户的关键,或弩箭上的机关。
【译文】言论和行为,对君子来说,好比是门户的转轴或弓箭上的机关一样。言行怎样,决定了(关系到)荣辱。

言行,君子之所以动天地也,可不慎乎?(《周易·系辞上》)
【注释】所以:用来……的(东西)。
【译文】言论行动,是君子用来影响天地万物的,能不慎重吗?

有大而能谦必豫。(《周易·序卦》)
【注释】豫:欢乐。
【译文】大获所有而又能谦逊的人必然欢乐。

有大者不可以盈。(《周易·序卦》)
【注释】可以:能,能够。盈:满,此指自满。
【译文】大获所有的人不能自满。

中行无咎。(《周易·夬·九五》)
【注释】咎:灾害。
【译文】居中行正必无灾害。

子曰:"君子安其身而后动,易其心而后语,定其交而后求。"(《周易·系辞下》)
【注释】子:指孔子。易:平易,此指平静。
【译文】孔子说:"君子在安定自身后才行动,心情平静后才说话,交情确定后才寻求朋友帮助。"

子曰:"君子居其室,出其言善,则千里之外应之,况其迩者乎?居其室,出其言不善,则千里之外违之,况其迩者乎?"(《周易·系辞上》)

【注释】应:应和,响应。迩:近。违:反对。

【译文】孔子说:"君子居住在家里,说出的话是善的,千里之外的人都应和他,更何况靠近他的人呢?君子居住在家里,说出的话是不善的,千里之外的人都反对他,更何况靠近他的人呢?"

子曰:"劳而不伐,有功而不德,厚之至也。"(《周易·系辞上》)

【注释】伐:夸耀。德:自以为具备功德。至:极。

【译文】孔子说:"勤劳而不自夸其善,有功而不自以为有德,这人敦厚到极点了。"

子曰:"乱之所生也,则言语以为阶。"(《周易·系辞上》)

【注释】阶:阶梯。

【译文】孔子说:"祸乱的产生,以言语(不慎)作为阶梯。"

人　事

初筮告,再三渎,渎则不告。(《周易·蒙》)

【注释】筮:占筮,卜卦。

【译文】初次占卦,(神灵)告诉吉凶,(不信,)再进行第二次、第三次占卦,这就亵渎神灵了,神灵就不再告诉(吉凶)。

二人同心,其利断金。同心之言,其臭如兰。(《周易·系辞上》)

【注释】利:锐利。臭(xiù):气味。

【译文】两人同心,譬如利刃可以切断金属。同心的话,它的气味像兰花一样芬芳。

夫妇之道不可以不久也。(《周易·序卦》)

【译文】夫妇之间的一些伦理规范不能不长久存在。

《家人》,女正位乎内,男正位乎外。男女正,天地之大义也。(《周易·家人·彖》)

【注释】《家人》:卦名,离(☲)下巽(☴)上,离为内卦,巽为外卦。内卦六二为阴爻,指女,外卦九五为阳爻,指男,此两爻均是内外卦的正位,以此说明男主家外事,女主家内事。

【译文】《家人》卦,女子在家内居正当之位,男子在家外居正当之位。男女的居位正当得体,这是天地间的大道理。

家人有严君焉,父母之谓也。(《周易·家人·象》)

【译文】一家人有严正的君主,这说的是父母。

君子上交不谄,下交不渎。(《周易·系辞下》)

【注释】渎(dú):轻慢。

【译文】君子与上级结交不谄媚,与下级结交不轻慢。

君子以思患而豫防之。(《周易·既济·象》)

【注释】豫:同"预",预防。

【译文】君子因此思虑祸患而预先防备它。

君子以远小人,不恶而严。(《周易·遁·象》)

【注释】严:庄严,凛然。

【译文】君子因此远避小人,不显露憎恶而神情凛然,自守以坚,不与之同。

乐天知命,故不忧。(《周易·系辞上》)

【译文】乐于天命,知守性命,所以没有忧愁。

潜龙勿用。(《周易·乾·初九》)

【注释】潜龙:潜伏起来的龙,比喻未出世的人才。

【译文】像龙一样潜伏着,(目前)暂时不可有所作为。

天之所助者,顺也;人之所助者,信也。(《周易·系辞上》)

【注释】助:佑助,帮助。

【译文】天所佑助的人,是顺(从正道)的;人所帮助的人,是守信的。

无妄之灾,或系之牛,行人之得,邑人之灾。(《周易·无妄·六三》)

【注释】系:拴。

【译文】没有妄为却招来(意外的)灾难,像有人把牛拴在外面,过路人把牛牵走了,村邑中的人都遭到灾难(被人拷问,以为偷了牛)。

见龙在田,利见大人。(《周易·乾·九二》)

【注释】见(xiàn):出现。田:地上。

【译文】龙出现在田野里,有利于出现德位兼具的人。

《象》曰:山上有雷,《小过》。君子以行过乎恭,丧过乎哀,用过乎俭。(《周易·小过·象》)

【注释】《小过》:卦名,艮(☶)下震(☳)上,艮为山,震为雷,所以《象传》说"山上有雷"。

【译文】《象传》说:山上有雷,是《小过》卦。君子因此做事过于恭敬(就显拘谨),丧事过于悲哀(就伤身体),用财过于节俭(就显吝啬)。

子曰:"德薄而位尊,知小而谋大,力小而任重,鲜不及矣。"(《周易·系辞下》)

【注释】知:同"智"。鲜:少。及:指及于灾难、祸患等。

【译文】孔子说:"才德浅薄而地位尊高,智慧少而谋划大,力量小而担子重,很少有不赶上灾祸的。"

子曰:"小人不耻不仁,不畏不义,不见利不劝,不威不惩。"(《周易·系辞下》)

【注释】耻:以……为耻辱。劝:勤勉,努力。

【译文】孔子说:"小人不以不仁为耻辱,不惧怕不义的行为,不看见利益就不愿努力,不受到威吓就不知戒惧。"

文　论

夫《易》,圣人所以崇德而广业也。(《周易·系辞上》)

【注释】所以:是用来……的(东西)。

【译文】《周易》,是圣人用来推崇道德扩大事业的(经典)。

《易》与天地准,故能弥纶天地之道。(《周易·系辞上》)

【注释】准:相等。弥纶:普遍包括。

【译文】《周易》所讲的道与天地的道相等,所以能够普遍包括天地间的道理。

子曰:"书不尽言,言不尽意。"(《周易·系辞上》)

【译文】孔子说:"文字不能完全记下所说的话,话语不能完全表达要说的意思。"

尚 书

《尚书》是上古史官所记载的史书。班固《汉书·艺文志》说:"古之王者世有史官,君举必书,所以慎言行,昭法式也。左史记言,右史记事,事为《春秋》,言为《尚书》。"唐人刘知几说:"盖《书》之所主,本于号命,所以宣王道之正义,发话言于臣下,故其所载,皆典、谟、训、诰、誓命之文。"(《史通·六家》)《尚书》本称《书》("书"即史书),《尚书》之名起于汉代,汉孔安国说:"以其上古之书,谓之《尚书》。"(《尚书传》)《尚书》成为儒家经典后,又称作《书经》。

《尚书》本为商周两代统治者的讲话记录,《尚书·多士》记载,周灭商后,商民不服,周公就说:"惟尔知,惟殷先人,有册有典,殷革夏命。"这说明周时还保存了商代史官的记载。但随着时间的流逝、历史的演进,文献典籍受到了很大的破坏,春秋战国的儒家学者(以孔子为代表)便有意搜集那些散失残缺的上古史料,加以整理,编成一部寄寓儒家政治理想的著作。儒家通过《尚书》广泛宣扬尧、舜、禹、汤、文武及周公等的政绩,旨在阐明儒家的治国、平天下之道以及贤臣事君之道,以为当世法。这样,儒家所倡导的"道统"就赖《尚书》而树立起来,成为统治中国几千年的主导思想。元许谦曾谓:"孔子于《春秋》,严其褒贬之辞,使人知所惧;于《书》,独存其善,使人知所法。"道出了孔子删订《书》的意图所在。

经书的今古文之争,起于《尚书》。秦灭后,秦博士伏生取出曾藏于屋壁夹缝中的《尚书》(竹简),但多断烂,经过整理,得出28篇,再加上当时人所献的《泰誓》(有人说是仿书),共29篇:

《虞书》《夏书》:《尧典》《皋陶谟》《禹贡》《甘誓》。

《商书》:《汤誓》《盘庚》《高宗肜日》《西伯戡黎》《微子》。

《周书》:《牧誓》《洪范》《金縢》《大诰》《康诰》《酒诰》《梓材》《召诰》《洛

诰》《多士》《无逸》《君奭》《多方》《立政》《顾命》《吕刑》《文侯之命》《费誓》《秦誓》《泰誓》)。

这29篇是用当时通行的文字隶书写的,故称为《今文尚书》。

《汉书·艺文志》载:"《古文尚书》者,出孔子壁中。武帝末,鲁恭王坏孔子宅,欲以广其宫,而得《古文尚书》及《礼记》《论语》《孝经》,凡数十篇,皆古字也。……孔安国者,孔子后也,悉得其书,以考二十九篇,得多十六篇。"刘歆当时请将此立于学官,但遭到今文家的反对,从而引起了今古文之争。孔氏《古文尚书》亡佚于魏晋之际。东晋元帝时豫章内史梅赜献了一部《古文尚书》,计58篇(内有《今文尚书》33篇),并有伪造的孔安国的《尚书传》,此即后来所说的《伪古文尚书》及《伪孔传》。其中包括《今文尚书》28篇,但梅氏把它分成33篇,分《尧典》下半为《舜典》,《皋陶谟》下半为《益稷》,《顾命》下半为《康王之诰》,汉今文家欧阳氏曾分《盘庚》为3篇,一仍其旧。梅氏又从《书序》中选了18个篇题,从古籍中搜集文句缀成22篇(18篇中《太甲》《说命》各作3篇),另新撰《泰誓》3篇,这就是《伪古文尚书》25篇:《大禹谟》《五子之歌》《胤征》《仲虺之诰》《汤诰》《伊训》《太甲上》《太甲中》《太甲下》《咸有一德》《说命上》《说命中》《说命下》《泰誓上》《泰誓中》《泰誓下》《武成》《旅獒》《微子之命》《蔡仲之命》《周官》《君陈》《毕命》《君牙》《冏命》。

这25篇与今文33篇凑成刘向、郑玄所说的古文58篇之数。梅书自献出通行千年之久,虽宋明人曾对其加以怀疑,但直至清代,学者们才对梅书作了彻底的辨伪研究,最后考定为伪书。(但"伪孔本"中保存了《今文尚书》28篇)此观点以阎若璩的《尚书古文疏证》一书为代表。流传于今、影响较大的《十三经注疏》本采用梅书,但前有《序》一篇,真伪难辨。

《尚书》是上古之书,涉及政治、思想、宗教、哲学、法律、地理、军事等方面,因而史料价值极高,但《尚书》晦涩难懂,唐人韩愈用"佶屈聱牙"四个字形象地概括了本书的特点。清及近人对《尚书》的研究取得了可喜的成绩,其间大家有阎若璩、段玉裁、王念孙父子、孙星衍、俞樾、孙诒让、皮锡瑞等。近现代学者有王国维、杨树达、郭沫若、陈梦家、于省吾、胡厚宣、徐中舒等。顾颉刚是对《尚书》作全面研究并取得成就最大的学者。今人刘起釪、周秉钧、屈万里等都对《尚书》有独到研究。臧振、何如月主编的《十三经辞典·尚书卷》(陕西人民出版社2010年版)对《尚书》中的字词及部分语句作了解释,可作为学习《尚书》的参考。

哲　理

若乘舟,汝弗济,臭厥载。(《尚书·盘庚中》)
【注释】臭:朽,败。
【译文】好像乘船,到应该摆渡时不摆渡,船上装的东西就会腐烂了。

若火之燎于原,不可向迩,其犹可扑灭。(《尚书·盘庚上》)
【注释】其:表示揣测、反诘。
【译文】好像大火在原野上熊熊燃烧,靠近已办不到,怎么能扑灭呢!

若升高,必自下。若陟遐,必自迩。(《尚书·太甲下》)
【注释】陟(zhì):这里是行走的意思。遐:远。迩:近。
【译文】如果登高,一定要从下面开始。如果行远,一定要从近处起步。

若网在纲,有条而不紊。若农服田,力穑乃亦有秋。(《尚书·盘庚上》)
【注释】纲:网的总绳。服:治。穑(sè):耕种。秋:这里指收获。
【译文】就好像把网结在纲上,才能有条理而不紊乱。就好像农夫从事田间劳动,努力耕种才会有好收成。

若药弗瞑眩,厥疾弗瘳。若跣弗视地,厥足用伤。(《尚书·说命上》)
【注释】瞑眩(xuàn):头昏眼花。瘳(chōu):病愈。跣(xiǎn):赤脚。
【译文】如果吃药没有让人感到头昏眼花,病就不会好。如果光着脚走路不看地面,脚就有可能因此受伤。

时哉弗可失。(《尚书·泰誓上》)
【译文】时机不可失去。

威克厥爱,允济。爱克厥威,允罔功。(《尚书·胤征》)

【注释】克:战胜。爱:爱心,指对所爱之人不杀的私惠。济:成功。

【译文】如果威严战胜私惠,就能够取得成功。如果私惠战胜威严,就不会成功。

惟口出好兴戎。(《尚书·大禹谟》)

【注释】戎:战争。

【译文】口能够说出善言,也可能引发争端。

惟上帝不常,作善降之百祥,作不善降之百殃。尔惟德罔小,万邦惟庆。尔惟不德罔大,坠厥宗。(《尚书·伊训》)

【注释】常:常规,一定的规则。德:修善积德。小:小德。大:大恶。宗:宗庙,此指国家。

【译文】虽然上帝赐福降灾没有固定的规则,但对行善的就赐给各种吉祥,对作恶的就降给各种灾殃。你积德行善,哪怕是小德,天下人也感到庆幸。你作恶,即使不大,也可能导致国家灭亡。

惟圣罔念作狂,惟狂克念作圣。(《尚书·多方》)

【注释】圣:明白的人。念:思考。狂:与"圣"相对。

【译文】明白的人不思考就会变得无知,无知的人能思考就可以变得明晰道理。

惟事事,乃其有备,有备无患。(《尚书·说命中》)

【注释】事事:前一个"事"是动词,做事。

【译文】做事情,要有准备,有了准备就能避免祸患。

无疆惟休,亦无疆惟恤。(《尚书·召诰》)

【注释】疆:边界,止境。休:吉祥。恤:忧患。

【译文】幸福无穷无尽,忧患也无穷无尽。

有言逆于汝心,必求诸道。有言逊于汝志,必求诸非道。(《尚书·太甲下》)

【注释】道:道义。逊:恭顺。

【译文】违背你意图的话,你要从中探求它合理的部分。顺从你想法的话,你要从中找出它不合理的部分。

政　事

邦之杌陧,曰由一人。邦之荣怀,亦尚一人之庆。(《尚书·秦誓》)

【注释】杌陧(wù niè):不安。一人:指国君。怀:安宁。庆:善。

【译文】国家动荡不安,往往由(国君)一人造成(用人不当)。国家繁荣安定,也往往取决于(国君)一人之善(用人得当)。

不刚不柔,厥德允修。(《尚书·毕命》)

【译文】不刚不柔(刚柔兼济),那德政就一定能施行。

不役耳目,百度惟贞。(《尚书·旅獒》)

【注释】贞:正。

【译文】君王如果不放纵声色,诸多事情都会处理得正确无误。

不臧厥臧,民罔攸劝。(《尚书·毕命》)

【注释】臧:前一个"臧"是动词,后一个"臧"是名词。劝:勉。

【译文】如果不能褒奖善良的人,老百姓就无所勉励。

不作无益害有益,功乃成。不贵异物贱用物,民乃足。(《尚书·旅獒》)

【注释】功:功业,事业。贱:以为贱,轻视。

【译文】不做无益的事妨害有益的事,事业才能成功。不看重奇珍异物,轻视日常用品,百姓才能富足。

常厥德,保厥位。厥德匪常,九有以亡。(《尚书·咸有一德》)

【注释】保:安定。九有:九州。

【译文】人如果能经常不懈地修养品德,就能使自己的地位安定。如果不能经常修养品德,国家也会因此灭亡。

道有升降,政由俗革。(《尚书·毕命》)
【注释】 道:治世之道。革:变革。
【译文】 治世之道有好有坏,政治应按人民的习俗做适当的变革。

德日新,万邦惟怀。志自满,九族乃离。(《尚书·仲虺之诰》)
【注释】 怀:归向。
【译文】 (君主)如果能使自己的品德一天天达到新的境界,万国都会来归顺。如果内心自满骄傲,亲族也会背离。

德威惟畏,德明惟明。(《尚书·吕刑》)
【译文】 有德行的人所惩罚的,人们都畏服;有德行的人所尊重的,大家都尊重。

德惟善政,政在养民。(《尚书·大禹谟》)
【译文】 德就是好好地治理政事,治理政事的目的就在于养民。

德惟一,动罔不吉。德二三,动罔不凶。惟吉凶不僭在人,惟天降灾祥在德。(《尚书·咸有一德》)
【注释】 二三:不专一。僭(jiàn):差。
【译文】 如果德行纯粹专一,行动就没有不吉利的。如果德行反复无常,行动就没有不凶险的。吉凶不会出差错,问题在于人自身,老天爷根据德行赐吉降灾。

德惟治,否德乱。与治同道,罔不兴。与乱同事,罔不亡。(《尚书·太甲下》)
【注释】 德:用作动词,施行德政。否德:不施行德政。罔:没有。
【译文】 施行德政国家就太平,背道而驰社会就动荡。采取与治世同样的做法,没有不兴盛的。采取与乱世同样的做法,没有不灭亡的。

帝曰:"龙,朕堲谗说殄行,震惊朕师。"(《尚书·舜典》)

【注释】龙:人名。堲(jí):疾,憎恶。殄:贪残。

【译文】舜帝说:"龙啊,我厌恶谗毁的言论和贪残的行为,因为它们使我的民众震惊。"

尔身克正,罔敢弗正?民心罔中,惟尔之中。(《尚书·君牙》)

【注释】中:中正。

【译文】(君牙,周穆王的大臣),如果你自身能够端正,谁敢不端正?民心没有标准,只考虑你的标准。

尔惟风,下民惟草。(《尚书·君陈》)

【译文】(君陈,周公之子),你是风,下民是草(草随风倒)。

奉先思孝,接下思恭。视远惟明,听德惟聪。(《尚书·太甲中》)

【注释】明:视力好。聪:听力好。

【译文】侍奉祖先必须想到"孝",接近下民必须想到"恭"。看得远才叫视力好,能够听从正确的话才叫听力好。

抚我则后,虐我则仇。(《尚书·泰誓下》)

【注释】抚:抚爱。

【译文】抚爱我们的就是君主,虐待我们的就是仇敌。

工以纳言,时而飏之,格则承之庸之,否则威之。(《尚书·益稷》)

【注释】工:官。时:善。飏:扬举,显扬。格:正。庸:用。

【译文】做官的要采纳下面的意见,好的就称颂宣扬,正确的就进献上去以便采用,做官的如果不采纳意见,就要加以惩罚。

股肱惟人,良臣惟圣。(《尚书·说命下》)

【译文】手足完备才能成为人,有良臣才能成为圣君。

股肱喜哉!元首起哉!百工熙哉!(《尚书·益稷》)

【注释】起:奋发。工:通"功",事情。
【译文】左右辅佐的大臣乐于尽忠职守,国家的统治者也愿意奋发向上,各级官员自然会受到鼓舞而异常振作。

官不及私昵,惟其能。爵罔及恶德,惟其贤。(《尚书·说命中》)
【注释】私昵:自己亲爱的人。
【译文】官职不要授予自己偏爱和亲近的人,要看他的才能。爵位不要赐给德行不好的人,要看他的品德。

后克艰厥后,臣克艰厥臣,政乃乂,黎民敏德。(《尚书·大禹谟》)
【注释】后:君主。克:能够。艰:认为艰。厥:其。乂(yì):治理。敏:勉力。
【译文】君主能认识到为君的艰难,臣子也是这样,政事就能得到很好的治理,人们就勉力于品德的修养了。

皇天无亲,惟德是辅。民心无常,惟惠之怀。(《尚书·蔡仲之命》)
【注释】皇天:上天。惟德是辅:即"惟辅德"。惟惠之怀:即"惟怀惠"。怀:归顺。
【译文】上天没有亲疏,只辅佐有贤德的人。百姓心中没有常主,只归顺仁惠的君主。

惠迪吉,从逆凶,惟影响。(《尚书·大禹谟》)
【注释】惠:顺。迪:道。
【译文】遵循道就吉利,倒行逆施就不吉利,(吉凶与善恶的关系)就像影子随着形体、回声和声音一样。

火炎昆冈,玉石俱焚。天吏逸德,烈于猛火。(《尚书·胤征》)
【注释】昆冈:山名。逸:过,错误。
【译文】大火焚烧昆冈时,山上的美玉和顽石都会被烧掉。代天治民的官吏如果失了德,对人民的损害就超过了烈火。

稽于众,舍己从人,不虐无告,不废困穷。(《尚书·大禹谟》)

【注释】舍:舍弃。无告:有苦而无处可告,形容处境困苦。《礼记》称孤独的人为"无告"。

【译文】参考众人的意见,不固执己见,采纳他人的正确说法,不轻侮那些孤独的人,不抛弃那些困苦贫穷的人。

嘉言罔攸伏,野无遗贤,万邦咸宁。(《尚书·大禹谟》)

【注释】嘉:好,善。罔(wǎng):不要。攸:所。伏:隐伏。野:民间。

【译文】好的建议不被隐匿,贤人不被抛弃,天下才能安宁。

歼厥渠魁,胁从罔治。旧染污俗,咸与维新。(《尚书·胤征》)

【注释】渠:大。魁:首领。与:许可。

【译文】消灭他们的首犯,对从犯不要惩治。其余原来染上污秽旧俗的人,都允许改恶从善、弃旧图新。

监于先王成宪,其永无愆。(《尚书·说命下》)

【注释】愆(qiān):过失。

【译文】借鉴先王成规法律,就会永远无过失。

教胄子,直而温,宽而栗,刚而无虐,简而无傲。诗言志,歌永言,声依永,律和声。八音克谐,无相夺伦,神人以和。(《尚书·舜典》)

【注释】胄子:年轻人。永:同"咏",曼声长吟、歌唱。克:能。夺:失去。伦:次序。

【译文】要教导年轻人,使他们正直而温和,宽大而谨慎,性情刚正而不欺凌人,态度简约而不傲慢。诗用来表达思想感情,歌是表达思想感情的语言,五声是根据歌唱定出来的,六律是和谐五声的。调和八类乐器的声音,不要弄乱了相互间的次序,那么神和人都会因此而和谐了。

戒哉!儆戒无虞,罔失法度。罔游于逸,罔淫于乐。任贤勿贰,去邪勿疑。疑谋勿成,百志惟熙。(《尚书·大禹谟》)

【注释】儆(jǐng):戒备。虞:料想。逸:放纵。淫:过分。熙:宽广。

【译文】要警惕呀!提防那些意外事件的发生,不要违反法令制度。不要放纵游玩,不要过分享乐。任用贤人不要三心二意,除去小人不可犹豫不决。可疑的计谋不要去做,各种思虑应当宽广。

居宠思危,罔不惟畏,弗畏入畏。(《尚书·周官》)
【注释】宠:尊贵的地位。
【译文】处在尊贵的地位,要想到危险,没有一件事不应当敬畏,不知道敬畏,就会陷入令人畏惧的危险境地。

君子所,其无逸。先知稼穑之艰难,乃逸,则知小人之依。(《尚书·无逸》)
【注释】所:所居之官。依:隐,痛。
【译文】君子做官不能贪图安逸享乐。首先要了解耕种收获的艰难,然后再享受,就会知道老百姓的痛苦。

克勤于邦,克俭于家。(《尚书·大禹谟》)
【注释】克:能够。
【译文】治理国事勤勉努力,居家生活俭朴节约。

立爱惟亲,立敬惟长。(《尚书·伊训》)
【注释】立:树立。
【译文】树立友爱的风气要从亲近的人开始,树立尊敬的风气要从年长的人开始。

临下以简,御众以宽。罚弗及嗣,赏延于世。(《尚书·大禹谟》)
【注释】临:治理。嗣:后代。
【译文】治理人民要简易不繁,统治民众要宽厚不苛,惩罚不株连子孙,赏赐应延续到后代。

虑善以动,动惟厥时。(《尚书·说命中》)
【译文】考虑是善政才实施,行动要选择时机。

民非后,罔克胥匡以生。后非民,罔以辟四方。(《尚书·太甲中》)

【注释】后:君王。胥(xū):互相。匡:救助,扶助。辟:君王,此用为动词,做君王。

【译文】人民如果没有君主,就不能互相扶助而生存下去。君主如果没有人民,也不能统治四方。

民可近,不可下。民惟邦本,本固邦宁。(《尚书·五子之歌》)

【注释】下:以为下。邦:国家。

【译文】对待百姓,只能亲近,不能瞧不起。百姓是国家的根本,根本巩固以后国家自然安宁。

明明扬侧陋。(《尚书·尧典》)

【注释】明明:前一个"明"为动词,后一个"明"指贤明的人。扬:推举。侧陋:隐匿,指地位卑微的人。

【译文】明察贤能的人,把民间那些地位低贱却贤能的人推举上来。

明清于单辞,民之乱,罔不中听狱之两辞。(《尚书·吕刑》)

【注释】明清:明察。单辞:一面之词。乱:治。

【译文】明察一面之词,不能偏听偏信,百姓得到治理,在于公正审理双方的诉辞。

明试以功,车服以庸。(《尚书·舜典》)

【注释】功:功效。

【译文】用功效来检验(有用的言论),然后赏赐车马衣服作为酬劳。

明王立政,不惟其官,惟其人。(《尚书·周官》)

【注释】立政:设立官长。

【译文】明智的君主设立官长,不想官员的多少,只想用人得当。

内作色荒,外作禽荒。甘酒嗜音,峻宇雕墙。有一于此,未或不亡。(《尚书·五子之歌》)

【注释】作:兴。荒:迷乱。禽:鸟兽,指打猎。雕:装饰。

【译文】在内迷恋女色,在外耽于游猎。纵情饮酒不知节制,嗜好歌舞不知满足,住着高大的殿堂,墙上绘着彩饰。占其中之一,就没有不灭亡的。

仆臣正,厥后克正;仆臣谀,厥后自圣。后德惟臣,不德惟臣。(《尚书·冏命》)

【注释】后:君主。克:能。自圣:自以为圣。

【译文】群臣正,他们的君主才能正;群臣阿谀谄媚,他们的君主会自以为圣明。君主有德在于臣下,君主无德也在于臣下。

其弼直,惟动丕应。(《尚书·益稷》)

【注释】弼:辅佐。直:正直的人。丕:大。

【译文】如果用正直的人做你的辅佐,那么,只要你想做什么事,天下就会大力响应。

人惟求旧,器非求旧,惟新。(《尚书·盘庚上》)

【译文】人是用长期在官位的旧人好,用器物就不要用旧的,而是新的好。

人无于水监,当于民监。(《尚书·酒诰》)

【注释】无:通"毋"。监:察看。

【译文】统治者不要只在水中察看自己,应当在民情上察看自己。

人心惟危,道心惟微,惟精惟一,允执厥中。(《尚书·大禹谟》)

【注释】道心:合乎道义的思想。微:隐微不显。精:精诚专一。允:的确。

【译文】现在人心动荡,道心隐微,只有精诚专一,施行中正之道,才能治理好天下。

人之有能有为,使羞其行,而邦其昌。(《尚书·洪范》)

【注释】羞:贡献,进献。

【译文】有才能有作为的人,让他们施展才干,国家就能昌盛。

任官惟贤材,左右惟其人。(《尚书·咸有一德》)

【注释】左右:辅佐大臣。

【译文】任用官员一定要用有德行有才干的人,任用辅佐大臣一定要用那些能够胜任这一工作的人。

若金,用汝作砺。若济巨川,用汝作舟楫。若岁大旱,用汝作霖雨。(《尚书·说命上》)

【注释】金:金属,此指铁器。汝:指傅说,殷高宗武丁时的贤相,受高宗重用、赏识,助高宗治天下有功。霖雨:下得时间长的雨。

【译文】如果是铁器,就把你当作磨刀石。如果要渡过大河,就把你当作船和桨。如果天大旱,就把你当作霖雨。

慎乃出令,令出惟行,弗惟反。(《尚书·周官》)

【译文】发号施令必须慎重,号令一出坚决执行,不要违背。

时日曷丧,予及汝皆亡。(《尚书·汤誓》)

【注释】时:代词,此、是。曷:何。

【译文】这个太阳什么时候消失呢?我们愿意和你一道灭亡。

食哉,惟时!柔远能迩,惇德允元,而难任人,蛮夷率服。(《尚书·舜典》)

【注释】柔:安。能:善。迩(ěr):近。惇:厚。允:信。元:善。难:拒绝。任:佞,指奸邪小人。

【译文】生产粮食,必须不违农时。安抚远方的人,善待近处的人,亲近有德的人,信任善良的人,拒绝任用那些花言巧语的奸邪小人,能够这样,边远地方的人就会归顺你。

四海困穷,天禄永终。(《尚书·大禹谟》)

【注释】四海:天下之人。天禄:上天赐予的福禄,这里指君主的权力。

【译文】如果天下百姓困苦贫穷、无处可诉,上天授予君主的权力就将永远终结。

天聪明,自我民聪明。天明畏,自我民明威。(《尚书·皋陶谟》)

【注释】聪:听力好,此指听取意见。明:视力好,此指观察问题。明:指表扬好人。畏:指惩治坏人。

【译文】老天是从百姓中听取意见、观察问题的;老天表彰好人、惩治坏人,也是根据人民的意愿。

天道福善祸淫。(《尚书·汤诰》)

【注释】福:降福。祸:降祸。

【译文】老天的法则是降福给善人,降祸给恶人。

天矜于民,民之所欲,天必从之。(《尚书·泰誓上》)

【注释】矜:怜悯。

【译文】上天怜悯百姓,百姓所希望的,上天都会遵从。

天视自我民视,天听自我民听。(《尚书·泰誓中》)

【注释】自:来自。

【译文】上天所看到的来自我们老百姓所看到的,上天所听到的来自我们老百姓所听到的。(上天是用人民的耳目观察事物的)

天佑下民,作之君,作之师,惟其克相上帝,宠绥四方。(《尚书·泰誓上》)

【注释】佑:助。克:能。宠:爱。绥:安抚。

【译文】上天佑助人民,为民立君(以治民),为民立师(以教民),君和师应当能够辅佐上帝,保护安定天下。

同力度德,同德度义。(《尚书·泰誓上》)

【注释】度(duó):度量。

【译文】力量相等就衡量"德",德相同就衡量"义"。

推贤让能,庶官乃和,不和政庞。(《尚书·周官》)

【注释】庶：众。

【译文】推贤让能，百官就会和谐相处，不和谐，政事就会杂乱无章。

罔违道以干百姓之誉，罔咈百姓以从己之欲。(《尚书·大禹谟》)

【注释】干：求。咈(fú)：违反。

【译文】不要违背正道去谋求百姓的称誉，也不要违反人民的意愿而让人民服从自己的欲望。

惟德动天，无远弗届。(《尚书·大禹谟》)

【注释】届：至。

【译文】只有德才能感动上天，(只要有德)无论多远的地方都能到达。

惟后非贤不乂，惟贤非后不食。(《尚书·说命下》)

【注释】后：君王。乂(yì)：治理。食：俸禄。

【译文】君王没有贤臣不能治理好天下，贤臣没有君王不能取得俸禄。

惟口起羞，惟甲胄起戎，惟衣裳在笥，惟干戈省厥躬。(《尚书·说命中》)

【注释】口：此指随便发号政令。起：引起。衣裳：指官服。笥(sì)：一种方形竹器。省(xǐng)：察看。躬：身，本人。

【译文】(对于君王来说)随便发号政令可能招致羞辱，随便动用军队可能引起战争。官服收在箱子里，不可轻易赐给人，要看接受官服的人是否称职；兵器藏在仓库中，不可随便给人，要看接受兵器的人能不能胜任。

惟木从绳则正，后从谏则圣。(《尚书·说命上》)

【注释】后：君主。

【译文】木材按绳来锯才能方正，君主听取臣下的谏言才能变得圣明。

为善不同，同归于治；为恶不同，同归于乱。(《尚书·蔡仲之命》)

【译文】行善的方法不同，都归于天下大治；作恶的方式不同，都归于天下大乱。

惟天生民有欲,无主乃乱,惟天生聪明时乂。(《尚书·仲虺之诰》)

【注释】时:此,是。乂(yì):治理。

【译文】上天生下老百姓就有七情六欲,如果没有君主,就会乱起来,只有天生耳聪目明的人才能治理祸乱。

惟天无亲,克敬惟亲。民罔常怀,怀于有仁。鬼神无常享,享于克诚。(《尚书·太甲下》)

【注释】敬:对上天恭敬的人。怀:归往,归顺。

【译文】上天从没有固定不变的亲人,它只亲近对它恭敬的人。百姓并不归附某个固定不变的人,他们只归附仁爱的人。鬼神也不保佑某个固定不变的人,而只保佑真诚的人。

惟治乱在庶官。(《尚书·说命中》)

【注释】庶:众。

【译文】天下治乱与否取决于百官。

位不期骄,禄不期侈。(《尚书·周官》)

【注释】期:期望。

【译文】地位高不应当骄纵,爵禄厚不应当奢侈。

我闻曰:"世禄之家,鲜克由礼,以荡陵德,实悖天道。"(《尚书·毕命》)

【注释】鲜:少。陵:欺凌。悖:违背。

【译文】我听说:"世代享受禄位的人家,很少能够顺从礼教,以放荡之举欺凌有德行的人,实在违背天道。"

无怠无荒,四夷来王。(《尚书·大禹谟》)

【注释】怠:懈怠。夷:本指东方少数民族,此指远方的诸侯。

【译文】不懈怠,不荒废,四方的诸侯国都会来归顺他。

无稽之言勿听,弗询之谋勿庸。可爱非君?可畏非民?众非元后,何

戴?后非众,罔与守邦?(《尚书·大禹谟》)

【注释】询:咨询。庸:用。戴:拥戴。

【译文】没有经过验证的话不要听信,没有征询过众人意见的谋略不要轻易采用。百姓爱戴的不是君主吗?君主畏惧的不是百姓吗?没有君主,百姓拥戴谁?没有百姓,君主依靠谁来守卫国家?

无教逸欲有邦,兢兢业业,一日二日万几。(《尚书·皋陶谟》)

【注释】教:教法。几:机微,秦以后多通作"机"。

【译文】治理国家的人不要贪图安逸和私欲,而要兢兢业业,因为情况一天天地千变万化。

无虐茕独而畏高明。(《尚书·洪范》)

【注释】茕独:泛指无依无靠的人。

【译文】不要欺侮无依无靠的人,而敬畏那些高贵显赫的人。

无偏无陂,遵王之义。无有作好,遵王之道。无有作恶,遵王之路。无偏无党,王道荡荡。无党无偏,王道平平。无反无侧,王道正直。(《尚书·洪范》)

【注释】陂:不正,偏。义:法。有:或。好:私好。荡荡:宽广。平平:平坦。

【译文】不要有偏颇,要遵守王法。不要有私心偏好,要遵循王道。不要为非作歹,要遵行正道。不要营私,不要结党,王道宽广。不要结党,不要营私,王道平易。不反乱,不偏邪,王道正直。

无启宠纳侮,无耻过作非。(《尚书·说命中》)

【注释】启:开启。纳:收进。侮:轻慢。耻过:以过为耻。非:不对。

【译文】不要宠幸小人而自取轻侮,不要认为有过错是耻辱而文过饰非。

无轻民事,惟艰。无安厥位,惟危。(《尚书·太甲下》)

【注释】惟:思。

【译文】不要轻视老百姓从事的劳役,要想到它的艰难。不要以为自己的天子之位很安全,要想到它的危险。

无自广以狭人,匹夫匹妇,不获自尽,民主罔与成厥功。(《尚书·咸有一德》)

【注释】广:大。尽:尽心竭力。民主:天子。

【译文】(天子)不要总以为自己宽广而别人狭小,平民百姓如果不能尽心竭力,就没有人帮助天子做出成绩来。

狎侮君子,罔以尽人心。狎侮小人,罔以尽其力。(《尚书·旅獒》)

【注释】狎:轻视,轻狂不尊。侮:怠慢。君子:指大臣。小人:指百姓。

【译文】君王轻视怠慢大臣,就没有人替你尽心。君王轻视怠慢百姓,就没有人给你尽力卖命。

先王子惠困穷,民服厥命,罔有不悦。(《尚书·太甲中》)

【注释】子:像对待儿子一样。惠:爱。

【译文】先王像爱护子女一样爱护贫穷困苦的人,人民都服从他的命令,没有谁不心悦诚服的。

刑期于无刑。(《尚书·大禹谟》)

【注释】期:期望。

【译文】用刑的目的是期望以后不再用刑。

一人有庆,兆民赖之,其宁惟永。(《尚书·吕刑》)

【注释】庆:善。宁:安宁。

【译文】一人办了好事,万民都受益,国家也会长久安宁。

一人元良,万邦以贞。(《尚书·太甲下》)

【注释】一人:指天子。元:大。贞:正。

【译文】天子一人大善,天下就会纯正。

以公灭私,民其允怀。(《尚书·周官》)

【注释】怀:归向。

【译文】为政能用公平之心铲除私念，人民必然信任归服。

用人惟己，改过不吝。(《尚书·仲虺之诰》)
【注释】吝：吝惜。
【译文】用人不起疑心，就像对待自己一样，改正自己的错误毫不吝惜。

宥过无大，刑故无小。罪疑惟轻，功疑惟重。(《尚书·大禹谟》)
【注释】宥：宽恕。过：过失，此指误犯的过失。故：明知故犯的过失。
【译文】误犯的过失，不论多大都能宽恕；故犯的过失，不论多小都要判刑。判刑时还有可轻可重的疑问，尽量从轻量刑；行赏时还有可轻可重的疑问，尽量从重行赏。

佑贤辅德，显忠遂良，兼弱攻昧，取乱侮亡，推亡固存，邦乃其昌。(《尚书·仲虺之诰》)
【注释】佑：帮助。遂：选用出来做官。昧：昏庸。
【译文】帮助贤能的人，辅佐有德行的人，表彰忠贞的人，选用善良的人，兼并弱小的国家，攻击昏庸的诸侯，夺取动乱的政权，轻侮亡国之君，应该灭亡的就促使它灭亡，应该生存的就帮助它巩固，能这样做，国家才会昌盛发达。

予弗克俾厥后惟尧舜，其心愧耻，若挞于市。(《尚书·说命下》)
【注释】克：能。俾：使。挞(tà)：用棍子或鞭子打。
【译文】我不能使我的君王像尧舜那样圣明，而自己的内心感到羞愧和耻辱，好像在集市上挨了鞭子一样。

予临兆民，懔乎若朽索之驭六马，为人上者，奈何不敬？(《尚书·五子之歌》)
【注释】兆：十万为亿，十亿为兆，极言多。懔：内心恐惧。六马：天子的车驾六匹马。
【译文】我们面对亿万人民，畏惧的心情就好像用腐朽的绳索驾着六匹马一样。位于人民之上的君王，怎么能不谨慎呢？

予违,汝弼。汝无面从,退有后言。(《尚书·益稷》)

【注释】无:通"毋",不要。面从:当面听从。后言:指背后议论。

【译文】如果我有过错,你们就匡正我。你们不要当面表示服从,却在背后发牢骚。

与其杀不辜,宁失不经。好生之德,洽于民心。(《尚书·大禹谟》)

【注释】不辜:无罪。失:失去。好(hào):爱。洽:和谐,沾洽。

【译文】与其杀害无罪之人,宁可失去不守法的人。爱惜生灵的美德,滋润人民的心田。

元首明哉!股肱良哉!庶事康哉!元首丛脞哉!股肱惰哉!万事堕哉!(《尚书·益稷》)

【注释】丛脞(cuǒ):细碎,烦琐。

【译文】君王圣明,大臣贤能,则诸事安宁;君王没有大志,大臣懒惰懈怠,则什么事都会荒废。

曰休征:曰肃,时雨若。曰乂,时旸若。曰晢,时燠若。曰谋,时寒若。曰圣,时风若。曰咎征:曰狂,恒雨若。曰僭,恒旸若。曰豫,恒燠若。曰急,恒寒若。曰蒙,恒风若。(《尚书·洪范》)

【注释】若:像。旸(yáng):太阳出来,此指天晴。燠(yù):温暖。狂:傲慢。僭(jiàn):差错。豫:安乐。急:苛刻。蒙:昏暗。

【译文】吉兆:君王敬慎,就像及时雨。君王大治,就像及时晴。君王明智,就像及时温暖。君王有谋略,就像及时寒冷。君王圣明,就像及时刮风。凶兆:君王狂妄,就像久雨不晴。君王办事出差错,就像久晴不雨。君王贪图安逸,就像久暖不寒。君王严酷急苛,就像久寒不暖。君王昏庸愚昧,就像久风不止。

在今尔安百姓,何择非人?何敬非刑?何度非及?(《尚书·吕刑》)

【注释】人:指有德行的人。度:谋划。及:《史记》作"宜",量刑贵适宜公正。

【译文】如今你们安定百姓,应当选择的不是有德行的人吗?要谨慎对待的不是刑罚吗?要考虑的不是量刑轻重适宜吗?

彰善瘅恶,树之风声。(《尚书·毕命》)

【注释】瘅(dàn):斥责。

【译文】(君王应)表彰良善,斥责邪恶,树立良好的风尚。

政贵有恒,辞尚体要。(《尚书·毕命》)

【注释】尚:贵。

【译文】为政贵在有长远不变的规则,言辞贵在体现要点。

知人则哲,能官人。安民则惠,黎民怀之。(《尚书·皋陶谟》)

【注释】哲:明智,无所不知。

【译文】理解臣下,这才是有智慧的人,这样才能任人唯贤。使百姓安居乐业,这就是给了百姓好处,百姓就会怀念他。

修　养

邦之臧,惟汝众。邦之不臧,惟予一人有佚罚。(《尚书·盘庚上》)

【注释】臧(zāng):善。予一人:指天子。佚:过错。罚:罪。

【译文】国家治理得好,是你们众人的功劳。国家治理得不好,我有过失有罪责。

必有忍,其乃有济。有容,德乃大。(《尚书·君陈》)

【注释】忍:忍耐。济:成功。

【译文】必须有忍耐,才能成就大事。必须有宽容,德行才算广大。

德无常师,主善为师。(《尚书·咸有一德》)

【注释】主:正,准则。用作"以为主"。

【译文】修德没有固定的老师,以行善为准则的人就可以为师。

弗慎厥德,虽悔可追?(《尚书·五子之歌》)

【注释】厥:其。追:补救。

【译文】平时不注重自己的道德修养,(出了事)即使想悔改,能来得及吗?

古人有言曰:"民讫自若,是多盘。"(《尚书·秦誓》)

【注释】讫(qì):尽。若:顺。盘:辟,邪辟。

【译文】古人有话说:"人都随心所欲,就会出现差错。"

宽而栗,柔而立,愿而恭,乱而敬,扰而毅,直而温,简而廉,刚而塞,强而义。(《尚书·皋陶谟》)

【注释】栗:通"慄",此指谨慎。立:有独立见解。愿:厚道。乱:治,这里指有排乱解纷、治理国家的才干。扰:柔顺。毅:果断。廉:指人的性格、行为不苟。塞:充实。义:符合道义。

【译文】(九德是)宽宏大量而又谨小慎微,性格温和而又独立不移,老实忠厚而又严肃庄重,富有才干而又办事认真,柔和顺服而又刚毅果断,为人正直而又待人和气,志向远大而又注重小节,刚正不阿而又实事求是,坚贞不屈而又符合道义。

满招损,谦受益,时乃天道。(《尚书·大禹谟》)

【注释】时:此,是。天道:这里指自然规律。

【译文】自满就招来损害,谦虚能得到益处,这是自然规律。

貌曰恭,言曰从,视曰明,听曰聪,思曰睿。恭作肃,从作乂,明作哲,聪作谋,睿作圣。(《尚书·洪范》)

【注释】从:正当,合理。睿(ruì):通达。作:则,就。乂:治理,安定。

【译文】容貌要恭敬,言语要正当,观察要明白,听闻要广远,思考要通达。容貌恭敬就能严肃,言语正当就能治理,观察明白就能清晰,听闻广远就能善谋,思考通达就能圣明。

能自得师者王,谓人莫己若者亡。好问则裕,自用则小。(《尚书·仲虺之诰》)

【注释】王:称王。裕:有所得,自以为是。

【译文】能够自己找老师的人可以称王,认为别人不如自己的人就要灭亡。

谦虚好问的人必然伟大，自以为是的人必然渺小。

其尔万方有罪，在予一人。予一人有罪，无以尔万方。(《尚书·汤诰》)

【注释】 其：如果。

【译文】 如果你们诸侯有罪，那罪在我一人身上。而我一人有罪，不加罪你们诸侯。

人之有技，若己有之。人之彦圣，其心好之，不啻若自其口出。是能容之，以保我子孙黎民，亦职有利哉！人之有技，冒疾以恶之。人之彦圣，而违之俾不达。是不能容，以不能保我子孙黎民，亦曰殆哉！(《尚书·秦誓》)

【注释】 彦：美士，此指贤良。不啻(chì)：不只，不仅仅。职：《大学》作"尚"，庶几、差不多。冒疾：妒忌。违：阻止。俾：使。

【译文】 (大臣能像这样)别人有能力，就好像自己有一样。别人贤明圣哲，自己打心眼里非常喜欢，不仅仅是嘴里称道而已。这是能够容人，任用这样的人来保护我的子孙百姓，也差不多是有益处的。相反，别人有能力就妒忌，就厌恶。别人贤明圣哲，自己却尽力阻挡不让君主知道。这是不能容人，任用这样的人来保护我的子孙百姓，这才叫危险啊！

汝惟不矜，天下莫与汝争能。汝惟不伐，天下莫与汝争功。(《尚书·大禹谟》)

【注释】 惟：只，只要。矜：自以为贤能。伐：自我夸耀。

【译文】 你只要不自以为贤能，天下就没有人与你争能。你只要不夸耀自己的功绩，天下就没有人与你争功。

慎厥初，惟厥终，终以不困。(《尚书·蔡仲之命》)

【注释】 惟：思考。

【译文】 事情开始就要小心谨慎，也要考虑以后的结局，最终就不会困顿了。

慎厥身修，思永。(《尚书·皋陶谟》)

【注释】永：长久。
【译文】谨慎而长久地修养自身品德。

慎厥终,惟其始。(《尚书·仲虺之诰》)
【注释】惟：思考。
【译文】要有好的结局,开始就要谨慎行事。

慎乃俭德,惟怀永图。(《尚书·太甲上》)
【注释】乃：你的。怀：思。永：长远,长久。
【译文】要养成节俭美德,考虑长久之计。

慎终于始。(《尚书·太甲下》)
【注释】于：与。
【译文】始终都要谨慎。

树德务滋,除恶务本。(《尚书·泰誓下》)
【注释】滋：滋长。本：根本。
【译文】建树美德,力求滋长;清除邪恶,力求根除。

夙夜罔或不勤,不矜细行,终累大德。为山九仞,功亏一篑。(《尚书·旅獒》)
【注释】矜：慎。细行：小德。
【译文】从早到晚没有不勤奋的时候,不谨慎日常生活中的言行,最终必然败坏大的品德。譬如堆垒九仞高的山,如不运完最后一筐土,那就会前功尽弃。

玩人丧德,玩物丧志。(《尚书·旅獒》)
【注释】玩：玩弄。志：志向,抱负。
【译文】玩弄人会丧失自己的品德,玩赏器物会败坏自己的志向。

惟教学半,念终始典于学,厥德修罔觉。(《尚书·说命下》)
【注释】敩(xiào)：教。

【译文】教是学的一半,自始至终念念不忘地学习,道德会不知不觉逐步完善。

我闻吉人为善,惟日不足。凶人为不善,亦惟日不足。(《尚书·泰誓中》)

【注释】日:时间。

【译文】我听说善良的人做善事,唯恐时间不够。恶人做恶事,也是唯恐时间不够。

无起秽以自臭。(《尚书·盘庚中》)

【注释】起秽:这里指传播谣言。

【译文】不要四处传播谣言败坏自己。

习与性成。(《尚书·太甲上》)

【译文】时间长了,习惯就会变成人的天性。

详乃视听,罔以侧言改厥度。(《尚书·蔡仲之命》)

【注释】详:审察。侧言:片面的话。

【译文】审察你的见闻,不要因一面之词轻易改变你的行为准则。

休兹知恤,鲜哉!(《尚书·立政》)

【注释】休:美。兹:连词,而。恤:忧。鲜:少。

【译文】处在美好的环境而能够知道忧虑,这样的人很少啊!

蓄疑败谋,怠忽荒政,不学墙面,莅事惟烦。(《尚书·周官》)

【注释】荒:荒废。

【译文】多疑会败坏所谋划的事,懈怠疏忽会荒废政事,人不学习如同面向墙壁什么也看不见,遇事就会烦乱。

一人三失,怨岂在明?不见是图。(《尚书·五子之歌》)

【注释】明:指显明时。不见是图:即"图不见",指在过失还很小时克服。

【译文】一个人犯有许多过失,难道在明显的时候才去考虑吗?应当在错误没有形成时就加以考虑。

有其善,丧厥善。矜其能,丧厥功。(《尚书·说命中》)
【注释】厥:其。矜:自吹,自夸。
【译文】如果自恃有善行,就会丧失善行。自己夸耀自己的才能,就会丧失功劳。

欲败度,纵败礼。(《尚书·太甲中》)
【注释】度:法度。
【译文】放纵欲望就会败坏礼仪法度。

责人斯无难,惟受责俾如流,是惟艰哉。(《尚书·秦誓》)
【注释】俾:使。
【译文】指责别人不难,只有受别人指责而能像流水那样坦然,这就难了。

至治馨香,感于神明。黍稷非馨,明德惟馨。(《尚书·君陈》)
【注释】馨(xīn):散布很远的香气。
【译文】至治之世的馨香,可以传到天上以至感动天上的神明。(祭祀用的)黍稷的馨香不是真正的馨香(鬼神不一定享用),只有明德才是真正的馨香(鬼神才享用)。

终始惟一,时乃日新。(《尚书·咸有一德》)
【注释】一:一贯。时:此,是。
【译文】(修养品德)要始终如一坚持不懈,这样德才能天天进步。

作德,心逸日休。作伪,心劳日拙。(《尚书·周官》)
【译文】做好事能使心情快乐、天天安宁,做坏事能使心神憔悴、天天不安。

人　事

非知之艰,行之惟艰。(《尚书·说命中》)

【注释】非知之艰:即"知之非艰"。
【译文】懂得了解它并不难,做起来才艰难。

弗虑胡获?弗为胡成?(《尚书·太甲下》)
【注释】胡:何,怎么。
【译文】不思考怎么能有收获?不去做怎么能有成就?

功崇惟志,业广惟勤。(《尚书·周官》)
【译文】功高在于立志,业广在于勤勉。

骄淫矜侉,将由恶终。(《尚书·毕命》)
【注释】矜侉:自夸自大。
【译文】骄横、放荡、自夸自大,这样的人将不得善终。

天作孽,犹可违;自作孽,不可逭。(《尚书·太甲中》)
【注释】违:避免。逭(huàn):逃避。
【译文】天灾尚可避免,自己惹来的祸很难逃避。

惟克果断,乃罔后艰。(《尚书·周官》)
【注释】克:能。
【译文】能做到处事果断,就不会有后来的艰难。

惟天地万物父母,惟人万物之灵。(《尚书·泰誓上》)
【译文】天地是万物的父母,人类是万物的灵长。

无总于货宝,生生自庸。(《尚书·盘庚下》)
【注释】总:聚集。庸:功。
【译文】不要聚集财宝,要为民谋生以立功。

五福:一曰寿,二曰富,三曰康宁,四曰攸好德,五曰考终命。(《尚书·洪范》)

【注释】攸:助词。考:老。
【译文】五种幸福:一是长寿,二是富裕,三是健康安宁,四是遵行美德,五是寿终正寝。

予视天下愚夫愚妇一能胜予。(《尚书·五子之歌》)
【注释】一:都,整个。
【译文】我以为天下的愚人都能胜过我。

与人不求备,检身若不及。(《尚书·伊训》)
【注释】与:结交。检:约束。
【译文】结交人不求全责备,约束自己唯恐比不上别人。

诗　　经

　　《诗经》原称《诗》或《诗三百》，是我国最早的一部诗歌总集，所收作品上起西周初年下至春秋中期（前11世纪至前6世纪），前后约500年，保存诗歌305篇。

　　相传，周代有采诗献诗的活动，如《诗经》中的"风"，大多来自民间，是由乐师搜集并整理的；《诗经》中的"雅""颂"大多是歌功颂德或讽谏之作，可能是公卿列士奉献或写作的。据《史记》记载，当时古《诗》有3000余篇，到了春秋时，孔子才在此基础上加以删订。"及至孔子，去其重，取可施于礼义，上采契、后稷，中述殷、周之盛，至幽、厉之缺，始于衽席，故曰：'《关雎》之乱以为《风》始，《鹿鸣》为《小雅》始，《文王》为《大雅》始，《清庙》为《颂》始。三百五篇，孔子皆弦歌之，以求合《韶》《武》《雅》《颂》之音。"（《史记·孔子世家》）班固说："《书》曰：'诗言志，歌咏言。'故哀乐之心感，而歌咏之声发。诵其言谓之诗，咏其声谓之歌。故古有采诗之官，王者所以观风俗，知得失，自考正也。孔子纯取周诗，上采殷，下取鲁，凡三百五篇，遭秦而全者，以其讽诵，不独在竹帛故也。"（《汉书·艺文志》）孔子删《诗》的目的在于以《诗》立教，"存先王之遗教"。《礼记·经解》："温柔敦厚，《诗》教也。"

　　今本《诗经》分为"风、雅、颂"三大类。"风"也叫"国风"，包括十五个地区和国家的诗，即周南、召南（南至江汉流域）、邶、鄘、卫、王（今洛阳市）、郑、桧、齐、魏、唐（晋）、秦、豳、陈、曹等，共160篇。"雅"分《大雅》《小雅》，共105篇。"颂"分《周颂》《鲁颂》《商颂》，共40篇。作品产生的地区，大约在今黄河流域的陕西、山西、河南、山东、河北和长江流域的湖北北部。

　　诗是合乐的，"风、雅、颂"的区别主要在音乐方面："风"是采自各地的民间乐歌；"雅"成于士大夫之手，用的是西周都城镐京一带的乐调；"颂"是宗庙里贵族祭祀祖神的乐歌。或以为"风、雅、颂"取义特别。"风"的含义有三："上以风化下"，一也；"下以风刺上"，二也；采自各国，可以考见各地的风俗，三也。

"'雅'者,政也,言王政之所由兴废也。政有大小,故有《小雅》焉,有《大雅》焉。'颂'者,美盛德之形容,以其成功告于神明者也。"(《诗大序》)

《诗大序》以"风、雅、颂"与"赋、比、兴"为《诗》的"六义"。《周礼》称之为"六诗"。风、雅、颂如前所言。"赋、比、兴"是《诗》的描写方法。"赋",郑玄曰:"赋之言铺,直铺陈今之政教善恶。"朱熹曰:"赋者,敷陈其事而直言之者也。""比",郑玄曰:"比,见今之失,不敢斥言,取比类以言之。"朱熹曰:"比者,以彼物比此物。""兴",郑玄曰:"兴,见今之美,嫌于媚谀,取善事以喻劝之。"朱熹曰:"兴者,先言他物以引起所咏之辞。"

《诗经》在文学上有很高的成就,是我国诗的源头,它的现实主义写法影响中国诗坛几千年。《诗经》的反映现实、具有史诗的特点,是研究殷周社会的宝贵资料,诸如周族历史社会斗争、人民生活、典章制度、自然科学等方面都可以从《诗经》中找到材料。如《小雅·十月之交》记载了当时发生的一次地震和日食,这是我国历史上也是世界上有确切时间的最早的一次地震、日食记录。

孔子曾说:"《诗》三百,一言以蔽之,曰:'思无邪。'"从孔子删《诗》、研究《诗》开始,对《诗》的研究形成了一门学问——《诗经》学。《诗经》学的代表著作有西汉《毛诗故训传》。西汉传《诗》有四家:《齐诗》,齐国人辕固传;《鲁诗》,鲁国人申培传;《韩诗》,燕国人韩婴传;《毛诗》,鲁国人毛亨(一说毛苌)传。当时三家诗盛行,《毛诗》不显,但后来独《毛诗》传世,三家诗皆佚,今本《诗经》即《毛诗》。《毛诗》每篇之前有一段说明文字,称为《诗序》。只说一篇内容的,称《小序》,在第一篇《关雎》前,除《小序》外,还有一大段泛论《诗经》的文字,称为《大序》。《小序》,多曲解诗意。关于《诗序》的作者,有人说是孔子的弟子子夏,有人说是东汉人卫宏,一般认为《诗序》是汇集西汉儒生对《诗》的解说而成。《毛诗故训传》是对《诗经》较早较权威的解释,影响很大。《毛传》之后,东汉郑玄为《毛诗》作笺,更为学者所推崇。唐贞观年间孔颖达撰《毛诗正义》,使天下注疏归于一定。南宋朱熹撰《诗集传》,对传笺、注疏多有批判,提出了很多新见解。如朱氏说:"凡诗之所谓风者,多出于里巷歌谣之作,所谓男女相与歌咏,各言其情者也。"这一观点冲破《小序》,较为合理。朱注的另一长处是抛开注疏,直承汉人传笺,简洁明了。因此,《诗集传》在《诗经》学里是相当重要的一部著作。清人姚际恒有《诗经通论》、马瑞辰有《毛诗传笺通释》、陈奂有《诗毛氏传疏》,都以名物训诂取胜,对诗义的解释还不及宋人。刘天泽、曾志华、司少华主编的《十三经辞典·毛诗卷》(陕西人民出版社2002年版)可作为学习《诗经》的重要参考。

哲　理

百川沸腾,山冢崒崩。高岸为谷,深谷为陵。(《诗经·小雅·十月之交》)

【注释】冢(zhǒng):山顶。崒(zú):摧。崒崩:崩塌。

【译文】大小河流激浪翻腾,高高的山顶崩塌沦陷。崖岸陷为深谷,山谷升为陵冈。

溥天之下,莫非王土。率土之滨,莫非王臣。(《诗经·小雅·北山》)

【注释】溥:普遍。率:自。率土之滨:犹言四海之内。

【译文】普天之下,没有一处不是国王的土地。四海之内,没有一个不是国王的奴仆。

他山之石,可以攻玉。(《诗经·小雅·鹤鸣》)

【注释】攻:加工,雕刻。

【译文】别的山上的石头可以当砺石,能够去雕刻玉石。

听言则答,谮言则退。(《诗经·小雅·雨无正》)

【注释】听言:顺从的话,指阿谀奉承之语。谮(zèn)言:批评劝阻的话。

【译文】对奉承的话则搭理,对批评的话则斥退。

修　养

大夫君子,无我有尤。百尔所思,不如我所之。(《诗经·鄘风·载驰》)

【注释】无我有尤:不要责备我有什么过失。尤:责备,责难。百尔所思:即"尔百所思",指你们上百条主意。所之:所往。

【译文】诸位大夫君子,不要责备我有什么过失。你们纵有千条妙计,还不如我一个人亲自跑一遍。

既明且哲,以保其身。(《诗经·大雅·烝民》)

【注释】明、哲:明智。

【译文】既明事理又智慧过人,保持节操留芳名。

墙有茨,不可埽也。中冓之言,不可道也。所可道也,言之丑也。(《诗经·鄘风·墙有茨》)

【注释】茨(cí):蒺藜。埽:同"掃(扫)",扫除。中冓(gòu):内室,密室。中冓之言:指内室中的暧昧之言。所:若,如果。

【译文】墙上长的蒺藜,不可以去扫它呀。内室中的那些话,不可以去说它呀。假若可以说那些话,说出来可真鄙陋呀!

柔亦不茹,刚亦不吐。不侮矜寡,不畏强御。(《诗经·大雅·烝民》)

【注释】柔:软弱。茹:食,引申为吞并、侵侮。吐:引申为畏避。矜:同"鳏",老而无妻之人。寡:老而无夫之人。强御:强暴。

【译文】对软弱的人不欺侮,对刚强的人也不回避。不欺负鳏夫和寡妇,不畏惧强盗暴力。

谓天盖高,不敢不局。谓地盖厚,不敢不蹐。(《诗经·小雅·正月》)

【注释】局:曲,弓着身子。蹐(jí):小步轻走。

【译文】天可以说很高了吧,可我们却不敢不弯着腰。地可以说够厚了吧,可我们却不敢不小步轻走。

无已大康,职思其居。好乐无荒,良士瞿瞿。(《诗经·唐风·蟋蟀》)

【注释】无:通"毋",不要。大:太。康:安乐。职:助词,惟。职思其居:即居安思危。荒:荒淫。良士:好男儿。瞿瞿:警惕的样子。

【译文】不要过分贪图安乐,要居安思危。好乐而不要荒淫无度,好男儿要时时警惕。

习习谷风,以阴以雨。黾勉同心,不宜有怒。(《诗经·邶风·谷风》)

【注释】习习:和舒之貌。谷风:东风。以阴以雨:又阴又雨。此二句以天气变化喻丈夫变化无常。亹(mǐn)勉:勤勉,努力。

【译文】刚刚还是和煦温柔的东风,忽然间又是风又是雨。夫妻要同心共勉,你不该对我随意发脾气。

相鼠有皮,人而无仪。人而无仪,不死何为?(《诗经·鄘风·相鼠》)
【注释】相:看。无仪:没有法规,指行为不端。仪:法规。
【译文】看老鼠还长着毛皮,有的人却不顾脸皮不知廉耻。这样不顾脸皮不知廉耻的人,不快点死还干什么呢?

予其惩,而毖后患。(《诗经·周颂·小毖》)
【注释】惩:有所伤而知戒。毖(bì):谨慎。
【译文】我因有过沉痛的教训才懂得自警自戒,谨慎地防止后患。

人　事

哀哀父母,生我劬劳。(《诗经·小雅·蓼莪》)
【注释】劬(qú)劳:劳苦。
【译文】可怜我的父母,生我养我真太劳苦了。

大风有隧,有空大谷。维此良人,作为式谷。维彼不顺,征以中垢。(《诗经·大雅·桑柔》)
【注释】隧:风迅疾的样子。谷:善。式:语助词。征:往,行。中垢:陷入污垢。
【译文】大风呼呼刮得急,山中大谷皆空空。这心地善良的人,多行好事人称颂。那倒行逆施的人,一走路就会陷入污泥中。

伐木丁丁,鸟鸣嘤嘤。出自幽谷,迁于乔木。嘤其鸣矣,求其友声。相彼鸟矣,犹求友声。矧伊人矣,不求友生?(《诗经·小雅·伐木》)
【注释】丁丁:伐木声。嘤嘤:鸟鸣声。友声:同类的声音,意为寻找同伴。矧(shěn):况且。伊:是。友生:友人。
【译文】伐木的声音响丁丁,鸟鸣的声音响嘤嘤。它们从深谷中出来,迁往高大的树上。鸟儿嘤嘤叫呀,寻求它的同伴。看那些鸟儿呀,还知道寻求同伴。何况是人呀,怎能不寻求友人?

父兮生我,母兮鞠我,拊我畜我,长我育我,顾我复我,出入腹我。(《诗经·小雅·蓼莪》)

【注释】鞠:养育。拊:抚育,抚慰。畜:好,喜好。顾:照顾。复:反复,指反复地看。腹:怀抱。

【译文】父亲母亲生养了我,抚爱我爱护我,养育我教育我,照顾我庇护我,进进出出都抱着我。

往来行言,心焉数之。蛇蛇硕言,出自口矣。巧言如簧,颜之厚矣。(《诗经·小雅·巧言》)

【注释】行言:道听途说的话。数:盘算,引申为"分辨"。蛇(yí)蛇:安闲的样子。硕言:大话,谎话。巧言:谄媚的话。如簧:比喻谗人善于谄媚,讲起恭维的话就像乐器中簧舌发出的声音一样动听。

【译文】对流言蜚语,心里要加以分辨。那些轻率浮浅的话,都来自谗人之口。花言巧语如奏乐,真是不知羞耻啊!

无父何怙?无母何恃?(《诗经·小雅·蓼莪》)

【注释】怙(hù):依靠。恃:靠。

【译文】没有父亲何所依?没有母亲何所靠?

事 业

出纳王命,王之喉舌。(《诗经·大雅·烝民》)

【注释】出纳:总揽。喉舌:代言人。

【译文】总揽掌管天子的命令,是天子的代言人。

追琢其章,金玉其相。勉勉我王,纲纪四方。(《诗经·大雅·棫朴》)

【注释】追(duī):雕刻。追琢:雕琢。相:本质,品质。

【译文】精雕细琢是其表面,如金如玉是其本质。我们的文王勤勉辛苦,张纲立纪名震四方。

明明在下,赫赫在上。(《诗经·大雅·大明》)
【注释】明明:明察貌,多用于歌颂帝王、神灵。赫赫:显赫盛大的样子。上:指天。
【译文】王在下勤于政事,显赫的功绩就能上达于天。

肃肃宵征,夙夜在公。实命不同!(《诗经·召南·小星》)
【注释】肃肃:走得很快的样子。宵征:夜行。夙(sù)夜:日日夜夜。在公:指办公事。实:是。此句自叹命不好。
【译文】匆匆忙忙赶夜路,早忙晚忙一心为公。这是自己的命运,与人家不同。

志　向

惠而好我,携手同行。(《诗经·邶风·北风》)
【注释】惠而:惠然,友爱的样子。好我:同我友好。
【译文】同我亲近的朋友们,让我们携手一起走吧。

岂曰无衣?与子同袍。王于兴师,修我戈矛,与子同仇!(《诗经·秦风·无衣》)
【注释】袍:外面的长衣。王:指秦王。兴师:起兵。戈矛:都是长柄的兵器。同仇:你我的仇敌是共同的。
【译文】怎说没有衣穿?我和你同穿战袍。秦王要起兵打仗,赶快把武器修好,我们一起去与敌人战斗。

誓将去女,适彼乐土。乐土乐土,爰得我所。(《诗经·魏风·硕鼠》)
【注释】去:离开。女:通"汝",你。乐土:指安居乐业的理想之地。爰(yuán):于是。所:地方。
【译文】发誓从此离开你,去寻找理想的乐土。乐土啊乐土,那里才是我的好处所。

情　感

彼苍者天,歼我良人！如可赎兮,人百其身！(《诗经·秦风·黄鸟》)

【注释】 歼:灭,杀害。良人:好人,善人。赎:赎身,指替换。人百其身:是"以百人赎其身"的省语。

【译文】 那青青苍天啊,杀害我们的好人。要是能赎回他的命,愿用百人去替换他。

薄言往愬,逢彼之怒。(《诗经·邶风·柏舟》)

【注释】 薄言:语助词,无实在意义。愬:同"诉",告诉。

【译文】 去向他们诉说苦衷,却遭到他们的怒骂。

不敢暴虎,不敢冯河。人知其一,莫知其他。战战兢兢,如临深渊,如履薄冰。(《诗经·小雅·小旻》)

【注释】 暴虎:空手搏虎。冯(píng)河:徒步渡过河水。

【译文】 不敢空手与虎搏斗,不敢无船渡过河。人人都知道这两者的危险,但却不知道其他潜在的忧患。(而我面对现实)怕得发抖,小心翼翼,就好像已走到万丈深渊的旁边、已行走在薄冰上一样。

采采卷耳,不盈顷筐。嗟我怀人,置彼周行。(《诗经·周南·卷耳》)

【注释】 采采:采了又采。卷耳:一种菊科植物,又名苓耳,嫩苗可食。顷筐:斜口筐子,后高前低。此二句用衬托的方法写其没心思劳作。嗟(jiē):感叹词。怀:想念。彼:指顷筐。周行(háng):大路。此二句写女子因思念心切,干脆丢开筐子向远处张望。

【译文】 采呀采呀采卷耳菜,采了半天还不满小小一浅筐。心中思念那远方的人,把浅筐丢在大道旁。

絺兮绤兮,凄其以风。我思古人,实获我心。(《诗经·邶风·绿衣》)

【注释】 絺(chī):细葛布。绤(xì):粗葛布。凄:凄凉。古人:故人,亡妻。获:得。

【译文】细葛麻衣,粗葛麻衣,寒风习习无限凄凉。想起我的亡妻,恰好同我的心情一样。

二子乘舟,泛泛其景。愿言思子,中心养养。(《诗经·邶风·二子乘舟》)

【注释】二子:两个孩子。泛泛:漂浮不定的样子。景:通"憬",远行。养养:心中忧愁不定的样子。

【译文】两个孩子乘坐小船,飘飘荡荡驶向远方。深深地思念他们啊,心中为此忧愁不安。

何草不黄,何日不行。何人不将,经营四方。(《诗经·小雅·何草不黄》)

【注释】将:行役。经营:往来。

【译文】什么草都要枯黄,没有一天不在奔忙。任何人都要出征,征战往来四方。

衡门之下,可以栖迟。泌泌洋洋,可以乐饥。(《诗经·陈风·衡门》)

【注释】衡:通"横"。衡门:以横木为门,指房屋极简陋。栖迟:栖息,居住。泌(bì):涌出的泉水。洋洋:水流不竭。乐饥:因游乐而忘饥。

【译文】支起一根横木算个门,简陋的房屋也能栖身。门外的泉水流不尽,喝口清水也能充饥。

驾言出游,以写我忧。(《诗经·邶风·泉水》)

【注释】写:通"泻",宣泄。

【译文】驾着车儿外出游荡,从而宣泄郁结在胸中的忧愁。

江有沱,之子归,不我过。不我过,其啸也歌。(《诗经·召南·江有汜》)

【注释】沱:江河的支流。不我过:意为不经过我的居所,即不与我亲近。过:经过。

【译文】长长江水有支流,这人娶了新妇,便不再与我亲近。不再与我亲近,你会哀叹发悲歌。

静言思之,不能奋飞。(《诗经·邶风·柏舟》)
【注释】 奋飞:举翼高飞。
【译文】 静静地仔细思量,痛恨自己无法振翼飞翔。

静言思之,躬自悼矣。(《诗经·卫风·氓》)
【注释】 言:语助词。躬:自身,自己。悼:伤心。
【译文】 静下来好好想一想,独自伤心凄凄然。

君子于役,不知其期。曷至哉?(《诗经·王风·君子于役》)
【注释】 君子:古时妻子对丈夫的敬称。于:往。役:徭役。于役:即服役。曷(hé):什么时候。
【译文】 丈夫服役去了远方,不知道归期。到底什么时候才能回家乡呢?

岂不尔思?畏子不敢。(《诗经·王风·大车》)
【注释】 尔:你。尔思:即思尔。畏:怕。不敢:从文意看,就是不敢逃走。
【译文】 哪是不思念你?是担心你不敢与我逃走。

取彼谮人,投畀豺虎。豺虎不食,投畀有北。有北不受,投畀有昊。(《诗经·小雅·巷伯》)
【注释】 畀(bì):交给。有北:北方,指北方寒凉不毛之地。有昊(hào):昊天,老天。
【译文】 捉住那个造谣的,扔给豺虎吃掉。豺虎都不愿吃他,就扔到北方的不毛之地去。北方的不毛之地如果不肯要他,那就送到老天那儿受惩罚。

人有土田,女反有之。人有民人,女覆夺之。(《诗经·大雅·瞻卬》)
【注释】 女:通"汝",你。有:占取。民人:指家奴。覆:反而。
【译文】 人家有块田地,反被你据为己有。人家有奴隶,反被你夺走。

日居月诸,出自东方。乃如之人兮,德音无良。(《诗经·邶风·日

月》)

【注释】居、诸:都是语助词。乃:竟然。德音:道德名誉。

【译文】太阳啊,月亮啊,每天都出自东方。可竟然还有这样的人,不讲道德丧尽天良。

式微,式微,胡不归?微君之故,胡为乎中露?(《诗经·邶风·式微》)

【注释】式:语助词。微:第一、二个"微"为昏暗、黄昏,第三个"微"为非、不是。君:指统治者。故:此指劳役。中露:露水中。在露水中出没,意为从清晨到深夜一直在野外劳作。

【译文】天要晚啦,天要晚啦,为什么不回家?要不是国家的劳役,我们怎么从早到晚一直劳作?

谁将西归,怀之好音。(《诗经·桧风·匪风》)

【注释】西归:回西边,指回故乡。怀:托付。怀之好音:托他捎封报平安的信。

【译文】谁将到我的故乡,托他捎去一封报平安的家信。

谁生厉阶,至今为梗!(《诗经·大雅·桑柔》)

【注释】厉阶:祸端。梗:灾害。

【译文】是谁挑起的祸端,至今还是一种灾害!

谁侜予美,心焉惕惕。(《诗经·陈风·防有鹊巢》)

【注释】侜(zhōu):欺骗。美:指爱人。惕惕:忧愁不安的样子。

【译文】谁在欺骗我的爱人,我的内心忧愁不安。

四牡騑騑,周道倭迟。岂不怀归?王事靡盬,我心伤悲!(《诗经·小雅·四牡》)

【注释】牡:公马。騑(fēi)騑:奔跑不息而呈现出疲劳的样子。周道:大路。倭迟(yí):道路迂回长远的样子。靡盬(gǔ):没完没了。盬:停息。

【译文】四匹马儿奔驰忙,大道迂回远又长。难道不想回家乡?王家差事尚未完,我的心里好悲伤!

苕之华,其叶青青。知我如此,不如无生!(《诗经·小雅·苕之华》)

【注释】苕:植物名,又名"凌霄"。

【译文】苕花金黄灿烂,苕叶青翠葱茏。早知我活得这样痛苦,还不如当初不要出生!

菀彼柳斯,鸣蜩嘒嘒。有漼者渊,萑苇淠淠。譬彼舟流,不知所届。心之忧矣,不遑假寐。(《诗经·小雅·小弁》)

【注释】菀(wǎn):茂盛的样子。蜩(tiáo):蝉。嘒(huì)嘒:蝉叫声。漼(cuǐ):水深的样子。萑(huán)苇:芦苇。淠(pèi)淠:茂盛的样子。舟流:随水漂流的船。届:到。不遑:无暇,顾不上。

【译文】茂盛的垂柳,怡然自得的鸣蝉。深深的潭水,茂密的芦苇。人儿好像那漂浮的船儿,不知要漂到哪里去。我心中忧愁万分,顾不上躺下打个盹。

王事靡盬,不能艺稷黍。父母何怙?悠悠苍天,曷其有所?(《诗经·唐风·鸨羽》)

【注释】王事:指摊派的差役、劳役。靡盬(gǔ):没有止息。艺:种植。稷黍:泛指庄稼。怙(hù):依靠。悠悠:高而远的样子。曷:何时。所:处所,这里指能安居的地方。

【译文】国家的差役没完没了,我们不能去种庄稼。靠什么养活爹娘呢?高高在上的老天爷啊,我们何时才能有个安居的地方啊?

我徂东山,慆慆不归。我来自东,零雨其濛。(《诗经·豳风·东山》)

【注释】徂(cú):去,往。东山:指现在的龟蒙山。诗中是指当时军士戍守的战地。慆慆:久久。零:落。

【译文】自从我远征到东山,已好久没回故乡。今天我从东山归来,细雨蒙蒙天也缠绵。

我生之初,尚无为;我生之后,逢此百罹。(《诗经·王风·兔爰》)

【注释】罹(lí):苦难,忧患。

【译文】我出生以前那个时代,还没有这繁重的徭役;我出生以后这个时代,却碰上这千灾百难。

昔我往矣,杨柳依依。今我来思,雨雪霏霏。行道迟迟,载渴载饥。我心伤悲,莫知我哀!(《诗经·小雅·采薇》)

【注释】昔:过去,指初离家从军的时候。依依:形容柳枝轻拂的样子。思:语助词。雨:作动词用,落。霏霏:形容雪花纷飞的样子。迟迟:缓慢。载:又。

【译文】想起我离家从军的时候,杨柳轻拂依依惜别。如今我走向家乡,雪花纷飞撩人心怀。道路漫长行路缓慢,又饥又渴煎肚熬肠。抚今追昔,我满心忧伤,可谁能知道我的劳苦忧伤呢?

心之忧矣,其谁知之?其谁知之,盖亦勿思!(《诗经·魏风·园有桃》)

【注释】其:此处表示一种强调语气。盖:同"盍",何不。亦:语助词。

【译文】心中的忧愁苦闷,有谁能了解?既然无人了解,何必再想呢?

行迈靡靡,中心摇摇。(《诗经·王风·黍离》)

【注释】行迈:行走。靡靡:迟缓的样子。摇摇:指忧愁得恍惚不定。

【译文】我步履沉重地走啊走啊,心中忧愁恍惚不定。

雄雉于飞,下上其音。展矣君子,实劳我心。(《诗经·邶风·雄雉》)

【注释】雄雉:雄的野鸡。下上其音:忽上忽下地鸣叫。此二句以雄雉远飞起兴,其凄楚的哀歌衬托出丈夫离家时的难舍之情。展:诚实。

【译文】雄野鸡在空中飞翔,忽上忽下哀怨地鸣唱。我那老实本分的爱人啊,让我伤心地思念。

言念君子,温其如玉。在其板屋,乱我心曲。(《诗经·秦风·小戎》)

【注释】板屋:指西戎的住房。

【译文】我想念的爱人,温和得就像玉一样。住在遥远的西戎板屋里,想起他,我心头乱如麻。

扬之水,不流束薪。彼其之子,不与我戍申。怀哉,怀哉!曷月予还归

哉?(《诗经·王风·扬之水》)

【注释】扬:激扬,形容水流湍急。戍:防守。申:周代姜姓侯国。怀:想念。

【译文】激扬湍急的河水,冲不走成捆的柴草。我心上的那个人啊,不能跟着我同来申国防守。怀念她,想念她!我何日何时才能回家乡啊?

一日不见,如三秋兮。(《诗经·王风·采葛》)

【注释】三秋:三季,即九个月。

【译文】一天没见着她,就好像过了三个季节。

一日不见,如三月兮。(《诗经·王风·采葛》《诗经·郑风·子衿》)

【注释】如:好像。

【译文】(要是)一天不见面,就好像隔了三个月。

悠悠我里,亦孔之痗。四方有羡,我独居忧。(《诗经·小雅·十月之交》)

【注释】悠悠:无穷无尽。里:通"悝",忧思。痗(mèi):忧病,忧伤。羡:安康,富裕。

【译文】我的忧伤无穷无尽,最终积忧成疾。四方之人莫不安康快乐,唯独我自己深陷愁海之中。

予美亡此,谁与独处!(《诗经·唐风·葛生》)

【注释】予美:我的爱人。亡:死亡,离开。此:指人间。独处:独住。

【译文】我的爱人离开人世,谁伴他在荒野之中,不至于孤单一人呢!

愿言思伯,甘心首疾。(《诗经·卫风·伯兮》)

【注释】愿言:思念的样子。伯:妻子对丈夫的通称。首疾:头痛。

【译文】一心一意思念我的爱人,想得头痛也心甘情愿。

月出皎兮,佼人僚兮。舒窈纠兮,劳心悄兮。(《诗经·陈风·月出》)

【注释】皎(jiǎo):明亮。佼:美好。僚:美好。舒:缓。窈纠(yǎo jiǎo):指女子行走时那轻盈柔美的姿态。劳:忧。悄:忧愁的样子。

【译文】月亮出来明亮无比,照着美人俏丽的面庞。她是那样端庄文静,走起路来是那样轻盈柔美,我思念她的心情是多么的痛苦啊!

月出照兮,佼人燎兮。舒夭绍兮,劳心惨兮。(《诗经·陈风·月出》)
【注释】佼人:美人。燎:明。舒:缓慢。夭绍:体态轻盈的样子。劳心:思念。惨:当作"懆"(cǎo),忧虑不安。
【译文】月亮出来,明照大地,美人漂亮无比。她体态轻盈,信步而行,让我思念得忧虑不安。

知我者,谓我心忧;不知我者,谓我何求。(《诗经·王风·黍离》)
【注释】谓:说。何求:求什么。
【译文】了解我的人,说我心中有忧愁;不了解我的人,还以为我有什么希求。

之子于归,远送于野。瞻望弗及,泣涕如雨。(《诗经·邶风·燕燕》)
【注释】之子:这女子。归:出嫁。野:郊外。瞻望:抬头遥望。
【译文】这女子现在要出嫁,远远地送她到郊外。纵目远望看不见了,泪落纷纷如雨下。

陟彼阿丘,言采其蝱。女子善怀,亦各有行。(《诗经·鄘风·载驰》)
【注释】陟(zhì):登。阿丘:斜坡,山丘。蝱(méng):贝母,药名,主疗郁结之症。善怀:多愁善感。行:主张,道理。
【译文】登上那个山丘,去采贝母治疗忧愁。女子都爱多愁善感,但也各有各的道理。

终风且暴,顾我则笑。谑浪笑敖,中心是悼。(《诗经·邶风·终风》)
【注释】终风:整天刮风。一说西风。暴:狂暴。浪:放荡。敖:放纵。悼:悲伤。
【译文】整天狂风肆虐,见到我他就笑嘻嘻。肆意调戏太放荡,使我心中悲伤凄凉。

爱　　情

摽有梅,其实七兮。求我庶士,迨其吉兮。(《诗经·召南·摽有梅》)

【注释】摽(biào):抛击。梅:与"媒"同音,女子眼见梅子被打落,联想到自己的终身大事还没有着落。其实七兮:在树上的梅子还有十分之七。此二句托物言情。庶:众多。士:男子的通称。迨:及,趁着。吉:好时光。

【译文】梅子一个个坠落,果子还剩下十分之七了。有心追求我的小伙子,不要错过好时机呀!

裳裳者华,其叶湑兮。我觏之子,我心写兮。(《诗经·小雅·裳裳者华》)

【注释】裳裳:光明盛美的样子。湑(xǔ):茂盛。觏(gòu):遇见。写:通"泻"。

【译文】丰盛明艳怒放的花朵,厚密旺盛润泽的绿叶。我遇见了那个人,我的心真舒畅啊。

鹑之奔奔,鹊之疆疆。(《诗经·鄘风·鹑之奔奔》)

【注释】鹑(chún):鸟鸣。奔奔:成双成对地飞翔。鹊:鸟名,喜鹊。疆疆:与"奔奔"意同,都强调鸟儿一雌一雄配对飞的样子。

【译文】鹑鹑对对不分离,喜鹊双双飞相随。

东门之杨,其叶牂牂。昏以为期,明星煌煌。(《诗经·陈风·东门之杨》)

【注释】牂(zāng)牂:风吹树叶之声。昏:黄昏。煌煌:明亮的样子。

【译文】东门之外有白杨,白杨叶儿沙沙响。与郎约会在黄昏后,可现在启明星已闪闪发光。

泛彼柏舟,亦泛其流。耿耿不寐,如有隐忧。(《诗经·邶风·柏舟》)

【注释】泛:飘荡。柏舟:柏木制的船。亦:语助词。流:水流。此二句用漂浮的船只象征自己的无所依托。耿耿:焦灼不安。如:连词,而。隐忧:深忧。

【译文】漂浮不定的柏木舟,随着河水任意漂流。焦虑不安难以入睡,痛苦忧伤困扰着我。

泛彼柏舟,在彼中河。髧彼两髦,实维我仪。(《诗经·鄘风·柏舟》)

【注释】泛:漂浮。中河:河中。此二句以柏木舟在河中漂浮不定衬托自己婚姻的无依无靠与烦恼,又以柏木舟与河水的紧紧相依来表达自己对恋人的思念之情。髧(dàn):头发下垂的样子。髦(máo):头发从中间分开,梳成双髻,垂在两边,谓之髦,是古代未成年男子的标志。实:这。仪:对象。

【译文】柏木舟四处飘荡,在那河中央。那个头发从中分开的人,才是我的心仪对象。

风雨凄凄,鸡鸣喈喈。既见君子,云胡不夷?(《诗经·郑风·风雨》)

【注释】凄凄:寒凉,清冷。喈喈:鸡叫的声音。君子:指你,女子对其夫或情人的尊称。夷:通"怡",喜悦。

【译文】风雨交加冷冷清清,雄鸡喔喔啼鸣。既已见到了你,怎么不心旷神怡?

风雨如晦,鸡鸣不已。既见君子,云胡不喜?(《诗经·郑风·风雨》)

【注释】晦:天色昏暗。已:止。云:语助词。胡:何。

【译文】风雨交加天气阴沉,雄鸡不停地鸣叫。看见爱人回来了,怎么不喜上眉梢?

谷则异室,死则同穴。谓予不信,有如皦日。(《诗经·王风·大车》)

【注释】谷:生,活着。异室:不处一室,此指不能结婚。穴:墓穴。予:我。皦:同"皎",明亮。

【译文】活着时我们各处一室,死后愿同葬一穴。你要是不相信我,有这明亮的太阳作证。

蒹葭苍苍,白露为霜。所谓伊人,在水一方。(《诗经·秦风·蒹葭》)

【注释】蒹葭(jiān jiā):芦苇。苍苍:茂盛的样子。白露:露水本无色,因凝结成霜呈白色。此二句以景色起兴,既点出深秋季节,又衬托出诗人的惆怅心情。伊人:那个人。一方:那边,指对岸。

【译文】芦苇丛茂盛严密,拂晓之时露浓霜重。我心中念叨的那个人,好像在河的那一方。

静女其姝,俟我于城隅。爱而不见,搔首踟蹰。(《诗经·邶风·静女》)

【注释】 静女:淑女,美女。姝:美丽。俟:等候。城隅:城边的角落,指僻静的地方。爱:隐蔽。踟蹰(chí chú):徘徊。

【译文】 温柔的姑娘多么美丽,约我到这僻静的角落来相会。故意藏起身影不见我,惹得我挠头四处徘徊。

南有乔木,不可休息。汉有游女,不可求思。汉之广矣,不可泳思。江之永矣,不可方思。(《诗经·周南·汉广》)

【注释】 乔木:高耸的树木。休:止息。息:当作"思",语助词,以下"思"字同此。汉:汉水。游女:汉水女神。"乔木"和"游女"都非人间所有,更非凡人可得,只能徒想其高大与美丽。泳:泅渡。方:竹木编制的筏,此作动词,即乘筏渡河。

【译文】 传说南山有那高大的树木,却不能在它的下面休息。传说汉水里有那美丽的汉水女神,却不能去追求她。就好像汉水宽又广,不可能泅渡过去。就好像江水长又长,不可能乘筏渡过它。

女也不爽,士贰其行。士也罔极,二三其德。(《诗经·卫风·氓》)

【注释】 爽:差错,过失。贰:不专一。罔:无。罔极:没有定准。二三其德:指男子行为多变化。

【译文】 妻子自问没什么过失,丈夫却用情不专一。丈夫的心思没有定准,前后多变无德行。

其室则迩,其人甚远。(《诗经·郑风·东门之墠》)

【注释】 迩:近。

【译文】 她的家离我这么近,可她的人却仿佛在远方。

青青子衿,悠悠我心。纵我不往,子宁不嗣音?(《诗经·郑风·子衿》)

【注释】 青衿(jīn):古代学生的装束,此指年轻的情人。衿:衣领。悠悠:悠思,形容相思之情不绝。纵:虽然。宁:为什么。嗣:给予。

【译文】你那青青的衣领,我日日夜夜都在惦记着。虽然我不能去你那儿,但你为什么不给我音讯?

手如柔荑,肤如凝脂。领如蝤蛴,齿如瓠犀。螓首蛾眉,巧笑倩兮,美目盼兮。(《诗经·卫风·硕人》)

【注释】柔荑:柔嫩的初生茅草。凝脂:凝结的脂肪,洁白滑腻。蝤蛴(qiú qí):天牛的幼虫,色白而长。瓠犀(hú xī):瓠瓜的籽,排列整齐。螓(qín):虫名,似蝉而小,头宽而方正。蛾:蚕蛾,其触须细长而曲。倩(qiàn):笑靥,笑时面颊上露出的酒窝。盼:眼睛黑白分明。

【译文】双手柔软白嫩像茅芽,皮肤光滑细腻像凝脂。颈脖修长白净,牙齿洁白整齐。额头宽阔方正,眉毛细细弯弯,颊边两个酒窝,笑得多么乖巧,美丽的眼睛黑白分明。

谁谓河广?一苇杭之。(《诗经·卫风·河广》)

【注释】河:黄河。一苇:一支芦苇。杭:通"航"。此二句极言两地相隔不远,以示思乡之意。

【译文】谁说黄河宽又广,乘一支芦苇就能航行过去。

死生契阔,与子成说。执子之手,与子偕老。(《诗经·邶风·击鼓》)

【注释】契:聚合。阔:离别。契阔:偏义复合词,此指离别。子:你。成说:成言,盟誓。偕老:同老。

【译文】在生离死别之际,我曾与你订立盟约。我拉着你的手,发誓与你白头到老。

溯洄从之,道阻且长。溯游从之,宛在水中央。(《诗经·秦风·蒹葭》)

【注释】溯(sù):沿着岸边向上游走。洄(huí):曲折的水道。从:跟踪追寻。阻:难,指路险难走。游:流,指直流的水道。宛:仿佛。中央:中间。此四句写意中人无法寻找,即不可求。

【译文】沿着上游曲折的河岸去找她,道路险阻又漫长。顺流而下去找她,仿佛在那水中央。

桃之夭夭,灼灼其华。之子于归,宜其室家。(《诗经·周南·桃夭》)

【注释】夭夭:生机勃勃的样子。灼灼:鲜艳繁盛的样子。此二句起兴,用桃树与花朵形容姑娘的年轻与美貌。之子:这位女子。归:出嫁。宜:和顺。室家:家庭。

【译文】桃树生机勃勃,花朵鲜艳灿烂。这姑娘要出嫁了,夫妇一定会生活美满。

投我以木瓜,报之以琼琚。(《诗经·卫风·木瓜》)

【注释】投:赠给。琼琚:珍美的佩玉。

【译文】她赠送我鲜木瓜,我用佩玉回报她。

投我以桃,报之以李。(《诗经·大雅·抑》)

【译文】人家送我一篮桃,我用李子来相报。

萚兮萚兮,风其吹女。叔兮伯兮,倡予和女。(《诗经·郑风·萚兮》)

【注释】萚(tuò):落。女:通"汝",指叶。倡:领唱。和:伴唱。

【译文】叶落啦,叶落啦,风吹叶儿纷纷扬扬。弟呀哥呀,我领唱,你们来伴唱呀!

未见君子,惄如调饥。(《诗经·周南·汝坟》)

【注释】惄(nì):饥饿,难受。调:通"朝",早晨。惄如调饥:早晨饿着肚皮般难忍难熬。

【译文】久久不见丈夫的面,好似早晨肚饿受煎熬。

未见君子,忧心靡乐。(《诗经·秦风·晨风》)

【注释】靡:无,没有。

【译文】没有见到你,忧闷不乐。

未见君子,忧心钦钦。(《诗经·秦风·晨风》)

【注释】君子:指你,女子对其夫或情人的尊称。钦钦:忧而不乐的样子。

【译文】没有见到你,忧心如焚。

未见君子,忧心如醉。(《诗经·秦风·晨风》)
【注释】醉:像喝醉酒一样昏昏沉沉。
【译文】没有见到你,忧郁得像醉了酒一般昏沉沉。

我心匪石,不可转也。我心匪席,不可卷也。(《诗经·邶风·柏舟》)
【注释】匪:不。卷:把东西弯转成圆筒形。
【译文】我的心不是石头,不能任人随意翻转。我的心不是芦席,不能让人任意翻卷。

我行其野,言采其葍。不思旧姻,求尔新特。成不以富,亦祇以异。(《诗经·小雅·我行其野》)
【注释】葍(fú):多年生野菜,其根可蒸食。姻:古时妻称夫为姻,夫称妻为婚。新特:新夫。特:妻称夫为特。成:通"诚",确实。祇:只,仅仅。异:变心。
【译文】凄凄然独行在郊野小路上,采呀采呀采野菜。完全不念往日的夫妻情,去追求你的新欢。实在不是因为她富有,只是喜新厌旧变了心。

我有嘉宾,中心好之。钟鼓既设,一朝酬之。(《诗经·小雅·彤弓》)
【注释】一朝:立刻。酬:劝以酒食。
【译文】我有这样好的宾客,心里无比爱惜他。钟鼓乐器都已陈列,立刻设宴酬劳他。

夏之日,冬之夜。百岁之后,归于其居。(《诗经·唐风·葛生》)
【注释】夏之日,冬之夜:用夏季的"长昼"与冬季的"长夜"来代表一年四季的日日夜夜。百岁:指死亡。其居:死者葬地,此指爱人墓地。
【译文】夏季白昼长,冬季夜漫漫。但愿我死后,能与你葬在一处。

心乎爱矣,遐不谓矣!中心藏之,何日忘之?(《诗经·小雅·隰桑》)
【注释】乎:在。遐:何。谓:告诉。中心:心中。何日:无日。
【译文】我心中爱他,何不去告诉他呢!老是藏在心里面,什么时候才能忘掉他?

信誓旦旦,不思其反。(《诗经·卫风·氓》)
【注释】信誓:诚实的誓言。旦旦:诚恳的样子。反:违反,此处指变心。
【译文】原来诚恳地发誓言,没想到突然翻脸变了心。

于嗟女兮,无与士耽!士之耽兮,犹可说也。女之耽兮,不可说也。(《诗经·卫风·氓》)
【注释】于嗟:感叹词。耽:迷恋,此处指沉溺在欢乐里。说:通"脱",摆脱。
【译文】哎呀,年轻的姑娘啊,不要与男子陷入恋情!男子陷入迷恋,还可以脱身。而女子要是陷入迷恋,可就难以再脱身了。

洵有情兮,而无望兮。(《诗经·陈风·宛丘》)
【注释】洵:信,确实。
【译文】我对你确实情义深长啊,却徒然相思无指望啊。

窈窕淑女,君子好逑。(《诗经·周南·关雎》)
【注释】窈窕(yǎo tiǎo):美好的样子。淑:善,兼指品貌。君子:此处泛指未婚的男子。逑:配偶。
【译文】美丽善良的姑娘,是未婚男子的理想配偶。

宜言饮酒,与子偕老。(《诗经·郑风·女曰鸡鸣》)
【注释】宜:烹调作为菜肴。言:语助词。
【译文】共同享受美味佳肴和好酒,祝福我与你白头到老。

有美一人,清扬婉兮。邂逅相遇,适我愿兮。(《诗经·郑风·野有蔓草》)
【注释】清扬:眉目清秀、漂亮。婉:美好。邂逅(xiè hòu):不约而相遇,无意中碰见。适:适合。
【译文】有一个美人,眉目清秀、漂亮。不约而巧相逢,正符合我的心意。

有美一人,伤如之何?寤寐无为,涕泗滂沱。(《诗经·陈风·泽陂》)

【注释】伤:一作"㥛",通"阳"。无为:没有办法。为:通"由"。

【译文】有一位美男子,我将怎样对待他?我晚上没办法入睡,眼泪滂沱像雨一样大。

有美一人,硕大且俨。寤寐无为,辗转伏枕。(《诗经·陈风·泽陂》)

【注释】俨(yǎn):庄重。辗转:翻来覆去睡不着。

【译文】有一位美男子,身体高大并且威严庄重。(使我)晚上无法入睡,在床上翻来覆去。

之死矢靡它。母也天只!不谅人只!(《诗经·鄘风·柏舟》)

【注释】之:到。矢:通"誓",发誓。靡:无。也:语助词。只:语助词。谅:体谅。

【译文】我发誓到死不变心。妈呀!天呀!太不体谅我的心啦!

知子之来之,杂佩以赠之。知子之顺之,杂佩以问之。知子之好之,杂佩以报之。(《诗经·郑风·女曰鸡鸣》)

【注释】来:劳来,关怀。杂佩:用多种类型的珠玉组成的佩饰。顺:顺从,体贴。问:赠送。好:相好,恩爱。

【译文】知道你对我关心,送给你杂佩表心意。知道你对我体贴,送给你杂佩表谢意。知道你对我恩爱至深,送给你杂佩表同心。

中心好之,曷饮食之?(《诗经·唐风·有杕之杜》)

【注释】曷:通"盍",何不。

【译文】心中既然深爱着他,何不请他喝酒吃饭?

子惠思我,褰裳涉溱。子不我思,岂无他人?(《诗经·郑风·褰裳》)

【注释】惠:爱。褰(qiān)裳:提起裤子。溱(zhēn):水名。不我思:不思我。

【译文】要是你爱我想我,就提起衣裳过溱河。要是你不爱我不想我,难道没有别人来爱我?

教 学

匪手携之,言示之事。匪面命之,言提其耳。(《诗经·大雅·抑》)

【注释】匪:不仅,不但。示:指点。面命:当面指导。

【译文】不仅亲手提携你,还要指点你办事情。不仅当面教导你,还要拎着你的耳朵要你听。

日就月将,学有缉熙于光明。(《诗经·周颂·敬之》)

【注释】就:久。将:长。此句为日久月长、日积月累之意。缉熙:积渐广大。

【译文】日日有所成就,月月有所奉行,学问才能渐广渐深,人生才会光明。

赞 辞

彼姝者子,何以畀之?(《诗经·鄘风·干旄》)

【注释】姝(shū):美好,此处指贤者的美德。畀(bì):给予。

【译文】对那有美德的贤者,用什么馈赠给他?

凯风自南,吹彼棘心。棘心夭夭,母氏劬劳。(《诗经·邶风·凯风》)

【注释】凯风:南风。棘:酸枣树。棘心:指枣树幼苗,此处比喻孩子。夭夭:生机勃勃的样子。劬(qú)劳:劳苦。

【译文】和风来自南方,吹在酸枣树幼苗上。幼苗生机勃勃长得旺,出自母亲辛苦的培养。

令仪令色,小心翼翼。(《诗经·大雅·烝民》)

【注释】令:美。令仪令色:指言谈、举止、风度、表情优雅美好、和颜悦色、适度宜人。翼翼:恭敬谨慎的样子。

【译文】风度优雅容颜美,办事谨慎真出色。

南山有桑,北山有杨。乐只君子,邦家之光! 乐只君子,万寿无疆!(《诗经·小雅·南山有台》)

【注释】乐:指天子以广得君子而乐。君子:指贤者。邦家:国家。

【译文】南山坡上有桑柔,北山坡上有白杨。得到贤者真快乐呀,国家因此添荣光! 得到贤者真快乐呀,祝天子您万寿无疆!

南有樛木,葛藟累之。乐只君子,福履绥之。(《诗经·周南·樛木》)

【注释】樛(jiū)木:树枝向下弯曲的树。葛藟(lěi):葛藤。累:缠绕。只:语助词。福履:福禄,幸福。绥:安抚。

【译文】南山有弯弯的树,葛藤缠绕着它。快乐的人儿,幸福永远陪伴着他。

如月之恒,如日之升。如南山之寿,不骞不崩。如松柏之茂,无不尔或承。(《诗经·小雅·天保》)

【注释】恒:月上弦之貌。骞(qiān):亏损。或:有。承:继承。

【译文】您像月亮渐丰盈,您像太阳在东升。您像南山永长寿,永不亏损永不崩溃。您像松柏永茂盛,子孙后代相继承。

委委佗佗,如山如河。(《诗经·鄘风·君子偕老》)

【注释】委委佗佗:落落大方的样子,表示举止从容。

【译文】举止从容,潇洒大方,稳重如山,宽广如河。

厌厌良人,秩秩德音。(《诗经·秦风·小戎》)

【注释】厌厌:安静柔和的样子。良人:指爱人。秩秩:进退有礼的样子。

【译文】那安安静静的人儿呀,规规矩矩具有良好的品德。

有匪君子,如金如锡,如圭如璧。宽兮绰兮,猗重较兮,善戏谑兮,不为虐兮。(《诗经·卫风·淇奥》)

【注释】圭:长方形的玉版。璧:圆形的玉器。宽:宽厚。绰:开朗从容。

猗:通"倚",靠。重较:车厢上有二重横木的车子,为古代卿士所乘。虐:刻薄伤人。

【译文】美君子文采风流,像金锡一样光彩照人,如圭璧一样洁白无瑕。宽厚从容,乘着车子,言谈风趣,却不刻薄待人。

有匪君子,如切如磋,如琢如磨。(《诗经·卫风·淇奥》)
【注释】匪:通"斐",文采。切:治骨。磋:治象牙。琢:治玉。磨:治石。
【译文】美君子文采风流,似象牙经过切磋,似美玉经过琢磨。

终温且惠,淑慎其身。(《诗经·邶风·燕燕》)
【注释】终:既。温:温柔。
【译文】既温和又柔顺,性情善良又谨慎。

景　物

鹤鸣于九皋,声闻于野。鱼潜在渊,或在于渚。(《诗经·小雅·鹤鸣》)
【注释】九:虚数,言沼泽之曲折。皋(gāo):沼泽。闻:传布,达到。渚:河中小洲,此指洲边的浅水。
【译文】沼泽深处白鹤叫,鸣声响亮传遍田野。鱼儿有时潜伏在深水中,有时在浅水中嬉戏。

鸿雁于飞,肃肃其羽。(《诗经·小雅·鸿雁》)
【注释】鸿雁:大雁。于:语助词。肃肃:鸟扇动翅膀的声音。羽:指鸟翼。
【译文】大雁飞呀飞,扇动翅膀肃肃地响。

鸡栖于埘,日之夕矣,羊牛下来。(《诗经·王风·君子于役》)
【注释】埘(shí):墙壁上挖洞做成的鸡窝。
【译文】鸡儿回窝蹲着了,夕阳西下暮色浓了,牛羊纷纷下山冈回家了。

渐渐之石,维其高矣。山川悠远,维其劳矣。(《诗经·小雅·渐渐之石》)

【注释】渐渐:通"巉巉",山石险峻的样子。劳:通"辽",辽阔。

【译文】高高的山石,是那样的高又险。遥远的山川,是那样的辽阔无极。

崧高维岳,骏极于天。(《诗经·大雅·崧高》)

【注释】崧:山大而高。维:是。岳:特指高大的山。《毛传》:"岳,四岳也。东岳岱,南岳衡,西岳华,北岳恒。"骏:通"峻",高大。极:至。

【译文】又大又高的是四岳,高耸巍峨接云天。

萧萧马鸣,悠悠斾旌。(《诗经·小雅·车攻》)

【注释】斾旌:泛指旗帜。

【译文】耳听马鸣声萧萧,眼望旌旗悠悠飘。

夜如何其?夜未央,庭燎之光。君子至止,鸾声将将。(《诗经·小雅·庭燎》)

【注释】其:语助词,表疑问。央:尽。庭燎:大烛,即点燃于庭中用以照明的火炬。鸾:通"銮",古代车马所用的铃。

【译文】现在夜里什么时候啦?长夜未半,那庭中的火炬烧得正旺。诸侯的车子快来到,远处车铃叮当响。

鸢飞戾天,鱼跃于渊。(《诗经·大雅·旱麓》)

【注释】鸢(yuān):鹞鹰。戾:至。

【译文】鹞鹰展翅飞上天,鱼儿跳跃在深渊。

瞻卬昊天,有嘒其星。(《诗经·大雅·云汉》)

【注释】瞻卬:仰望。卬:通"仰"。嘒:形容星光微小而明亮。

【译文】仰望高空万里晴,微光闪闪满天星。

倬彼云汉,为章于天。(《诗经·大雅·棫朴》)

【注释】倬:广大。章:花纹。

【译文】浩渺云河万里连,明亮灿烂布满天。

周　礼

《周礼》一书,本名《周官》,因与《尚书》中的《周官》混同,待列为经后,称《周官经》,后由刘歆改为《周礼》。东汉郑玄为《周礼》《仪礼》《礼记》作注,于是有了"三礼"一名,《周礼》是其中之一。《周礼》是一部谈周代政治制度的书。关于它的成书年代及作者,自古众说纷纭:或以为周公旦作;或以为刘歆伪作,因其所记多与周代制度不合;或以为"出于六国时人"。今人洪诚等断为"成书最晚不在东周惠王后"(参《读〈周礼正义〉》,载《孙诒让研究》),《周礼》所记确为西周制度。

《周礼》全书分为天官、地官、春官、夏官、秋官、冬官六大部分。天官立冢宰,为六卿之首、百官之长,职掌天下政务,辅佐君主统治天下,下属63种职官;地官立司徒,职掌邦教、土地、赋税等,下属79种职官;春官立宗伯,职掌邦礼,主管宗庙祭祀,下属69种职官;夏官立司马,职掌军政,统领军队,下属68种职官;秋官立司寇,职掌狱讼刑罚等,下属65种职官。大小官员都详叙其官名、爵等、员数、职掌等。《周礼》缺《冬官》,后以《考工记》补之。所记为百工制作之事,诸如"攻木之工""攻金之工""攻皮之工""设色之工""刮摩之工""抟埴之工"等,是考察周秦工艺制作的宝贵资料。

《周礼》是考察中国古代的政治制度,诸如田制、兵制、刑法、礼制等的宝贵资料。此书对后世的影响是很大的,隋唐以来吏、户、礼、兵、刑、工六部之分实可溯源于《周礼》。王莽、王安石变法,改革官制,有人说是按《周礼》实施的。《周礼》注本,重要的有汉郑玄《周礼注》,郑玄在汉代今古文学者研究的基础上,对《周礼》研究作了总结,唐贾公彦《周礼注疏》用此;清孙诒让《周礼正义》,博采众说,取舍允当。汤斌主编的《十三经辞典·周礼卷》(陕西人民出版社2010年版)可作为学习《周礼》的重要参考。

哲　理

橘踰淮而北为枳,鸜鹆不踰济,貉踰汶则死,此地气然也。(《周礼·冬官考工记第六》)

【注释】踰:同"逾"。枳:似橘而味苦涩。鸜鹆:鸟名,俗名"八哥"。

【译文】橘子树过了淮河向北(种植)就变成枳子了,鸜鹆从来不往北飞越过济水,貉(如果)向南渡过汶水就要死的,这都是地理环境使它们成为这样。

善者在外,动者在内,虽善于外,必动于内,虽善亦弗可以为良矣。(《周礼·冬官考工记第六》)

【注释】动者在内:言变动于内。

【译文】木头外表看起来很好,而里面却变动桡减,外表虽好,里面变动,就是再好也不能成为良弓了。

天有时,地有气,材有美,工有巧,合此四者,然后可以为良。(《周礼·冬官考工记第六》)

【译文】能适应天时(的寒温)和地气(的刚柔),有美好的材料和精巧的工艺,综合上述四种条件,制作出来的器物一定是精良的。

天有时以生,有时以杀;草木有时以生,有时以死;石有时以泐;水有时以凝,有时以泽,此天时也。(《周礼·冬官考工记第六》)

【注释】杀:衰退,残败。泐(lè):裂开。凝:凝固,此指结冰。

【译文】天有时使万物生长,有时使万物凋落;草木有时生长,有时凋谢枯萎;石头有时风化破裂;水有时凝结成冰,有时又润泽万物,这些都是天时。

郑之刀,宋之斤,鲁之削,吴粤之剑,迁乎其地而弗能为良,地气然也。(《周礼·冬官考工记第六》)

【注释】斤:斧子一类的工具。削:曲刀,用以刻削竹木。粤:同"越"。

【译文】郑国产的刀,宋国产的斤,鲁国产的曲刀,吴越产的剑(都很有名),(如果)离开了它们的产地(在别的地方制作,即使是同样的工艺和材料),它们的质量就不会精良,是地理环境使它们成为这样。

政　　事

暴内陵外则坛之,野荒民散则削之。(《周礼·夏官司马第四》)

【注释】坛:野土,空地。

【译文】诸侯中有专行暴政、欺凌邻国的,那就废止国君,另立贤能。有使田野荒芜、百姓逃散的,那就削去他的土地。

不用法者,国有常刑。(《周礼·地官司徒第二》)

【译文】如果没有法令来约束,国家就会常常去惩罚百姓(因为犯罪的人会多)。

凡邦国三岁则稽士任而进退其爵禄。(《周礼·夏官司马第四》)

【注释】稽:考察。

【译文】凡各邦国每三年要考察一次士的工作成绩,(根据其成绩)增加或减少他的爵禄。

凡盗贼军乡邑及家人,杀之无罪。凡报仇雠者,书于士,杀之无罪。(《周礼·秋官司寇第五》)

【注释】军:言持兵器侵入。

【译文】凡盗贼持械闯入乡遂、公邑及平民人家,(被劫掠者)杀掉他们是无罪的。凡遇见犯罪当杀而逃匿未被官府逮捕的仇人,经向司法官员备案,杀掉他们也是无罪的。

凡国都之竟有沟树之固,郊亦如之,民皆有职焉。若有山川,则因之。(《周礼·夏官司马第四》)

【注释】竟:同"境"。固:坚固,特指地形险要和城郭坚固。因:凭借。

【译文】凡国与都邑的边境处,都有沟渠和汾沟栽种的树木作为阻固,都城的四周也是一样,民众有修筑和守卫阻固的职责。若界内有山川,可凭借山川的地势作为险阻。

凡国失火,野焚莱,则有刑罚焉。(《周礼·夏官司马第四》)
【注释】莱(lái):野草,即"藜"。
【译文】凡国中有失火的,或擅自焚烧野草的,就加以处罚。

凡窃木者有刑罚。(《周礼·地官司徒第二》)
【注释】窃:偷取,盗取。
【译文】对盗砍山林树木的,都加以处罚。

凡赏无常,轻重眂功。(《周礼·夏官司马第四》)
【注释】眂:看。
【译文】凡赏赐并没有固定的,要视功劳大小调整赏赐轻重。

凡失财用、物辟名者,以官刑诏冢宰而诛之。其足用、长财、善物者,赏之。(《周礼·天官冢宰第一》)
【注释】辟:邪。辟名:空有其名,不当其实,犹今空头虚账。善物:能使物产丰饶、质地精良。
【译文】那些支出不当致使财物浪费的和虚列账表的,就要根据公家的刑法报请冢宰加以诛罚。那些财用充实、府库盈满,又能增殖财物、使物产精良的,就要予以奖赏。

凡庶民不畜者祭无牲,不耕者祭无盛,不树者无椁,不蚕者不帛,不绩者不衰。(《周礼·地官司徒第二》)
【注释】盛:指黍稷在器中,引申为黍稷。椁(guǒ):棺材外面套的大棺材。衰:同"缞",古代用粗麻做的丧服。
【译文】凡不牧养牲畜的百姓,祭祀不能用牲;不耕田的,祭祀不能用黍稷;不种植树木的,死后只有棺而不能用椁;不养蚕的,不能穿丝绸;不绩麻枲的,丧事不准穿麻布丧服。

凡天患,禁贵价者,使有恒贾,四时之珍异,亦如之。(《周礼·地官司徒第二》)

【注释】 贾:同"價(价)",价格。

【译文】 如有天灾,禁止有人抬高物价,使商品维持一定的价格,(即使)四时所产珍异食物也是一样。

放弑其君则残之,犯令陵政则杜之,外内乱,鸟兽行,则灭之。(《周礼·夏官司马第四》)

【注释】 陵:轻蔑。杜:塞,此指不得与邻国往来。外内乱:在家庭内外做悖乱人伦之事。

【译文】 (臣下中)有放逐或杀害国君的,那就杀掉他;有违犯命令轻蔑国家政治法令的,那就禁止他与邻国交往;在家庭内外做悖乱人伦之事如同禽兽的,那就诛杀他。

负固不服则侵之,贼杀其亲则正之。(《周礼·夏官司马第四》)

【注释】 正:言正治其罪而杀之。

【译文】 有自恃险固不服节制的,就派兵进入他的国境(以示威慑);有无故杀害亲族的,就拘执而正治他的罪。

各共尔职,修乃事,以听王命。其有不正,则国有常刑。(《周礼·地官司徒第二》)

【译文】 (所有官员)当各自忠于职守,努力从事你们的工作,彻底执行王的命令。如果有失误,那么国家自有一定的法律加以制裁。

冯弱犯寡则眚之,贼贤害民则伐之。(《周礼·夏官司马第四》)

【注释】 冯(píng):欺凌。眚:通"省",削损,言削其地。贼:杀害。

【译文】 (诸侯中)有以强凌弱、以大侵小的,那就削减他的土地;有杀害贤良、残害人民的,那就征伐他。

其有不共,则国有大刑。(《周礼·天官冢宰第一》)

【注释】共:同"恭"。刑:刑罚。

【译文】如有怠废公事的,国家自有重大的刑罚。

若不可禁,则搏而戮之。(《周礼·地官司徒第二》)

【注释】搏:索持,逮捕。

【译文】若是有不听禁止的,那就逮捕他们加以处罚。

顺丰年,逆时雨,宁风旱,弭灾兵,远罪疾。(《周礼·春官宗伯第三》)

【注释】弭(mí):通"弭",止息、消除。

【译文】顺祝丰年,迎接时雨,不使风旱为害,消除灾兵,远离罪疾。

王之同姓有罪,则死刑焉。(《周礼·天官冢宰第一》)

【注释】死刑:执行死刑。

【译文】王的同姓有罪(经判决死刑的),就应执行死刑。

惟王建国,辨方正位,体国经野,设官分职,以为民极。(《周礼·天官冢宰第一》)

【注释】体:分,划分。国:都城。经:丈量。野:田野。极:极点,达到最高限度。

【译文】王者建立都城,辨别方向,规定宫室居所的位置,划分城中与郊野的疆域,分设官职,使之成为人民的准则。

一曰廉善,二曰廉能,三曰廉敬,四曰廉正,五曰廉法,六曰廉辨。(《周礼·天官冢宰第一》)

【注释】廉(lián):察也。

【译文】第一是审察他们是否把事情做好,第二是审察他们是否能彻底推行政令,第三是审察他们处理公务是否谨慎勤劳,第四是审察他们是否公正廉洁,第五是审察他们是否守法,第六是审察他们是否能明辨是非。

以荒政十有二聚万民:一曰散利,二曰薄征,三曰缓刑,四曰弛力,五曰舍禁,六曰去几,七曰眚礼,八曰杀哀,九曰蕃乐,十曰多昏,十有一曰索鬼神,十有二曰除盗贼。(《周礼·地官司徒第二》)

【注释】荒政:凶年饥荒救济百姓的政策。散利:郑司农说:"贷种食也。"力:指力役、劳役。舍:除去。几:察,此指税收。眚:通"省"。杀:减省。蕃:通"藩",闭藏。昏:同"婚"。索:求。

【译文】(大司徒)以十二项荒年救济政策聚集天下百姓不使其离散:第一是贷给人民谷种和粮食,第二是减轻各种租税,第三是宽缓刑罚,第四是免除劳役,第五是除去关市山泽的禁令,第六是免除市场货物的稽查税收,第七是简化礼仪,第八是简化丧礼礼仪,第九是收藏乐器不奏,第十是简化婚礼礼仪以增加人民结婚的机会,第十一是索求原有但已废弃的祭祀,第十二是铲除盗贼。

人　　事

凡嫁子娶妻,入币纯帛无过五两。(《周礼·地官司徒第二》)

【注释】入币:即纳币,也即"六礼"之纳征。纯帛:指长二丈之全帛。两:匹,古代布帛二丈为一端,二端为匹,故也叫两。

【译文】凡嫁女娶妻,送聘礼用缁帛,不超过五两(以免浪费)。

欲新而无穷,敝尽而无恶。(《周礼·冬官考工记第六》)

【注释】敝:破旧,破烂。

【译文】(筑氏制造的曲刀)要永远像新磨的一样,虽然锋锷敝尽,也不见瑕恶。

教　　育

施十有二教焉:一曰以祀礼教敬,则民不苟;二曰以阳礼教让,则民不争;三曰以阴礼教亲,则民不怨;四曰以乐礼教和,则民不乖;五曰以仪辨等,则民不越;六曰以俗教安,则民不愉;七曰以刑教中,则民不虣;八曰以誓教恤,则民不怠;九曰以度教节,则民知足;十曰以世事教能,则民不失职;十有一曰以贤制爵,则民慎德;十有二曰以庸制禄,则民兴功。(《周礼·地官司徒第二》)

【注释】阳礼:指男子从事的乡射饮酒礼。阴礼:指婚姻之礼。乐礼:"礼"字为衍文(用王念孙说)。仪:礼仪。偷:苟且。中:中正。虣(bào):同"暴"。恤:敬慎。度:指车服宫室的制度。世事:指世代相传的专门技艺。庸:功。

【译文】(大司徒对人民)施行十二种教法:第一是以祭祀之礼教民尊敬,人民就不会随便马虎;第二是以乡饮酒之礼教民谦让,人民就不会争斗;第三是以婚姻之礼教人民亲爱,人民就不会产生怨恨心理;第四是以乐教民和睦相处,人民就不会乖戾;第五是以礼仪辨别上下尊卑等级,人民就不会越等;第六是以善良的习俗教民安居乐业,人民就不会苟且偷生;第七是以刑罚教民遵守礼法,人民就不会暴乱;第八是以誓戒教民敬慎,人民就不会懈怠懒惰;第九是以制度教民节制,人民就不会不知足;第十是以可以世代相传的专门技艺教民,人民就不会失业;第十一是按照贤行颁赐爵位,人民就会敬慎德行(争相为善);第十二是按照功劳颁赐俸禄,人民就会努力建功立业。

以三德教国子,一曰至德,以为道本;二曰敏德,以为行本;三曰孝德,以知逆恶。教三行,一曰孝行,以亲父母;二曰友行,以尊贤良;三曰顺行,以事师长。(《周礼·地官司徒第二》)

【注释】敏:疾,指力行。

【译文】(师氏)用三德教育王公贵族子弟,第一是至德,为道之本;第二是敏德,为行之本;第三是孝德,知道不可以做忤逆邪恶的事情。教他们三行,第一是孝行,以亲爱父母;第二是友行,以尊敬贤良;第三是顺行,以侍奉师长。

仪 礼

《仪礼》为"三礼"之一,汉人称之为《士礼》,相对《礼记》而言,又叫《礼经》。到了晋代才称《仪礼》。今本《仪礼》17篇,是上古礼仪的详细记录。

《仪礼》是儒家的重要经典,过去人们说是周公旦作的,《史记》《汉书》认为出于孔子。《仪礼》所记载的一套礼仪是孔子周游列国采集搜访而来的,孔子怕它们失传了,整理成书,作为一门重要课程向弟子讲授,并且与弟子共同习礼。这一活动延续到汉代,司马迁曾说自己亲眼看到"仲尼庙堂车服礼器,诸生以时习礼其家"的情景。

《仪礼》在西汉时已有三种本子:一是郑玄采用的刘向《别录》本,现存《仪礼》即此本。刘向所定《仪礼》篇次为:士冠礼第一、士昏礼第二、士相见礼第三、乡饮酒礼第四、乡射礼第五、燕礼第六、大射仪第七、聘礼第八、公食大夫礼第九、觐礼第十、丧服第十一、士丧礼第十二、既夕礼第十三、士虞礼第十四、特牲馈食礼第十五、少牢馈食礼第十六、有司彻第十七。这种排列有其特定意义:前10篇是吉的,是关于人的;后7篇是凶的,是关于鬼的,以吉凶人鬼为序。二是戴德(大戴)本,其顺序是:士冠礼第一、士昏礼第二、士相见礼第三、士丧礼第四、既夕礼第五、士虞礼第六、特牲馈食礼第七、少牢馈食礼第八、有司彻第九、乡饮酒礼第十、乡射礼第十一、燕礼第十二、大射仪第十三、聘礼第十四、公食大夫礼第十五、觐礼第十六、丧服第十七。戴德所传的次序与刘向不同,但更为合理,因为据《礼记·昏义》说:"夫礼始于冠,本于昏,重于丧祭,尊于朝聘,和于射乡,此礼之大体也。"大戴所传合乎此。清代学者邵懿辰《礼经通论》曰:"冠昏丧祭射乡朝聘八者,礼之经也。冠以明成人,昏以合男女,丧以仁父子,祭以严鬼神,乡饮以合乡里,燕射以成宾主,聘食以睦邦交,朝觐以辨上下。"三是戴圣(小戴)本,其排列顺序杂乱无章。

下面据戴德本简叙 17 篇内容：

《士冠礼》：记载男子加冠典礼经过。《礼记·曲礼上》："男子二十，冠而字。"

《士昏礼》：记载古代男女在父母的主持下，从"纳采、问名、纳吉、纳征、请期"到"亲迎"（六礼）的全过程。

《士相见礼》：记叙贵族间第一次交往的过程（求见与回拜）。

《士丧礼》与《既夕礼》：记载一般贵族从死到埋葬的详细仪节。

《士虞礼》：记载一般贵族埋葬其父母后回家所举行的安魂礼。

《特牲馈食礼》《少牢馈食礼》《有司彻》：记载贵族在宗庙中祭祀祖先的礼节。

《乡饮酒礼》：记载古代基层行政组织定期举行的以敬老为中心的酒会仪式。

《乡射礼》：记载古代基层行政组织定期举行的射箭比赛的具体仪节。

《燕礼》：记载诸侯及其大臣们举行酒会的礼节，酒会上有伴奏和歌唱。

《大射仪》：记载的是在国君的主持下贵族们参加射箭比赛的具体过程。

《聘礼》：记载大臣到别国进行访问时的礼仪（外交典礼）。

《公食大夫礼》：记载诸侯招待其大夫的礼仪（君臣之间的典礼）。

《觐礼》：记载诸侯朝拜天子的礼节。

《丧服》：记载的是人们根据亲疏远近对死去的亲属在丧服和服期上的种种差别。（康有为《伪经考》认为前 16 篇为孔子手定，末篇乃子夏所作，与其余体例不合，故附于后）

《仪礼》一书较为系统地反映了周代贵族冠婚丧祭、饮射朝聘的生活，是考察周代社会思想、风俗、文化的重要材料。《仪礼》的一系列礼仪规范对后来的封建统治者制定礼典影响较大，研究这些礼仪典章制度不能不溯源于《仪礼》。《仪礼》的一些礼仪也深深地渗透在我国人民的婚丧嫁娶等礼俗中。

《仪礼》难读，唐人韩愈已有此感。不过，广泛参考前人的研究成果，借鉴他们的经验，潜心研读，一定情况下还要加以演习，方能彻底领会。

清人张惠言《三礼图》、清人凌廷堪《礼经释例》（有人说此是读《仪礼》的一把钥匙）、清人胡培翚《仪礼正义》，是收集前人研究成果而成。今人胡大浚主编的《十三经辞典·仪礼卷》（陕西人民出版社 2010 年版）是学习《仪礼》的重要参考。

哲 理

禽兽知母而不知父。(《仪礼·丧服·子夏传》)
【译文】禽兽只知道自己的母亲是谁而不知道自己的父亲是谁。

天子之元子犹士也,天下无生而贵者也。(《仪礼·士冠礼》)
【注释】元子:即世子、嫡长子,也叫太子。士:此指行士冠礼。
【译文】天子的长子像士一样还要行士冠礼,天下人没有生下来就高贵的(都是由下向上慢慢升高的)。

政 事

故君之所为服,子亦不敢不服也;君之所不服,子亦不敢服也。(《仪礼·丧服·子夏传》)
【注释】服:丧服,此指穿丧服服丧。
【译文】所以凡君主服丧的,公子也不敢不服丧;凡君主不服丧的,公子也不敢服丧。

以官爵人,德之杀也。(《仪礼·士冠礼》)
【注释】以:用。杀(shài):衰减,以德之大小为等差,德大者封以大官,德小者封以小官。
【译文】用官爵来任命人,必须依据人的德行大小决定授予多大的官爵。

修 养

承天之休,寿考不忘。(《仪礼·士冠礼》)
【注释】休:美善。
【译文】承受上天的美善,到老永远不忘。

多货则伤于德,币美则没礼。(《仪礼·聘礼》)

【注释】货:财物,此指朝聘时送给对方的宝玉。币:指古人用来作礼物的束帛,丝织品。

【译文】(送给对方的)圭璋璧玉多了(就显得意在宝玉)有伤美德,(送给对方的)丝织品太美了(就显得意在布帛),那么礼的本意就表现不出来了,这就丧失了礼。

妇人有三从之义,无专用之道,故未嫁从父,既嫁从夫,夫死从子。故父者子之天也,夫者妻之天也。(《仪礼·丧服·子夏传》)

【注释】从:遵从教令。子:此指儿女。

【译文】妇人有"三从"的原则,没有独立行事的道理,所以妇人没有出嫁时遵从父命,已经出嫁就遵从丈夫的教令,丈夫死后就遵从儿子的教令。所以父亲是儿女的天,丈夫是妻子的天。

继母如母。传曰:"继母何以如母?继母之配父与因母同,故孝子不敢殊也。"(《仪礼·丧服·子夏传》)

【注释】因母:亲母。

【译文】(经文说)继母跟母亲一样。《子夏传》说:"继母为什么像母亲一样?因为继母是父亲的妻子,和亲生母亲一样,所以孝子对待继母不敢有所不同。"

敬尔威仪,淑慎尔德。眉寿万年,永受胡福。(《仪礼·士冠礼》)

【注释】胡:久远,无穷。

【译文】敬慎你的容貌举止,慎养你的美好德行。长寿万年,洪福齐天。

弃尔幼志,顺尔成德;寿考惟祺,介尔景福。(《仪礼·士冠礼》)

【注释】寿考:高寿。祺:吉祥。介:给予。景:大。

【译文】抛弃你幼年时的稚气,成就你成年时的德行;愿你高寿又吉祥,给你带来大福禄。

受禄于天,宜稼于田,眉寿万年。(《仪礼·少牢馈食礼》)

【注释】眉寿:长寿。
【译文】受福禄于天,应当好好耕作,长寿万年。

夙兴夜处,小心畏忌,不惰其身,不宁。(《仪礼·士虞礼》)
【注释】忌:忌讳。惰:懒惰。
【译文】早起晚睡,谨慎小心,警惕畏惧,自己不要懒惰,悲思不安。

兄弟具在,以成厥德。黄耇无疆,受天之庆。(《仪礼·士冠礼》)
【注释】厥德:冠者的成人之德。黄:黄发,老人所生。耇(gǒu):老,寿。疆:境。庆:福。
【译文】兄弟俱在,以成就你的成人之德。到老万寿无疆,承受老天降予的福禄。

与君言,言使臣;与大人言,言事君。(《仪礼·士相见礼》)
【注释】君:君主。使:使用,使唤。大人:卿大夫。
【译文】对君主说话,说如何指使驾驭臣子;对卿大夫说话,说如何(尽心)侍奉国君。

与老者言,言使弟子;与幼者言,言孝弟于父兄。(《仪礼·士相见礼》)
【注释】弟:同"悌"(tì),弟顺从兄。
【译文】与老人说话,讲如何使唤弟子;与青少年说话,讲如何孝敬父兄。

与众言,言忠信慈祥;与居官者言,言忠信。(《仪礼·士相见礼》)
【注释】忠信:忠贞诚信。慈:仁爱。祥:善。居官者:指士以上的人。
【译文】与乡间众人说话,讲如何对人忠贞诚信、仁慈和善;与在朝的人说话,讲如何做到忠贞诚信。

子不私其父,则不成为子。(《仪礼·丧服·子夏传》)
【注释】私:爱。
【译文】儿子不能亲爱自己的父亲,就不成其为儿子。

人　事

都邑之士,则知尊祢矣。(《仪礼·丧服·子夏传》)

【注释】士:古代男子的通称,此指在朝做官的士(贵族中的最低一等)及民间知书达礼的人。祢(nǐ):已在宗庙中立主的亡父之称,也指父庙。

【译文】大城市的士人,都知道尊敬父亲的神主灵位。

父必三年然后娶,达子之志也。(《仪礼·丧服·子夏传》)

【注释】达:通达。

【译文】父亲必须在(前妻过世)三年后再娶妻,这是为了能够使儿子实现对母亲三年丧祭的心志。

父子一体也,夫妻一体也,昆弟一体也。故父子,首足也;夫妻,胖合也;昆弟,四体也,故昆弟之义无分。(《仪礼·丧服·子夏传》)

【注释】体:身体。四体:指二手二足。

【译文】父子像一个完整的身体,夫妻像一个完整的身体,兄弟像一个完整的身体。所以父子关系像身体的头和脚,夫妻关系是身体的结合(以生子嗣),兄弟关系像身体的四肢,(四肢不能和身体分开)所以兄弟之间有不能分开的道理。

冠而字之,敬其名也。(《仪礼·士冠礼》)

【注释】冠:古代男子成年时(20岁,一说19岁)举行加冠礼。字:男子加冠后据本名的含义另立别名叫字。名:古代子生三月,由父亲起名。长大后除父母及长者可叫自己的名外,朋友及一般人不能直呼其名,一般只称字。

【译文】男子行加冠礼后再立个字,以表示敬重父亲起的名。

子生三月,则父名之。(《仪礼·丧服·子夏传》)

【注释】子:指儿子与女儿。名:命名,起名。

【译文】孩子出生三个月后由父亲给他起名。

典 章 制 度

百名以上书于策,不及百名书于方。(《仪礼·聘礼》)

【注释】名:字。书:写,记载。策:竹简。方:木板。

【译文】一百字以上的书文在竹简上记载,不到一百字的在木板上记载。

年十九至十六为长殇,十五至十二为中殇,十一至八岁为下殇,不满八岁以下皆为无服之殇。(《仪礼·丧服·子夏传》)

【注释】殇:未成年而死。无服:指丧礼无丧报。

【译文】年龄在16至19岁而夭折叫长殇,12至15岁叫中殇,8至11岁叫下殇,不满8岁而夭折叫无服之殇。

礼　记

《礼记》共49篇，据《汉书·艺文志》说是七十子后学者所记，汉戴圣传述编定的，故又称《小戴记》(以别于戴德的《大戴记》，此已残缺)。现代学者一般认为，今本《礼记》已非戴德选辑先秦及西汉礼学家的"记"而成的本子的原貌，因为其中掺进了古文学派的文字，如《奔丧》《投壶》就是《仪礼》中的两篇。因此今本《礼记》初由西汉经生选辑，后经东汉经师之手编定，东汉末郑玄给《礼记》作注，使它的地位更加显著。

"记"是对经文的解释、说明、补充，《礼记》是对《礼》(即《仪礼》)进行解释、说明的，旨在阐述制礼的精神以及各种礼仪的意义，宣扬儒家的礼治主义。《礼记》的这种思想与精神为后来的历代统治者所采纳，用以规范人们的思想和行动，以达到"长治久安"。《礼记》的精神已深深地渗透在中国人的思想意识中，研究中国思想史、文化史不能不注意《礼记》的影响。

《礼记》内容非常丰富，大致可分为以下几类：

第一类：总论学术及礼仪的，有《礼运》《学记》《大学》《中庸》《乐记》《经解》《坊记》《表记》等。这是《礼记》的精华所在，而尤以前5篇为重要。《礼运》写儒家的政治理想。他们所设想的"大同"世界是："大道之行也，天下为公，选贤与能，讲信修睦。故人不独亲其亲，不独子其子，使老有所终，壮有所用，幼有所长，矜寡孤独废疾者皆有所养，男有分，女有归。货恶其弃于地也，不必藏于己；力恶其不出于身也，不必为己。是故谋闭而不兴，盗窃乱贼而不作，故外户而不闭，是谓大同。"《学记》专讲儒家的教育理论，于今可借鉴者多。如："化民成俗，其必由学。""玉不琢，不成器。人不学，不知道。""古之王者，建国君民，教学为先。""学然后知不足，教然后知困，……教学相长也。""学者有四失，教育必知之。人之学也，或失则多，或失则寡，或失则易，或失则止。""善待问者如撞钟,叩之以小者则小鸣,叩之以大者则大鸣。"《乐记》是讲音乐理论的。"治世之音安以乐,其政和;乱世之音怨以怒,其政乖;亡国之音哀以思,其民困。声音之道,与政通矣。"这是论述乐与政的关系。《大学》《中庸》,宋朱熹曾将其与《论语》《孟子》相合为"四书",元明清科举取士即以"四书"为准,命题范围在"四书"内,发挥题意当以朱氏《四书章句集注》为根据。《中庸》相传为孔子孙子思所作(见《史记·孔子世家》),是儒家的一篇人生哲学论文,它以"天命之谓性,率性之谓道,修道之谓教"为根本。性由天命,天道"至诚无息",诚则可立天下大本之"中",行天下达道之"和"。致中和,则天地位、万物育了。《大学》一章,朱氏分为"经""传"两部分,以为"经"乃曾子所述,"传"为曾子之言,其门人所记。《大学》是一篇政治哲学论文。它以"明明德""新民""止于至善"为三纲领,以"格物""致知""诚意""正心""修身""齐家""治国""平天下"为八条目。治平须从修齐做起,而修齐又以格致诚正为本。《经解》述六经之教,可谓平心而论。

第二类:记述古代制度礼俗的,如《王制》《礼器》《郊特牲》《玉藻》《明堂位》《大传》《祭法》《祭统》《投壶》《曲礼上》《曲礼下》《内则》《少仪》等,是研究中国古代文化史的宝贵资料。

第三类:专释《仪礼》的,如《冠义》《昏义》《乡饮酒义》《射义》《燕义》《聘义》《祭义》《丧服四制》等。

第四类:记孔子及其弟子言论的,如《儒行》《哀公问》《缁衣》《仲尼燕居》《孔子闲居》《檀弓上》《檀弓下》《曾子问》等。

读《礼记》应先易后难,分类阅读,循序渐进。唐孔颖达《礼记正义》、今人杨天宇《礼记译注》(上海古籍出版社1997年版)、吕友仁《礼记全译》(贵州人民出版社1998年版)、王文锦《礼记译解》(中华书局2001年版)、王明仓与白玉林主编的《十三经辞典·礼记卷》(陕西人民出版社2011年版)可作为学习的参考。

哲　理

创钜者其日久,痛甚者其愈迟。(《礼记·三年问》)
【译文】创伤大,复原的日子就长;痛苦深,愈合的(日子)就慢。

大羹不和,贵其质也。大圭不琢,美其质也。(《礼记·郊特牲》)
【注释】羹:带汁的肉。
【译文】大块的肉不再加调味品,这是以质朴为贵。整块的圭不再雕饰,这是以质朴为美。

东方者春,春之为言蠢也,产万物者圣也。南方者夏,夏之为言假也,养之、长之、假之、仁也。西方者秋,秋之为言愁也,愁之以时察,守义者也。北方者冬,冬之为言中也,中者藏也。(《礼记·乡饮酒义》)
【注释】蠢:蠢动,生长貌。圣:通达。假:大。愁:收敛。察:察察,严杂貌。
【译文】东方是春天的位置,春的意思是生长,生产万物就是圣。南方是夏天的位置,夏的意思是长大,养育万物、生长万物、壮大万物就是仁。西方是秋天的位置,秋的意思是收敛,依照时节来收敛是守义。北方是冬天的位置,冬的意思是内,内就是收藏。

凡事豫则立,不豫则废。言前定则不跲,事前定则不困,行前定则不疚,道前定则不穷。(《礼记·中庸》)
【注释】豫:事先准备。跲(jiá):窒碍。
【译文】任何事情有准备就能成功,没准备就会失败。讲话之前就定好,讲起话来就不会发生窒碍。做事之前就定好,做起事来就不会艰难窘迫。行动之前就定好,行动起来就不会内疚。实行道德之前就定好,实行起来就不会行不通。

孔子曰:"天地不合,万物不生。"(《礼记·哀公问》)
【译文】孔子说:"天气和地气不能相互配合,万物就不会生长。"

孔子曰："天无私覆,地无私载,日月无私照。奉斯三者以劳天下,此之谓三'无私'。"(《礼记·孔子闲居》)

【注释】 劳(lào):安抚。

【译文】 孔子说:"天覆盖下土没有偏私,地载育万物没有偏私,日月照亮人间没有偏私。奉行这三种精神来安抚天下,这就叫三无私。"

其本乱而末治者否矣。其所厚者薄,而其所薄者厚,未之有也。(《礼记·大学》)

【注释】 本:指"修身"。乱:紊乱。

【译文】 根本紊乱了,而末节想治理好是不可能的。应该重视的反而被轻视,应该轻视的却很重视,本末倒置却想做好事情,这是从来没有过的。

是故古之人有言曰:"善终者如始。"(《礼记·祭统》)

【译文】 所以古人有句话:"好的结束就像开始一样。"

天地合而后万物兴焉。(《礼记·郊特牲》)

【译文】 天气下降,地气上升,交流融合,然后产生万物。

天地严凝之气,始于西南而盛于西北,此天地之尊严气也,此天地之义气也。天地温厚之气,始于东北而盛于东南,此天地之盛德气也,此天地之仁气也。(《礼记·乡饮酒义》)

【注释】 严凝:寒冷。温厚:温和宽厚。

【译文】 天地寒冷之气,由西南方开始,到西北方最强盛,这是天地间的庄重威严之气,是天地间的义气。天地温和宽厚之气,从东北方开始,到东南方最强盛,这是天地间的盛美道德之气,是天地间的仁气。

天地之道,寒暑不时则疾,风雨不节则饥。(《礼记·乐记》)

【译文】 自然的规律,寒暑没有定时就会发生疾病,风雨不调和就会发生饥荒。

土敝则草木不长,水烦则鱼鳖不大,气衰则生物不遂,世乱则礼慝而乐淫。(《礼记·乐记》)

【注释】敝:衰敝。水烦:经常搅动的水。遂:成。慝(tè):邪恶。

【译文】土地衰敝,草木就不能生长;经常搅动水,就养不大鱼鳖;阴阳之气衰,就不能生成万物;社会衰败混乱,礼乐就邪恶、放荡。

物有本末,事有终始,知所先后,则近道矣。(《礼记·大学》)

【译文】世上的事物都有本末终始,明确它们的先后次序,那就接近道了。

饮食男女,人之大欲存焉;死亡贫苦,人之大恶存焉。(《礼记·礼运》)

【注释】饮食:吃东西。男女:指两性生活。

【译文】人们最强烈的欲望存在于饮食男女之中,人们最畏惧的存在于死亡贫苦之中。

政　事

兵戎不起,不可从我始。(《礼记·月令》)

【译文】战争没有发生,不可以主动挑起事端。

大道之行也,天下为公。(《礼记·礼运》)

【注释】大道:道之广大而不偏私。道:政治主张或思想体系。行:通达天下。

【译文】大道通达于天下时,天下是大家所共有的。

道得众则得国,失众则失国。(《礼记·大学》)

【译文】道义上得到民众(的拥护)就得到国家,失去民众(的拥护)就失去国家。

凡人之所以为人者,礼义也。礼义之始,在于正容体、齐颜色、顺辞令。容体正、颜色齐、辞令顺,而后礼义备。以正君臣、亲父子、和长幼。君臣正、父子亲、长幼和,而后礼义立。(《礼记·冠义》)

【注释】容体:指容貌体态。颜色:面容,脸色。辞令:言语,言谈。
【译文】人之所以为人,是因为人有礼义。礼义的开始,在于使举止、仪表端庄,言谈恭顺。举止、仪表端庄了,言谈恭顺了,礼义才算完备。用这些使君臣各安其位、父子相亲、长幼和睦。君臣各安其位、父子相亲、长幼和睦,然后礼义才算真正确立。

公事不私议。(《礼记·曲礼下》)
【译文】公家的事不能私下议论。

苟无礼义、忠信、诚悫之心以莅之,虽固结之,民其不解乎?(《礼记·檀弓下》)
【注释】悫(què):诚实。
【译文】如果不用礼义、忠信、诚实之心对待人民,即使用多种方法来团结人民,难道人民就不会瓦解了吗?

故明乎其节之志,以不失其事,则功成而德行立。德行立则无暴乱之祸矣,功成则国安。(《礼记·射义》)
【译文】所以明确节度的专一,忠于职守,那就可建功立业,道德行为也就建立起来了。道德行为建立就没有暴乱的祸患了,功业成国家就安宁了。

故所贵于勇敢者,贵其敢行礼义也。故勇敢强有力者,天下无事则用之于礼义,天下有事则用之于战胜。用之于战胜则无敌,用之于礼义则顺治。外无敌,内顺治,此之谓盛德。(《礼记·聘义》)
【译文】所以勇敢之所以可贵,就贵在敢于施行礼义。勇敢而强健有力的人,在天下太平的时候,就用在礼义上,在天下混乱的时候,就用在战争克敌上。用在战争克敌上就会无敌于天下,用在礼义上就会顺利治理天下。国外无敌,国内顺治,这就叫盛德。

贵贱明,隆杀辨,和乐而不流,弟长而无遗,安燕而不乱,此五行者,足以正身安国矣。(《礼记·乡饮酒义》)
【译文】地位的尊卑贵贱能够分明,礼节的隆重递减可以区别,和谐欢乐而不失礼仪,年龄大小都不遗忘,要乐而有节制,(有了)这五种德行可以修正身心而安定国家了。

国不以利为利,以义为利也。(《礼记·大学》)
【译文】治理国家不能把自己的私利作为利益,而应以道义为利益。

国奢则示之以俭,国俭则示之以礼。(《礼记·檀弓下》)
【注释】奢:奢侈。示:教给。
【译文】国人奢侈的时候要教给他们节俭,国人节俭的时候要教给他们礼仪。

国无九年之蓄曰不足,无六年之蓄曰急,无三年之蓄曰国非其国也。(《礼记·王制》)
【译文】国家没有九年的储备,是不充裕;没有六年的储备,是窘迫;没有三年的储备,就不成为国家了。

好田、好女者亡其国。(《礼记·郊特牲》)
【注释】好:爱好,沉溺。田:畋猎。
【译文】热衷于打猎和沉溺于女色必定要亡国。

货恶其弃于地也,不必藏于己;力恶其不出于身也,不必为己。(《礼记·礼运》)
【注释】货:财物,金钱珠玉布帛的总称。恶(wù):憎恨,厌恶。弃:弃置,抛弃。藏:收存。
【译文】人们厌恶把钱物抛弃在地面不管(都想收起来),但不一定自己收存,据为己有;人们厌恶力气不从自己身上使出来(都想使出来),但不一定为了自己。

见贤而不能举,举而不能先,命也。见不善而不能退,退而不能远,过也。好人之所恶,恶人之所好,是谓拂人之性,菑必逮夫身。是故君子有大道,必忠信以得之,骄泰以失之。(《礼记·大学》)

【注释】先:尽早。命:当作"慢",怠慢。退:离开,指摒弃。拂:违背。逮:及。骄泰:傲慢奢侈。

【译文】见贤良之人,不能举荐,举荐又不迅速,此为怠慢。见小人,不能摒弃,摒弃又不逐远,此为过错。喜爱人之所憎恶的,憎恶人之所喜爱的,此为违背人性,灾祸必降临到他的身上。故国君治国有常理正道,忠诚老实方能得到它,而傲慢奢侈就会失掉它。

君好之,则臣为之;上行之,则民从之。(《礼记·乐记》)
【译文】国君喜欢的,臣下就会做;做官的干什么,百姓就跟着干什么。

苛政猛于虎也。(《礼记·檀弓下》)
【译文】暴政(繁重的赋税和徭役)比老虎还凶猛啊!

孔子曰:"古之为政,爱人为大。所以治爱人,礼为大。所以治礼,敬为大。"(《礼记·哀公问》)
【注释】治:施行。
【译文】孔子说:"古时候的人治理政事,爱护别人最重要。要做到爱护别人,施行礼仪最重要。施行礼仪,恭敬最重要。"

孔子曰:"君子也者,人之成名也。百姓归之名,谓之君子之子,是使其亲为君子也,是为成其亲之名也已。"孔子遂言曰:"古之为政,爱人为大。不能爱人,不能有其身;不能有其身,不能安土;不能安土,不能乐天;不能乐天,不能成其身。"(《礼记·哀公问》)
【注释】亲:指上一代人。有:保有,保护。
【译文】孔子说:"所谓君子,就是人有成就以后的名称。百姓送给君子的名称,叫作'君子之子',这就使他的上代人成为君子了,就是成就了上代人的名誉。"孔子于是又说:"古时的人治理政事,爱人最重要。不能爱人,别人就要伤害他,也就不能保护自身;不能保护自身,就要经常躲避、流移,而没有安定的居处;没有安定的居处,就不能乐于天命;不能乐于天命,自己就不能有成就。"

礼不下庶人,刑不上大夫。(《礼记·曲礼上》)

【译文】 礼制不下到平民百姓,刑罚不施及大夫。

礼之于正国也,犹衡之于轻重也,绳墨之于曲直也,规矩之于方圆也。故衡诚县,不可欺以轻重;绳墨诚陈,不可欺以曲直;规矩诚设,不可欺以方圆;君子审礼,不可诬以奸诈。是故隆礼由礼,谓之有方之士。不隆礼、不由礼,谓之无方之民。敬让之道也。(《礼记·经解》)

【注释】 衡:秤。县:"悬"的本字,挂、锤。诬:欺。由:履践。方:道理。

【译文】 用礼来治理国家,就像用秤来称轻重,用绳墨来确定曲直,用规矩来画方圆。所以在用秤称重量时,是轻是重无法欺骗;用绳墨弹出墨线后,是曲是直不可蒙混;用规矩画出方圆时,是方是圆不能瞒哄;君子清楚礼仪,是不能用虚伪诡诈来诬骗的。因此尊奉并实行礼仪的人是懂道理的人,相反就是不懂道理的人。礼就是敬与让的道理。

人不独亲其亲,不独子其子,使老有所终,壮有所用,幼有所长,矜寡孤独废疾者,皆有所养。(《礼记·礼运》)

【注释】 矜(guān):同"鳏",年老无妻的人。

【译文】 人们不只是爱自己的亲人,不只是把自己的孩子作为孩子,要使社会上的老年人安享天年,壮年之人能贡献自己的才力,年幼的人可以得到抚育成长,鳏寡孤独和残废、有病的人,都能得到供养。

儒有内称不辟亲,外举不辟怨,程功积事,推贤而进达之,不望其报,君得其志,苟利国家,不求富贵,其举贤援能有如此者。(《礼记·儒行》)

【注释】 辟:躲避,后作"避"。怨:仇,此指仇人。

【译文】 儒者对内推举不避亲人,对外举荐不避仇人,估量他们的成绩,积累他们的事迹,举荐有才能的人,使他做官显达,不期望他们报答自己,只希望他们能辅佐君主,使君主实现治国大计,如果于国家有利,不求自己富贵,儒者举荐贤能都是这样的。

三年耕,必有一年之食;九年耕,必有三年之食。(《礼记·王制》)

【译文】 耕种三年,一定要确保积蓄一年的食用;耕种九年,一定要确保积蓄三年的食用。

生财有大道。生之者众,食之者寡,为之者疾,用之者舒,则财恒足矣。仁者以财发身,不仁者以身发财。(《礼记·大学》)

【注释】舒:缓慢。

【译文】增殖财富有个重要方法。那就是生产的人多,消费的人少,做事的努力,花费的缓慢,这样财富就永久充足了。有仁德的人施财富而使自己有美名,没有仁德的人不惜用自己的名誉去聚敛财富。

土反其宅,水归其壑,昆虫毋作,草木归其泽。(《礼记·郊特牲》)

【译文】土壤返回自己的地方,水也回到自己的沟壑,多种虫子不要为害,草木都得到必要的润泽。

无旷土,无游民,食节事时,民咸安其居,乐事劝功,尊君亲上,然后兴学。(《礼记·王制》)

【注释】旷土:荒废的土地。食节:节省消费。事时:及时生产。咸:都。劝:努力。

【译文】没有荒废的土地,没有游荡的闲人,省吃俭用,及时努力生产,人人都有安定的居处,乐于和努力做事,敬重国君,拥戴上司,然后兴办学校教育。

毋为戎首,不亦善乎?(《礼记·檀弓下》)

【注释】戎首:指发动战争的祸首。

【译文】不要成为发动战争的祸首,不也很好吗?

修六礼以节民性,明七教以兴民德,齐八政以防淫,一道德以同俗,养耆老以致孝,恤孤独以逮不足,上贤以崇德,简不肖以绌恶。(《礼记·王制》)

【注释】节:节制,调节。恤:救济。逮:及,到达。简:选择。绌:贬斥,废退。

【译文】修习六礼用来节制民众的性情,明辨七教以提高民众的道德,整治八政用来防止制度惑乱,统一行为道德规范以使风俗相同,赡养老人以促进民众的孝心,救济孤独残废,使弱者不被遗弃,尊重贤能的人以提倡道德风尚,选择淘汰品行不好的人以贬斥邪恶。

选贤与能,讲信修睦。(《礼记·礼运》)
【注释】与:举荐。能:有才能的人。修睦:调整人与人之间的关系,使之和睦。
【译文】选择贤人,举荐有才干的人,讲求信用,调整人与人之间的关系,使其达到和睦。

政者正也。君为正,则百姓从政矣。君之所为,百姓之所从也。君所不为,百姓何从?(《礼记·哀公问》)
【注释】从:跟着做。
【译文】政就是正。国君做得正,那么百姓就跟着做得正了。国君做的,就是百姓要跟着学的。国君不做,百姓跟谁学呢?

子言之:"君子之道,辟则坊与?坊民之所不足者也。大为之坊,民犹逾之。故君子礼以坊德,刑以坊淫,命以坊欲。"(《礼记·坊记》)
【注释】辟:比喻,后作"譬"。坊:通"防",防水的堤防。作动词时,指防范。命:政令。
【译文】孔子说:"君子的道,不就像堤防吗?它是防范人们不合道义之行为的。防范得严密,人们还有越过它而做邪辟之事的。所以君子用礼教来作道德上的防范,用刑罚来防范淫邪的行为,用政令来防范人们邪恶的欲望。"

子言之曰:"为上易事也,为下易知也,则刑不烦矣。"(《礼记·缁衣》)
【注释】烦:繁多。
【译文】孔子说:"在上位的人不苛刻待人,那么臣下侍奉起来就容易;在下位的人无奸诈之心,那么君长就容易了解,这样触犯刑法的事就不会多。"

子曰:"礼者何也?即事之治也。君子有其事,必有其治。治国而无礼,譬犹瞽之无相与,伥伥乎其何之?譬如终夜有求于幽室之中,非烛何见?若无礼,则手足无所错,耳目无所加,进退揖让无所制。"(《礼记·仲尼燕居》)
【注释】瞽:盲人。伥伥:迷茫不知所措。错:通"措",安置。

【译文】孔子说:"礼是什么呢?礼就是做事的方法。君子做事一定有自己的方法。治理国家而缺少礼,就像盲人失去了扶助的人,迷茫不知所措。又好像整天在暗室中摸索,没有灯烛怎么能看得见呢?如果没有了礼,就会手脚无措,不知耳目该听该看什么地方,前进、退后、作揖、谦让都失去了尺度。"

子曰:"民以君为心,君以民为体。心庄则体舒,心肃则容敬。心好之,身必安之;君好之,民必欲之。心以体全,亦以体伤;君以民存,亦以民亡。"(《礼记·缁衣》)

【注释】庄:通达。肃:庄重。

【译文】孔子说:"民众把国君当作心脏,国君把民众当作身体。心情通达就会身体舒适,心情严肃就会容貌举止恭敬。心里有所爱好,身体一定能习惯;国君有所爱好,民众必定想要这样做。心因身体保护得以不受损害,也会因身体不健全而受伤害;国君因有民众才能存在,也会因失去民众而灭亡。"

子曰:"上人疑则百姓惑,下难知则君长劳。故君民者,章好以示民俗,慎恶以御民之淫,则民不惑矣。臣仪行,不重辞,不援其所不及,不烦其所不知,则君不劳矣。"(《礼记·缁衣》)

【注释】疑:好恶不明。御:阻止,禁止。仪行:效法国君的行为。重辞:多说话。援:援引。烦:烦扰。

【译文】孔子说:"在上位的人疑惑,那么百姓就会迷惑,在下位的人虚伪奸诈,那么君主就会格外劳神。所以统治百姓的人,表明自己的爱好,以指示给民众风俗趋向,谨慎表明自己的憎恶,以阻止民众走向邪路,这样民众就不会迷惑了。臣子效法国君的行为,不注重浮华辞令,不要求君主做那些力不能及的事,不用他不知道的事情来烦扰,这样国君就不辛劳了。"

子曰:"天下国家可均也,爵禄可辞也,白刃可蹈也,中庸不可能也。"(《礼记·中庸》)

【注释】均:治理。蹈:踩,踏。

【译文】孔子说:"天下国家可以平定治理,爵位俸禄可以辞掉,锋利的刀刃可以踩上去,中庸之道不容易做到。"

子曰:"王言如丝,其出如纶;王言如纶,其出如綍。故大人不倡游言。可言也不可行,君子弗言也。可行也不可言,君子弗行也。"(《礼记·缁衣》)

【注释】纶(lún):比丝粗的绳。綍(fú):绳索。倡:提倡,宣扬。游言:虚浮、不切实际的话。

【译文】孔子说:"君王说的话,本来只像丝那么细,传到臣民耳朵时就像绳子那么粗了;君王说的话如像丝绳那么粗,传到臣民耳朵时就像绳索那么粗了。因此执政的人不提倡说虚浮、不切实际的话,说出来而做不到的话,君子就不说。做出来却不敢说的事,君子也不做。"

子曰:"下之事上也,不从其所令,从其所行。上好是物,下必有甚者矣。故上之所好恶,不可不慎也,是民之表也。"(《礼记·缁衣》)

【注释】表:标准,仪范。

【译文】孔子说:"下级侍奉上级,不是听从他的命令,而是跟随他的行动去做。上级爱好的东西,下级必定爱得更厉害。所以上级的爱好与厌恶,就不能不慎重,因为这是民众的表率。"

子曰:"小人溺于水,君子溺于口,大人溺于民,皆在其所亵也。夫水近于人而溺人,德易狎而难亲也,易以溺人。口费而烦,易出难悔,易以溺人。夫民闭于人而有鄙心,可敬不可慢,易以溺人。故君子不可以不慎也。"(《礼记·缁衣》)

【注释】溺:覆没。亵:亵慢。狎(xiá):亲近而不庄重。口费:口多空言而烦琐。闭:不通。人:指人道。

【译文】孔子说:"小人被水所淹没,君子被口所淹没,执政之人溺于民众中,都是由于轻慢不慎造成的。水与人关系密切,却能淹死人;有道德的人容易接近,但难亲密起来,易接近(却难亲密就)使人像溺水一样。喜欢说空话,而且繁杂琐碎,容易出口却很难追悔,空话易出(难悔就)使人像溺水一样。民众不通道理,却用心鄙诈,国君对他们只能恭敬,却不可怠慢,不然国君陷于怨言之中就像使人溺水一样。所以君子对这些不可不谨慎。"

子云:"天无二日,土无二王,家无二主,尊无二上。"(《礼记·坊记》)

【译文】孔子说:"天上没有两个太阳,地上(一国)没有两个君王,一家没有两个主人,最尊贵的只有一个。"

子云:"有国家者,贵人而贱禄,则民兴让;尚技而贱车,则民兴艺。故君子约言,小人先言。"(《礼记·坊记》)

【注释】车:指车服。

【译文】孔子说:"掌管国家的人,尊重人才而轻视爵禄,这样民众就兴起谦让之风;重视技艺而轻视车服,这样民众就兴起学习技艺之风。所以君子要少说话多做事,小人没做事就说大话了。"

伦　理

凡礼之大体,体天地,法四时,则阴阳,顺人情,故谓之礼。訾之者,是不知礼之所由生也。(《礼记·丧服四制》)

【注释】大体:本质,要点。则:效法。訾:诋毁。

【译文】概括礼的本质,就是效法天地自然,取法四季变化,仿效阴阳之分,顺应人类感情,所以称它为礼。诋毁礼的人,是由于不了解礼的产生由来。

凡生天地之间者,有血气之属必有知,有知之属莫不知爱其类。今是大鸟兽,则失丧其群匹,越月逾时焉,则必反巡,过其故乡,翔回焉,鸣号焉,蹢躅焉,踟蹰焉,然后乃能去之。小者至于燕雀,犹有啁噍之顷焉,然后乃能去之。故有血气之属者,莫知于人,故人于其亲也,至死不穷。将由夫患邪淫之人与?则彼朝死而夕忘之,然而从之,则是曾鸟兽之不若也。(《礼记·三年问》)

【注释】血气:指有血液和气息的动物。群匹:同类,伙伴。蹢躅(zhí zhú):徘徊不前。曾:连。

【译文】天地间的生物,有血气的就有感觉,有感觉的没有不知道爱自己的同类。就说大的鸟兽吧,若它失去同伴,过一段时间,一定会返回巡绕的,经过老巢,会鸣号,盘旋不肯离去。即使小的燕子、麻雀失去同伴,也会啁啾片刻始离去。有血气的动物,没有比人更聪明的了,所以人对他的父母会终生怀念的。如果由那些心术不端、放荡不羁的人去做,那么早晨死了父母,到晚上就忘了他们。如果这样还听从他们,那就连禽兽也不如了。

凡为人子之礼,冬温而夏清,昏定而晨省,在丑夷不争。(《礼记·曲礼上》)

【注释】清:寒,凉。定:铺床安枕。省:问候请安。丑:众多。夷:平辈。

【译文】做子女的礼节,冬天使父母温暖,夏天使父母清凉,晚上铺床安枕,清晨问候请安,在平辈之间不发生争斗。

凡治人之道,莫急于礼;礼在五经,莫重于祭。夫祭者,非物自外至者也,自中出生于心也,心怵而奉之以礼。是故唯贤者能尽祭之义。(《礼记·祭统》)

【注释】急:要紧。怵(chù):此处意为"心有感动"。

【译文】大凡治人之道,没有比礼更要紧的;礼有五种,没有比祭礼更重要的。祭礼,不是外面有什么事来了而以心应之,而是发自人们的内心;内心有思亲的念头产生并表现出来,就是祭礼。因此只有贤能的人才能透彻了解祭礼的意义。

夫鼎有铭,铭者,自名也,自名以称扬其先祖之美,而明著之后世者也。为先祖者,莫不有美焉,莫不有恶焉。铭之义,称美而不称恶。此孝子孝孙之心也,唯贤者能之。(《礼记·祭统》)

【注释】明著:显示。

【译文】鼎上有铭文,所谓铭,就是自己留名,自己称扬自己先祖的美德,并在下面列出自己的名字,而显示给后世的人们。作为先祖的人,有美好的品德,也有不美好的地方。铭文的意思,就是称扬美德,不称扬恶德。这是孝子孝孙的心意,只有贤能的人才能做到。

夫礼禁乱之所由生,犹坊止水之所自来也。故以旧坊为无所用而坏之者,必有水败;以旧礼为无所用而去之者,必有乱患。(《礼记·经解》)

【注释】坊:通"防",堤防。败:毁坏。

【译文】礼是为了禁止祸乱发生,就像堤防是为了阻止洪水泛滥一样。所以认为旧的堤防没有用处就毁坏它,一定会有水灾;认为旧的礼仪没有用处而丢弃它，一定会有动乱和灾祸。

夫礼者，自卑而尊人。(《礼记·曲礼上》)
【译文】礼是自己谦卑而尊重别人。

故孝弟忠顺之行立，而后可以为人；可以为人，而后可以治人也。(《礼记·冠义》)
【译文】为人子要孝，为人弟要悌，为人臣要忠，为人晚辈要顺，这样才可以为人处世。可以为人了，以后就可以管理别人。

狐死正丘首，仁也。(《礼记·檀弓上》)
【注释】正：当，对。丘：狐穴。首：头向着。
【译文】狐狸死了，它的头正对着狐穴的方向，这也是仁爱之心的表现。

敬慎重正，而后亲之，礼之大体，而所以成男女之别，而立夫妇之义也。(《礼记·昏义》)
【译文】经过恭敬、谨慎、隆重而又正大光明的婚礼后才去爱她，是礼的原则，并借以形成男女分别、建立夫妇的道义。

礼尚往来，往而不来，非礼也；来而不往，亦非礼也。(《礼记·曲礼上》)
【注释】尚：崇尚，尊重。
【译文】礼崇尚有往有来，有往但没来，不合乎礼；有来而没往，同样不合乎礼。

礼义也者，人之大端也。(《礼记·礼运》)
【注释】大端：重要的方面。
【译文】礼义是人类的重要特征。

谋于长者，必操几杖以从之。(《礼记·曲礼上》)
【注释】谋：商量。操：拿。从：跟随。

【译文】与长者商量事情,必须拿着矮小的桌子和手杖跟随着他。

贫者不以货财为礼,老者不以筋力为礼。(《礼记·曲礼上》)
【注释】筋力:劳动体力。
【译文】贫穷的人不必以金钱财物为礼,年老的人不必以劳动体力为礼。

妻也者,亲之主也,敢不敬与？子也者,亲之后也,敢不敬与？君子无不敬也,敬身为大。身也者,亲之枝也,敢不敬与？不能敬其身,是伤其亲。伤其亲,是伤其本。伤其本,枝从而亡。(《礼记·哀公问》)
【注释】亲:指有血缘关系。枝:枝属。
【译文】妻子是奉事宗庙的主体,岂敢不敬重？儿子是传宗接代的人,岂敢不敬重？君子无不敬重,而尊重自己最为重要。自己是承前启后的关键,岂敢不敬重？不能敬重自身,就是伤害了血统关系。伤害了血统关系,就是伤害了根本。根本被伤害了,枝属也就随着灭绝。

亲亲、尊尊、长长、男女之有别,人道之大者也。(《礼记·丧服小记》)
【译文】亲亲、尊尊、长长及男女的分别,是人类社会的常理正道。

轻其志而求外之重也,虽圣人弗能得也。是故君子之祭也,必身自尽也,所以明重也。(《礼记·祭统》)
【注释】重:庄重。尽:尽心。
【译文】心志轻忽而要求外表庄重,即使是圣人也做不到。所以君子祭祀,必须竭尽心意来表明庄重。

人有礼则安,无礼则危。(《礼记·曲礼上》)
【译文】人有了礼就能安定,没有礼就不能安定了。

入竟而问禁,入国而问俗,入门而问讳。(《礼记·曲礼上》)
【注释】竟:同"境"。禁:禁忌。俗:风俗习惯。讳:名讳。
【译文】到一个地方,要打听他们的禁忌；到一个国家,要了解他们的风俗习惯；到别人家里,要问问他们的名讳。

嫂叔不通问。(《礼记·曲礼上》)

【译文】(封建时代)嫂嫂与小叔之间不问候来往。

圣立而将之以敬曰礼,礼以体长幼曰德。德也者,得于身也。故曰:"古之学术道者,将以得身也,是故圣人务焉。"(《礼记·乡饮酒义》)

【注释】圣:通也,所以通宾主之意也。将:奉行,秉承。术道:学术道艺。

【译文】有通明识见又恭敬奉行,叫作礼。用礼来作规范使长幼身体力行,叫作德。德就是身体力行之所得。所以说:"古时学习学术道艺的人,就要使身心有所得,所以圣人要尽力实行。"

是故君子兴敬为亲,舍敬是遗亲也。弗爱不亲,弗敬不正。(《礼记·哀公问》)

【注释】敬:敬重。兴敬为亲:是说相敬则亲。舍:通"捨",放弃。

【译文】所以君子以尊敬作为亲爱(妻子)的根本,如果抛掉尊敬,就失去了亲爱的真诚感情。没有爱慕就不能互相亲爱;亲爱而没有敬意,亲爱就失去了正道(成了不正当的婚姻了)。

是故君子之教也,外则教之以尊其君长,内则教之以孝于其亲。是故明君在上,则诸臣服从;崇事宗庙社稷,则子孙顺孝。尽其道,端其义,而教生焉。是故君子之事君也,必身行之,所不安于上,则不以使下;所恶于下,则不以事上。非诸人,行诸己,非教之道也。是故君子之教也,必由其本,顺之至也,祭其是与?(《礼记·祭统》)

【注释】端:端正。非:非难。

【译文】所以君子的教化,是教人们在外尊敬君长,在内孝敬父母。所以圣明的君主在上,那么大臣们都能服从;重视宗庙社稷的祭祀,子孙们都会孝顺。国君尽力行道,端正君臣上下之义,教化也就产生了。所以君子侍奉君主,必须亲自去做,对上不适合的,就不要让下面的人去做;下面的人厌恶做的,就不要用它来侍奉在上的人。指责别人做的,自己却去做,这不是教化的道理。君子的教化,必须发自内心,极力顺行,祭礼大概是这样。

是故孝子之事亲也,有三道焉:生则养,没则丧,丧毕则祭。养则观其顺也,丧则观其哀也,祭则观其敬而时也。尽此三道者,孝子之行也。(《礼记·祭统》)

【注释】 没:去世。丧:服丧。

【译文】 所以孝子侍奉父母,有三个原则:父母活着要赡养,去世了就要服丧,丧期结束了就要祭祀。赡养时就观察他是否顺从(父母),服丧时就观察他是否悲哀,祭祀时就观察他是否诚敬而且按时。做到这三个方面就是孝子的行为。

太上贵德,其次务施报。(《礼记·曲礼上》)

【注释】 太上:远古,上古。指三皇五帝之世。贵:重视,崇尚。其次:次第较后的,指后世,即夏、商、周。务:致力,追求。

【译文】 三皇五帝之世,崇尚德行,三王之世,讲究受到别人恩惠就必须要报答。

天下之达道五,所以行之者三。曰:君臣也,父子也,夫妇也,昆弟也,朋友之交也。五者,天下之达道也。知、仁、勇三者,天下之达德也,所以行之者一也。或生而知之,或学而知之,或困而知之,及其知之,一也。或安而行之,或利而行之,或勉强而行之,及其成功,一也。子曰:"好学近乎知,力行近乎仁,知耻近乎勇。知斯三者,则知所以修身;知所以修身,则知所以治人;知所以治人,则知所以治天下国家矣。"(《礼记·中庸》)

【注释】 达道:人所共有之道。知:同"智"。

【译文】 天下共行的道有五种,实行这些道的美德有三种。即君臣、父子、夫妇、兄弟、朋友交往,这五种就是天下共行的道。智慧、仁爱、勇敢,这三种就是天下共行的美德。实行这些道和美德的方法是专一。有的人生来就懂得这些道理,有的人学习以后才懂得这些道理,有的人在艰难窘迫中经过学习懂得这些道理。到了懂得的时候,结果是一样的。有的人心安理得地去实行这些道理,有的人是看到了好处才去实行,有的人是勉强去实行。到获得成功的时候,效果是一样的。孔子说:"爱好学习接近智慧,努力行善接近仁德,知道耻辱接近勇敢。懂得这三者,就懂得怎样修养自身;懂得怎样修养自身,就懂得怎样治理别人;懂得怎样治理别人,就懂得怎样治理天下国家了。"

外言不入于梱,内言不出于梱。(《礼记·曲礼上》)
【注释】 梱(kǔn):门槛。
【译文】 男人在外面的职事不要带入妇女居住的内室,内室妇女的事不要传扬到外面。

为人君,止于仁;为人臣,止于敬;为人子,止于孝;为人父,止于慈;与国人交,止于信。(《礼记·大学》)
【译文】 君主要施行仁政,臣子要尊敬君主,儿子要孝敬父母,父亲要慈爱儿子,与国人交往要做到诚实守信。

毋变天之道,毋绝地之理,毋乱人之纪。(《礼记·月令》)
【译文】 不要改变天道,不要断绝地之道,不要惑乱人伦。

无别无义,禽兽之道也。(《礼记·郊特牲》)
【译文】 长幼、男女如果没有区别,没有义理人伦,那是禽兽的生活方式。

孝子之有深爱者,必有和气;有和气者,必有愉色;有愉色者,必有婉容。(《礼记·祭义》)
【译文】 孝子对亲人有深爱之心,自然会有和气;有和气,自然会有愉快的神色;有愉快的神色,自然会表现出婉顺的样子。

义生,然后礼作。礼作,然后万物安。(《礼记·郊特牲》)
【译文】 人伦义理产生后,礼节就形成了。礼节形成后,社会才能安定。

曾子曰:"夫孝,置之而塞乎天地,溥之而横乎四海,施诸后世而无朝夕,推而放诸东海而准,推而放诸西海而准,推而放诸南海而准,推而放诸北海而准。"(《礼记·祭义》)
【注释】 溥(fū):通"敷",分布、散布。横:充溢,充满。放:至。
【译文】 曾子说:"孝,建立起来就会充满天地,分散就会充满四海,施行后世也时时刻刻存在,推行到东、西、南、北四海的一切地方,都是可效法的准则。"

曾子曰:"孝有三:大孝尊亲,其次弗辱,其下能养。"(《礼记·祭义》)
【译文】曾子说:"孝敬父母有三种:最大的孝敬是使父母得到人们的尊敬,其次是不辱没父母的名声,最下等的是能供养父母。"

长者赐,少者贱者不敢辞。(《礼记·曲礼上》)
【译文】长者赐给的东西,后辈或者地位低下的人不可以推辞。

长者问,不辞让而对,非礼也。(《礼记·曲礼上》)
【注释】辞让:推辞,谦让。
【译文】长者的询问,不推辞谦让就回答,不合乎礼。

知为人子,然后可以为人父;知为人臣,然后可以为人君;知事人,然后能使人。(《礼记·文王世子》)
【译文】懂得做儿子,然后才会懂得怎样做父亲;懂得做臣子,然后才会懂得怎样做国君;懂得侍候别人,然后才会懂得怎样差使别人。

忠信,礼之本也;义理,礼之文也。(《礼记·礼器》)
【译文】忠信是礼的道德基础,义理是礼的外在形式。

子曰:"礼乎礼。夫礼,所以制中也。"(《礼记·仲尼燕居》)
【译文】孔子说:"礼就是那个礼,礼可以使一切行为恰到好处。"

子曰:"礼之所兴,众之所治也。礼之所废,众之所乱也。"(《礼记·仲尼燕居》)
【译文】孔子说:"礼兴盛的地方,社会得到治理。礼废弃的地方,社会就会动乱。"

子曰:"丘闻之,民之所由生,礼为大。非礼无以节事天地之神也,非礼无以辨君臣、上下、长幼之位也,非礼无以别男女、父子、兄弟之亲,昏姻疏数之交也。君子以此之为尊敬然。"(《礼记·哀公问》)

【注释】大:重要。节:节制。昏:同"婚"。疏数:指交际往来或疏少或频繁。

【译文】孔子说:"我听说,在民众赖以生存的东西中,礼是最重要的。没有礼就不能节制奉事天地神明;没有礼就无法区分君臣、上下、长幼的地位;没有礼就无法分辨男女、父子、兄弟的亲情关系,以及婚姻、交往的关系,因此君子把礼看得十分重要。"

子云:"从命不忿,微谏不倦,劳而不怨,可谓孝矣。"(《礼记·坊记》)
【译文】孔子说:"听从父母的教诲,不能有不满;含蓄地劝谏父母,不可抱怨疲倦;侍奉劳苦,不能有怨言,这就叫孝。"

子云:"夫礼,坊民所淫,章民之别,使民无嫌,以为民纪者也。"(《礼记·坊记》)
【注释】章:明辨。嫌:嫌疑。
【译文】孔子说:"礼是用来防范人们贪淫好色的,明辨男女并加以区别。不然男女无别,族姓不明,就会产生嫌疑,因此把礼定为人们奉行的纲纪。"

子云:"君子弛其亲之过,而敬其美。"(《礼记·坊记》)
【译文】孔子说:"君子应该忘记父母的过错,而敬重他们的优点。"

子云:"善则称亲,过则称己,则民作孝。"(《礼记·坊记》)
【译文】孔子说:"有好处就说是父母做的,有过错就说是自己做的,这样民众就会兴起孝顺的风气。"

子云:"小人皆能养其亲,君子不敬,何以辨?"(《礼记·坊记》)
【译文】孔子说:"小人都能养活他的双亲,君子如果只能养活而不尊敬双亲,那和小人有什么区别呢?"

礼乐教化

达于礼而不达于乐,谓之素;达于乐而不达于礼,谓之偏。(《礼记·仲

尼燕居》）

【译文】通晓礼仪而不通晓音乐的叫素,通晓音乐而不通晓礼仪的叫偏。

大乐与天地同和,大礼与天地同节。（《礼记·乐记》）

【译文】盛大的音乐和天地自然相和谐,隆重的礼仪和天地自然的节限相一致。

凡奸声感人,而逆气应之。逆气成象,而淫乐兴焉。正声感人,而顺气应之。顺气成象,而和乐兴焉。倡和有应,回邪曲直,各归其分,而万物之理,各以类相动也。是故君子反情以和其志,比类以成其行。（《礼记·乐记》）

【注释】奸:邪恶不正。正:纯正不邪。回邪:邪辟。分:分限,分界。反:反省。和:调节。类:指善类。

【译文】凡是邪恶不正的声音刺激,使人产生感应,就会有逆乱之气应和。这种逆乱之气成为既定事实,淫乐就出现了。纯正无邪的声音刺激,使人产生感应,就会有顺从之气应和。这种顺从之气成为既定事实,和乐就产生了。刺激和反应一唱一和,乖违、邪曲、正直,各自归到善恶的分界,万物的情理,都是同类的事物互相感动。所以君子要反省自己的情欲而调节自己的志向,比拟善类而成就自己的善行。

凡音之起,由人心生也。人心之动,物使之然也。感于物而动,故形于声。声相应,故生变,变成方,谓之音。比音而乐之,及干戚、羽旄,谓之乐。（《礼记·乐记》）

【注释】形:表现。方:指"文章",即如同五色交错而成文章,五音具备而成歌曲。干戚:武舞的道具。羽旄:文舞的道具。

【译文】凡是声音的发出,都是从人的内心产生的。人的内心活动,是外物的刺激造成的。人心有感于外物而产生活动,因而表现为声音。不同的声音互相应和,就会产生变化。抑扬高下的变化,若五色交错而成文章,五声俱全而生歌。照歌演奏,加干戚武舞、羽旄文舞,这就是乐。

夫民有血气心知之性,而无哀乐喜怒之常,应感起物而动,然后心术形焉。是故志微、噍杀之音作,而民思忧。啴谐、慢易、繁文、简节之音作,而民康乐。粗厉、猛起、奋末、广贲之音作,而民刚毅。廉直、劲正、庄诚之音作,而民肃敬。宽裕、肉好、顺成、和动之音作,而民慈爱。流辟、邪散、狄成、涤滥之音作,而民淫乱。(《礼记·乐记》)

【注释】常:固定不变。心术:指哀乐喜怒。志微:志意微细。噍杀(jiào shā):声音短促低微。慢易:平易。繁文:含义丰富。简节:节奏简明。粗厉:粗犷。奋末:终结昂扬。广贲:乐声广大。肉好:厚重。流辟:流宕怪僻。邪散:散乱。狄成、涤滥:指乐曲折、速成速止。

【译文】每个人都有血气心知的本性,但没有固定不变的哀乐喜怒的心情,必须感受到外物的刺激,才会产生情感活动,然后表现出哀乐喜怒。所以,创作出细微、低沉的音乐,那人民是愁思忧虑的;创作出宽和而平易,含义丰富而节奏简明的音乐,那人民是安逸欢乐的;创作出粗犷,起始和结束是猛烈、昂扬的音乐,那人民是刚强坚毅的;创作出纯净、正直、庄严、诚恳的音乐,那人民是严肃恭敬的;创作出宽舒、厚重、和顺的音乐,那人民是慈祥仁爱的;创作出流宕、怪僻、散乱、曲折、速成速止的音乐,那人民是淫侈混乱的。

富贵而知好礼,则不骄不淫;贫贱而知好礼,则志不慑。(《礼记·曲礼上》)

【注释】好:爱好。淫:过分,无节制。慑:害怕。

【译文】富贵的人懂得爱好礼,那么就不会骄奢淫侈;贫贱的人懂得爱好礼,那么就不会内心卑怯不安(而手足无措)。

故歌之为言也,长言之也。说之,故言之;言之不足,故长言之;长言之不足,故嗟叹之;嗟叹之不足,故不知手之舞之,足之蹈之也。(《礼记·乐记》)

【注释】说:后作"悦",高兴、喜悦。嗟叹:吟叹,叹息。不知:不知不觉。

【译文】所以歌唱就是拉长声音说话。心里高兴,就要说;说还不尽意,就拉长声音说;拉长声音说仍不尽意,就叹和流连地唱;这样还不尽意,就不知不觉手舞足蹈起来了。

故礼以道其志,乐以和其声,政以一其行,刑以防其奸。礼、乐、刑、政,

其极一也。(《礼记·乐记》)

【注释】道:同"導(导)",引导。一:统一。极:终极目的。

【译文】所以用礼引导人们的志向,用乐调和人们的声音,用政令统一人们的行为,用刑罚防止人们的奸邪。礼、乐、刑、政的终极目的是一致的。

故礼之教化也微,其止邪也于未形,使人日徙善远罪而不自知也。(《礼记·经解》)

【注释】未形:没有形成。徙善远罪:转向善良远离罪恶。

【译文】所以用礼实施教化是看不出来的,它能在邪恶的事情还没有形成的时候就加以制止,它可以让人每天在不知不觉中远离罪恶转向善良。

故礼主其减,乐主其盈。礼减而进,以进为文。乐盈而反,以反为文。礼减而不进则销,乐盈而不反则放,故礼有报而乐有反。礼得其报则乐,乐得其反则安。礼之报,乐之反,其义一也。(《礼记·乐记》)

【注释】减:减损。进:自我勉励。文:美好,美善。反:自我抑制。销:消衰。放:流漫。报:假借为"褒",意与"进"同,勉励。

【译文】所以礼以减损为原则,防止人们倦怠;乐以充盈为原则,促使人们欢乐。礼减损,就要自我勉励,以自我勉励为美好;乐充盈,就要自我节制,以自我节制为美善。礼减而不能自勉,那礼就衰退了;乐盈而不能自制,那乐就流漫了,所以礼道有勉而乐道有制。行礼得到勉励,就使人乐于从事;举乐得到抑制,就使人心绪安宁。礼道有勉励,乐道有抑制,它们的意义是一样的。

故人不耐无乐,乐不耐无形。形而不为道,不耐无乱。(《礼记·乐记》)

【注释】耐:能。

【译文】所以人不能没有欢乐,欢乐不能没有表达方式。如果表达方式不合道义,就会出现惑乱的事情。

君子明于礼乐,举而错之而已。(《礼记·仲尼燕居》)

【注释】错:通"措",施行。

【译文】君子通晓礼乐,是把它们交互施用到治理政事上罢了。

君子曰:"礼乐不可斯须去身。致乐以治心,则易、直、子、谅之心油然生矣。易、直、子、谅之心生则乐,乐则安,安则久,久则天,天则神。天则不言而信,神则不怒而威,致乐以治心者也。致礼以治躬则庄敬,庄敬则严威。心中斯须不和不乐,而鄙诈之心入之矣;外貌斯须不庄不敬,而易慢之心入之矣。"(《礼记·乐记》)

【注释】斯须:片刻。致:深审。子:爱,像对子女一样爱护。谅:诚信。油然:自然而然。

【译文】君子说:"人们不能片刻离开礼乐。详审乐来调理身心,那和易、正直、慈爱、诚信的心理自然而然地产生了。有了这种心理,就会感到愉快,愉快就会安于现状,安于现状就会持久不息,持久不息就会成自然,成自然就会不见形迹。天不说话,但四时运行从不失信;神不发怒,但人们无不敬畏,这就是审乐来调理身心。详审礼来调节自身的言行,就可以举止言谈庄重,庄重就会使人感到严肃有威力。内心稍有片刻不和不乐,那卑劣诡诈的想法就会趁机而入;外貌稍有片刻不庄敬,那轻忽怠慢的念头就会趁机而入。"

孔子曰:"入其国,其教可知也。其为人也,温柔、敦厚,《诗》教也;疏通、知远,《书》教也;广博、易良,《乐》教也;洁静、精微,《易》教也;恭俭、庄敬,《礼》教也;属辞、比事,《春秋》教也。故《诗》之失愚,《书》之失诬,《乐》之失奢,《易》之失贼,《礼》之失烦,《春秋》之失乱。其为人也,温柔、敦厚而不愚,则深于《诗》者也。疏通、知远而不诬,则深于《书》者也。广博、易良而不奢,则深于《乐》者也。洁净、精微而不贼,则深于《易》者也。恭俭、庄敬而不烦,则深于《礼》者也。属辞、比事而不乱,则深于《春秋》者也。"(《礼记·经解》)

【注释】教:教化。疏通:通达。远:古远之事。属辞:连缀成文。比事:排比史事。失:不足,此处指不善学经文之失。愚:愚钝。贼:悖谬不正。乱:作褒贬。深:指学之而深知其意。

【译文】孔子说:"到了一个国家,这个国家的教化就可以知道了。人民言辞温柔,性情忠厚,体现的是《诗》的教化;通达政事,知晓古事,体现的是《书》的教化;宽广博大,平易良善,体现的是《乐》的教化;圣洁宁静,明察秋毫,体现的是《易》的教化;恭顺节俭,庄重谨慎,体现的是《礼》的教化;撰写文辞记载历史,排比史事取得借鉴,体现的是《春秋》的教化,如若不能善用各种教化,就会产生各种不足。《诗》教的不足,在于易导致愚笨迟钝;《书》教的不足,在于易导致毁誉不实;《乐》教的不足,在于易导致奢侈浪费;《易》教的不足,在于易导致悖谬不正;《礼》教的不足,在于易导致烦琐细碎;《春秋》教化的不足,在于易导致妄作褒贬。这个国家的人民如果既温柔忠厚而又不愚笨迟钝,就是深知《诗》教的意义;通达政事、知晓古事而又不毁誉不实,就是深知《书》教的意义;宽广博大、平易良善而又不奢侈浪费,就是深知《乐》教的意义;圣洁宁静、明察秋毫而又不悖谬不正,就是深知《易》教的意义;恭顺节俭、庄重谨慎而又不烦琐细碎,就是深知《礼》教的意义;连缀文字、排列史事而又不妄作褒贬,就是深知《春秋》教化的意义。"

礼从宜,使从俗。(《礼记·曲礼上》)

【注释】宜:适合。使:出使的人。俗:习俗。

【译文】礼要适合,出使的人要遵从当地习俗。

礼节民心,乐和民声,政以行之,刑以防之。礼、乐、刑、政,四达而不悖,则王道备矣。(《礼记·乐记》)

【译文】用礼节制人们的性情,用乐调和人们的声音,用政令加以推行,用刑罚加以防止。礼、乐、刑、政方面发生作用而不互相冲突,那么王道政治就完备了。

礼者,殊事合敬者也。乐者,异文合爱者也。(《礼记·乐记》)

【注释】殊事:事类不同。异文:曲调有别。

【译文】礼仪的事类不同,但恭敬的心情一样。音乐的曲调有异,但仁爱的心情不变。

诗,言其志也。歌,咏其声也。舞,动其容也。三者本于心,然后乐器从之。(《礼记·乐记》)

【注释】容:姿态。

【译文】诗是抒发心志的,歌是曼声吟唱的声音,舞是心志在姿态上的表现。诗、歌、舞都发自内心,然后用乐器伴奏。

是故知声而不知音者,禽兽是也;知音而不知乐者,众庶是也。唯君子为能知乐。是故审声以知音,审音以知乐,审乐以知政,而治道备矣。(《礼记·乐记》)

【注释】音:音律变化。

【译文】所以只知声音而不懂音理,是禽兽;只知音理而不了解音乐的效用,是凡人。只有君子能够懂得音乐的效用。因此,分辨声音可懂音理,分辨音理可知音乐的作用,分辨音乐的作用可了解政事的治理,这才能有一套治国的方法。

天高地下,万物散殊,而礼制行矣。流而不息,合同而化,而乐兴焉。春作夏长,仁也;秋敛冬藏,义也。仁近于乐,义近于礼。(《礼记·乐记》)

【注释】散:分散。殊:殊异。合同:会合齐同。

【译文】天在上,地在下,万物散布在不同的地方,礼就依其不同而施行。万物流移不停,会合齐同而变化,乐在其变化中产生。春生夏长是仁的表现,秋敛冬藏是义的反映。仁主仁爱,乐主和同,所以仁近于乐;义主断割,礼主节限,所以义近于礼。

天尊地卑,君臣定矣。卑高已陈,贵贱位矣。动静有常,小大殊矣。方以类聚,物以群分,则性命不同矣。在天成象,在地成形,如此,则礼者天地之别也。地气上齐,天气下降,阴阳相摩,天地相荡,鼓之以雷霆,奋之以风雨,动之以四时,暖之以日月,而百化兴焉。如此,则乐者天地之和也。(《礼记·乐记》)

【注释】卑:低。方:指走虫禽兽。物:指草木花卉。性:天生的性质。命:后天的禀受。齐:通"跻",升。奋:应作"润"。暖:指照耀。

【译文】天尊在上,地卑在下,君臣的名义就确定了。高下已经确定,便有了贵贱的位置。阴阳动静自有一定的规律,万物的大小也各不相同。走虫禽兽按照同类聚在一起,草木花卉依照群落加以区分,这只因为他们的禀性不同。在天上就表现为不同的天象,在地上就表现为不同的地形,礼就效法天地的差别而定。地气上升,天气下降,阴阳摩擦,天地激荡,雷霆震动,风雨滋润,四季运行,日月照耀,在天地阴阳的作用下,万物于是化生出来。这样看来,乐就是仿效天地的和谐而作。

言而履之,礼也。行而乐之,乐也。(《礼记·仲尼燕居》)

【译文】说出来并且履行它,叫作礼。实行它并且感到快乐,叫作乐。

鹦鹉能言,不离飞鸟;猩猩能言,不离禽兽。今人而无礼,虽能言,不亦禽兽之心乎?(《礼记·曲礼上》)

【译文】鹦鹉能说话终究是飞鸟,猩猩能说话终究是走兽。现在作为人却没有礼,虽然他能说话,不也和禽兽的心肠一样吗?

乐,所以修内也;礼,所以修外也。礼乐交错于中,发形于外,是故其成也怿,恭敬而温文。(《礼记·文王世子》)

【注释】修内:内心精神的教育。修外:外在行为的教育。怿(yì):快乐。

【译文】乐是内心精神方面的教育,礼是外在行为方面的教育。礼和乐的道理蕴藏在内心而表现在外表,所以融会成快乐、恭敬、温文尔雅的风度。

乐也者,圣人之所乐也,而可以善民心。其感人深,其移风易俗。(《礼记·乐记》)

【译文】乐是圣人喜欢的,能使人心向善。它感人至深,并能改变旧的风俗习惯。

乐由中出,礼自外作。乐由中出,故静;礼自外作,故文。大乐必易,大礼必简。乐至则无怨,礼至则不争。(《礼记·乐记》)

【注释】文:姿态风度。至:通行无阻。

【译文】乐从内心产生,礼是外在表现。乐从内心产生,因此可以知道真情;礼是外在表现,因此可以见其风度。盛大的音乐必然是平易的,隆重的礼仪必然是简单的。乐教施行,人们的心情可以表达出来,再没有怨恨;礼教施行,人们的言谈行为有了规范,再没有冲突。

乐者,天地之和也;礼者,天地之序也。和,故百物皆化;序,故群物皆别。乐由天作,礼以地制。过制则乱,过作则暴。明于天地,然后能兴礼乐也。(《礼记·乐记》)

【注释】化:化生。乱:紊乱。暴:违暴,杂乱失常。

【译文】乐是表示自然的和谐,礼是体现自然的秩序。和谐能够化生万物,秩序能够分别万品。乐和礼是效法天地阴阳制作出来的。错误地制造礼乐,就会引起尊卑紊乱、乐体违暴。通晓天地的秩序、和谐,然后才能兴起礼乐。

乐者为同,礼者为异。同则相亲,异则相敬。乐胜则流,礼胜则离。合情饰貌者,礼乐之事也。(《礼记·乐记》)

【注释】同、异:统同辨异。流:放纵,淫放。离:隔离,隔膜。合:融合。

【译文】乐的功用在于统同,礼的功用在于辨异。统同就会使人互相亲近,辨异就会使人互相尊敬。乐超过限度会使人们放纵,礼超过限度会使人们产生隔膜。使人感情融洽,并表现在外貌上,这是礼乐的事情。

乐者,心之动也;声者,乐之象也;文采节奏,声之饰也。(《礼记·乐记》)

【注释】饰:文饰,文采修饰。

【译文】乐是由内心活动而表现为声音,声音是乐的形象,旋律节奏是声音的文饰。

乐者,音之所由生也,其本在人心之感于物也。是故其哀心感者,其声噍以杀。其乐心感者,其声啴以缓。其喜心感者,其声发以散。其怒心感者,其声粗以厉。其敬心感者,其声直以廉。其爱心感者,其声和以柔。(《礼记·乐记》)

【注释】噍杀(jiào shā):声音急促而低微。啴(chǎn)缓:声音宽舒而徐缓。发:高昂。散:悠扬。

【译文】乐是声音生发出来的,它的本源在于人的内心活动受到外物的刺激作用。因此,内心产生悲哀的感应,发出的声音急促而低微;内心产生快乐的感应,发出的声音宽舒而徐缓;内心产生喜悦的感应,发出的声音高昂而悠扬;内心产生愤怒的感应,发出的声音粗犷而猛烈;内心产生恭敬的感应,发出的声音率直而纯净;内心产生爱慕的感应,发出的声音温柔而柔和。

治世之音安以乐,其政和。乱世之音怨以怒,其政乖。亡国之音哀以

思,其民困。声音之道,与政通矣。(《礼记·乐记》)

【译文】太平盛世的音乐,安详而愉快,是因为政治宽和。乱世的音乐,哀怨而愤怒,是因为政治混乱。亡国的音乐,凄凉而悲伤,是因为人民流离困苦。声音的道理与政治是相通的。

子曰:"礼也者,理也。乐也者,节也。君子无理不动,无节不作。"(《礼记·仲尼燕居》)

【译文】孔子说:"礼就是理,乐就是节。君子不做无理无节的事。"

子曰:"丘闻之也,君子之学也博,其服也乡。"(《礼记·儒行》)

【注释】乡:动词,入乡随俗。

【译文】孔子说:"我听说,君子的学问广博,穿着打扮都要随着乡俗。"

子云:"小人贫斯约,富斯骄。约斯盗,骄斯乱。礼者,因人之情而为之节文,以为民坊者也。"(《礼记·坊记》)

【注释】约:窘迫。斯:就。骄:骄奢。节文:礼节,仪式。

【译文】孔子说:"小人因贫穷而窘迫,富贵而骄奢。窘迫就会去偷盗,骄奢就会作乱。礼就是顺应人情而制定礼仪,是人们的规范。"

修 养

敖不可长,欲不可从,志不可满,乐不可极。(《礼记·曲礼上》)

【注释】敖:通"傲",傲慢。长:生长。从(zòng):通"纵",放纵。极:到极点。

【译文】傲慢的念头不可助长,欲望不可放纵,志向不可自满,享乐不可到达极点。

博闻强识而让,敦善行而不怠,谓之君子。(《礼记·曲礼上》)

【注释】让:谦让。

【译文】见闻广博,记忆力强,且能谦让,修身践言,力行不懈,这可称为君子。

诚者,天之道也;诚之者,人之道也。诚者不勉而中,不思而得,从容中道,圣人也。诚之者,择善而固执之者也。(《礼记·中庸》)

【注释】中:适当。从容:举动。

【译文】诚实是上天赋予的道理,实行诚实是为人的道理。诚实的人,不用尽力就会处事得当,不用思虑就能言谈合适,举动合乎中庸之道,这是圣人。实行诚实,必须选择善道而且牢固把握。

诚者自成也,而道自道也。诚者物之终始,不诚无物。是故君子诚之为贵。诚者非自成己而已也,所以成物也。成己,仁也;成物,知也。性之德也,合外内之道也,故时措之宜也。(《礼记·中庸》)

【注释】知:同"智"。措:实施。

【译文】诚就是完成自身的品德修养,道就是引导自己走向完成修养的道路。诚贯穿在万物的始终,没有诚就没有万物。所以,君子把诚看作是高尚的品德。诚,不是完成自身修养就完了,而是使万物都得到完善。完成自身的修养是仁,完成万物的修养是智。仁和智是天赋的美德,综合成己,成为物的内外规律,经常实行无不合适。

赐人者不曰来取,与人者不问其所欲。(《礼记·曲礼上》)

【译文】给人东西不要说(让人)来取,送人东西不要问对方想要什么。

恩者仁也,理者义也,节者礼也,权者知也。仁义礼知,人道具矣。(《礼记·丧服四制》)

【注释】知:同"智"。

【译文】恩情出于仁,理性出于义,节限出于礼,权变出于智。有了仁义礼智,人的道德规范就完备了。

夫昔者君子比德于玉焉:温润而泽,仁也。缜密以栗,知也。廉而不刿,义也。垂之如队,礼也。叩之,其声清越以长,其终诎然,乐也。瑕不掩瑜,瑜不掩瑕,忠也。孚尹旁达,信也。气如白虹,天也。精神见于山川,地也。圭璋特达,德也。天下莫不贵者,道也。(《礼记·聘义》)

【注释】缜密:细致精密。廉:棱角。刿:伤。诎:声音戛然而止的样子。孚尹:玉色莹澈通明。精神:天地万物之精气。特达:朝聘。

【译文】昔有德行的人把德比作玉,玉温和柔润而有光泽,像仁者的德行。细致精密而有条理,像智者的德行。有棱角但不伤害人,像义者的德行。佩玉悬垂坠下,像君子好礼。谦恭之人敲打它,玉的声音清脆激扬,韵调悠长到最后戛然而止,始终如一,就像君子对待乐的态度。玉的瑕疵遮挡不住它的美好,玉的美好也掩饰不了它的瑕疵,像忠诚之人毫无掩饰。玉色晶莹通明,光彩通达四旁,就像信实的人发于内心。玉的光气如同白色长虹,直达于天,就像上天无所不覆。玉的精气显现在山川之间,就像地无所不载。朝聘用玉制的圭璋作为凭信,就像有德行的人的品德。天下都以玉为贵,这是人们尊敬道德规范。

夫义者,所以济志也,诸德之发也。是故其德盛者其志厚,其志厚者其义章。(《礼记·祭统》)

【注释】济:成就。章:彰,显明。

【译文】义,是用来成就志向、产生各种德行的。所以德行高尚的,意志也坚定,意志坚定的,他的义就显明。

富润屋,德润身,心广体胖,故君子必诚其意。(《礼记·大学》)

【注释】润:使……润(光彩)。广:宽。胖(pán):安泰舒坦。

【译文】富足了就能使屋子生光彩,有了德行就能使自身生光彩,心宽了身体便安泰舒坦,所以君子必定使自己心意诚实。

公曰:"敢问何谓成身?"孔子对曰:"不过乎物。"公曰:"敢问君子何贵乎天道也?"孔子对曰:"贵其不已。如日月东西相从而不已也,是天道也。不闭其久,是天道也。无为而物成,是天道也。已成而明,是天道也。"(《礼记·哀公问》)

【注释】不过乎物:不超过物理界限。闭:阻塞。明:功绩显著。

【译文】哀公说:"请问什么叫成就自己?"孔子回答说:"做事都在义理之内。"哀公说:"请问君长为什么要尊重自然的法则?"孔子回答说:"尊重自然的不断运行。比如太阳月亮从东向西运行不停,这是自然的法则。运行无阻而且长久,这是自然的法则。不见有所作为,万物都能成长,这是自然的法则。万物已能成就而且功绩显著,这是自然的法则。"

公曰:"敢问何谓敬身?"孔子对曰:"君子过言则民作辞,过动则民作则。君子言不过辞,动不过则,百姓不命而敬恭。如是,则能敬其身,能敬其身,则能成其亲矣。"(《礼记·哀公问》)

【译文】哀公说:"请问什么叫敬重自己?"孔子回答说:"君子说错了话,人民就跟着说错;做错了事,人民就跟着做错。君子说话、做事不能有过错,没有过错,君子不必发号施令,百姓就恭恭敬敬了。如果这样,就能敬重自己,能敬重自己,就能成就亲人的美名(而不遭人诋毁)。"

古之君子举大事,必慎其终始。(《礼记·文王世子》)
【译文】古代君子行大事(如祭祀、战争),从头到尾必定恭敬谨慎。

古之欲明明德于天下者,先治其国;欲治其国者,先齐其家;欲齐其家者,先修其身;欲修其身者,先正其心;欲正其心者,先诚其意;欲诚其意者,先致其知。致知在格物。(《礼记·大学》)
【注释】致:达到。格物:推究事物的原理。
【译文】古时想显明高尚的道德于天下的人,首先要治理好自己的国家;想治理好自己国家的人,首先要治理好自己的家庭;想治理好自己家庭的人,首先要提高自己的修养;想提高自己修养的人,首先要端正自己的心志;想端正自己心志的人,首先要使自己的意念诚实;想使自己意念诚实的人,首先要获得知识。获得知识的方法在于穷究事物的原理。

故君子不动而敬,不言而信。(《礼记·中庸》)
【译文】所以君子还没行动就已经怀着恭敬谨慎的心情,没说话就已经诚信在心了。

故君子内省不疚,无恶于志。君子之所不可及者,其唯人之所不见乎。(《礼记·中庸》)
【译文】所以君子在内心省察自己,就不会内疚,不会有愧。君子不会被人赶上,是因为他在别人看不见的地方也省察自己。

故君子之道,暗然而日章;小人之道,的然而日亡。君子之道,淡而不厌,简而文,温而理,知远之近,知风之自,知微之显,可与入德矣。(《礼记·中庸》)

【注释】 暗然:喻君子之道深远莫测。的:鲜明、明亮的样子。风:教化。

【译文】 所以君子的道德深远而日益彰明;小人的道德是外表色彩鲜明,但渐渐消亡了。君子的道德还在于外表素淡而不使人厌恶,简朴而有文采,温和而有条理,知远从近开始,知教人从己做起,知隐微的东西会逐渐显露,这样就进入圣人的美德中了。

故君子尊德性而道问学,致广大而尽精微,极高明而道中庸,温故而知新,敦厚以崇礼。是故居上不骄,为下不倍。国有道,其言足以兴;国无道,其默足以容。(《礼记·中庸》)

【注释】 道:施行,实行。倍:背向,背弃。

【译文】 所以君子尊崇德行,从事学问,使德行和学问日益广大,竭尽精细隐微,达到高超精妙的境界,遵循不偏不倚的中庸之道,温习旧的知识,获得新的理解和体会,为人忠厚而崇尚礼仪。所以身居高位的人不骄傲,身处下位的人不违背上司。国家政治清明,他直陈政见以使自己身居要位;国家政治昏暗,他沉默以使自己安身。

积而能散,安安而能迁。(《礼记·曲礼上》)

【注释】 安安:前一个"安"是"适应",后一个"安"是"安逸"。迁:变更,变化。

【译文】 能积聚财富,又能散发给人,既能适应安逸的生活,又能适应变化。

君子恭敬、撙节、退让以明礼。(《礼记·曲礼上》)

【注释】 撙(zǔn)节:约束,克制。

【译文】 君子用恭敬、谦抑、退让的精神来显示礼。

君子戒慎,不失色于人。(《礼记·曲礼上》)

【注释】 戒慎:警戒而审慎。

【译文】君子要警戒而审慎地生活,在人前不要失态。

君子乐得其道,小人乐得其欲。以道制欲,则乐而不乱;以欲忘道,则惑而不乐。(《礼记·乐记》)

【译文】君子快乐在获得道义,小人高兴在满足私欲。用道义来制止私欲,就可以快乐而不乱;因私欲而丢弃道义,就会迷惑而得不到快乐。

君子慎其独也。(《礼记·中庸》)

【注释】慎:谨慎不苟。独:独处。

【译文】君子哪怕是独处,也一定要谨慎。

君子素其位而行,不愿乎其外。素富贵,行乎富贵;素贫贱,行乎贫贱;素夷狄,行乎夷狄;素患难,行乎患难。君子无入而不自得焉。在上位不陵下,在下位不援上。正己而不求于人,则无怨,上不怨天,下不尤人。故君子居易以俟命,小人行险以徼幸。子曰:"射有似乎君子,失诸正鹄,反求诸其身。"(《礼记·中庸》)

【注释】素其位:平日所处的地位。陵:侵侮,欺凌。援:攀缘巴结。徼:同"侥",侥幸。正鹄(hú):箭靶中心。

【译文】君子处在自己的地位上行事,不做分外的事情。处在富贵的地位上,就做在富贵地位上应做的事;处在贫贱的地位上,就做在贫贱地位上应做的事;处在夷狄的地位上,就做在夷狄地位上应做的事;处在患难中,就做在患难中应做的事。君子无论处在什么地位,没有不悠然自得的。处在上位,不欺凌下位的人;居于下位,不巴结上位的人。自己正直就不会乞求别人,这样就没有怨恨,上不怨天命,下不归罪于别人。所以君子安处自己的地位以等待天命的安排,小人则做冒险的事情以求得意外成功或免除不幸。孔子说:"射箭的道理有点像君子做人的道理,没有射中靶子,回过头来从自己身上找原因。"

君子之道费而隐。(《礼记·中庸》)

【译文】君子的中庸之道广泛而又精微。

礼闻取于人,不闻取人。(《礼记·曲礼上》)

【译文】礼只听说有为人所取法的事,没听说有强求别人听从自己的。

临财毋苟得,临难毋苟免,很毋求胜,分毋求多。(《礼记·曲礼上》)
【注释】临:遇到。苟得:不应得而得。难(nàn):危难。很:相反,违逆。胜:超过。
【译文】遇到财物不要不该得而得,遇到危难不要不应逃避而逃避,遇到意见相反的人不要寻求超过他,分东西不要寻求多得。

名者,人治之大者也,可无慎乎?(《礼记·大传》)
【注释】治:理。慎:慎重。
【译文】(父、母、兄、弟、夫、妇等)名称,是人伦的重要方面,能不慎重(称名)吗?

儒有博学而不穷,笃行而不倦;幽居而不淫,上通而不困;礼之以和为贵,忠信之美,优游之法;慕贤而容众,毁方而瓦合。其宽裕有如此者。(《礼记·儒行》)
【注释】幽居:独处。优游:宽和。
【译文】儒者学问广博而不休止,行为纯一而不倦怠;独处不放纵自己,通达于上而不离道义;礼以和谐为贵,以忠信为美,以宽厚为法度;仰慕贤人而容纳众人,像制作瓦器一样方圆随时。儒者的宽容是这样的。

儒有不宝金玉,而忠信以为宝;不祈土地,立义以为土地;不祈多积,多文以为富;难得而易禄也,易禄而难畜也。非时不见,不亦难得乎?非义不合,不亦难畜乎?先劳而后禄,不亦易禄乎?其近人有如此者。(《礼记·儒行》)
【注释】多文:指多学六艺之文。禄:养,供养。畜:罗致。
【译文】儒者不把金玉当作宝贝,而把忠信当作宝贝;不求土地,以立义作为土地;不求多积财富,以多学《诗》《书》《礼》《易》为财富;儒者难得却易养,易养却难以罗致。不在适当的时候见不到儒者,不是很难罗致吗?不义之事不合作,不是很难罗致吗?先效力而后得俸禄,不是很易供养吗?儒者近人情是这样的。

儒有不陨获于贫贱,不充诎于富贵;不慁君王,不累长上,不闵有司。(《礼记·儒行》)

【注释】陨获:困迫失志的样子。充诎:因充裕而失节。慁(hùn):玷辱。累:负累。闵:指刁难。

【译文】儒者不因贫贱而困迫其志,不因富贵而骄奢失节,不因君王的玷辱、上司的负累、官吏的刁难而违背道德。

儒有居处齐难,其坐起恭敬,言必先信,行必中正,道涂不争险易之利,冬夏不争阴阳之和,爱其死以有待也,养其身以有为也。其备豫有如此者。(《礼记·儒行》)

【注释】齐难:齐庄可畏难。涂:道路,后作"途"。险:通"俭",指省力。阴阳之和:指冬暖夏凉处。豫:预备。

【译文】儒者的起居,严肃而不易做到,坐立恭敬,讲话有信用,行为不偏不倚,在路上不争省力易走的路,在冬天夏天不争温暖和凉爽的地方,爱惜生命以等待时机来临,保养身体准备有所作为。儒者做事预先有所准备是这样的。

儒有可亲而不可劫也,可近而不可迫也,可杀而不可辱也。(《礼记·儒行》)

【注释】劫:威胁,威逼。迫:逼迫。

【译文】儒者是可亲近而不可威胁的,可接近而不可逼迫的,可杀而不可侮辱的。

儒有委之以货财,淹之以乐好,见利不亏其义;劫之以众,沮之以兵,见死不更其守;鸷虫攫搏,不程勇者;引重鼎,不程其力;往者不悔,来者不豫;过言不再,流言不极;不断其威,不习其谋。其特立有如此者。(《礼记·儒行》)

【注释】委:赠送。淹:淹没,浸渍。劫:威逼。沮:恐吓。鸷虫:猛兽。程:估量,量度。引:举。过言:错误的话。

【译文】儒者可以赠送给他钱财,常常处于玩乐爱好中,见利不损害义。用众人来威逼,用武器来恐吓,不因怕死而改变操守。遇到与猛兽搏斗,不估量自己的勇力(行不行);举重鼎,也不估量自己的力量(够不够);过去的事情不追悔,未来的事情不作预谋,该做的就去做。错误的话不会再讲第二遍,流言也不追究。经常保持威严,但不重视谋略,而常行所当行。儒者独特的立身是这样的。

儒有闻善以相告也,见善以相示也。爵位相先也,患难相死也,久相待也,远相致也。其任举有如此者。(《礼记·儒行》)

【注释】相先:相互逊让。

【译文】儒者听到有益的话就告诉别人,见到有益的事也告诉别人。有爵位,则互让;有患难,则争相效死。自己将升迁,如朋友未升,就等待一起升迁;自己得志,朋友在他国不得志,路途遥远也要设法招来。儒者的任用举荐是这样的。

儒有席上之珍以待聘,夙夜强学以待问,怀忠信以待举,力行以待取。其自立有如此者。(《礼记·儒行》)

【注释】有:为,是。夙夜:朝夕。

【译文】儒者有如席上的珍品以等待别人的聘用,朝夕努力学习以等待别人的请教,心怀忠信以等待别人的举荐,勉力而行以等待别人的录用。儒者的自修立身是这样的。

儒有衣冠中,动作慎;其大让如慢,小让如伪;大则如威,小则如愧;其难进而易退也,粥粥若无能也。其容貌有如此者。(《礼记·儒行》)

【注释】中:正。慢:傲慢。威:畏惧。粥粥:柔弱的样子。

【译文】儒者的穿戴整齐,行为谨慎。对大事推让不受,似傲慢;对小事也推让不受,似虚伪。做大事考虑再三,似心有畏惧;做小事也不放纵,似心中有愧。他们难于进取,却易于退让,柔弱的样子似无能。儒者的容貌是这样的。

儒有忠信以为甲胄,礼义以为干橹;戴仁而行,抱义而处;虽有暴政,不更其所。其自立有如此者。(《礼记·儒行》)

【注释】干橹:小盾大盾。戴:尊崇。抱:指信守。

【译文】儒者以忠信为盔甲,以礼义为盾牌。尊奉信守仁义去行动、处事。

即使遇到暴虐的统治,也不改变信奉的仁义。儒者的自立是这样的。

是故君子动而世为天下道,行而世为天下法,言而世为天下则。远之则有望,近之则不厌。(《礼记·中庸》)

【译文】所以君子的所作所为是古代人的法度,言行是古代人的准则。远离他的仰慕,离他近的没有厌倦之意。

所谓诚其意者,毋自欺也。如恶恶臭,如好好色,此之谓自谦。故君子必慎其独也。小人闲居为不善,无所不至,见君子而后厌然,掩其不善,而著其善。人之视己,如见其肺肝然,则何益矣!此谓诚于中,形于外,故君子必慎其独也。(《礼记·大学》)

【注释】恶恶:前一"恶"为动词,读 wù,厌恶。后一"恶"读 è。恶臭(xiù):不好闻的气味。好好:前一"好"为动词,读 hào,爱好。后一"好"读 hǎo。好色:指美女。谦:通"慊",满足。厌然:遮掩的样子。

【译文】所谓使其心志诚实,就是说不要欺骗自己。如同厌恶臭气那样(厌恶邪恶),如同喜欢美色那样(喜欢善良),这样才叫心安理得。所以君子必定谨慎独处时的行为。那些小人在平日独居时什么坏事都干得出,他们见到君子就遮掩所干的坏事,显示他们好的一面。别人看他们,就像看到他们的五脏六腑一样,那么遮掩又有什么好处?这就叫作内心藏有什么意念,就会在外表上显露出原形,所以君子必定谨慎独处时的行为。

所谓齐其家在修其身者,人之其所亲爱而辟焉,之其所贱恶而辟焉,之其所畏敬而辟焉,之其所哀矜而辟焉,之其所敖惰而辟焉。故好而知其恶,恶而知其美者,天下鲜矣。故谚有之曰:"人莫知其子之恶,莫知其苗之硕。"此谓身不修,不可以齐其家。(《礼记·大学》)

【注释】之:同"于"。辟:通"僻",偏。贱恶:鄙视厌恶。哀矜:怜悯同情。敖惰:简慢。

【译文】所谓整治家庭,在于先修养自身:人们对于自己亲爱的人往往有偏爱,对自己鄙视的人往往有偏见,对自己敬畏的人往往有偏意,对自己同情的人往往有偏心,对自己简慢的人往往有偏见。所以喜欢一个人又知道他的缺点,厌恶一个人又了解他的优点,这样的人天下少有啊!所以谚语说:"人察觉不到自己孩子的过错,人察觉不到自己庄稼的茂盛。"这就叫不加强自身修养,就不能整治好自己的家庭。

所谓修身在正其心者,身有所忿懥,则不得其正;有所恐惧,则不得其正;有所好乐,则不得其正;有所忧患,则不得其正。心不在焉,视而不见,听而不闻,食而不知其味。此谓修身在正其心。(《礼记·大学》)

【注释】忿懥(fèn zhì):愤怒。焉:那里。

【译文】所谓修养自身,在于端正自身的心志:内心有所愤怒,心志就不能端正;内心有所恐惧,也不能端正;内心有所喜好,也不能端正;内心有所担心,也不能端正。思想不集中,看见了就像没看见,听到了如同没听到,吃东西都不知道味道。这就是修养自身在于端正心志。

天命之谓性,率性之谓道,修道之谓教。道也者,不可须臾离也,可离,非道也。是故君子戒慎乎其所不睹,恐惧乎其所不闻。莫见乎隐,莫显乎微,故君子慎其独也。喜怒哀乐之未发,谓之中;发而皆中节,谓之和。中也者,天下之大本也;和也者,天下之达道也。致中和,天地位焉,万物育焉。(《礼记·中庸》)

【注释】须臾:片刻。大本:根本。

【译文】天赋予人的气质就是本性,依照本性的发展就是道,把道加以修明并施行就是教化。道,是不可以片刻离开的,如果可以离开,那就不是道了。所以君子在别人看不到的地方也警惕谨慎,在别人听不到的地方也小心畏惧。隐藏的东西没有不被发现的,细微的东西没有不显露出来的,所以君子在一个人独处的时候要谨慎。人的喜怒哀乐的感情没有表现出来叫中,表现出来合乎法度叫和。中是天下万物的根本,和是天下通行的准则。达到中和,天地各居自己的位置,万物也就生长了。

毋拔来,毋报往,毋渎神,毋循枉,毋测未至。(《礼记·少仪》)

【注释】拔:急速,猝然。报:通"赴",急促。渎:因次数多而不恭敬。枉:不正当。

【译文】往来做事不仓促,不要因祭祀次数多而不恭敬,不要通过不正当的途径达到目的,不要对未来之事揣测臆度。

毋不敬,俨若思,安定辞,安民哉!(《礼记·曲礼上》)

【注释】毋:不要。敬:谨慎,恭敬。俨:庄重,持重。辞:说话。

【译文】不要不谨慎,态度庄重好像有所思虑,说话要安详确定,这样才能使人信服啊!

毋剿说,毋雷同。(《礼记·曲礼上》)

【注释】剿说:抄袭别人的言论为己说。

【译文】不要抄袭别人的学说,也不要与别人雷同。

物格而后知至,知至而后意诚,意诚而后心正,心正而后身修,身修而后家齐,家齐而后国治,国治而后天下平。(《礼记·大学》)

【注释】格:穷究。

【译文】将事物的原理一一穷究,然后才有知识;有了知识,然后才能意念诚实;意念诚实,然后才能心志端正;心志端正,然后才能使自身有修养;使自身有修养,然后才能把家庭整治好;家庭整治好,然后才能把国家治理好;国家治理好,然后才能平定天下。

贤者狎而敬之,畏而爱之。(《礼记·曲礼上》)

【注释】狎:亲近。

【译文】贤德的人亲近而敬重他,敬服而又爱他。

行修言道,礼之质也。(《礼记·曲礼上》)

【注释】质:本质,实质。

【译文】修炼自己的品行,说话合乎道,这是礼的实质。

修身践言,谓之善行。(《礼记·曲礼上》)

【译文】修养身心,实践诺言,这叫作好的品行。

疑而筮之,则弗非也;日而行事,则必践之。(《礼记·曲礼上》)

【注释】筮:占卦。

【译文】犹豫不决而占卦,就不能不相信它;选定日子行事,就一定要做到。

予唯不食嗟来之食,以至于斯也。(《礼记·檀弓下》)

【译文】我就是因为不吃别人施舍的食物,才到了今天的地步。

仲尼曰:"君子中庸,小人反中庸。君子之中庸也,君子而时中;小人之中庸也,小人而无忌惮也。"(《礼记·中庸》)

【注释】时:时刻。忌惮:顾忌畏惧。

【译文】仲尼说:"君子的言行合乎中庸,小人的言行违反中庸。君子的中庸是时刻都合乎中,小人的中庸是无所顾忌和畏惧。"

子言之:"归乎!君子隐而显,不矜而庄,不厉而威,不言而信。"(《礼记·表记》)

【注释】矜:矜持。

【译文】孔子说道:"还是回去吧!君子虽然隐居在下面,但道德显著。君子不必矜持就自然庄重,不必严厉就有威仪,不必说话别人就会相信。"

子曰:"道不远人。人之为道而远人,不可以为道。"(《礼记·中庸》)

【译文】孔子说:"中庸之道并不远离人们。有人在行道时使它远离人们,这不可以叫中庸之道。"

子曰:"道之不行也,我知之矣。知者过之,愚者不及也。道之不明也,我知之矣。贤者过之,不肖者不及也。人莫不饮食也,鲜能知味也。"(《礼记·中庸》)

【注释】鲜:少。

【译文】孔子说:"中庸之道不能实行,我知道原因了。聪明的人实行时超过了它,愚笨的人没有达到它。中庸之道不被了解,我知道原因了。贤能的人要求过高,不肖的人要求太低。人没有不吃不喝的,但很少有人能品出它的滋味。"

子曰:"恭近礼,俭近仁,信近情。敬让以行,此虽有过,其不甚矣。夫恭寡过,情可信,俭易容也。以此失之者,不亦鲜乎!"(《礼记·表记》)

【注释】恭：恭敬。寡：少。容：容纳，接纳。

【译文】孔子说："恭敬接近礼，节俭接近仁，诚实接近人情。恭敬谦让地做事，即使有过错，也不会是大错。能够恭敬，可以少出错；以情待人，可以使人信赖；日用节俭，使人易于接纳。这样做有过错，不是很少有的事吗？"

子曰："故君子不可以不修身；思修身，不可以不事亲；思事亲，不可以不知人；思知人，不可以不知天。"（《礼记·中庸》）

【译文】孔子说："所以君子不能不修养自身；想修养自身，不能不侍奉好双亲；想侍奉好双亲，不能不了解人；想了解人，不能不了解天。"

子曰："给夺慈仁。"（《礼记·仲尼燕居》）

【注释】给(jǐ)：指捷给（应对敏捷）、便僻（谄媚逢迎）。夺：犹乱也。

【译文】孔子说："捷给之人，貌似恭敬、慈爱、宽仁，而实不仁，但其貌夺乱真仁慈也。"

子曰："敬而不中礼谓之野，恭而不中礼谓之给，勇而不中礼谓之逆。"（《礼记·仲尼燕居》）

【注释】中：合乎。野：粗鄙。

【译文】孔子说："内心敬重而不合乎礼，叫粗鄙；外貌恭敬而不合乎礼，叫巴结；勇敢而不合乎礼，叫逆乱。"

子曰："君子不失足于人，不失色于人，不失口于人。是故君子貌足畏也，色足惮也，言足信也。"（《礼记·表记》）

【注释】失足：举止不庄重。失色：容貌不庄重。失口：言语不戒慎。畏：敬服。惮：忌惮，畏惧。

【译文】孔子说："君子待人举止庄重，容貌庄严，言语谨慎。所以君子的仪容足以令人敬服，面色足以令人敬畏，言语足以令人信任。"

子曰："君子道人以言，而禁人以行，故言必虑其所终，而行必稽其所敝，则民谨于言而慎于行。"（《礼记·缁衣》）

【注释】稽：计议，考察。敝：通"弊"，弊病。

【译文】孔子说:"君子用言语引导人向善,用行动禁止人作恶。所以君子说话一定要考虑它的后果,行动必须计议它的弊端,这样民众对自己的言谈、行动都会很谨慎的。"

子曰:"君子慎以辟祸,笃以不掩,恭以远耻。"(《礼记·表记》)
【注释】辟:躲避,后作"避"。掩:掩饰。
【译文】孔子说:"君子用言行谨慎来避免祸患,用修养笃厚做人,不掩饰缺点过失,用恭敬待人来远离耻辱。"

子曰:"君子庄敬日强,安肆日偷。君子不以一日使其躬儳焉,如不终日。"(《礼记·表记》)
【注释】安:安乐。肆:恣肆,放肆。偷:苟且。儳(chán):苟且,不整肃。指可轻贱之貌。
【译文】孔子说:"君子庄重恭敬,德行就会一天天地增强;安乐放肆,性情就会一天天地苟且。君子不允许自己的身心有一日的轻贱,就像惶惶不可终日那样。"

子曰:"口惠而实不至,怨灾及其身。是故君子与其有诺责也,宁有已怨。"(《礼记·表记》)
【注释】怨:埋怨。已:拒绝。
【译文】孔子说:"许给人家的好处而不兑现,别人的怨恨一定会发到自己身上。因此君子与其对人负有承诺的责任,不如(不答应别人而)受人埋怨。"

子曰:"宽柔以教,不报无道,南方之强也,君子居之。衽金革,死而不厌,北方之强也,而强者居之。故君子和而不流,强哉矫!中立而不倚,强哉矫!国有道,不变塞焉,强哉矫!国无道,至死不变,强哉矫!"(《礼记·中庸》)
【注释】居:属于。衽:卧席。金革:武器盔甲。厌:后悔。流:放任,迁就。矫:刚强的样子。塞:闭塞,指穷困。
【译文】孔子说:"用宽厚温和的态度教育别人,不报复别人的横暴无理,这是南方人的刚强,君子就属于这类。枕着刀枪,穿着盔甲睡觉,在战场拼杀至死不悔,这是北方人的刚强,强悍的人就属于这类。所以君子随和而不迁就,这才是刚强!君子中立而不偏不倚,这才是刚强!国家太平、政治清明时,君子不改变穷困时的操守,这才是刚强!国家混乱、政治黑暗时,君子至死不改变操守,这才是刚强!"

子曰:"情欲信,辞欲巧。"(《礼记·表记》)
【译文】孔子说:"情理要确实,言辞要有技巧。"

子曰:"仁人不过乎物,孝子不过乎物。是故仁人之事亲也如事天,事天如事亲,是故孝子成身。"(《礼记·哀公问》)
【注释】成身:成就自身。
【译文】孔子说:"仁人不超过事物的界限,孝子也不超过事物的界限。因此,仁义之人侍奉父母就像侍奉上天一样,侍奉上天也就像侍奉父母一样。所以孝子能够成就自身。"

子曰:"仁之为器重,其为道远,举者莫能胜也,行者莫能致也。取数多者,仁也。夫勉于仁者,不亦难乎?是故君子以义度人,则难为人;以人望人,则贤者可知已矣。"(《礼记·表记》)
【译文】孔子说:"仁像非常重的器具、非常远的道路,没有人举得起重器,也没有人能走完这条路。那些举得更重、走得更远的人是仁人。这样勉力于仁,不是很困难吗?因此君子如用义的标准衡量人,就很难有人够得上这个;如用一般的标准来要求人,就可以知道谁是贤能的人。"

子曰:"是故古之君子,不必亲相与言也,以礼乐相示而已。"(《礼记·仲尼燕居》)
【译文】孔子说:"所以古代的君子不必相互说些谦让的话,彼此之间的情谊用礼乐就可以表达了。"

子曰:"是故君子不以其所能者病人,不以人之所不能者愧人。"(《礼记·表记》)
【注释】病、愧:怪罪。

【译文】孔子说:"所以君子不用自己能做到的事责备人,不用人们做不到的事怪罪人。"

子曰:"是故君子不自大其事,不自尚其功,以求处情;过行弗率,以求处厚;彰人之善而美人之功,以求下贤。是故君子虽自卑而民敬尊之。"(《礼记·表记》)

【注释】尚:推崇。厚:宽厚。彰:宣扬。

【译文】孔子说:"所以君子不夸耀自己做的事情,不推崇自己的功绩,目的在于求实。有了过失行为,不让别人跟着做,目的在于宽厚仁慈地待人。宣扬别人的好处,赞美别人的功绩,是对贤良的人表示敬意。所以君子虽然自己贬低自己,但人民却尊敬他。"

子曰:"是故君子服其服,则文以君子之容;有其容,则文以君子之辞;遂其辞,则实以君子之德。是故君子耻服其服而无其容,耻有其容而无其辞,耻有其辞而无其德,耻有其德而无其行。"(《礼记·表记》)

【注释】辞:辞气,言辞声调。遂:完成。实:充实。

【译文】孔子说:"所以君子穿上了自己的服装,还要用君子的仪容来文饰;有了仪容,还要用君子的言辞来文饰;言辞清雅,还要用君子的德行来充实。因此君子为只有服饰而缺乏仪容感到羞耻,为只有仪容而缺乏言辞感到羞耻,为只有言辞而缺乏美德感到羞耻,为只有美德而缺乏行为感到羞耻。"

子曰:"素隐行怪,后世有述焉,吾弗为之矣。君子遵道而行,半途而废,吾弗能已矣。君子依乎中庸,遁世不见知而不悔,唯圣者能之。"(《礼记·中庸》)

【注释】素:应为"索",寻求。述:遵循。已:停止。

【译文】孔子说:"寻求隐僻的道理,做怪异的事情,虽然后世有人遵循它们,但我不这样做。君子遵循中庸之道而行,半途而废,但我不能中途停止。君子依循中庸之道行事,避开人世不被人们了解却不悔恨,只有圣人才能这样。"

子曰:"温良者,仁之本也。敬慎者,仁之地也。宽裕者,仁之作也。孙接者,仁之能也。礼节者,仁之貌也。言谈者,仁之文也。歌乐者,仁之和

也。分散者,仁之施也。"(《礼记·儒行》)

【译文】孔子说:"温和善良是仁的根本,恭敬谨慎是仁的实质,宽容是仁的兴起,谦逊亲切是仁的能力,礼节是仁的外表,言语谈吐是仁的文饰,歌乐是仁的和谐,分散是仁的施行。"

子曰:"言从而行之,则言不可饰也。行从而言之,则行不可饰也。故君子寡言而行,以成其信,则民不得大其美而小其恶。"(《礼记·缁衣》)

【译文】孔子说:"随着说出的话去做,那说出的话就不能掩饰。随着做出的事而说,那做出的事也不能掩饰。所以君子不多说话,而是用行动来证明他的诚实,这样民众就不能夸大他的优点,也不能使他的缺点变小。"

子曰:"言有物而行有格也,是以生则不可夺志,死则不可夺名。故君子多闻,质而守之;多志,质而亲之;精知,略而行之。"(《礼记·缁衣》)

【注释】物:依据。格:标准,范式。质:对,验证。亲之:指学问不厌。

【译文】孔子说:"说话要有依据,行为要有法则;生存时不能被迫改变志向,死去也不会被剥夺名声。所以君子应多听别人的意见,验证后就记在心中,衷心信服;多多见识,验证后要不厌其烦地学习;知识要精深,但只是约略使用。"

子曰:"中庸其至矣乎!民鲜能久矣。"(《礼记·中庸》)

【注释】鲜(xiǎn):少。

【译文】孔子说:"中庸是最高的道德标准了,人们很少能长久地实行它。"

子云:"君子辞贵不辞贱,辞富不辞贫,则乱益亡。故君子与其使食浮于人也,宁使人浮于食。"(《礼记·坊记》)

【注释】食:俸禄。浮:超过。

【译文】孔子说:"君子推辞尊贵而不推辞卑贱,推辞富有而不推辞贫穷,这样作乱的事就日渐减少了。所以君子与其使俸禄超过人的才能,不如使才能超过所得的俸禄。"

子云:"君子贵人而贱己,先人而后己,则民作让。"(《礼记·坊记》)

【注释】让:谦让。

【译文】孔子说:"君子尊重别人而贬损自己,先人后己,这样民众就会兴起谦让的风气。"

子云:"贫而好乐,富而好礼,众而以宁者,天下其几矣!"(《礼记·坊记》)

【注释】众:家口众多。宁:安宁。

【译文】孔子说:"贫穷而爱好乐,富有而爱好礼,家口众多而能安宁度日,像这样的人天下能有几个呢?"

子云:"善则称人,过则称己,则民不争。善则称人,过则称己,则怨益亡。"(《礼记·坊记》)

【译文】孔子说:"有好处就说是别人做的,有过错就说是自己做的,这样人们就不会有争执。有好处就说是别人做的,有过错就说是自己做的,这样埋怨也日渐减少了。"

自诚明,谓之性。自明诚,谓之教。诚则明矣,明则诚矣。(《礼记·中庸》)

【译文】由诚实而明察事理,这叫天性。由明察而达到诚实,这叫教化。诚实就能明察,明察就能诚实。

自天子以至于庶人,壹是皆以修身为本。(《礼记·大学》)

【注释】壹是:一切。

【译文】从天子到百姓,一切都以修养自身为根本。

尊让絜敬也者,君子之所以相接也。君子尊让则不争,絜敬则不慢;不慢不争,则远于斗辨矣;不斗辨,则无暴乱之祸矣。斯君子所以免于人祸也。(《礼记·乡饮酒义》)

【注释】絜:同"潔(洁)",干净。斗:争胜。辨:言辞争论,指诉讼。

【译文】尊重、谦让、清洁、恭敬,君子以此互相交往。君子能够尊重谦让就不会争斗,清洁恭敬就不会怠慢;不怠慢又不争斗,就不会有争胜诉讼的事情;

不争胜诉讼,就没有暴乱的祸患了。这就是君子免于祸患的原因。

坐如尸,立如齐。(《礼记·曲礼上》)

【注释】尸:古代祭祀时代受祭之人,他在祭祀过程中一直端正地坐着。齐(zhāi):斋戒,后作"斋"。

【译文】坐着要像尸那样端正,站着要像斋戒祭祀那样恭敬。

人　事

爱而知其恶,憎而知其善。(《礼记·曲礼上》)

【注释】恶(è):不良行为,这里指不足、短处。

【译文】对自己喜爱的人,要知道他的不足之处;对自己憎恶的人,要了解他的长处。

君子不尽人之欢,不竭人之忠,以全交也。(《礼记·曲礼上》)

【注释】竭:尽。

【译文】君子不讨别人无尽的喜欢,不要别人无尽的爱戴,以保持友谊。

君子之爱人也以德,细人之爱人也以姑息。(《礼记·檀弓上》)

【注释】细人:小人。姑息:得过且过以取得安宁。

【译文】君子爱人是用德行,小人爱人要得过且过以取得安宁。

君子之道,辟如行远必自迩,辟如登高必自卑。(《礼记·中庸》)

【注释】辟:比喻,后作"譬"。迩:近。

【译文】君子实行中庸之道,就像走远路,一定要从近处开始;就像登高,一定要从低处开始。

人藏其心,不可测度也。美恶皆在其心,不见其色也。(《礼记·礼运》)

【注释】色:脸上的神情、气色。

【译文】人们为某种原因隐藏自己的感情,别人无法猜测。喜爱和憎恶都藏在他的心里,而不表现在神情上。

儒有合志同方,营道同术;并立则乐,相下不厌;久不相见,闻流言不信。其行本方立义,同而进,不同而退。其交友有如此者。(《礼记·儒行》)

【注释】方:方正。立:建立。

【译文】儒者交朋友,要有相同的志向,研究道义有相同的方法;彼此有建树都感到快乐,彼此不得志时也不互相厌恶;很久没有见面,听到流言也不相信。行为本于方正,建立在道义之上。志向相同就在一起,不同就分开。儒者交朋友是这样的。

是故言悖而出者,亦悖而入;货悖而入者,亦悖而出。(《礼记·大学》)

【注释】悖:违背情理。货:指财物。

【译文】所以用违背情理的言语出口责备别人,别人也会以同样的言语回敬;用违背情理的手段得到的财富,别人也会用同样的手段夺去。

所恶于上,毋以使下;所恶于下,毋以事上;所恶于前,毋以先后;所恶于后,毋以从前;所恶于右,毋以交于左;所恶于左,毋以交于右。此之谓絜矩之道。(《礼记·大学》)

【注释】絜(xié):度量。矩:法度。絜矩:谓审己度人,合乎道义。

【译文】凡是我厌恶上面的人拿那种不合礼法的态度对我,我也不拿同样的态度使唤我下面的人;凡是我厌恶下面的人拿那种不忠对我,我也不拿同样的不忠侍奉我上面的人;这事被我前面的人厌恶,我这后面的人就不去做;这事被我后面的人厌恶,我这前面的人就不要只照自己的意思去做;这事被我右边的人厌恶,就不要只管顾到左边的人;这事被我左边的人厌恶,就不要只管顾到右边的人。这就是首先做个榜样,让大家取法的道理。

子曰:"苟有车,必见其轼;苟有衣,必见其敝。人苟或言之,必闻其声;苟或行之,必见其成。"(《礼记·缁衣》)

【注释】轼:据出土文献,此为误字,当为"辙"。敝:破旧。

【译文】孔子说:"如果有了车,一定会看到它驶出去(见到车辙);如果有一件衣裳,一定会看到它破旧的一天。一个人在说语,一定会听到他的声音;如果在做事,一定会看到他的成就。"

子曰:"君子不以辞尽人。故天下有道,则行有枝叶;天下无道,则辞有枝叶。是故君子于有丧者之侧,不能赙焉,则不问其所费;于有病者之侧,不能馈焉,则不问其所欲;有客不能馆,则不问其所舍。故君子之接如水,小人之接如醴。君子淡以成,小人甘以坏。"(《礼记·表记》)

【注释】尽人:判断人。赙(fù):拿财物帮助人办丧事。

【译文】孔子说:"君子不因一个人的辞令而判定他是否贤良。所以天下有道德规范时,人们做的比讲的多;天下失去道德规范时,人们说的就比做的多。所以君子跟那些有丧事的人在一起,如果不能赠送钱帛(资助他),就不要问他花费多少丧葬费;在有病的人旁边时,如果不能馈赠,就不要问他需要什么;有客人来时,如果没有地方让他住,就不要问他住在什么旅馆。所以君子之间的交往淡薄如水,小人之间的交往浓厚如甜酒。君子交往淡薄,却往往成事;小人交往浓厚,但是会把事情搞坏。"

子曰:"轻绝贫贱,而重绝富贵,则好贤不坚,而恶恶不著也。人虽曰不利,吾不信也。"(《礼记·缁衣》)

【注释】恶恶(wù è):嫉恶。著:显明。

【译文】孔子说:"轻率地和贫贱的朋友绝交,而郑重地和富贵的朋友绝交,好贤的心不坚定,嫉恶的行为不显明,即使有人说这种人不贪图私利,我也是不会相信的。"

子曰:"人皆曰'予知',驱而纳诸罟、擭、陷阱之中,而莫之知辟也。人皆曰'予知',择乎中庸,而不能期月守也。"(《礼记·中庸》)

【注释】纳:进,落入。罟(gǔ):捕捉鱼和鸟兽的网。擭(huò):装有机关的捕兽木笼。辟:同"避",躲开。期(jī):一周年,一整月。期月:此处指一个月。守:坚守。

【译文】孔子说:"人们都说'我聪明',却在利欲的驱使下像禽兽那样落入绳网、木笼和陷阱中,而没能躲避。人们都说'我聪明',选择了中庸之道,却连一个月也不能坚持。"

子曰:"唯君子能好其正,小人毒其正。故君子之朋友有乡,其恶有方。是故迩者不惑,而远者不疑也。"(《礼记·缁衣》)

【注释】正:公正的行为。毒:憎恶,憎恨。乡:同类。方:类别。

【译文】孔子说:"只有君子爱好正直、公正的行为,小人就憎恶它。所以君子的朋友都是同一类的,有着共同的好恶。因此接近君子的人不会使人产生迷惑,远离君子的人也没什么可怀疑的。"

子曰:"以德报德,则民有所劝。以怨报怨,则民有所惩。"(《礼记·表记》)

【注释】劝:劝勉。惩:警戒。

【译文】孔子说:"以好处回报别人对自己的好处,那么人们就会受到勉励。以怨恨来报复别人对自己的怨恨,那么人们就会得到警戒(也就不敢对人不好了)。"

教　　学

博学之,审问之,慎思之,明辨之,笃行之。有弗学,学之弗能,弗措也;有弗问,问之弗知,弗措也;有弗思,思之弗得,弗措也;有弗辨,辨之弗明,弗措也;有弗行,行之弗笃,弗措也。人一能之,己百之;人十能之,己千之。果能此道矣,虽愚必明,虽柔必强。(《礼记·中庸》)

【注释】措:废置,舍弃。道:方法。

【译文】广泛地学习,详尽地探问,慎重地思考,明晰地分辨,踏踏实实地执行。除非不学习,学了却不能掌握,不要停止;除非不问,问了却还不清楚,不要停止;除非不思考,思考了却没有结果,不要停止;除非不分辨,辨别了却不明白,不要停止;除非不做,做了却不彻底,不要停止。别人学一次就会,我却要学一百次;别人学十遍就会,我却要学一千遍。果真能实行这个方法,即使是糊涂的人也一定会变得聪明,即使是柔弱的人也一定会变得坚强。

大学之法,禁于未发之谓豫,当其可之谓时,不陵节而施之谓孙,相观而善之谓摩。此四者,教之所由兴也。(《礼记·学记》)

【注释】未发:念头欲望还没有产生。豫:预防。可:正逢可以教育的时机。

陵：超过。节：限度。孙：顺。善：受益。兴：起也。

【译文】大学教人的方法是，在欲望还没产生之前就禁止，叫预防。正逢可以教育的时机加以教育，叫适时。不超过限度进行教学，叫有序。相互观摩学习而得益，叫切磋。这四个方面是教育兴盛的原因。

发然后禁，则扞格而不胜；时过然后学，则勤苦而难成；杂施而不孙，则坏乱而不修；独学而无友，则孤陋而寡闻；燕朋逆其师；燕辟废其学。此六者，教之所由废也。（《礼记·学记》）

【注释】扞：绝。格：坚硬。扞格：相互抵触，格格不入。过于坚硬而难以深入，形容意见完全不合。燕：轻慢。辟：通"譬"，譬喻。

【译文】欲望已生方才禁止，那么教育也不起作用。适当的学习时机过后才去学习，就是辛勤刻苦也难学成。杂乱无章地学习而没有顺序，会使头脑失去条理。单独学习而没有学友，会孤陋寡闻。结交坏友，会违背师长教训。不庄重的交谈，会贻误自己的学习。这六项是导致教育旷废的原因。

凡学之道，严师为难。师严然后道尊，道尊然后民知敬学。（《礼记·学记》）

【注释】严：尊敬。

【译文】求学时最难做到的是尊敬师长。师长受到尊敬，师道才受到尊敬，师道受尊敬后，民众才知道恭敬严肃地对待学习。

故君子之于学也，藏焉，修焉，息焉，游焉。夫然，故安其学而亲其师，乐其友而信其道，是以虽离师辅而不反。（《礼记·学记》）

【注释】藏：指入学受业。修：修习正业。息：放假休息。游：悠闲轻松。辅：指同学、朋友。

【译文】所以君子对待学习的态度，表现在入学就业、修习正业、放假休息和悠闲轻松上。这样才能安心学习并且尊敬师长，同学相处融洽且信奉道德学术。所以即使离开师长、同学，也不会违背道义。

记问之学，不足以为人师，必也其听语乎。力不能问，然后语之。语之而不知，虽舍之可也。（《礼记·学记》）

【注释】记问:记诵诗书以待问。听语:指听问者之语。

【译文】只能记诵诗书以待发问的人,不能做别人的师长,一定要等到学子发问才给以解答。学习没能力表示自己的疑问,师长这才给以解答。解答以后还不清楚,即使先放一放也是可以的。

今之教者,呻其占毕,多其讯,言及于数,进而不顾其安,使人不由其诚,教人不尽其材。其施之也悖,其求之也佛。夫然,故隐其学而疾其师,苦其难而不知其益也。虽终其业,其去之必速。教之不刑,其此之由乎!(《礼记·学记》)

【注释】呻:吟,吟读。占:视。毕:书简。讯:问,指难题。数:指形名度数。使:教。由:用。尽:度量,估计。佛:通"拂",乖戾、悖逆。刑:成。

【译文】现在的教书人,只会照着书本吟读,自己也不明白,专出些难题来问学生,又讲些形名度数之类,只管往下讲,不管学生是否听得懂,教人不用诚心,又不考虑学生的资质能力。教育学生时违背情理,要求学生也乖戾不通。这样,学生不称扬师长的教学,反而憎恶师长,苦于学习之难而不知有什么好处。虽结束了学业,但很快就忘得干干净净。教育之所以不成功,就是这个缘故。

君子既知教之所由兴,又知教之所由废,然后可以为人师也。故君子之教喻也,道而弗牵,强而弗抑,开而弗达。道而弗牵则和,强而弗抑则易,开而弗达则思。和、易以思,可谓善喻矣。(《礼记·学记》)

【注释】道:同"導(导)",引导。牵:强制。强(qiǎng):勉力,勤勉。

【译文】君子知道了教育兴盛的原因,又知道了教育旷废的原因,这样就可以做师长。君子的教育是晓喻别人,加以引导而不强制,让人勉力学习又不压抑,加以启发又不直接告诉结论。引导而不强制则关系融洽,勉力学习而不使之压抑就会平易近人,加以启发而不说结论能使之思考。融洽可亲,平易近人,这才算善晓喻别人。

君子曰:"大德不官,大道不器,大信不约,大时不齐。察于此四者,可以有志于本矣。"(《礼记·学记》)

【注释】约:誓约。大时:天时。

【译文】君子说:"高尚的品德,不偏治一种职务。至高的道理,不局限于一种事物。最大的诚信,无须任何盟誓。天时四季,不曾齐一。考察这四种情形,就可以有学问的志向了。"

礼闻来学,不闻往教。(《礼记·曲礼上》)
【译文】礼,只听说愿学的人自己来学习,没听说前去教给别人的。

请业则起,请益则起。(《礼记·曲礼上》)
【注释】请:请教。业:学业,学问。益:增加,再一次。
【译文】请教学业上的事,要起立。进一步请教,也要起立。

善歌者使人继其声,善教者使人继其志。其言也约而达,微而臧,罕譬而喻,可谓继志矣。(《礼记·学记》)
【注释】约:简约。达:通达。臧:善,好。
【译文】善于唱歌的人,能使人继承他美妙的歌声;善于教育的人,能使人继承他的远大志向。教育的言语要简练而使人易于通晓,隐微而使人易于受益,少用譬喻而让人明白,这才算能使人继承志向。

善学者,师逸而功倍,又从而庸之。不善学者,师勤而功半,又从而怨之。善问者如攻坚木,先其易者,后其节目,及其久也,相说以解。不善问者反此。善待问者如撞钟,叩之以小者则小鸣,叩之以大者则大鸣,待其从容,然后尽其声。不善答问者反此。此皆进学之道也。(《礼记·学记》)
【注释】逸:闲适,安乐。庸:功。节目:树木枝干交结而纹理纠结不顺的地方。说:脱。解:分开。
【译文】善于学习的人,师长很闲适,可效果反而倍增,学生们都归功于师长。不善于学习的人,师长很辛勤,可效果反而倍减,学生们都归怨于师长。善于发问的人,如同砍坚硬的木材,先从容易砍的地方开始,然后再砍有节的和分叉的部位,时间一长,木头自然分开了。不善于发问的人,正好与此相反。善于答问的人如同撞钟,轻轻敲打,钟声就小,重重敲打,钟声就大,等敲钟人面色很从容时,钟声余音方尽。不善于答问的人,正好与此相反。这都是促使学问长进的方法。

虽有嘉肴,弗食,不知其旨也。虽有至道,弗学,不知其善也。是故学然后知不足,教然后知困。知不足,然后能自反也。知困,然后能自强也。故曰:教学相长也。(《礼记·学记》)

【注释】 旨:美味。自反:自己反省。

【译文】 虽有美味佳肴,不吃就不知它味美。虽有非常好的道理,不学就不明白它的美好。因此学习之后才会知道自己的知识不足,从事教学以后才会知道自己的知识贫乏。知道不足,就能自省。知道贫乏,就能努力自强。所以说教和学是互相促进的。

学者有四失,教者必知之。人之学也,或失则多,或失则寡,或失则易,或失则止。此四者,心之莫同也。知其心,然后能救其失也。教也者,长善而救其失者也。(《礼记·学记》)

【注释】 则:之。长:增长。

【译文】 学习的人有四种过失,教育人的人一定要知道。人在学习时,有的失之于贪多而未贯通,有的失之于太少而知识偏狭,有的失之于心有旁骛而不专一,有的失之于学习畏难而停滞不前。这四种过失,心理都不同。知道属于哪种心理,然后才能挽救其过失。教育就是增长知识而挽救过失。

疑事毋质,直而勿有。(《礼记·曲礼上》)

【注释】 质:成也。直:这里指"没有疑问"。

【译文】 自己尚有疑惑的事不要(轻易)给人作答(以免让智者耻笑),没有疑问的事也要陈述师友的看法(加以证明),不敢据为己有。

玉不琢,不成器。人不学,不知道。(《礼记·学记》)

【译文】 玉质虽好,不经雕琢,就不能成为玉器。人不学习,就不会明白道理。

知止而后有定,定而后能静,静而后能安,安而后能虑,虑而后能得。(《礼记·大学》)

【注释】 止:到达的地方。

【译文】知道要达到的境界,然后才有确定的志向,有确定的志向,然后才能心静,心静然后才能安稳,安稳然后才能思虑,思虑然后才能达到善的最高境界。

子曰:"立爱自亲始,教民睦也;立敬自长始,教民顺也。教以慈睦,而民贵有亲;教以敬长,而民贵用命。孝以事亲,顺以听命,错诸天下,无所不行。"(《礼记·祭义》)

【注释】错(cuò):通"措",施行。

【译文】孔子说:"树立仁爱之心从侍奉父母开始,这是教育人民和睦;树立恭敬之心从尊敬长辈做起,这是教育人民和顺。教育人们慈爱和睦,人们就知道亲情的可贵;教育人们敬长,人们就知道遵从长者的命令。用孝心来侍奉双亲,用遵从来接受命令,这样在天下实行,就没有行不通的事了。"

左 传

　　《春秋》一书,记事简略,一句话叙一件事,仅为纲目,不易理解,于是出现各种解说,即"传"。什么叫"传"？传是解经的文字。唐人刘知几说："盖传者,转也,转受经旨,以授后人。"(《史通·六家》)据《汉书·艺文志》记载,《春秋》传原有五家,即《左氏传》30卷,《公羊传》11卷,《穀梁传》11卷,《邹氏传》11卷,《夹氏传》11卷。后来,邹氏、夹氏书失传,只余前三,所谓"《春秋》三传"是也。

　　"三传"原本各自单行,不附"经"文,后来才将"经"文附在"传"前,成为今天这个样子。

　　《左传》虽因解释《春秋》而作,但却有许多内容与《春秋》不同,诸如《春秋》记鲁国史事,而《左传》兼记各国史事;《春秋》记政治大事,《左传》对社会大小事皆记;《左传》以系统的文辞记载了丰富的古代历史,所以后人认为《左传》可以独立成书,故又称《左氏春秋》。

　　关于《左传》的作者及成书年代,汉人认为是左丘明。司马迁说："鲁君子左丘明惧弟子人人异端,各安其意,失其真,故因孔子史记具论其语,成《左氏春秋》。"(《史记·十二诸侯年表》)班固也说："以鲁周公之国,礼文备物,史官有法,故与左丘明观其史记,据行事,仍人道,因兴以立功,就败以成罚,假日月以定历数,借朝聘以正礼乐,有所褒讳贬损,不可书见,口授弟子,弟子退而异言。丘明恐弟子各安其意,以失其真,故论本事而作传,明夫子不以空言说经也。"(《汉书·艺文志》)由此可见,汉人多认为《左传》为与孔子同时人左丘明所写,此说后来怀疑的人多。《左传》究竟是什么人作的,颇难确定。不过,一般认为《左传》成书于战国初期,非一人所作,是可信的。有人说《左传》是汉人刘歆的伪作,这种说法缺乏依据,大概是靠不住的。

　　作为一部编年体史书,《左传》以翔实的材料记叙了春秋时期的历史,是研究先秦史的重要史料。《左传》对一些历史事件的记载极为详细,对一些人物的描写生动形象,使人有身临其境之感。因此,历史学家认为"左氏浮夸"。从历史的真实上讲,《左传》有些记载是可疑的,但从文学描写的角度看,却具有较高的文学研究价值。《左传》是先秦文学的重要研究对象。

《左传》较为权威的注解是西晋杜预作的《春秋左氏经传集解》,经、传本各自单行,杜预将它们合起来加以解释,这是杜预"集解"不同于一般"集解"(集各家解释于一书)之处。当然杜氏在注解时也采用了西汉刘歆、贾逵、许慎等人的观点。唐代孔颖达著《春秋左传正义》,收入《十三经注疏》中。今人杨伯峻的《春秋左传注》(中华书局出版)是迄今为止《左传》研究的集大成之作,是最好的《左传》注本。与之相配合的有沈玉成的《左传译文》(中华书局出版)。胡安顺、李孝仓、王琪主编的《十三经辞典·春秋左传卷》(陕西人民出版社2012年版),也可作为学习《左传》的参考。

哲　理

备豫不虞,古之善教也。求而无之,实难。(《左传·文公六年》)

【注释】豫:预先,事先。不虞:意外。

【译文】事先准备好,以防万一,这是古代的好教训。(到了危急之时)去请求但没有得到,那实在麻烦。

币重而言甘,诱我也。(《左传·僖公十年》)

【注释】币:礼物。甘:甜。诱:诱骗。

【译文】礼物丰厚并且说话好听,这是在诱骗我们。

不信以幸,不可再也。(《左传·昭公十一年》)

【注释】信:信用。幸:侥幸得利。再:第二回。

【译文】没有信用而侥幸得利,这不会有第二次了。

不义不暱,厚将崩。(《左传·隐公元年》)

【注释】暱:当作"黏",黏也。此处是团结之义。

【译文】不仁义就不能团结人,(在这种情况下,)势力大反而会崩溃。

长木之毙,无不摽也;国狗之瘈,无不噬也。(《左传·哀公十二年》)

【注释】长木:大树。毙:倒地。摽(biào):击,打。国狗:一个国家中最有名的狗。瘈(zhì):疯狂。

【译文】高大的树倒下,(旁边的人)没有不被击倒的;一个国家最有名的狗发疯,(碰上的人)没有不被咬伤的。

仇有衅,不可失也。(《左传·桓公八年》)

【注释】衅:间隙,空子。失:错过。

【译文】仇人有空子,不能错过机会。

除腹心之疾,而寘诸股肱,何益?(《左传·哀公六年》)

【注释】 除:去掉。寘:放置,安置。股:大腿。肱:胳膊。

【译文】 把腹心的疾病去掉,但却把它放在腿上胳膊上,有什么好处?

川泽纳污,山薮藏疾,瑾瑜匿瑕,国君含垢,天之道也。(《左传·宣公十五年》)

【注释】 川:河流。泽:聚水的洼地。川泽:泛指江水河流。薮(sǒu):水少而草木茂盛的湖泊。疾:指毒害人的虫蛇。瑾、瑜:美玉。含:忍受。垢:污垢,此处指侮辱。

【译文】 江水河流中容纳着污泥浊水,山林草木中暗藏着毒虫猛兽,美玉中隐藏着疵点,国君忍受着耻辱,这是天道。

大事奸义,必有大咎。(《左传·定公元年》)

【注释】 奸:违犯。咎:灾祸。

【译文】 在重大的事情上违背道义,一定有大灾祸。

多陵人者皆不在。(《左传·哀公二十七年》)

【注释】 多:指经常。在:终结,好结果。

【译文】 经常欺凌别人的人都不得好死。

多行不义,必自毙。(《左传·隐公元年》)

【注释】 行:做。毙:倒下,指失败。

【译文】 不道义的事做多了,必定会自取灭亡。

多行无礼,弗能在矣。(《左传·文公十五年》)

【注释】 在:终结,此处指善终。

【译文】 (一个人)做多了不合乎礼法的事,就不会有善终。

非我族类,其心必异。(《左传·成公四年》)

【注释】 族类:种族。

【译文】 不是我们同族人,他的心肯定和我们不同。

非知之实难,将在行之。(《左传·昭公十年》)
【注释】 知:知道,了解。之:此处指道理。实:句中语气词,用以加强语气。
【译文】 并不是难在知道道理,而是难在付诸实践。

古人有言曰:"虽鞭之长,不及马腹。"(《左传·宣公十五年》)
【注释】 及:到。马腹:马肚子。
【译文】 古人有句话说:"鞭子虽然很长,但却打不到马肚子上。"

衡而委蛇,必折。(《左传·襄公七年》)
【注释】 衡(hèng):放纵、强横,多指恃势妄为。委蛇:从容自得的样子,此处指毫不在乎。
【译文】 (一个人)专横无理但又毫不在乎,那他肯定要受挫折。

怀必贪,贪必谋人。谋人,人亦谋己。(《左传·宣公十四年》)
【注释】 怀:怀恋。贪:贪婪。谋:谋害,算计。
【译文】 怀恋必然贪婪,贪婪肯定要谋害他人。谋害他人,他人也会谋害自己。

疾不可为也,在肓之上,膏之下,攻之不可,达之不及,药不至焉,不可为也。(《左传·成公十年》)
【注释】 为:治疗。攻:治病,指用火治疗。达:指用针刺治病。
【译文】 病不能治了,(因为病)在肓的上边、膏的下边,用砭石不能治,用针刺又够不着,药物的力量也到不了那儿,不能治了。

忌则多怨,又焉能克?(《左传·僖公九年》)
【注释】 忌:猜忌,怀疑别人。焉:怎么。克:战胜,取胜。
【译文】 如果一个人经常猜忌、怀疑别人,那他就会多生怨恨,又怎么能取胜呢?

举趾高,心不固矣。(《左传·桓公十三年》)

【注释】固:稳定。
【译文】一个人走路时趾高气扬,表明他的心情不稳定、轻浮。

君子有远虑,小人从迩。(《左传·襄公二十八年》)
【注释】从:跟随、追赶,此处指只看到。迩:近,眼前的。
【译文】君子有长远的打算,小人只顾及眼前的利益。

礼,无毁人以自成也。(《左传·昭公十二年》)
【注释】以:连词,表示目的。自成:成全自己。
【译文】礼,不会损害别人而成全自己。

临祸忘忧,忧必及之。(《左传·庄公二十年》)
【注释】及:到来。
【译文】面临灾祸而不担忧,忧愁一定来到他身上。

鹿死不择音。(《左传·文公十七年》)
【注释】音:声音、叫声,此处指好听的叫声。
【译文】鹿快死的时候不选择好听的叫声。

末大必折,尾大不掉。(《左传·昭公十一年》)
【注释】末:树枝,树梢。掉:摇摆。
【译文】树枝大一定折断,尾巴大就摇摆不动。

鸟则择木,木岂能择鸟?(《左传·哀公十一年》)
【译文】鸟选择树木,树木怎么能选择鸟?

牛虽瘠,偾于豚上,其畏不死?(《左传·昭公十三年》)
【注释】瘠:瘦弱。偾(fèn):跌倒,此处指压倒。其:表示揣测、反诘。畏:害怕。
【译文】牛虽然很瘦,但压在小猪身上,难道还怕它不死?

皮之不存,毛将安傅?(《左传·僖公十四年》)

【注释】安:哪儿,哪里。傅:通"附",附着。

【译文】皮已经不存在了,毛将依附在哪里呢?

弃人用犬,虽猛何为?(《左传·宣公二年》)

【注释】猛:凶猛。为:做。

【译文】抛弃人而用狗,虽然(狗)很凶猛却又能做什么呢?

仁而不武,无能达也。(《左传·宣公四年》)

【注释】达:通达。

【译文】(只有)仁爱而没有勇武,(做什么事)都不能成功。

戎狄豺狼,不可厌也;诸夏亲暱,不可弃也;宴安鸩毒,不可怀也。(《左传·闵公元年》)

【注释】戎狄:北方少数民族部落,此处泛指敌人。诸夏:中原各诸侯国,此处指友好国家。暱:亲近。宴:安逸。鸩(zhèn):有毒的药酒。

【译文】敌人好似豺狼,是不能满足的;友好国家互相亲近,是不能抛弃的;安逸好似毒酒,是不能怀恋的。

若以恶来,有备,不败。(《左传·宣公十二年》)

【注释】恶:恶意。备:防备。

【译文】如果有人怀着恶意前来,有了防备,就不会失败。

山有木,工则度之。宾有礼,主则择之。(《左传·隐公十一年》)

【注释】木:树木。度(duó):量长短。

【译文】山上有木材,木匠就会去量它。宾客有礼貌,主人就会选择他。

《诗》《书》,义之府也;礼、乐,德之则也;德、义,利之本也。(《左传·僖公二十七年》)

【注释】府:仓库。则:法则,原则。利:利益。

【译文】《诗经》《尚书》是道义的仓库,礼、乐是德行的法则,德、义是利益的根本。

使医除疾,而曰"必遗类焉"者,未之有也。(《左传·哀公十一年》)
【注释】遗:留下。类:同样的,此处指病根。
【译文】让医生治病,而说"一定要留下病根"的人,是从来没有的。

恃陋而不备,罪之大者也;备豫不虞,善之大者也。(《左传·成公九年》)
【注释】备豫:防备,准备。不虞:意料不到、出乎意料的事。
【译文】依仗简陋的城池而不加防备,这是罪中的大罪;防备发生意外,这是善中的大善。

树德莫如滋,去疾莫如尽。(《左传·哀公元年》)
【注释】滋:培植。去:除去。疾:病。尽:完。
【译文】树立德行最好是精心培植,除去疾病最好是斩草除根。

恕而行之,德之则也,礼之经也。(《左传·隐公十一年》)
【注释】恕:"己所不欲,勿施于人"为"恕"。则:原则,准则。经:常规。
【译文】依照恕道办事,是德的准则、礼的常规。

思则有备,有备无患。(《左传·襄公十一年》)
【注释】思:想到。
【译文】想到了(问题)就会有防备,有了防备就不会有灾祸。

松柏之下,其草不殖。(《左传·襄公二十九年》)
【译文】在高大茂密的松柏下,小草是不能够繁殖生长的。

无备而官办者,犹拾渖也。(《左传·哀公三年》)
【注释】官办:指百官办理事务。渖(shěn):汁。
【译文】没有准备而让百官仓促办理事情,就好像捡地上的汤汁一样。

无礼,必食言。(《左传·成公十二年》)

【注释】 食言:说话不算数。

【译文】 (对人)没有礼节,必然说话不算数。

谚曰:"高下在心。"(《左传·宣公十五年》)

【注释】 高:抬高。下:贬低。

【译文】 俗话说:"(处理事情)要抬高谁,要贬低谁,完全取决于人心。"

一薰一莸,十年尚犹有臭。(《左传·僖公四年》)

【注释】 薰(xūn):一种香草。莸(yóu):一种臭草。尚犹:同义连用,还、仍然。

【译文】 香草和臭草放在一起,十年以后还会有臭味。

以欲从人,则可;以人从欲,鲜济。(《左传·僖公二十年》)

【注释】 以欲从人:让自己的愿望服从别人的。以人从欲:让别人的愿望服从自己的。济:成功。

【译文】 让自己的愿望服从别人的愿望,那还可以成功;让别人的愿望服从自己的愿望,那很少能成功。

弈者举棋不定,不胜其耦。(《左传·襄公二十五年》)

【注释】 弈:下棋。耦(ǒu):双方,此处指对方。

【译文】 下棋的人举棋不定(犹犹豫豫),那么肯定赢不了对方。

尤而效之,罪又甚焉。(《左传·僖公二十四年》)

【注释】 尤:错误。效:效法。

【译文】 明明知道是错的但又去效法它,错误就更大了。

于人何有,人亦于女何有。(《左传·昭公六年》)

【注释】 何有:有什么,此处指怎样对待。

【译文】 (你)怎样对待人家,人家也会怎样对待你。

知难而有备,乃可以逞。(《左传·成公元年》)

【注释】逞:称心,满足。此处指祸难可以解除。

【译文】预计到有灾难而有准备,这样灾难就可以解除。

众怒不可犯也。(《左传·昭公十三年》)

【注释】犯:触犯。

【译文】众人的愤怒不可触犯。

作事威克其爱,虽小,必济。(《左传·昭公二十三年》)

【注释】威:威严。克:战胜。爱:爱心,此处指感情。济:成功。

【译文】做事情(如果)威严胜过感情,(那么)即使弱小,也一定能成功。

政　事

背施无亲,幸灾不仁,贪爱不祥,怒邻不义。四德皆失,何以守国?(《左传·僖公十四年》)

【注释】背:背弃。施:恩惠。

【译文】背弃恩惠,就没有亲近的人;幸灾乐祸,不合仁爱之道;贪图自己所爱惜的东西而不予人,灾祸将至;使邻国发怒,不合道义。这四种道德都丢失了,用什么来守卫国家?

背施幸灾,民所弃也。近犹仇之,况怨敌乎?(《左传·僖公十四年》)

【注释】施:恩惠。弃:唾弃。仇:仇恨。

【译文】背弃恩惠,幸灾乐祸,是百姓所唾弃的。亲近的人尚且仇恨,何况是冤家敌人呢?

不轨不物,谓之乱政。乱政亟行,所以败也。(《左传·隐公五年》)

【注释】轨:法度。物:典章文物。亟:屡次。

【译文】行事不合礼法制度,随便使用祭祀时的重要器物,这叫作乱政。屡次实行乱政,是国家败亡的原因。

不靖其能,其谁从之?(《左传·昭公元年》)

【注释】 靖(jìng):安定。

【译文】 不安定贤能的人,还有谁会跟随他?

不媚,不信。不信,民不从也。(《左传·昭公七年》)

【注释】 媚:欢悦,高兴。信:信服。

【译文】 (执政)不能使老百姓欢悦,那老百姓就不会信服。不信服,老百姓就不会听从你的。

不让,则不和;不和,不可以远征。(《左传·定公五年》)

【注释】 让:谦让。

【译文】 (如果)不谦让,就不和睦;不和睦,就不能远征(他国)。

臣不心竞而力争,不务德而争善,私欲已侈,能无卑乎?(《左传·襄公二十六年》)

【注释】 侈:放纵,此处指扩大。卑:衰微。

【译文】 臣下不用心竞争(效忠国家),却用力量来争夺高低,不致力于德行,却争执谁是谁非,个人欲望已经扩大,(国家)能不衰败吗?

臣闻以德和民,不闻以乱。以乱,犹治丝而棼之也。(《左传·隐公四年》)

【注释】 和:使……和睦。乱:此处指用兵。棼(fén):紊乱。

【译文】 我听说用德行安定百姓,没有听说用战争安定百姓。用战争安定百姓,如同要理出乱丝的头绪,反而弄得更加纷乱。

臣无二心,天之制也。(《左传·庄公十四年》)

【注释】 二心:有异心。制:规定,制度。

【译文】 臣下没有二心,这是上天的规定。

臣义而行,不待命。(《左传·定公四年》)

【注释】 义:正义,此处指合乎道义。

【译文】臣下对合乎道义的事马上去做,不用等待上面的命令。

臣之而逃其难,若后君何?(《左传·文公十六年》)
【注释】臣:此处用作动词,给他当臣。若……何:对……怎么办。
【译文】(一个人)给君主当臣却逃避君主的祸难,这样怎么侍奉后君呢?

臣,治烦去惑者也,是以伏死而争。(《左传·成公二年》)
【注释】烦:烦乱。去:解除。伏死:冒着生命危险。争:通"诤",规劝。
【译文】臣下,是(为国君)治理烦乱解除迷惑的,因此要冒死规劝。

重施而不报,其民必携。携而讨焉,无众,必败。(《左传·僖公十三年》)
【注释】重(chóng):再次。携:离心。
【译文】(我们)再次给(他们)恩惠,但得不到报答,他们的百姓必然离心。离心后我们去讨伐他们,他们没有群众,一定失败。

从善如流,宜哉!《诗》曰:"恺悌君子,遐不作人?"求善也夫!作人,斯有功绩矣。(《左传·成公八年》)
【注释】宜:合适,恰当。恺悌:平易近人。遐不:何不。作人:起用人才。
【译文】从善如流,这是多么合适啊!《诗经》说:"平易近人的君子,为什么不起用人才?"这就是求取善人啊!起用人才,这才会有功绩。

大臣不顺,国之耻也。(《左传·襄公十七年》)
【注释】顺:和顺,和睦相处。
【译文】大臣不和顺,这是国家的耻辱。

大上以德抚民,其次亲亲,以相及也。(《左传·僖公二十四年》)
【注释】大:"太"的古字。大上:指德行最高者。亲亲:爱自己的亲属。相及:由近到远,推及到别人。
【译文】最高明的人用德行来安抚百姓,其次是爱亲属,并由此及彼,推及到别人。

当官而行,何强之有?……敢爱死以乱官乎?(《左传·文公十年》)

【注释】当官而行:指当什么官就行使什么职责,像我们现在所说的"在其位谋其政"。强:强横。爱:爱惜。乱官:指不行使其职责。

【译文】按照职责办事,有什么强横?……怎么敢因为顾惜生命而放弃职责呢?

当其时不能治也,后之人何罪?(《左传·宣公十八年》)

【注释】当其时:那人活着的时候。治:治罪。

【译文】当那人活着的时候不能治罪,他的后人有什么罪?

盗所隐器,与盗同罪。(《左传·昭公七年》)

【注释】盗所隐器:即"隐盗所得器",相当于今天的"窝藏赃物"。

【译文】窝藏盗贼的赃物,与盗贼同罪。

道以淫虐,弗可久已矣。(《左传·昭公元年》)

【注释】道:方法,此处用作动词,以……作为方法。

【译文】把荒淫暴虐作为治国的方法,是不能长久的啊!

德不失民,度不失事。(《左传·襄公三十一年》)

【注释】德:德行,此处指有德行。度:法度,此处指合乎法度。

【译文】(国君)有德行就不会失去百姓,(做事情)合乎法度就不会办错事情。

德立、刑行、政成、事时、典从、礼顺,若之何敌之?(《左传·宣公十二年》)

【注释】事时:农事合时。典从:典则执行。若之何:怎么。敌:抵挡。

【译文】(如果一个国家)德行树立了,刑罚施行了,政事成功了,农事合时了,典则执行了,礼节顺当了,那么怎么能抵挡它?

德之不建,民之无援。(《左传·文公五年》)

【译文】 国君不建立德行,人民就没有援助。

凡君即位,卿出并聘,践修旧好,要结外援,好事邻国,以卫社稷,忠信卑让之道也。忠,德之正也;信,德之固也;卑让,德之基也。(《左传·文公元年》)

【注释】 并:普遍。聘:聘问,访问。践:承袭。

【译文】 凡是国君即位,卿出国普遍访问,继续重温过去的友好,团结外援,友好地对待邻国,用这些来保卫国家,这是忠、信、卑让的道理。忠,表示德行的纯正完美;信,表示德行的牢固不变;卑让,表示德行的基础。

凡诸侯即位,小国朝之,大国聘焉,以继好、结信、谋事、补阙,礼之大者也。(《左传·襄公元年》)

【注释】 继好:继续友好关系。结信:取得信任。谋事:商量国事。阙:过失,空缺。补阙:指填补缺漏,匡正错失。

【译文】 凡是诸侯即位,小国前来朝见,大国前来访问,以继续友好关系、取得信任、商量国事、补救过失,这是礼仪中的大事。

夫德,俭而有度,登降有数,文、物以纪之,声、明以发之,以临照百官,百官于是乎戒惧,而不敢易纪律。(《左传·桓公二年》)

【注释】 俭、度、数、文、物、声、明是表示各种级别的一些标志。登降:增减。文:(衣服上的)文饰。物:(服饰上的)色彩。声:(马车上各种铃铛的)声音。明:(绘有日、月、星的旗帜的)光彩。易:违反。

【译文】 君主的德行是指要节俭又有各种法度,增减要有一定的数量,用文饰、色彩来记录各级官吏的区别,用声音、光彩来发扬各级官吏的职责,并以此向各级官吏作明显的表示,各级官吏才有所畏惧,不敢违反纪律。

夫礼,所以整民也。(《左传·庄公二十三年》)

【注释】 所以:用来……的(手段)。整:整顿,管理。

【译文】 礼是用来整顿百姓的。

夫礼,天之经也,地之义也,民之行也。(《左传·昭公二十五年》)

【注释】经：常道。义：规则。行：行为依据。
【译文】礼是上天的常道、大地的准则、百姓行动的依据。

夫令名，德之舆也；德，国家之基也。有基无坏，无亦是务乎？有德则乐，乐则能久。(《左传·襄公二十四年》)
【注释】令名：好名声。务：致力于。
【译文】好名声，是德行的车子；德行，是国家的基础。有了基础就不会损坏，不也应致力于这个吗？（执政者）有了德行（人民）就快乐，（人民）快乐了（国家）就能长治久安。

夫民，神之主也。是以圣王先成民而后致力于神。(《左传·桓公六年》)
【注释】民：百姓。主：主宰。成：使……成功。
【译文】人民，是神灵的主宰。因此圣明的君王先使人民安居乐业然后才致力于祭祀鬼神。

夫名以制义，义以出礼，礼以体政，政以正民，是以政成而民听，易则生乱。(《左传·桓公二年》)
【注释】名：名字。以：用来。听：听从。易：违反。
【译文】名字用来表示道义，道义产生礼仪，礼仪用来体现政治，政治用来端正百姓，所以政治上取得成功百姓就会服从，如果不是这样就会发生动乱。

夫能固位者，必度于本末而后立衷焉。不知其本，不谋。知本之不枝，弗强。(《左传·庄公六年》)
【注释】度(duó)：量长短，此处指衡量、考察。本末：此处指各方面的才能。衷(zhòng)：适当，恰当。不谋：不为之谋划，即不立他为君。
【译文】（选择）能够巩固地位、政权的人，首先必须考察其各方面的才能，然后立他为君，这样才比较合适。（如果）不知道他最主要的才能品行，就不要立他为君。知道其主要才能而不了解其他方面的才能，也不要勉强。

夫小人之性，衅于勇，啬于祸，以足其性而求名焉者，非国家之利也。若

何从之?(《左传·襄公二十六年》)

【注释】衅:冲动。嚚:贪图。

【译文】小人的本性,由于勇猛而容易冲动,由于祸乱而贪图小利,用这些来满足他的本性并追求虚名,这不符合国家的利益。怎么可以听从他呢?

夫正其疆埸,修其土田,险其走集,亲其民人,明其伍候,信其邻国,慎其官守,守其交礼,不僭不贪,不懦不耆,完其守备,以待不虞,又何畏矣?(《左传·昭公二十三年》)

【注释】埸(yì):边界。走集:边境上的垒墙。伍:古代军队编制,五人为伍。候:哨所。交:外交。僭(jiàn):过分。耆(qí):强横。完:修缮。不虞:意外。

【译文】划定边界,修整土地,使边垒险要牢固,亲近百姓,使人民明确各自的部属、守候的哨所及职责,使邻国相信自己,谨慎官吏的职责,重视外交礼节,既不过分也不贪婪,既不懦弱也不强横,修整防御设施,以防备发生意外,(如果这样,国家)又有什么可害怕的呢?

富而能臣,必免于难。上下同之。(《左传·定公十三年》)

【注释】臣:作动词,守臣道。

【译文】富有但能守臣道,一定能免除灾难。无论尊卑贵贱都适用这一原则。

苟利于民,孤之利也。天生民而树之君,以利之也。民既利矣,孤必与焉……命在养民。(《左传·文公十三年》)

【注释】孤:谦辞,我,此处指邾文公。

【译文】如果对人民有利,也就是对自己有利。上天养育了人民并为他们立了君主,就是给他们好处的。人民得到了好处,我的好处也必然在其中了。……(君主)活着就是为了抚养人民。

古之王者,知命之不长,是以并建圣哲,树之风声,分之采物,著之话言,为之律度,陈之艺极,引之表仪,予之法制,告之训典,教之防利,委之常秩,道之礼则,使毋失其土宜,众隶赖之,而后即命。(《左传·文公六年》)

【注释】并:普遍。圣哲:贤能(的人)。风声:风气教化。采物:不同色彩的服装、旗子。尊卑不同,名位高下,采物各不相同。陈:公布。艺极:准则。表仪:榜样。训典:典章制度的书。利:私利。委:任命。秩:职务。道:同"導(导)",教导。众隶:大家。即命:死。

【译文】古代的王者知道自己的寿命不能长久,所以就普遍任用贤能,给他们树立风气教化,分给他们各自的服装旗子,把他们的一些善言善语记录下来,为他们制定法度,对他们公布行为准则,并以法度引导他们,给他们一些法度并让他们使用,告诉他们先人的遗训,教育他们要防止过多地谋求私利,任命他们一定的职务,引导他们合乎礼仪规范,让他们不要违背了因地制宜的原则,大家都可以仰仗他们,然后才离开人世。

寡人唯是一二父兄不能共亿,其敢以许自为功乎?寡人有弟,不能和协,而使糊其口于四方,其况能久有许乎?(《左传·隐公十一年》)

【注释】寡人:指郑庄公。共亿:相安。其:表示揣测、反诘。弟:指郑庄公的弟弟共叔段。郑庄公与共叔段不和,事见《左传·隐公元年》。和协:和睦相处。

【译文】我连一两个父老兄弟都不能相安,怎么敢把讨伐许国作为自己的功绩呢?我和弟弟不能和睦相处,使他到异国他乡求食,怎么还能长久地占据许国呢?

官人,国之急也。能官人,则民无觊心。(《左传·襄公十五年》)

【注释】官:动词,安排官职。觎(yú):觊(jì)觎,非分的希望。

【译文】安排官职的人选,是国家的当务之急。能够恰当地安排人选,那么百姓就没有非分的想法。

鬼神非人实亲,惟德是依。……非德,民不和,神不享矣。(《左传·僖公五年》)

【注释】非人实亲、惟德是依:都是宾语前置句,即"非亲人""惟依德"。

【译文】鬼神并不亲近某一个人,而只是依从德行。……(假如)没有德行,百姓就会不和,神灵也就不享用(你的祭品)了。

国不堪贰。(《左传·隐公元年》)

【注释】 堪:忍受。贰:同属二主。

【译文】 一个国家不能容忍同时由两个君主管辖。

国家之败,由官邪也。官之失德,宠赂章也。(《左传·桓公二年》)

【注释】 宠:受宠。赂:贿赂。章:通"彰",显著。

【译文】 一个国家之所以衰败,是由于各级官吏邪恶腐败。官吏之所以失德,是由于受宠而公开行贿受贿。

国将亡,本必先颠,而后枝叶从之。(《左传·闵公元年》)

【注释】 本:树根,比喻国家的根本。颠:倒地。

【译文】 一个国家将灭亡,(好像大树)树干必然先倒,然后枝叶跟着才倒。

国将兴,听于民。(《左传·庄公三十二年》)

【注释】 听:取决于。

【译文】 国家的复兴取决于广大人民(的力量)。

国君不可以轻,轻则失亲。失亲,患必至。(《左传·僖公五年》)

【注释】 轻:轻率。亲:亲信。

【译文】 国君不能轻率行事,轻率行事就会失去亲信。失去亲信,灾难一定会降临。

国无小,不可易也。(《左传·僖公二十二年》)

【注释】 无小:没有弱小的。易:轻视。

【译文】 凡是国家无所谓弱小,都不能小看。

国无政,不用善,则自取谪于日月之灾,故政不可不慎也。务三而已:一曰择人,二曰因民,三曰从时。(《左传·昭公七年》)

【注释】 谪(zhé):被罚。日月之灾:古人迷信,认为日食月食会降祸于人。因:依靠。从时:顺从时令。

【译文】 国家没有善政,不选用善人,就会在日月的灾祸里自找麻烦,所以政事是不能不谨慎的。(为政)致力于三点就行了:一是选择人才,二是依靠百姓,三是顺从时令。

国有大任,焉得专之?(《左传·成公十六年》)
【注释】 大任:大事。专:专权,包揽。
【译文】 国家有大事,怎么能一个人包揽呢?

国之兴也以福,其亡也以祸。……国之兴也,视民如伤,是其福也;其亡也,以民为土芥,是其祸也。(《左传·哀公元年》)
【注释】 以:因为。土芥:粪土草芥。
【译文】 国家的兴起是因为有福德,它的灭亡是因为有灾祸。……国家的兴起,(是因为)把百姓看作受伤的人(而加以精心照料),这就是它的福德;它的灭亡,(是因为)把百姓看作粪土草芥,这就是它的灾祸。

好恶不愆,民知所适,事无不济。(《左传·昭公十五年》)
【注释】 愆(qiān):过失。所适:指行动的方向。适:到……去。济:成功。
【译文】 喜好、厌恶都没有过失(即喜欢应当喜欢的,讨厌应当讨厌的),百姓知道了行动的方向,这样没有什么事不能成功。

饥寒之不恤,谁遑其后?(《左传·襄公二十八年》)
【注释】 恤:救济。遑(huáng):闲暇,空余。
【译文】 现在连饥寒的问题都解决不了,谁还有闲暇考虑以后的事?

己则不明,而杀人以逞,不亦难乎?民不见德,而唯戮是闻,其何后之有?(《左传·僖公二十三年》)
【注释】 则:如果。
【译文】 自己如果不贤明,反而用杀人的办法以图快意,(想用这种办法让百姓服从)不也很难吗?百姓看不到德行,反而只听到杀戮,他(指君主)还会有什么后代(继承君位)呢?

贱妨贵,少陵长,远间亲,新间旧,小加大,淫破义,所谓六逆也。君义,

臣行,父慈,子孝,兄爱,弟敬,所谓六顺也。去顺效逆,所以速祸也。(《左传·隐公三年》)

【注释】陵:欺凌。间:离间。加:欺侮。去:除掉,去掉。

【译文】低贱的妨害尊贵的,年少的欺凌年长的,关系疏远的离间亲近的,新人离间老人,弱小的欺侮强大的,淫邪的破坏正义的,这就是六逆。国君做事合乎道义,臣下奉命执行,父亲慈爱,儿子孝敬,兄长宽和,兄弟恭敬,这就是六顺。去掉六顺而效法六逆,这是招致祸害的原因。

谏以自纳于刑,刑犹不忘纳君于善。(《左传·庄公十九年》)

【注释】以:因为。纳于刑:受到刑罚。犹:还,仍然。善:正道。

【译文】因为劝谏使自己受到刑罚,虽然受到刑罚但还不忘使国君归于正道。

姜氏何厌之有?不如早为之所,无使滋蔓!蔓,难图也。蔓草犹不可除,况君之宠弟乎?(《左传·隐公元年》)

【注释】姜氏:郑庄公和共叔段的母亲,她喜欢共叔段,不喜欢郑庄公。为之所:给共叔段找个地方,暗含处置之义。之:指共叔段。图:对付。

【译文】姜氏哪有满足的时候?不如及早给他(共叔段)一个去处,不要让他到处扩大地盘和势力!势力一经扩大就难以对付了。蔓延的野草尚且不能锄掉,何况是您宠爱的弟弟呢?

敬,德之聚也。能敬必有德。德以治民,君请用之。(《左传·僖公三十三年》)

【注释】聚:聚积。用:任用。之:指有德之人。

【译文】恭敬,是德行的集中表现。如果能够恭敬,那这个人一定有德行。德行是用来治理百姓的,所以请君王任用有德行的人。

靖诸内而败诸外,所获几何?(《左传·僖公二十七年》)

【注释】靖(jìng):安定。诸:之于。

【译文】安定于内而失败于外,所得到的能有多少?

君抚小民以信,训诸司以德,而威莫敖以刑也。(《左传·桓公十三

年》）

【注释】抚：安抚。小民：百姓。诸司：各级官员。莫敖：官职名，即司马，掌管军政。

【译文】君王要用信用来安抚百姓，要用美德来训诫百官，要用刑罚来使莫敖有所畏惧。

君人者，将昭德塞违，以临照百官，犹惧或失之，故昭令德以示子孙。（《左传·桓公二年》）

【注释】昭：显示，发扬。违：邪恶。临照：显示。令：美。

【译文】作为人君，要发扬道德而阻塞邪恶，并把它显示给百官，（即使这样）还担心有所遗漏，因此又发扬美德来垂范子孙后代。

君若以德绥诸侯，谁敢不服？（《左传·僖公四年》）

【注释】绥：安抚。

【译文】君王如果用德行来安抚诸侯，谁敢不服从？

君使民慢，乱将作矣。（《左传·庄公八年》）

【注释】慢：松弛，放纵。

【译文】国君使百姓放纵自己，这样动乱就会发生。

君子尚能而让其下，小人农力以事其上，是以上下有礼，而谗慝黜远，由不争也，谓之懿德。及其乱也，君子称其功以加小人，小人伐其技以冯君子，是以上下无礼，乱虐并生，由争善也，谓之昏德。国家之敝，恒必由之。（《左传·襄公十三年》）

【注释】农力：即努力。谗：指搬弄是非的人。慝（tè）：指不怀好意的人。懿（yì）：美。加：凌驾。伐：夸耀。冯（píng）：欺凌。

【译文】君子崇尚贤能的人并对下面的人谦让，小人努力来侍奉他的上级，所以上下之间彼此有礼，而奸邪的人被疏远，这是由于不争夺，这叫作美德。一旦有了动乱，君子夸耀他的功劳以凌驾于小人之上，小人也夸耀他的技能以凌驾于君子之上，所以上下之间无礼，动乱残暴一同发生，这是由于互相争夺善名，这叫作昏德。国家的衰败，常常是由于这样。

君子谓:"羊斟非人也,以其私憾,败国殄民。于是刑孰大焉?"(《左传·宣公二年》)
【注释】羊斟(zhēn):人名,宋军中驾驭战车的车夫。私憾:私仇。憾:不满意。殄(tiǎn):灭绝。
【译文】君子认为:"羊斟不是人,由于自己的私仇而使国家战败,使百姓受害。按照刑法来讲,还有比这更大的罪行吗?"

君子务在择人。(《左传·襄公二十九年》)
【注释】务:致力于。人:指贤能的人。
【译文】君子应致力于选择贤人。

君子曰:"众之不可以已也。"(《左传·成公二年》)
【注释】众:大众。已:停止,此处指不用。
【译文】君子说:"大众是不能不用的。"

礼,国之干也;敬,礼之舆也。不敬则礼不行;礼不行则上下昏,何以长世?(《左传·僖公十一年》)
【注释】舆:车厢。世:父子相继为一世。
【译文】礼是国家的躯干,敬好比是载礼的车厢。不敬,礼就不能实施;礼法不能实施,上下就昏乱,凭什么使世代经久不衰?

礼,国之干也。杀有礼,祸莫大焉。(《左传·襄公三十年》)
【注释】干:躯干,此处指支柱。有礼:有礼的人。
【译文】礼仪,是一个国家的支柱。杀死有礼的人,没有比这更大的祸患了。

礼,经国家,定社稷,序民人,利后嗣者也。(《左传·隐公十一年》)
【注释】经:经营,治理。定:安定。序:用作动词,使……有序。
【译文】礼是治理国家、安定社会、使人民有序、对后代有利的工具。

礼,所以守其国,行其政令,无失其民者也。(《左传·昭公五年》)

【注释】所以:用来……的(东西)。

【译文】礼是用来保有国家、推行政令、不失去民心的工具。

礼以行义,信以守礼,刑以正邪。舍此三者,君将若之何?(《左传·僖公二十八年》)

【注释】舍:通"捨",放弃。若之何:怎么办。

【译文】礼是用来推行道义的,信是用来保持礼仪的,刑罚是用来纠正邪恶的。丢掉了这三项,君主将怎么办呢?

礼,政之舆也;政,身之守也。怠礼,失政;失政,不立,是以乱也。(《左传·襄公二十一年》)

【注释】舆:车子,此处用作比喻。怠:轻慢。

【译文】礼法,是政事的车子;政事,是守身的工具。轻慢礼法,就会使政事失误;政事失误,就难以立身,因此就会发生动乱。

良君将赏善而刑淫,养民如子,盖之如天,容之如地;民奉其君,爱之如父母,仰之如日月,敬之如神明,畏之如雷霆,其可出乎?夫君,神之主,而民之望也。若困民之主,匮神乏祀,百姓绝望,社稷无主,将安用之?弗去何为?(《左传·襄公十四年》)

【注释】出:逃亡。困民之主:"主"当是"生"的形误,"困民之生"指困民之财。

【译文】好的国君将会奖赏善良的人而惩罚邪恶的人,像对待自己的儿女一样养育百姓,像上天一样保护他们,像大地一样宽容他们;(那么)百姓侍奉国君,像爱自己的父母一样敬爱他,像仰望日月一样尊仰他,像敬奉神灵一样敬重他,像害怕雷霆一样害怕他,(如果这样)怎么会被赶走呢?国君是祭神的主持者和百姓的希望。如果使百姓财物缺少,很少祭祀神灵,百姓就会绝望,国家就会没有主人,哪里还用得着他?不赶走他(指国君)干什么?

民患王之无厌也,故从乱如归。(《左传·昭公十三年》)

【注释】患:忧虑。厌:满足。从:参加。归:回家。

【译文】百姓忧虑国王贪得无厌,所以参与动乱像回家一样(积极)。

民生厚而德正,用利而事节,时顺而物成,上下和睦,周旋不逆,求无不具,各知其极。(《左传·成公十六年》)
【注释】民生:人民生活。用利:使用财物对国家有利。事节:事情有法度。时顺:时令合顺。周旋不逆:一切行动顺利。极:准则。
【译文】人民生活丰厚,德行就端正,举动有利于国家,事情就合乎法度,时令合顺,万物就有生成,这样能使上下和睦相处,一切行动都很顺利,需要的没有不具备的,人人都知道自己行动的准则。

民之多违,事滋无成。(《左传·襄公八年》)
【注释】违:违背,不服从。滋:更加。
【译文】(如果)人民多数不服从,事情就更加不能成功。

民主偷,必死。(《左传·文公十七年》)
【注释】民主:百姓的主人,指君主。偷:苟且偷生。
【译文】百姓的主人(如果)苟且偷生,毫无远虑,那肯定灭亡。

敏以事君,必能养民,政其焉往?(《左传·襄公二十七年》)
【注释】敏:努力,勤奋。
【译文】勤奋努力地侍奉君主,那他一定能抚养百姓,政权还会跑到哪儿去?

命不共,有常刑。(《左传·哀公三年》)
【注释】命:命令。共:敬,后作"恭"。命不共:即奉命但没有尽职。常:固定的。
【译文】(如果)奉命(做事)没有尽职,就要按固定的刑法加以处罚。

谋不失利,以卫社稷,民之主也。(《左传·宣公十五年》)
【注释】利:利益。
【译文】谋划能够不损害利益,以此保卫国家,这就是百姓的主人。

能以国让,仁孰大焉?(《左传·僖公八年》)

【注释】让:让位。

【译文】一个人能把国家的权力让给别人,还有比这更大的仁爱吗?

叛而不讨,何以示威?服而不柔,何以示怀?非威非怀,何以示德?(《左传·文公七年》)

【注释】柔:安抚。怀:安抚,指关怀、恩惠。

【译文】背叛了但不讨伐,怎么能显示声威呢?顺服了但不加抚慰,怎么能显示恩惠呢?没有声威没有恩惠,又怎么显示美德呢?

平国以礼不以乱。伐而不治,乱也。以乱平乱,何治之有?无治,何以行礼?(《左传·宣公四年》)

【注释】平国:使有分歧的两国和平相处。乱:指用兵征伐。治:治理,和平。

【译文】调停两国间的不和应该用礼,而不是武力。攻伐就不能太平,就是动乱。用动乱去平定动乱,还有什么太平可言?没有太平,用什么来施行礼法?

其爱之如父母,而归之如流水。欲无获民,将焉辟之?(《左传·昭公三年》)

【注释】辟:避开。

【译文】他(指齐国的大夫田氏)像爱父母一样爱护百姓,百姓像流水一样来归附他。想要不得到百姓(的拥护),哪里能避开?

弃信、背邻,患孰恤之?无信,患作;失援,必毙。(《左传·僖公十四年》)

【注释】恤:救济。

【译文】抛弃信用,背弃邻国,灾难谁来周济?没有信用,灾难就会发生;失去援助,一定灭亡。

亲仁善邻,国之宝也。(《左传·隐公六年》)

【注释】仁:此处指仁义之国。
【译文】亲近仁义之国,与邻国和睦相处、友好往来,这是治国之宝。

亲有礼,因重固,间携贰,覆昏乱,霸王之器也。(《左传·闵公元年》)
【注释】因:依靠。重固:稳定坚固。间(jiàn):离间。携:离,叛离。携贰:有二心,指离心、不相亲附。器:武器,工具。
【译文】亲近礼仪之邦,依靠强盛的国家,离间内部分裂的国家,颠覆昏暗动乱的国家,这是称霸称王的最好策略。

亲之以德,皆股肱也,谁敢携贰?(《左传·文公七年》)
【注释】股肱(gōng):腿和手臂,比喻辅助君主的大臣。
【译文】(如果)用德行去亲近他们,他们都会成为辅佐君主的大臣,还有谁敢叛离?

取国有五难:有宠而无人,一也;有人而无主,二也;有主而无谋,三也;有谋而无民,四也;有民而无德,五也。(《左传·昭公十三年》)
【注释】取:得到。宠:指高贵的地位。主:指内应。
【译文】得到一个国家有五点难处:有高贵的地位但没有贤能的人才,这是一;有贤人但朝中没有内应,这是二;虽朝中有内应但缺少谋略,这是三;有谋略却没有百姓,这是四;有百姓却没有德行,这是五。

然君异于器,不可以二。器二不匮,君二多难。(《左传·哀公六年》)
【注释】君:君主。器:器物,东西。二:用作动词,有两个。
【译文】然而君主不同于器物,不能有两个。器物有两个就不缺乏,国君有两个就会多灾多难。

肉食者鄙,未能远谋。(《左传·庄公十年》)
【注释】肉食者:春秋时代的习语,指有权位的贵族。鄙:浅陋。
【译文】有权位的贵族浅陋无知,不能作长远的考虑。

若敬行其礼,道之以文辞,以靖诸侯,兵可以弭。(《左传·襄公二十五

年》）

【注释】道：同"導(导)"，引导。靖：安定。兵：战争。弭(mǐ)：消除，停止。

【译文】如果恭敬地执行礼仪，用辞令加以引导，来安定诸侯，战争则可以被制止。

若杀不辜，将失其民，欲安，得乎？（《左传·成公十七年》）

【注释】不辜：无罪的人。

【译文】（国君）如果杀害了无罪的人，将会失去百姓，想要安定，能行吗？

善人，天地之纪也，而骤绝之，不亡何待？（《左传·成公十五年》）

【注释】纪：纲纪。骤：屡次。

【译文】好人，是天地的纲纪，但屡次杀害他们，（杀人者）不灭亡还等什么？

善人在上，则国无幸民。谚曰："民之多幸，国之不幸也。"（《左传·宣公十六年》）

【注释】善人：好人。幸民：心存侥幸的百姓。

【译文】好人在上边（执政），国家就没有心存侥幸的百姓。俗话说："百姓多存侥幸心理，是国家的不幸。"

善为国者，赏不僭而刑不滥。赏僭，则惧及淫人；刑滥，则惧及善人。若不幸而过，宁僭无滥。与其失善，宁其利淫。无善人，则国从之。（《左传·襄公二十六年》）

【注释】僭(jiàn)：过分。淫人：坏人。

【译文】善于治理国家的人，奖赏不会过分，刑罚也不会滥用。因为奖赏过分了，就害怕奖励坏人；刑罚滥用了，就害怕祸及好人。如果不幸而有点失误，宁可（奖赏）错误也不要（刑罚）错误。与其失去好人，宁可对坏人有利。（因为）失去好人，国家也会跟着失去。

赏罚无章，何以沮劝？君失其信，而国无刑，不亦难乎？（《左传·襄公二十七年》）

【注释】章：规章。沮：阻止（邪恶）。劝：鼓励（好人）。

【译文】奖赏和惩罚没有规章,怎么来阻止(邪恶)鼓励(好人)?国君失去他的信用而国家又没有刑罚,(想治理好国家)不也很难吗?

社稷有主,而外其心,其何贰如之?(《左传·庄公十四年》)
【注释】如:像。
【译文】国家有君主,而自己的心却在国外,还有什么二心比这个更大呢?

圣人与众同欲,是以济事,子盍从众?子为大政,将酌于民者也。(《左传·成公六年》)
【注释】济事:成事。盍:为什么。大政:执政大臣。酌:斟酌,考虑。
【译文】圣人和大众的愿望是相同的,所以能够成事,你为什么不听从大众的意见?你身为执政大臣,应当考虑百姓的意见。

使疾其民,以盈其贯,将可殪也。(《左传·宣公六年》)
【注释】疾:害。殪(yì):死。
【译文】让他危害他的百姓,使他恶贯满盈,这样大概能够消灭他了。

使能,国之利也。(《左传·文公六年》)
【注释】使:使用,任用。能:贤能,此处指贤能的人。
【译文】任用贤能的人,对国家有利。

事充,政重,上不能谋,士不能死,何以治民?(《左传·哀公十一年》)
【注释】事:指徭役。充:满,多。政:通"征",征税、赋税。死:指拼命。
【译文】徭役繁多,赋税繁重,上面不能谋划,士卒不能拼命,拿什么来治理百姓?

仕而废其事,罪也。(《左传·襄公二十七年》)
【注释】仕:做官。废其事:废弃了自己的职责。
【译文】做官但荒废了自己的事业,这是犯罪。

恃险与马,不可以为固也,从古以然。(《左传·昭公四年》)

【注释】恃：依仗。以：通"已"，已经。以然：已经如此，已经成为事实。
【译文】依仗着地势险要和马匹，并不能巩固国防，这是自古皆然的道理。

是宜为君，有恤民之心。(《左传·庄公十一年》)
【注释】宜：适合。恤：体恤，爱护。
【译文】这个人可以当君主，因为他有爱护百姓之心。

受命以出，有死无霣，又可赂乎？(《左传·宣公十五年》)
【注释】霣：通"陨"，坠落，此处指废弃命令。
【译文】接受了(晋国)国君的命令，宁可死掉也不能废除命令，又怎么能接受(楚王的)贿赂呢？

率是道也，其何不济？(《左传·宣公十五年》)
【注释】率：遵循。是：这个，此处指施恩于百姓。济：成功。
【译文】遵循这个道理去做事，有什么不能成功？

所违民欲犹多，民何安焉？(《左传·宣公十二年》)
【注释】民欲：百姓的愿望。
【译文】所违背百姓的愿望还很多，百姓怎么能够安定呢？

汰侈，无礼已甚，乱所在也。(《左传·昭公二十年》)
【注释】汰(tài)：骄奢，过分。甚：厉害。
【译文】(他们)太奢侈了，无礼到了极点，(他们那儿)将是动乱的所在地。

贪色为淫，淫为大罚。(《左传·成公二年》)
【注释】贪：贪图。
【译文】贪图女色叫作淫，淫就要受到重大惩罚。

天下之恶一也，恶于宋而保于我，保之何补？得一夫而失一国，与恶而弃好，非谋也。(《左传·庄公十二年》)
【注释】补：补益，好处。与：结交。

【译文】天下的邪恶是一样的,在宋国作恶而在我国受到保护,保了他有什么好处呢?得到一个人却失掉一个国家,结交邪恶的人却舍弃友好的国家,这不是好主意。

天灾流行,国家代有。救灾、恤邻,道也。(《左传·僖公十三年》)

【注释】代:更替。

【译文】自然灾害流行,会在各国交替发生。救援灾荒,周济邻国,这是正道。

同罪异罚,非刑也。(《左传·僖公二十八年》)

【注释】刑:此处用作动词,符合刑律。

【译文】犯了相同的罪但处罚不同,这是不符合刑律的。

唯有德者能以宽服民,其次莫如猛。夫火烈,民望而畏之,故鲜死焉;水懦弱,民狎而玩之,则多死焉,故宽难。(《左传·昭公二十年》)

【注释】宽:宽大。猛:严厉。狎(xiá):轻视。

【译文】只有有德行的人才能用宽大(的政策)使百姓服从,其次不如用严厉(的政策)。火猛烈,百姓看见就害怕,所以很少有人死在火上;水懦弱,百姓轻视水并玩水,死在水上的人就很多,所以用宽大治理人民不容易。

唯则定国。(《左传·僖公九年》)

【注释】则:准则,标准。

【译文】只有行为合乎一定的准则才能够安定国家。

为政者不赏私劳,不罚私怨。(《左传·昭公五年》)

【注释】私:个人。劳:功劳。

【译文】当政的人不应赏赐对自己有功劳的人,不应惩罚对自己有怨恨的人。

文不犯顺,武不违敌。(《左传·僖公三十三年》)

【注释】顺:顺理、合理,此处指顺理的人。违:避。

【译文】就文来说,不能触犯顺理的人;就武来说,不能逃避敌人。

我闻忠善以损怨,不闻作威以防怨。岂不遽止?然犹防川。大决所犯,伤人必多,吾不克救也。不如小决使道。(《左传·襄公三十一年》)
【注释】损:减少。作威:利用权势。遽(jù):马上。决:挖开河堤。犯:危害。克:能够。道:通"導(导)",疏通。
【译文】我听说用忠善来减少怨恨,没听说用权势来防止怨恨。(利用权势)难道不能马上防止吗?但是(防止怨恨)好比防止河水一样。挖开一个大口子所危害的(结果)是伤人必然很多,我不能救他们。所以不如挖一个小口子使水慢慢流走。

无德以及远方,莫如惠恤其民,而善用之。(《左传·成公二年》)
【注释】惠:施恩。恤:体恤。
【译文】如果没有德行播及远方,不如施恩体恤百姓,并很好地利用他们。

无礼不乐,所由叛也。(《左传·文公七年》)
【注释】乐:快乐,高兴。
【译文】没有礼法(人民)就不快乐,这是产生叛乱的原因。

无丧而戚,忧必雠焉;无戎而城,雠必保焉。(《左传·僖公五年》)
【注释】戚(qī):悲伤。雠(chóu):前一个"雠"为"应验"之义,后一个"雠"为"仇敌"之义。戎:戎事,战争。城:筑城。
【译文】没有丧事却悲伤,忧愁一定应验而来;没有战事却筑城,仇敌一定会占据而守。

吾闻抚民者,节用于内,而树德于外,民乐其性,而无寇仇。(《左传·昭公十九年》)
【注释】节用:节约用度、开支。性:通"生",生活。寇仇:仇敌。
【译文】我听说安抚百姓,在国内要节约开支,在国外要树立德行,(这样)百姓就会乐于生活,并没有仇敌。

吾闻国家之立也,本大而末小,是以能固。(《左传·桓公二年》)

【注释】本:根本,重要的东西。末:次要的东西。固:巩固。

【译文】我听说国家的建立,要抓重要的事情而不要抓次要的事情,因此国家才能巩固。

务其三时,修其五教,亲其九族,以致其禋祀,于是乎民和而神降之福,故动则有成。(《左传·桓公六年》)

【注释】务:全力以赴。三时:春、夏、秋三季,农事季节。五教:指父义、母慈、兄友、弟恭、子孝,泛指教化。九族:泛指亲戚。禋(yīn):烧柴升烟以祭天,泛指祭祀。有成:成功。

【译文】致力于农事,修明教化,亲近自己的亲族,用这些来祭祀神灵,这样百姓和睦,神灵也会降福,因此做任何事都会成功。

昔阖庐食不二味,居不重席,室不崇坛,器不彤镂,宫室不观,舟车不饰,衣服财用,择不取费。在国,天有菑疠,亲巡孤寡,而共其乏困。在军,熟食者分,而后敢食,其所尝者,卒乘与焉。勤恤其民,而与之劳逸,是以民不罢劳,死知不旷。(《左传·哀公元年》)

【注释】阖庐:吴王。居:坐。崇坛:高台。费:花费(很大)。菑:同"灾",灾害。疠:瘟疫。共:供给,后作"供"。分:分配。卒乘:士兵。罢(pí):通"疲",疲困、软弱。旷:空。

【译文】从前吴王阖庐吃饭不吃两道菜,坐席不铺两张席子,寝室不建在高台上,用具不加雕琢,宫室中不建楼阁,车船不装饰,衣服和日用品不选择花钱多的。在国内,(遇到)自然灾害和瘟疫,亲自巡抚孤寡老人并供给他们急需的东西。在军队中,煮熟的食物先分配给将士吃,然后自己才吃,他自己所吃的(好)东西,士兵也有一份。勤勉体恤百姓,并跟他们同甘共苦,所以百姓不感到疲劳,死了也知道不是白白死去。

昔先王议事以制,不为刑辟,惧民之有争心也。犹不可禁御,是故闲之以义,纠之以政,行之以礼,守之以信,奉之以仁;制为禄位,以劝其从;严断刑罚,以威其淫。惧其未也,故诲之以忠,耸之以行,教之以务,使之以和,临之以敬,莅之以强,断之以刚;犹求圣哲之上,明察之官,忠信之长,慈惠之

师,民于是乎可任使也,而不生祸乱。(《左传·昭公六年》)

【注释】议:谋虑,商议。制:即下文的"断",判刑。辟:法律。御:阻止。闲:防备。劝:鼓励。未:不行。笁:劝勉。务:专业。临、莅(lì):面对。敬:严肃。强:威严。刚:坚决。上:执政的卿相。

【译文】从前先王根据事情的轻重来量刑定罪,不制定刑法,这是害怕百姓有争夺之心。但是还不能阻止(犯罪),所以又用道义来防备限制,用政令来纠正,用礼仪来推行,用信用来保持,用仁爱来奉养;(同时)制定官位,来鼓励服从(政令)的人;严明刑罚,来震慑放肆的人。(即使这样)还害怕不成功,所以用忠诚来教训他们,根据行为来奖励他们,用专业技术教导他们,用和悦的心情来使用他们,用严肃认真的态度面对他们,用威严的态度对待他们,用坚决的态度来判他们的罪;(同时)还访求圣哲的卿相、忠信的官吏、慈祥聪慧的老师,在这种情况下百姓才可以听命,并且不会发生祸乱。

小国无文德,而有武功,祸莫大焉。(《左传·襄公八年》)
【注释】文德:文治,指文化教育、道德修养。武功:军事方面的业绩。
【译文】小国没有文治,但有武功,没有比这更大的祸害了。

小惠未遍,民弗从也。(《左传·庄公十年》)
【注释】遍:普遍,周遍。
【译文】小恩小惠不能周遍,百姓是不会跟从的。

小之能敌大也,小道大淫。所谓道,忠于民而信于神也。上思利民,忠也;祝史正辞,信也。(《左传·桓公六年》)
【注释】小:小国。敌:抵抗。道:有道。淫:无度。祝史:主持祭祀祈祷的官。正辞:说真话,不欺瞒。
【译文】小国之所以能够抵抗大国,是因为小国有道而大国无度。所谓道,是指忠于百姓而取信于神灵。在上位的思考怎样使百姓有利,就是忠;祝史真诚地祈祷,不虚夸成绩,就是信。

信,国之宝也,民之所庇也。(《左传·僖公二十五年》)
【注释】信:信用。庇:庇护。

【译文】信用是国家的宝贝,是庇护百姓的东西。

刑之不滥,君之明也,臣之愿也。淫刑以逞,谁则无罪?(《左传·僖公二十三年》)
【注释】淫刑:滥用刑罚。逞:快意,称心。
【译文】不滥用刑罚,这是君主的圣明、臣下的愿望。滥用刑罚以图快意,谁能没有罪?

修城郭、贬食、省用、务穑、劝分,此其务也。(《左传·僖公二十一年》)
【注释】贬食:降低饮食标准。务穑:从事农业生产。劝分:鼓励有积聚者施舍。务:事务,事情。
【译文】(发生旱灾时)要修筑城墙(以防敌人乘虚而入)、降低饮食标准、节省费用、致力农事、鼓励有粮食者施舍,这些都是主要的事情。

一国两君,其谁堪之?(《左传·昭公七年》)
【注释】堪:忍受。
【译文】一个国家同时有两位国君,谁能忍受得了?

一人刑善,百姓休和,可不务乎?(《左传·襄公十三年》)
【注释】一人:天子,此处泛指在上位的人。刑:效法。百姓:百官。休:美好。和:和睦。务:致力于。
【译文】上位者取法于善,百官就友好和睦相处,难道不应该致力于这一点吗?

衣食所安,弗敢专也,必以分人。(《左传·庄公十年》)
【注释】专:独自享用。
【译文】衣食这些用来安身的东西,不敢独自享用,一定拿去分给别人。

因人之力而敝之,不仁;失其所与,不知;以乱易整,不武。(《左传·僖公三十年》)
【注释】因:依靠。敝:伤害。与:参与。知:同"智"。易:交换。

【译文】依靠别人的力量反而伤害他,这是不仁;失去同盟,这是不明智;用动乱代替整齐,这是不武。

庸勋、亲亲、昵近、尊贤,德之大者也。即聋、从昧、与顽、用嚚,奸之大者也。弃德、崇奸,祸之大者也。(《左传·僖公二十四年》)

【注释】庸:酬谢。即:靠近。与:结交,亲附。嚚(yín):愚蠢并且坏。

【译文】酬谢有功的人,亲爱亲属,接近近臣,尊敬贤人,这些是德行中的大德。靠拢耳背不听话的人,服从昏昧的人,结交顽劣的人,使用坏人,这些是邪恶中的大恶。抛弃道德,崇尚邪恶,这是祸患中的大祸。

有君不吊,有臣不敏;君不赦宥,臣亦不帅职,增淫发泄,其若之何?(《左传·襄公十四年》)

【注释】有:名词词头,无义。吊:忧虑。敏:努力,勤奋。赦宥(yòu):宽恕。帅:遵循。增淫:怨恨积蓄很久。

【译文】国君不忧虑国事,臣下也就不努力工作;国君不宽恕,臣下也就不尽职,怨恨积蓄很久而发泄出来,那怎么办?

有事于山,艺山林也;而斩其木,其罪大矣。(《左传·昭公十六年》)

【注释】有事:祭祀。艺:种植。

【译文】祭祀山神,应当保护山林;现在却砍伐山上的树木,那他们的罪过是很大的。

与其害于民,宁我独死。(《左传·定公十三年》)

【注释】独:一个人。

【译文】与其对百姓有危害,宁可我一个人去死。

欲求得人,必先勤之。(《左传·成公十八年》)

【注释】勤之:为之勤劳。

【译文】如果想求得别人(拥护),必须先为他辛苦劳作。

怨之所聚,乱之本也。多怨而阶乱,何以在位?(《左传·成公十六

年》)

【注释】阶乱:以乱为阶,把祸乱当作阶梯(向上爬)。

【译文】聚积怨恨,这是产生祸乱的根源。多招怨恨并把祸乱作为自己向上爬的阶梯的人,怎么还能占据官位?

在上位者洒濯其心,壹以待人,轨度其信,可明征也,而后可以治人。(《左传·襄公二十一年》)

【注释】洒濯(zhuó)其心:洗干净其心,使之纯洁无私。壹:专一,没有二心。轨:动词,使纳入(规范)。征:证明,此处指使人民相信。

【译文】高居上位的人要洗净他的心(使其纯洁无私),专一地对待别人,处事讲究信义,合乎规范,并使百姓相信,这样以后才可以治理百姓。

招携以礼,怀远以德。德礼不易,无人不怀。(《左传·僖公七年》)

【注释】招:招抚。携:叛离,此处指叛离之国。怀远:安抚远方之国。易:改变,更改。怀:(人心)归向。

【译文】用礼招抚内部分裂的国家,用德安抚远方的国家。凡事不违背德和礼,没有人不归附。

政宽则民慢,慢则纠之以猛。猛则民残,残则施之以宽。宽以济猛,猛以济宽,政是以和。(《左传·昭公二十年》)

【注释】宽:宽大。慢:怠慢。猛:严厉。济:帮助,此处指调剂。是以:所以。

【译文】政事宽大百姓就怠慢,怠慢就用严厉来纠正。严厉就有可能伤害百姓,伤害了就实施宽大政策。用宽大来调剂严厉,用严厉来调剂宽大,政事因此和谐。

政如农功,日夜思之,思其始而成其终,朝夕而行之。行无越思,如农之有畔,其过鲜矣。(《左传·襄公二十五年》)

【注释】农功:农活。畔:田埂。

【译文】政事好像农活,要日夜想着它,想着它的开始又想着要取得好结果,早上晚上都要按想着的去做。做的事不要超越所想的,好像农田里有田埂,那么他的失误就少得多了。

政亡,则国家从之,弗可止也已。(《左传·成公二年》)
【注释】 政:政权。亡:丢失。
【译文】 政权丢了,那么国家也会跟着灭亡,这是无法阻止的。

政以治民,刑以正邪。既无德政,又无威刑,是以及邪。(《左传·隐公十一年》)
【注释】 以:用来……。威:严厉。
【译文】 政治是用来治理百姓的,刑罚是用来纠正邪恶的。既没有有道德的政治,又没有严厉的刑罚,所以才会产生邪恶。

知臣莫若君。(《左传·僖公七年》)
【注释】 知:了解。莫若:没有比……更好的。
【译文】 没有比国君更了解臣下的了。

忠,民之望也。(《左传·襄公十四年》)
【注释】 忠:(对国家)忠诚、忠贞。望:希望。
【译文】 (各级官吏)对国家忠贞不贰,这是百姓的希望所在。

忠,社稷之固也,所盖多矣。(《左传·成公二年》)
【注释】 固:巩固。盖:覆盖,此处为保护。
【译文】 忠诚,是国家得以巩固的东西,它所能保护的东西是很多的。

众怒不可蓄也,蓄而弗治,将蕴。蕴蓄,民将生心。生心,同求将合。君必悔之。(《左传·昭公二十五年》)
【注释】 蕴:通"蕴",积聚。生心:产生二心,即叛逆之心。同求:同样要求。
【译文】 大家的怒气不能让它积聚,积聚而不处理,(怒气)将会郁结在心里。(怒气)郁结在心里,百姓将会产生叛逆的心理。产生了叛逆心理,有同样要求的人将纠合在一起。君王肯定要后悔的。

周任有言曰:"为国家者,见恶,如农夫之务去草焉,芟夷蕴崇之,绝其本根,勿使能殖,则善者信矣。"(《左传·隐公六年》)

【注释】周任:古代的史官。务:从事。芟(shān)夷:除草。蕴(yùn)崇:堆积。信:通"伸",舒展、伸展。此处指发展壮大。

【译文】周任说过:"治理国家的人,见到恶事,就要像农夫从事除草劳动一样,把草除掉并堆积起来使之腐烂肥田,并要挖掉它的老根,使它不再生长,这样好人好事就会得以发展壮大。"

主民,玩岁而愒日,其与几何?(《左传·昭公元年》)

【注释】主:主持。玩岁:虚度光阴。愒:贪。愒日:指嫌在位的日子短。其与几何:是"其几何与"的倒装,"与"是语气词。

【译文】主持百姓的工作,虚度光阴但又担心在位的日子短,(这样他)能待多久呢?

专则速及,侈将以其力毙。(《左传·襄公二十九年》)

【注释】专:专权。侈:奢侈。以:因为。

【译文】专权就会很快赶上祸害,奢侈将会因为力量(强大)而导致失败。

宗邑无主,则民不威;疆场无主,则启戎心。戎之生心,民慢其政,国之患也。(《左传·庄公二十八年》)

【注释】宗邑:有宗庙的邑地。疆场(yì):边界。启:生,产生。戎心:戎狄侵犯的想法。慢:轻视。

【译文】宗邑没有强有力的主管,百姓就不会有所畏惧;边界没有强有力的主管,戎狄就会产生侵犯我国的念头。戎狄有侵犯的念头,百姓又轻视政治,这是国家的祸患。

阻兵,无众;安忍,无亲。众叛亲离,难以济矣。(《左传·隐公四年》)

【注释】阻:仗恃。兵:武力。安忍:安于残忍。济:成功。

【译文】仗恃武力行事就会失去民众,安于残忍而不改就会失去亲信。众叛亲离,办什么事都难以成功。

作事不时,怨讟动于民,则有非言之物而言。(《左传·昭公八年》)

【注释】时:用作动词,合乎时令。讟(dú):怨恨。动:产生。言:说话。

【译文】做事情不合时令,怨恨在百姓中产生,那么就会出现不会说话的东西也说话了。

军　事

彼骄我怒,而后可克。(《左传·文公十六年》)

【注释】怒:气势强盛。克:战胜。

【译文】敌人骄傲我们奋发,然后就能战胜他们。

兵不戢,必取其族。(《左传·襄公二十四年》)

【注释】兵:兵器。戢:收藏,停止。兵不戢:即不停止战争。族:同族人。

【译文】如果不停止战争,必然会危害到自己的同族人。

兵,民之残也,财用之蠹,小国之大菑也。将或弭之,虽曰不可,必将许之。(《左传·襄公二十七年》)

【注释】兵:战争。菑(zāi):同"灾",灾害。弭(mǐ):消除。

【译文】战争,是百姓的残害者、财物的蛀虫、小国的大灾难。有人要消除它,虽然说不可能,但一定要允许他。

不度德,不量力,不亲亲,不征辞,不察有罪。犯五不韪而以伐人,其丧师也,不亦宜乎?(《左传·隐公十一年》)

【注释】征:追问。征辞:明辨是非。不韪:不是,过错。

【译文】不揣度德行,不估量自己的能力,不亲近亲人,不明辨是非,不考察有罪。犯了这五条错误还去讨伐别人,必然损兵折将,不也是合乎情理的事吗?

不能战,莫如守险。(《左传·襄公十八年》)

【注释】不能:没有能力。

【译文】(如果)没有能力克敌制胜,最好的办法就是把守住险要的地方。

奉不可失，敌不可纵。纵敌患生，违天不祥。(《左传·僖公三十三年》)

【注释】 奉：上天给予的机会。纵：放走。

【译文】 上天给予的机会不能失去，敌人不能放走。放走敌人，就会发生祸患；违背天意，就不吉利。

夫兵，犹火也，弗戢，将自焚也。(《左传·隐公四年》)

【注释】 兵：指用兵、使用武力。戢(jí)：收藏，停止。此处指停战。

【译文】 用兵就像火一样，如果不及时停止，将会焚烧掉自己。

夫礼、乐、慈、爱，战所畜也。夫民，让事、乐和、爱亲、哀丧，而后可用也。(《左传·庄公二十七年》)

【注释】 畜：积，具备。

【译文】 礼、乐、慈、爱，是作战所应当具备的。百姓谦让、和谐、尊敬其亲、哀痛其父母之死，然后可以使用(他们)。

夫恃才与众，亡之道也。(《左传·宣公十五年》)

【注释】 恃：依仗。才：才能。众：人多。

【译文】 只依仗(出众的)才能和人多(作战)，这是亡国之道。

夫战，勇气也。一鼓作气，再而衰，三而竭。彼竭我盈，故克之。(《左传·庄公十年》)

【注释】 克：战胜。

【译文】 打仗靠的是勇气。第一次击鼓进击，士气振作，第二次就衰退了，第三次就没有了。对方没有士气了而我们士气正旺，所以战胜了他们。

既成谋矣，盍及其未作也，先诸？作而后悔，亦无及也。(《左传·哀公六年》)

【注释】 成谋：定下计划。盍：何不。作：行动。

【译文】 已经定下计划，为什么不等他们行动而抢在他们前头？(他们)行动了再后悔也就来不及了。

见可而进,知难而退,军之善政也。(《左传·宣公十二年》)
【注释】 可:可能。善:好。
【译文】 发现可能就前进,知道困难就后退,这是治军的好方案。

疆埸之事,慎守其一,而备其不虞。(《左传·桓公十七年》)
【注释】 疆埸(yì):边界。一:指自己国家的一边。不虞:意外。
【译文】 边界上的事情,要谨慎地防守自己国家的一边而预防发生意外。

君子不重伤,不禽二毛。(《左传·僖公二十二年》)
【注释】 重(chóng):再次。重伤:指不再伤害已受伤的人。禽:"擒"的古字,擒拿、俘获。二毛:鬓发有黑白两种颜色,指年老的人。
【译文】 君子不伤害伤员,不俘获年纪大的人。

君子曰:"不备不虞,不可以师。"(《左传·隐公五年》)
【注释】 师:此处指作战。
【译文】 君子说:"不防备意外,则不能率军作战。"

劳师以袭远,非所闻也。(《左传·僖公三十二年》)
【注释】 劳:使……疲劳。
【译文】 使军队劳苦地(指长途跋涉)去侵袭远方的国家,我没有听说过。

力能则进,否则退,量力而行。(《左传·昭公十五年》)
【注释】 能:能够(达到)。
【译文】 力量能够(达到)的话就进攻,达不到的话就撤退,要量力而行。

宁我薄人,无人薄我。(《左传·宣公十二年》)
【注释】 宁:宁可。薄(bó):迫近。无:通"毋""勿",不要、不可。
【译文】 (作战)宁可我们逼迫敌人,不要让敌人逼迫我们。

轻则寡谋,无礼则脱。入险而脱,又不能谋,能无败乎?(《左传·僖公

三十三年》)

【注释】轻:轻浮。脱:简略,此处指不在乎。

【译文】(军队)轻浮则缺少谋划,无礼则对什么事都满不在乎。进入险地而满不在乎,又不能出主意,能不打败仗吗?

一日纵敌,数世之患也。(《左传·僖公三十三年》)

【注释】日:一天。纵:放走。

【译文】一日放走敌人,这是几辈子的祸患。

戎轻而不整,贪而无亲,胜不相让,败不相救。先者见获,必务进;进而遇覆,必速奔;后者不救,则无继矣。乃可以逞。(《左传·隐公九年》)

【注释】戎:北方少数民族。轻:轻率。无亲:不团结。务:一定。覆:埋伏。无继:没有援兵。逞:得逞,成功。

【译文】戎兵轻率而不整肃,贪利而不团结,战胜时各不相让,战败时各不相救。走在前面的见到战利品,必定只顾前进;遇到埋伏,必定很快逃走;走在后面的不加救援,敌人就没有援兵了。这样,我们就可以取得胜利。

师克在和,不在众。(《左传·桓公十一年》)

【注释】克:获胜。和:和睦,协调。此处指上下一心、同仇敌忾。

【译文】军队能够获胜在于上下一心,而不在于人多。

先人有夺人之心,后人有待其衰。(《左传·昭公二十一年》)

【注释】先人:先于人。后人:后于人。

【译文】先发制人可以摧毁敌人的士气,后发制人就要等到敌人士气衰竭。

先人有夺人之心,军之善谋也;逐寇如追逃,军之善政也。(《左传·文公七年》)

【注释】先人:先于人。军:指作战。

【译文】先发制人可以摧毁敌人的士气,这是作战的好计划;追逐敌人好像追赶逃犯,这是作战的好方案。

用师,观衅而动。德、刑、政、事、典、礼不易,不可敌也,不为是征。(《左传·宣公十二年》)

【注释】 观衅而动:乘虚而入。衅:间隙,空子。易:违反(常道)。

【译文】 用兵之道,在于等待时机而后发起攻击。德行、刑罚、政令、事务、典则、礼仪不违背常道,这样的国家不可抵挡,也不能征伐。

修 养

不背本,仁也;不忘旧,信也;无私,忠也;尊君,敏也。仁以接事,信以守之,忠以成之,敏以行之。事虽大,必济。(《左传·成公九年》)

【注释】 接:办理。守:保守。成:完成。行:推行。济:成功。

【译文】 不背弃根本,这是仁;不忘记过去,这是信;大公无私,这是忠;尊敬君主,这是敏。以仁义来对待事物,以信用来维护它,以忠诚来完成它,以敏捷的行动来做它。哪怕再大的事情也一定能办成。

不义,不可肆也。(《左传·襄公二十三年》)

【注释】 肆:放纵,任意行事。

【译文】 (行动)不合乎道义,就不能放纵。

度德而处之,量力而行之,相时而动,无累后人,可谓知礼矣。(《左传·隐公十一年》)

【注释】 度(duó):揣度。相:看准。

【译文】 揣度德行处理事,衡量力量办事,看准时机后行动,不连累后代,这可以叫作知礼。

非德,莫如勤;非勤,何以求人?能勤,有继。(《左传·宣公十一年》)

【注释】 非:没有。勤:勤劳。继:结果。

【译文】 没有德行,不如勤劳;不勤劳,怎么求人?能勤劳,就有结果。

夫人之行也,不以所恶废乡。(《左传·哀公八年》)

【注释】 行:指出去、离开国家。废:废弃,背弃。乡:家乡,祖国。

【译文】一个人离开国家,不应该因为有所憎恶而背弃国家。

刚而无礼,不可以治民。(《左传·僖公二十七年》)
【注释】刚:刚强。
【译文】(一个人)刚强勇猛却无礼,那他不能治理百姓。

公家之利,知无不为,忠也;送往事居,耦俱无猜,贞也。(《左传·僖公九年》)
【注释】公家:国家。往:指死者。居:指新君。耦(ǒu):两人,指先君和新君。
【译文】有利于国家利益的事情,知道了没有不做的,就是忠;送走过去的君主,侍奉现在的君主,两个人都没有什么猜疑,就是贞。

苟信不继,盟无益也。诗云"君子屡盟,乱是用长",无信也。(《左传·桓公十二年》)
【注释】苟:假如。不继:不连续,没有。是用:是以,所以。
【译文】如果没有信用,结盟也没有什么用处。《诗经》说"君子多次结盟,动乱所以产生",这是因为没有信用。

怙其俊才,而不以茂德,兹益罪也。(《左传·宣公十五年》)
【注释】怙(hù):依仗。俊才:出众的才华。茂德:美德。兹:此,这。益:增加。
【译文】依仗自己的出众才华,而不用美德,这更增加了罪过。

俭,德之共也;侈,恶之大也。(《左传·庄公二十四年》)
【注释】共:通"洪",大。侈:奢侈浪费。
【译文】俭省节约,是美德中的大德;奢侈浪费,是邪恶中的大恶。

将求于人,则先下之,礼之善物也。(《左传·昭公二十五年》)
【注释】下:用作动词,处于下面。物:事。
【译文】将要有求于人,就要先居于人下,这是合乎礼的好事情。

介人之宠,非勇也;损怨益仇,非知也;以私害公,非忠也。(《左传·文公六年》)

【注释】 介:因。知:同"智"。

【译文】 利用人家对你的宠爱(而逞勇),不算勇敢;消除怨气却增加了仇恨,是不明智的做法;因为私事而损害公事,这是(对国家)不忠的行为。

君子不食奸,不受乱,不为利疚于回,不以回待人,不盖不义,不犯非礼。(《左传·昭公二十年》)

【注释】 奸:奸人。疚:病了,此处指腐蚀。回:奸邪。

【译文】 君子不吃奸人的俸禄,不参与动乱,不因为利而被邪恶腐蚀,不用邪恶对待别人,不掩盖不合道义的事情,不做非礼的事情。

君子曰:"信不由中,质无益也。明恕而行,要之以礼,虽无有质,谁能间之?"(《左传·隐公三年》)

【注释】 信:人言为信。中:心中。质:人质。恕:谅解。要(yāo):约束。间(jiàn):离间。

【译文】 君子说:"如果一个人言语不是发自内心(即不诚实),即使有人质也没有用处。设身处地互相谅解后做事,并用礼仪加以约束,即使没有人质,谁能离间他们?"

君子之谋也,始、衷、终皆举之,而后入焉。(《左传·哀公二十七年》)

【注释】 衷:中央,正中,中间。举:提出,此处指考虑。始、衷、终皆举之:就是我们所说的"三思"。入:向上级报告。

【译文】 君子谋划一件事,对它的开始、发展、结果都要考虑到,然后再向上级报告。

君子之行,思其终也,思其复也。(《左传·襄公二十五年》)

【注释】 复:继续(这样)。

【译文】 君子做什么事时,要想有什么结果,要想下次是否能继续这样做。

礼,上下之纪、天地之经纬也,民之所以生也,是以先王尚之。故人之能自曲直以赴礼者,谓之成人。(《左传·昭公二十五年》)

【注释】 尚:崇尚,以之为第一等事。曲直赴礼:指人委屈其情以赴礼,本其情性以赴礼。

【译文】 礼是上下的纲常、天经地义的东西,是百姓赖以生存的准则,因此古圣先王都崇尚礼。所以,一个人不管自身曲直都能够按礼的要求去做,这叫作完人。

礼,身之干也;敬,身之基也。(《左传·成公十三年》)

【注释】 干:树干。基:基础。

【译文】 礼仪,是人立身的主体;恭敬,是人立身的基础。

临患不忘国,忠也。思难不越官,信也。图国忘死,贞也。谋主三者,义也。(《左传·昭公元年》)

【注释】 越:离,散。越官:放弃职责。图国:为了国家。贞:坚贞,坚定。谋:谋划。主:主体,此处是"以为主"的意思。

【译文】 面临祸患但不忘记国家,这是忠。考虑到有危难但不放弃职责,这是信。为了国家的利益不惜牺牲自己,这是贞。谋事时以这三者(指忠、信、贞)为本,这是义。

其所善者,吾则行之;其所恶者,吾则改之,是吾师也。(《左传·襄公三十一年》)

【注释】 善:认为是好的。恶(wù):讨厌。

【译文】 人们认为是好的,我就推行它;人们所讨厌的,我就改掉它,这就是我的老师。

求逞志而弃信,志将逞乎?志以发言,言以出信,信以立志。参以定之。信亡,何以及三?(《左传·襄公二十七年》)

【注释】 逞:显示,满足。志:意志,欲望。参(sān):指言、信、志。

【译文】 为了满足自己的志向而背信弃义,志向能满足吗?有了意志就有了言论,有了言论就产生了信义,有了信义就能立志。这三者是相互关联的,彼此确定。信义没有了,令尹怎么能活到三年呢?

人谁无过,过而能改,善莫大焉。(《左传·宣公二年》)
【注释】过:第一个"过"是名词,过失、错误。第二个"过"是动词,犯错误。善:好。
【译文】一个人谁没有过错,有了过错但能改正,就没有比这更好的事情了。

人所以立,信、知、勇也。信不叛君,知不害民,勇不作乱。失兹三者,其谁与我?(《左传·成公十七年》)
【注释】知:同"智"。与:亲近。
【译文】人之所以能立身处世,是因为有信用、明智、勇敢三种东西。有信用所以不背叛国君,明智所以不残害百姓,勇敢所以不发动动乱。失去这三者,还有谁亲近我?

若知不能,则如无出。(《左传·成公二年》)
【注释】如:应当。无:通"毋",不要。
【译文】如果知道自己不能(干什么),那么就不应当出去做。

善不可失,恶不可长。……长恶不悛,从自及也。虽欲救之,其将能乎?(《左传·隐公六年》)
【注释】长(zhǎng):滋长。悛(quān):悔改。从:跟着、接着,表示时间很快。自及:指自取祸害。其:表示诘问,怎么、难道。
【译文】善德不能失去,邪恶不能滋长。……滋长邪恶(即坚持作恶)而不肯悔改,很快就会自己招来祸患。虽然想挽救,怎么能办到呢?

死而不义,非勇也。共用之谓勇。(《左传·文公二年》)
【注释】共:同"恭"。共用:指为国家捐躯。之谓:叫作。
【译文】死但不合道义,不是勇敢。为了国家的利益而死才叫作勇敢。

虽不能始,善终可也。(《左传·文公十五年》)

【注释】始：开始，此处指有一个好的开头。善终：使最后好。
【译文】虽然不能有一个好的开端，但如果能善终也是很好的。

违命不孝,弃事不忠。(《左传·闵公二年》)
【注释】事：事故。
【译文】违背命令就是不孝,推卸事故的责任就是不忠。

违强陵弱,非勇也；乘人之约,非仁也；灭宗废祀,非孝也；动无令名,非知也。(《左传·定公四年》)
【注释】约：困境。令：美好。知：同"智"。
【译文】逃避强大的欺凌弱小的,这不是勇；乘人之危,这不是仁；灭亡宗族废弃祭祀,这不是孝；行动没有(博得)好的名声,这不是聪明。

吾不可以正议而自与也。(《左传·昭公三年》)
【注释】正：公正。自与："与自"的倒装。
【译文】我不能只是口头上说公正而把好处给自己。

无始祸,无怙乱,无重怒。重怒,难任；陵人,不祥。(《左传·僖公十五年》)
【注释】无：通"毋",不要。始祸：首祸,祸乱的倡导者。怙(hù)：凭借。重：增加。
【译文】不要发动祸乱,不要凭借动乱取利,不要增加愤怒。增加愤怒,会使人难以承受；欺凌别人,会不吉利。

无始乱,无怙富,无恃宠,无违同,无敖礼,无骄能,无复怒,无谋非德,无犯非义。(《左传·定公四年》)
【注释】始：首先,此处指发动。怙(hù)：依仗。宠：受宠爱,此处指高贵的地位。同：共同(的愿望)。敖：同"傲",傲慢。
【译文】(做人)不要发动祸乱,不要依仗富有,不要依仗高贵的地位,不要违背共同的愿望,不要对有礼的人傲慢,不要因自己有才能而骄傲,不要为同一件事再次发怒,不要谋划不合道德的事,不要做不合道义的事。

孝,礼之始也。(《左传·文公二年》)
【译文】孝道,是礼的开始。

修己而不责人,则免于难。(《左传·闵公二年》)
【注释】修己:进修提高自己。难:灾难。
【译文】加强自身修养而不责怪别人,就可以免除灾难。

远礼不如死。(《左传·文公十五年》)
【注释】远:远离。
【译文】远离了礼法还不如去死。

择善而举,则世隆也。(《左传·襄公二十九年》)
【注释】举:推荐。世:世人,大家。隆:高,此处指尊重。
【译文】(一个人如果能够)选择善人并加以推荐,那么世人就会尊重他。

杖莫如信。(《左传·襄公八年》)
【注释】杖:依仗,凭靠。
【译文】能依仗的(东西)没有比信用更大的了。

忠信,礼之器也;卑让,礼之宗也。辞不忘国,忠信也;先国后己,卑让也。(《左传·昭公二年》)
【注释】器:容器。宗:主旨,根本。辞:言辞。
【译文】忠信是礼的容器,卑让是礼的根本。言辞始终不忘记国家,这是忠信;先国家而后自己,这是卑让。

仲尼曰:"能补过者,君子也。"(《左传·昭公七年》)
【注释】仲尼:孔子。过:过失,错误。
【译文】仲尼说:"能够弥补过错的人就是君子。"

人　事

哀乐失时,殃咎必至。(《左传·庄公二十年》)

【注释】乐(lè):高兴。咎(jiù):灾祸。

【译文】哀伤和欢乐不合时宜,灾祸一定降临。

不能,如辞。城不知高厚,小大何知?(《左传·定公五年》)

【注释】能:有能力(去做)。如:连词,就。

【译文】(如果)没有能力(去做),就应当推辞掉。连城墙有多高多厚都不知道,哪里还能知道大小?

得宠而忘旧,何以使人?(《左传·僖公二十四年》)

【注释】得:得到。宠:宠爱,此处指宠爱的人。何以:怎么。

【译文】得到新宠而忘记旧好,以后还怎么使用别人?

夫其败也,如日月之食焉,何损于明?(《左传·宣公十二年》)

【注释】日月之食:即日食月食,古人常用作比喻,说某事是暂时现象。

【译文】他的失败,好像是日食月食(只是暂时现象),哪里会损害光明?

夫以信召人,而以僭济之,必莫之与也。(《左传·襄公二十七年》)

【注释】僭(jiàn):虚假。济:利用。与:赞同。

【译文】用信用来召集别人,但却用虚假来利用他们,肯定没有人赞同他。

华而不实,怨之所聚也。犯而聚怨,不可以定身。(《左传·文公五年》)

【注释】华而不实:只开花不结果,比喻言过其行。

【译文】一个人外表华美而没有真才实学,就会引来别人的怨恨。触犯别人而积聚了对自己的怨念,就无法使自己立足了。

祸福无门,唯人所召。(《左传·襄公二十三年》)

【注释】祸福无门：古习语，指祸福相邻，不知道它们从哪个门里出来。

【译文】祸福不是凭空产生的，而是自己招致的。

君子曰："恶之来也，己则取之。"（《左传·宣公十三年》）

【注释】恶：刑戮。

【译文】君子说："刑罚之所以会来到自己头上，那是自己招来的。"

君子之言，信而有征，故怨远于其身。小人之言，僭而无征，故怨咎及之。（《左传·昭公八年》）

【注释】信：诚实。征：证据。僭：虚假。咎(jiù)：灾祸。

【译文】君子的话，诚实而有证据，所以怨恨远离他的身体。小人的话，虚假而没有证据，所以怨恨灾祸降临到他身上。

困兽犹斗，况国相乎？（《左传·宣公十二年》）

【注释】困兽：被围困的野兽。斗：搏斗。

【译文】被围困的野兽还要搏斗一下，更何况是一国的宰相？

礼以顺天，天之道也。己则反天，而又以讨人，难以免矣。（《左传·文公十五年》）

【注释】则：准则，法则。反天：即反礼。免：免除（灾祸）。

【译文】礼以天为法，治理天下，这是常道。如果自己违反了天道，反而又因此去讨伐别人，那灾祸就很难避免了。

量力而动，其过鲜矣。善败由己，而由人乎哉？（《左传·僖公二十年》）

【注释】过：过失，失误。鲜：少。善败：成败。

【译文】（每干一件事如果）先估量自己的力量而后行动，那么失误就会少得多。成败在于自己，难道在于别人？

民生在勤，勤则不匮。（《左传·宣公十二年》）

【注释】民生:人民生活。匮:缺乏。

【译文】人民生活在于勤劳,勤劳就不会缺乏物资。

难不已,将自毙。(《左传·闵公元年》)

【注释】难:灾难,祸害。已:停止。

【译文】(一个国家)灾难不断,那它将会自取灭亡。

女有家,男有室,无相渎也,谓之有礼。易此必败。(《左传·桓公十八年》)

【注释】有家:指有丈夫。有室:指有妻子。渎:轻慢。

【译文】女人有丈夫,男子有妻子,不能相互轻慢,这是礼的表现。违反了这个,必定失败。

弃父之命,恶用子矣？有无父之国则可也。(《左传·桓公十六年》)

【注释】恶(wū):哪里,怎么。

【译文】(如果)背弃了父亲的命令,还要儿子做什么？如果世上有无父的国家,那我就可以按你的意见办了。

求逞于人,不可。与人同欲,尽济。(《左传·昭公四年》)

【注释】逞:快意。济:成功。

【译文】想从别人那里求取快意,是不行的。只有和大家的想法意愿一致,才能取得成功。

神福仁而祸淫。(《左传·成公五年》)

【注释】福:降福。祸:降祸。

【译文】神灵降福给仁爱的人而降祸给淫乱的人。

生于乱世,贵而能贫,民无求焉,可以后亡。(《左传·襄公二十二年》)

【注释】贵:地位高。贫:清贫。

【译文】生在乱世,虽然地位高贵但能够过清贫日子,百姓也没有什么企求,这样他就可以在别人之后灭亡。

生在敬戒,不在富也。(《左传·襄公二十二年》)
【注释】 敬:警戒。
【译文】 人生活在世上,关键在于小心警戒(自己有什么失误),不在于是否富有。

失礼违命,宜其为禽也。(《左传·宣公二年》)
【注释】 宜:应该。为:被。禽:"擒"的古字,俘获。
【译文】 丢掉礼法违背命令,他被俘是活该的。

天之假助不善,非祚之也,厚其凶恶,而降之罚也。(《左传·昭公十一年》)
【注释】 假:借。祚(zuò):福,此用为动词,赐福。厚:增加。
【译文】 上天借助于坏人,并不是赐福给他,而是增加他的凶恶,然后降罚给他。

天之所坏,不可支也;众之所为,不可奸也。(《左传·定公元年》)
【注释】 支:支持。奸:违背。
【译文】 上天要毁坏谁,谁也不能支持他;众人想要干的,谁也不能违抗。

闻敌强而退,非夫也。(《左传·宣公十二年》)
【注释】 夫:大丈夫。
【译文】 听说敌人强大就退却,这不是男子汉大丈夫。

无德而禄,殃也。(《左传·闵公二年》)
【注释】 禄:官吏的薪水。殃:祸害。
【译文】 无德而受禄,这是祸害。

无厌,将及我。(《左传·桓公十年》)

【注释】厌:满足。

【译文】永远没有满足,祸害将降临到我头上。

效尤,祸也。(《左传·文公元年》)

【注释】尤:错误。

【译文】效法错误,这是祸害。

心苟无瑕,何恤乎无家?(《左传·闵公元年》)

【注释】瑕:瑕疵,错误。恤:担忧。

【译文】如果内心纯洁无瑕,何必发愁没有立足之地呢?

心则不竞,何惮于病?既不能强,又不能弱,所以毙也。(《左传·僖公七年》)

【注释】则:如果。竞:强劲。惮(dàn):害怕。病:指屈辱。

【译文】如果心志不强,又何必害怕受屈辱呢?既不能坚强,又不能妥协软弱,这就是灭亡的原因。

信以守礼,礼以庇身。信、礼之亡,欲免,得乎?(《左传·成公十五年》)

【注释】免:免除(灾祸)。得:可以,能够。

【译文】信用是用来保持礼法的,礼法是用来保护生命的。信用、礼法都失去了,想要免除灾祸,能行吗?

需,事之贼也。(《左传·哀公十四年》)

【注释】需:迟疑。贼:害。

【译文】迟疑不决,这是办事情的大害。

妖由人兴也。人无衅焉,妖不自作。人弃常,则妖兴。(《左传·庄公十四年》)

【注释】妖:妖孽。兴:兴作,产生。衅:间隙,此处指过失。常:常规,常道。

【译文】妖孽是由于人产生的。人如果没有过失,妖孽就不会自行发作。

人如果抛弃了常道,妖孽就会产生。

一之谓甚,其可再乎?(《左传·僖公五年》)
【注释】其:难道。
【译文】一次已经很过分了,难道还可以来第二次吗?

欲加之罪,其无辞乎?(《左传·僖公十年》)
【译文】要想给一个人加个罪名,难道还担心没有话说吗?

志　向

敝邑易子而食,析骸以爨。虽然,城下之盟,有以国毙,不能从也。(《左传·宣公十五年》)
【注释】易:交换。爨(cuàn):烧火做饭。
【译文】我国交换儿子杀了吃掉,剖开尸骨用来烧火做饭。即使这样,我们宁可让国家灭亡,也不会订立城下之盟。

不及黄泉,无相见也。(《左传·隐公元年》)
【注释】黄泉:地下之泉,指人死后埋葬的地方。无:通"毋",不。
【译文】不到死不相见。

大上有立德,其次有立功,其次有立言。虽久不废,此之谓不朽。(《左传·襄公二十四年》)
【注释】大上:太上,最高的。之谓:叫作。
【译文】最高的是树立德行,其次是建立功业,再次是树立言论(使之流传于后代)。(如果能这样做,)时间即使过了很久也不会被废除,这就叫作不朽。

得主而为之死,犹不死也。(《左传·襄公二十三年》)
【注释】得:找到,寻到。犹:好像。不死:活着。
【译文】找到了主人并为他而死,虽死犹生。

苟利社稷，请以我说，罪我之由。我则为政而亢大国之讨，将以谁任？我则死之。（《左传·宣公十三年》）

【注释】说：解说。罪：怪罪。由：原因。亢：当。

【译文】（卫国大夫孔达说）如果有利于国家，（别人指责我们）请以我作为解说（对象），一切罪责都是我的缘故。现在由我当政，而面临大国（晋国）的责问怪罪，我能推罪于谁呢？还是让我去死吧。

苟利社稷，死生以之。（《左传·昭公四年》）

【注释】以：由，此处用作动词。

【译文】如果有利于社稷，生死都由它去吧（不再计较）。

所不此报，无能涉河！（《左传·宣公十七年》）

【注释】所：如果，用在盟誓中的假设连词。河：指黄河。

【译文】如果不报此仇，决不渡过黄河。

我以不贪为宝，尔以玉为宝，若以与我，皆丧宝也，不若人有其宝。（《左传·襄公十五年》）

【注释】贪：贪婪。尔：你。与：给。

【译文】我把不贪婪作为宝物，你把美玉作为宝物，如果你把美玉给了我，我们两人都失去了宝物，不如各人拥有各人的宝物。

教　学

臣闻爱子，教之以义方，弗纳于邪。骄、奢、淫、泆，所自邪也。四者之来，宠禄过也。（《左传·隐公三年》）

【注释】方：道理。泆（yì）：放纵，恣肆。宠禄：过分宠爱。

【译文】我听说要爱自己的子女，应当用正当的品德行为去教导他们，使他们不要走上邪路。骄傲、奢侈、荒淫、放荡，这是走上邪路的根源。这四种恶德之所以会发生，是因为父母对子女太过宠爱了。

夫学,殖也。不学将落。(《左传·昭公十八年》)

【注释】 殖:种植,生长。落:坠落,指草木坠落枝叶。

【译文】 学习,就像植物生长。植物不生长就会叶落枯萎,人不学习就会落后。

父教子贰,何以事君?(《左传·僖公二十三年》)

【注释】 贰:二心,三心二意。

【译文】 父亲教育儿子要有二心,那怎么能侍奉君主呢?

公 羊 传

《公羊传》,亦称《春秋公羊传》,是儒家经典著作之一,与《左传》《穀梁传》合称"春秋三传"。

关于《公羊传》的传授,东汉何休《春秋公羊传·序》唐徐彦疏所引戴宏序说:"子夏传与公羊高,高传与其子平,平传与其子地,地传与其子敢,敢传与其子寿。至汉景帝时,寿乃与齐人胡毋子都著于竹帛。"《公羊传·隐公二年》何休注也说:《公羊传》先是口耳相传,到西汉景帝时,公羊寿和其弟子胡毋生等始记于竹帛。胡毋生即胡毋子都。由此可以证明,《公羊传》成书于汉景帝时代,是用当时通行的文字——隶书写的,故属"今文经"。

《公羊传》为训诂之传,以解释《春秋》经义为主。与《左传》以叙事记史为主不同,它主要阐发《春秋》的"微言大义",寻求孔子修订《春秋》时的"真意",但其阐发之意并非完全符合《春秋》本义。我们研究《春秋》,尽可抛开它,但研究秦汉时期的儒家思想、经学史、文化史则不可不读。

在历代注释《公羊传》的著作中,汉何休的《春秋公羊解诂》、唐徐彦的《公羊传疏》、清孔广森的《春秋公羊通义》和清陈立的《春秋公羊义疏》可算是代表作。今人李宗侗的《春秋公羊传今注今译》,刘尚慈的《春秋公羊传译注》(上下),更便于一般读者阅读。刘尚慈编写的《十三经辞典·春秋公羊传卷》(陕西人民出版社2010年版)也可作为学习《公羊传》的参考。

哲 理

唇亡则齿寒。(《公羊传·僖公二年》)

【注释】亡:失去。

【译文】失去嘴唇,牙齿就会感到寒冷。

权者反于经,然后有善者也。(《公羊传·桓公十一年》)

【注释】权:权变,变通。经:历久不变的。

【译文】权变违反了常规的原则,但后来得到了好结果。

疏则怠,怠则忘。(《公羊传·桓公八年》)

【注释】疏:疏忽,大意。怠:懈怠。

【译文】疏忽了就会懈怠,懈怠了就会忘记。

政 事

拨乱世,反诸正。(《公羊传·哀公十四年》)

【注释】拨:澄清。反:恢复。诸:之于。

【译文】澄清混乱的局面,使之恢复到正常状态。

出竟有可以安社稷利国家者,则专之可也。(《公羊传·庄公十九年》)

【注释】竟:同"境",边境。专:专行。

【译文】出了边境以后,凡是可以安定社稷、对国家有利的事情,就可以独自决定。

贵者无后,待之以初也。(《公羊传·桓公七年》)

【注释】后:后世基业。以:拿,用。

【译文】尊贵的人即使没有了土地爵位,也应该按照原来的待遇对待他。

国君一体也。(《公羊传·庄公四年》)

【注释】国:国家。君:君主。

【译文】国家和君主是一个整体。

君子笃于礼而薄于利,要其人而不要其土。(《公羊传·宣公十二年》)

【注释】笃:厚。

【译文】君子注重礼仪,淡泊利益,要得民心而不是占领其土地。

君子之为国也,必有三年之委。(《公羊传·庄公二十八年》)

【注释】为国:治理国家。委:聚积,储蓄。

【译文】君子治理国家必须有三年的储蓄。

内大恶,讳也。(《公羊传·隐公二年》)

【注释】内:国内。恶(è):罪恶,不良行为。讳:避讳。

【译文】自己国家的大坏事,要避讳。

天下诸侯有为无道者,臣弑君,子弑父,力能讨之,则讨之可也。(《公羊传·宣公十一年》)

【注释】讨:讨伐。

【译文】天下诸侯有做出无道之事的,臣下杀了君主,儿子杀了父亲,如果有实力讨伐他,那么就可以讨伐他。

吾以不详道民,灾及吾身,何日之有?(《公羊传·宣公十二年》)

【注释】详:通"祥",善。道:同"導(导)",领导。何日之有:没有多长时间。

【译文】我用不善的方法领导人民,灾祸降临在我身上的时日就不远了。

先君之耻,犹今君之耻也;今君之耻,犹先君之耻也。(《公羊传·庄公四年》)

【注释】犹:犹如,等于。

【译文】先君的耻辱,就是现在君主的耻辱;现在君主的耻辱,就是先君的耻辱。

凶年不修。(《公羊传·庄公二十九年》)
【注释】凶:庄稼收成不好。修:修整,修建。
【译文】在收成不好的年份不应大兴土木、修整屋舍。

缘民臣之心,不可一日无君。(《公羊传·文公九年》)
【注释】缘:因为。民臣:人民。
【译文】因为在人民心中,国家不可以一天没有君主。

修 养

不以家事辞王事,以王事辞家事,是上之行乎下也。(《公羊传·哀公三年》)
【注释】家事:私事。辞:推辞。王事:国事,公事。乎:介词,相当于"于"。
【译文】不能因为自己的私事而推辞掉公事,因为公事而放弃私事,这是把上级的政令贯彻下去。

怀恶而讨不义,君子不予也。(《公羊传·昭公十一年》)
【注释】予:赞成。
【译文】内心怀着恶意而去讨伐不义的人,这是君子所不赞成的。

君子不厄人。(《公羊传·僖公二十二年》)
【注释】厄(è):使……遭遇困境。
【译文】君子不攻击处于困境的人。

君子大居正。(《公羊传·隐公三年》)
【注释】大:以……为大。居正:守正不违礼。
【译文】君子以守正为大(此指将君位传给儿子的制度)。

丧事无求。(《公羊传·隐公三年》)

【注释】无:通"毋",不要。
【译文】丧事不应向别人求取财物。

杀人以自生,亡人以自存,君子不为也。(《公羊传·桓公十一年》)
【注释】以:用……来……。
【译文】杀害别人而使自己活下来,灭掉别人的国家而使自己的国家生存下来,这是君子不会做的事。

使死者反生,生者不愧乎其言,则可谓信矣。(《公羊传·僖公十年》)
【注释】反生:复生,复活。乎:介词,相当于"于"。
【译文】使死去的人复活,活着的人对他所说的话没有感到羞愧,那么就可以说是有信义。

惟一介断断焉,无他技。其心休休,能有容,是难也。(《公羊传·文公十二年》)
【注释】惟:语气词。一介:一概。断断:诚笃专一的样子。他技:奇巧异端。休休:宽容大度的样子。
【译文】对事物诚实专一,而没有奇巧异端。他胸怀宽广,并能宽宏大量,这是很难做到的。

行权有道:自贬损以行权,不害人以行权。(《公羊传·桓公十一年》)
【注释】道:方法。以:用……来……。
【译文】施行权变是有原则的:用贬低损害自己的办法来施行权变,用不伤害别人的办法来施行权变。

有力不足,臣何敢不勉?(《公羊传·定公八年》)
【注释】勉:尽力。
【译文】有能力但不够,怎么敢不尽力呢?

军　事

古者杅不穿,皮不蠹,则不出于四方。(《公羊传·宣公十二年》)

【注释】 杅(yú):盛水的器皿。穿:破。皮:皮衣。蠹:生蛀虫。出:外出,此处指征伐。

【译文】 古时候如果水碗不破裂,皮衣不生蛀虫,就不外出征伐。

千里而袭人,未有不亡者也。(《公羊传·僖公三十三年》)

【注释】 袭:偷袭。

【译文】 到千里之外去偷袭别人,没有不灭亡的。

人 事

父母之于子,虽有罪,犹若其不欲服罪然。(《公羊传·文公十五年》)

【注释】 于:对。犹若:还是。

【译文】 父母对于子女,虽然他们有罪,还是不想让他们背负罪名。

饥者歌其食,劳者歌其事。(《公羊传·宣公十五年》)

【译文】 饥饿的人用歌声表达渴望得到食物,劳动的人用歌声诉说自己劳作的艰辛。

君弑,臣不讨贼,非臣也。子不复仇,非子也。(《公羊传·隐公十一年》)

【注释】 弑:子杀父、臣杀君叫弑。讨:声讨,讨伐。

【译文】 君主被杀,臣子若不讨伐逆贼,就不能算作臣子。儿子若不报仇,就不能算作儿子。

君子见人之厄则矜之,小人见人之厄则幸之。(《公羊传·宣公十五年》)

【注释】 厄:困境,灾难。矜:怜悯,同情。幸:庆幸,高兴。

【译文】 君子看到别人落难而怜悯他,小人看到别人落难则很高兴。

若尔之年者,宰上之木拱矣,尔曷知!(《公羊传·僖公三十三年》)

【注释】 若:像。年:年纪。宰:坟墓。木:树。拱:两手合围,表示树木很粗。

【译文】像你们这样年纪的人,坟墓上的树木已经有两手合抱这么粗了,你们知道什么?

子以母贵,母以子贵。(《公羊传·隐公元年》)
【注释】以:因为。贵:尊贵。
【译文】儿子因为母亲尊贵而尊贵,母亲也因为儿子尊贵而尊贵。

典 章 制 度

立適以长不以贤,立子以贵不以长。(《公羊传·隐公元年》)
【注释】立:确立君主地位。適(dí):通"嫡",宗法制度下正妻所生的儿子。以:凭借,依靠。长(zhǎng):年纪大。子:此处指非正妻所生的儿子。
【译文】立嫡子是立年长的而不考虑他贤明与否,立庶子是立尊贵的而不考虑他年纪大小。

女曷为或称女,或称妇,或称夫人?女在其国称女,在涂称妇,入国称夫人。(《公羊传·隐公二年》)
【注释】曷为:为什么。或:有时。涂:道路。
【译文】女子为什么有时称女,有时称妇,有时称夫人呢?女子在她的国家(未嫁)称为女,在(出嫁)路上称为妇,到了嫁的那个国家就称为夫人。

穀梁传

《穀梁传》，亦称《春秋穀梁传》，是儒家经典著作之一，与《左传》《公羊传》合称"春秋三传"。

《穀梁传》，旧题战国时穀梁赤（也作"俶、嘉、俶"等）撰，最初也是口耳相传，到西汉时才由其后人或门人用当时通行的文字——隶书写成，故属"今文经"。许多学者研究认为，《穀梁传》应晚于《公羊传》。

同《公羊传》一样，《穀梁传》也是训诂之传，以解释《春秋》的"微言大义"为主。其所讲的"微言大义"，大半各逞胸臆，不合本旨。但这对研究中国经学史、政治思想史、学术史，却有一定的价值。

《穀梁传》在汉代立于学官，置博士，到汉宣帝时，《穀梁》之学始大盛。晋范宁《春秋穀梁传集解》、唐杨士勋《春秋穀梁传疏》和清钟文烝《春秋穀梁传补注》是注释《穀梁传》的代表作，今人薛安勤的《春秋穀梁传今注今译》更便于一般读者阅读。饶尚宽主编的《十三经辞典·春秋穀梁传卷》（陕西人民出版社2002年版）也可作为学习的参考。

哲　理

财尽则怨,力尽则怼。(《穀梁传·庄公三十一年》)

【注释】怼(duì):愤恨。

【译文】(况且)财物用尽(人们)就会产生怨恨,国气用尽(人们)就会产生愤怒。

德厚者流光,德薄者流卑。(《穀梁传·僖公十五年》)

【注释】光:广大,充溢,广远。卑:微小。

【译文】道德广厚的人影响深远,道德微薄的人影响很小。

人之于天也,以道受命;于人也,以言受命。不若于道者,天绝之也;不若于言者,人绝之也。(《穀梁传·庄公元年》)

【注释】道:指自然的法则。言:教诲。若:顺从。

【译文】人对于天,是用自然的法则来承受天命的;人对于人,是通过教诲来受到约束的。不顺从自然法则的人,上天就会抛弃他;不顺从教诲的人,别人就会抛弃他。

政　事

倍则攻,敌则战,少则守。(《穀梁传·僖公二十二年》)

【注释】倍:加倍于人,多。敌:力量相当。

【译文】兵力是对方的双倍就发起攻击,兵力相当就坚持作战,兵力少于对方就以守为主。

大夫,国体也,而行妇道,恶之。(《穀梁传·庄公二十四年》)

【注释】国体:君主的倚靠。恶(wù):厌恶。

【译文】大夫是君主治理国家的倚仗,但却行妇人之道,人们就厌恶他。

辅人之不能民而讨犹可,入人之国,制人之上下,使不得其君臣之道,不可。(《穀梁传·宣公十一年》)

【注释】 辅:辅佐,帮助。能:使……和顺。上下:指君臣。

【译文】 辅佐别人讨伐不能顺乎民心的(国家),这是可以的;进入别国,控制君臣,使他们不能实行君臣之道,这是不可以的。

古者虽有文事,必有武备。(《穀梁传·襄公二十五年》)

【注释】 文事:非军事行为。

【译文】 古代虽然有不动用武力就可解决的,但一定会有军事准备。

古之君人者,必时视民之所勤。民勤于力,则功筑罕。民勤于财,则贡赋少。民勤于食,则百事废矣。(《穀梁传·庄公二十九年》)

【注释】 勤:尽力,致力。力:指劳动。

【译文】 古代做人君的人,一定要按时考察百姓致力于什么。百姓致力于劳作,那么(国家)的建筑工程就会减少。百姓致力于获取财物,那么(国家)的赋税就会减少。百姓致力于获得粮食,那么国家的一切事情就会停止。

国无三年之畜,曰国非其国也。(《穀梁传·庄公二十八年》)

【注释】 畜:积蓄。

【译文】 (如果)一个国家没有三年的粮食积蓄,就可以说这个国家不像个国家了。

怀恶而讨,虽死不服。(《穀梁传·昭公四年》)

【译文】 自己有恶行,却去讨伐别人,别人即使死了,也不会心服的。

君不君,臣不臣,此天下所以倾也。(《穀梁传·宣公十五年》)

【注释】 不君:不行君道。不臣:不尽臣道。所以:……的原因。倾:倒台,灭亡。

【译文】 国君不行君道,臣下不尽臣道,这就是天下倾覆的原因。

君不为匹夫兴师。(《穀梁传·定公四年》)

【注释】匹夫:寻常人。兴:发动。
【译文】君主不因为寻常人而发动军队(去讨伐别人)。

君食不兼味,台榭不涂,弛侯,廷道不除,百官布而不制,鬼神祷而不祀,此大侵之礼也。(《穀梁传·襄公二十四年》)
【注释】兼味:有两种以上的菜肴。涂:装饰。弛:废除。侯:箭靶,此处指射礼。除:修。布:设置。制:设立(新官)。祷:求福。祀:用谷物、牲口等祭鬼神。大侵:严重饥荒。
【译文】君主吃饭没有两种以上的菜肴,楼台亭榭不加装饰,废止宴乐,不(使用民力)修筑道路,不废掉旧官职,不设立新官,向鬼神求福但不使用祭品,这些是饥荒之年应行的礼。

湎于酒,淫于色,心昏,耳目塞,上无正长之治,大臣背叛,民为寇盗。梁亡,自亡也。(《穀梁传·僖公十九年》)
【注释】湎(miǎn):沉迷。心:头脑。正:合乎春秋大义。长:尊长,长官。
【译文】沉迷于酒,放纵于女色,头脑昏乱,耳目闭塞,在高位没有合乎正道的尊长应有的治理方式,大臣背叛,百姓沦为盗匪。梁国灭亡,是自取灭亡。

民者,君之本也。使人以其死,非正也。(《穀梁传·桓公十四年》)
【注释】本:根本。以:因为。其:指君主。
【译文】百姓,是君主的根本。驱使百姓为他而死(指作战),这不是正确的。

山林薮泽之利,所以与民共也。虞之,非正也。(《穀梁传·庄公二十八年》)
【注释】薮(sǒu):湿地。泽:有水的洼地。利:资源。虞(yú):掌管山泽的官,此处指把山泽圈起来并派官把守。
【译文】山林湖泊资源是和百姓共同拥有的,(君主)设官职控制它们是不正确的。

身贤,贤也。使贤,亦贤也。(《穀梁传·襄公二十九年》)
【注释】身:自己,自身。

【译文】自身贤能,是贤能。使用贤能的人,也是贤能。

天子亲耕,以共粢盛,王后亲蚕,以共祭服。(《穀梁传·桓公十四年》)
【注释】共:供给,后作"供"。粢盛(zī chéng):祭器中所盛放的谷物。蚕:此处作动词,养蚕。
【译文】天子亲自耕种以供给祭祀用的谷物,王后亲自养蚕以供给祭礼穿的衣服。

修教明谕,国道也。(《穀梁传·桓公六年》)
【注释】修:整治,修明。谕:使明白,使知道。
【译文】整治教化并使百姓明白礼义,这是治国的正道。

知者虑,义者行,仁者守,有此三者,然后可以出会。(《穀梁传·隐公二年》)
【注释】知:同"智"。虑:考虑。此处指考虑得很周全,能够知道安危之所在。行:指行动时坚决果断。守:坚守国家。
【译文】聪明的人考虑事情很周全,具有道义的人行动坚决果断,具有仁爱之心的人能够坚守国家(忠于职守),有了这三种人,然后(国家)才可以出去(和别国)进行外交活动。

尊不亲小事,卑不尸大功。(《穀梁传·隐公五年》)
【注释】亲:躬行,亲自做。尸:居,享,占有。
【译文】尊贵的人不能亲自做小事,卑贱的人不能占有大功劳。

修　养

贵义而不贵惠,信道而不信邪。(《穀梁传·隐公元年》)
【译文】君子看重道义而轻视小恩小惠,相信规律而不相信歪理邪说。

过而不改,又之,是谓之过。(《穀梁传·僖公二十二年》)
【注释】过:第一个"过"为动词,犯错误。第二个"过"为名词,错误。谓之:叫作。

【译文】犯了错误不加以改正,又犯同样的错误,这叫作过失。

君子不推人危,不攻人厄。(《穀梁传·僖公二十二年》)

【注释】厄:危险,困境。

【译文】君子不在别人危难时消灭他,不在别人困厄时攻打他。

礼人而不答,则反其敬;爱人而不亲,则反其仁;治人而不治,则反其知。(《穀梁传·僖公二十二年》)

【注释】答:答礼。反:反省。知:同"智"。

【译文】以礼待人却得不到回应,就要反省自己是否恭敬;关爱别人却得不到别人的亲近,就要反省自己是否仁爱;管理民众却管理不好,就要反省自己是否聪慧。

人之所以为人者,让也。(《穀梁传·定公元年》)

【注释】让:辞让。

【译文】人之所以为人,是因为谦让。

人之所以为人者,言也。人而不能言,何以为人?言之所以为言者,信也。言而不信,何以为言?信之所以为信者,道也。信而不道,何以为信?(《穀梁传·僖公二十二年》)

【注释】而:连词,表假设。何以:怎么。

【译文】人之所以被称为人,是因为能说话。人如果不能说话,怎么能叫人呢?言语之所以被称为言语,是因为有信用。言语如果没有信用,怎么能叫言语呢?信用之所以被称为信用,是因为合乎道义。信用如果不合乎道义,怎么能叫信用呢?

人　事

妇人在家制于父,既嫁制于夫,夫死从长子。妇人不专行,必有从也。(《穀梁传·隐公二年》)

【注释】制：约束。于：表被动。专行：擅自行事。

【译文】妇人在家里时要受父亲约束，嫁出去后要受丈夫约束，丈夫死后要受长子约束。妇人不能擅自行事，必须有所服从。

孝子扬父之美，不扬父之恶。(《穀梁传·隐公元年》)

【注释】扬：称扬，宣扬。

【译文】孝子宣扬父亲的美德善行，而不宣扬父亲的恶德丑行。

兄弟，天伦也。为子受之父，为诸侯受之君。已废天伦而忘君父，以行小惠，曰小道也。(《穀梁传·隐公元年》)

【注释】小惠：小聪明。小道：儒家认为的除礼乐政教以外的学说和技艺，并认为是邪道。

【译文】兄先弟后，这是自然的法则。作为儿子，要受命于父亲；作为诸侯，要受命于君主。现在已经废弃了自然的法则，忘记了君主和父亲的任命，(做事)行小恩小惠，这叫作偏狭的道义。

子既生，不免乎水火，母之罪也。羁贯成童，不就师傅，父之罪也。就师，学问无方，心志不通，身之罪也。心志既通，而名誉不闻，友之罪也。名誉既闻，有司不举，有司之罪也。有司举之，王者不用，王者之过也。(《穀梁传·昭公十九年》)

【注释】水火：泛指各种意外灾害。羁贯：古代男女成童，剪发为饰，男称贯，女称羁。就：跟从。师傅：老师。无方：没有方法。心志：意志，思想。有司：官吏。

【译文】子女已经出生，而受意外伤害，这是母亲的过失。等留发以后，不跟从老师学习，这是父亲的过失。跟着老师学习，但不讲究方法，思想不通达，这是自身的过失。思想通达，而没有名声，这是朋友的过失。有了名声，官吏不推荐，这是官吏的过失。官吏推荐了，但君王不使用，这是君王的过失。

论　语

孔子，名丘，字仲尼，春秋鲁国陬邑（今山东曲阜）人。曾做过委吏（仓库管理员）、乘田（饲养员），最后做到鲁国的大司寇。一生失意多而得意少，晚年专门从事古典文献整理与教学。他是中国私人讲学的第一人，有传播文化之功，也是第一位系统整理、研究古籍的人，是我国伟大的教育家、思想家，历代尊之为"圣人"。《论语》是后人在采辑孔子及其弟子、再传弟子言论行事的基础上编纂而成，约成书于战国初期。《论语》是研究孔子及孔门弟子思想的重要资料，是儒家的经典，两千多年来一直受到历代统治者的重视，为士人的必读书。宋朱熹编《四书章句集注》，更成为学习的入门书。元明清三代进行科举考试，考题必须在"四书"内，解释要以朱注为准。"四书"，尤其是《论语》成为做官的敲门砖。今天，《论语》仍为人们所重视，被称为中国文化的核心经典，研究中国思想史、教育史、文化史等，不能不读《论语》。中国文化的源在《论语》，《论语》所表现的思想、精神已深深渗透在国民性中。古人著书作文，好引《论语》，《论语》读通了，理解古书便少了许多障碍。

《论语》所反映的孔子的重要思想有以下几点：

第一，关于道德。以"仁"为中心，"仁"即"爱人"，并提出"己所不欲，勿施于人""己欲立而立人，己欲达而达人"的"忠恕"之道。"仁"要以"礼"为规范，"克己复礼为仁"。

第二，关于政治。提倡德政、德治，反对霸政、暴政。他的德政主张重在执政者先正己而后正人。执政者应当以仁爱为道德基础，以文德服人，以礼义教民，禁止苛政与任意刑杀，并提出"不患寡而患不均，不患贫而患不安"的主张。孔子政治主张的另一基本点是"正名"，即"君君、臣臣、父父、子子"，人人各尽其职，名副其实。

第三,关于教学。孔子的教材是六经;教育目的是"文行忠信";教育步骤是下学而上达;教育范围是"有教无类";教育方法是"不愤不启,不悱不发。举一隅不以三隅反,则不复也",重在"因材施教"(因弟子个性不同而异);教学精神是"学而不厌,诲人不倦""其为人也,发愤忘食,乐以忘忧,不知老之将至云尔""子在川上曰:'逝者如斯夫,不舍昼夜!'"孔子的"不言之教",精神感化,受到学生的无限爱戴,许多学生在他死后,结庐墓旁三年,子贡住了六年。学习方法是学思并重,温故知新。

第四,关于修养。《论语》以"君子"与"成人之美"为理想人格。做人之道,贵在"敏言慎行"和"求己",最坏的是"骄""惰"。

学习《论语》可参考的著作有今人杨伯峻的《论语译注》(中华书局2018年版)。马天祥主编的《十三经辞典·论语卷》(陕西人民出版社2002年版)也可作为学习的参考。

哲 理

苗而不秀者有矣夫;秀而不实者有矣夫。(《论语·子罕》)

【注释】秀:稻麦等吐穗扬花。

【译文】庄稼出了苗而不能吐穗扬花是有的吧,吐穗扬花而不灌浆结果也是有的吧。

人无远虑,必有近忧。(《论语·卫灵公》)

【译文】一个人没有长远的考虑,必然会有眼前的忧患。

岁寒,然后知松柏之后彫也。(《论语·子罕》)

【注释】彫:通"凋",凋零。

【译文】在严冷的季节,方知道松柏是最后凋零的。

性相近也,习相远也。(《论语·阳货》)

【译文】人的性情本来是相接近的,由于习染的不同才渐渐地相差很远了。

德 政

哀公问曰:"何为则民服?"孔子对曰:"举直错诸枉,则民服;举枉错诸直,则民不服。"(《论语·为政》)

【注释】哀公:鲁国的国君。举:选拔,举用。直:正直。错:通"措",放置。枉:邪曲。

【译文】鲁哀公问:"怎样做才能使百姓服从呢?"孔子回答说:"选用正直的人,安置在邪曲的人之上,百姓就会服从;选用邪曲的人,安置在正直的人之上,百姓就不服从。"

道千乘之国,敬事而信,节用而爱人,使民以时。(《论语·学而》)

【注释】道:同"導(导)",治理。千乘(shèng)之国:拥有一千辆兵车的国家。四匹马拉的车一辆叫一乘。敬：工作态度严肃认真。以时：按时，指不违农时。

【译文】治理一个拥有一千辆兵车的国家，对政事要慎重处理并讲信用，节约费用，爱护人民，在农闲时役使百姓。

道之以政，齐之以刑，民免而无耻；道之以德，齐之以礼，有耻且格。（《论语·为政》）

【注释】道：同"導(导)"，治理、引导。齐：整齐，制约。免：避免。耻：羞耻之心。格：纠正。

【译文】用行政命令来治理百姓，用刑法来制约百姓，百姓只求得免于犯罪受罚，却没有羞耻心；用道德教化来引导百姓，用礼制来约束百姓，百姓就知道做坏事可耻而且能自己纠正错误。

苟正其身矣，于从政乎何有？不能正其身，如正人何？（《论语·子路》）

【注释】苟：如果。

【译文】如果能使自身正，那么管理政事还有什么困难呢？不能使自身正，怎么能使别人正呢？

好勇疾贫，乱也。人而不仁，疾之已甚，乱也。（《论语·泰伯》）

【注释】疾：恨，憎恨。已：太。

【译文】喜欢逞强而又恨自己贫穷，就会作乱。对不仁的人痛恨太过头，也会逼他们起来作乱的。

季康子患盗，问于孔子。孔子对曰："苟子之不欲，虽赏之不窃。"（《论语·颜渊》）

【译文】季康子苦于盗贼太多，向孔子求教。孔子回答说："如果你自己不贪求财货，即使你奖励偷盗，也没有人会去偷盗。"

季康子问政于孔子。孔子对曰："政者，正也。子帅以正，孰敢不正？"（《论语·颜渊》）

【注释】帅：率领，带头。

【译文】季康子问孔子怎样治理政事。孔子回答说："政就是正的意思。你自己带头走正路，谁敢不走正路呢？"

居上不宽，为礼不敬，临丧不哀，吾何以观之哉！（《论语·八佾》）

【译文】处于领导地位而不宽宏大量，举行礼仪时不恭敬严肃，参加丧礼时不悲痛哀伤，这种样子我怎么看得下去啊！

君子不可小知而可大受也，小人不可大受而可小知也。（《论语·卫灵公》）

【注释】知：了解，考察。受：承受。

【译文】君子不可以用小事情去考验他而可以让他承担重大任务，小人不可以承担重大任务而可以用小事情去考验他。

君子不以言举人，不以人废言。（《论语·卫灵公》）

【译文】君子不因为某些人话说得好听而提拔他们，不因为某些人品德不好而废弃他们说的正确的话。

君子之德风，小人之德草，草上之风，必偃。（《论语·颜渊》）

【注释】偃：迎面倒下，放倒。

【译文】君子的品德好比风，小人的品德好比草，风吹到草上，草就一边倒。

君子之于天下也，无适也，无莫也，义之与比。（《论语·里仁》）

【注释】适（dí）：专主，依从。莫：不肯。义：宜，适宜。比（bì）：挨近，靠拢。

【译文】君子对于天下的事，没有一定要怎样做，也没有一定不要怎样做，而要根据实际情况怎样做适宜便怎样去做。

礼云礼云，玉帛云乎哉？乐云乐云，钟鼓云乎哉？（《论语·阳货》）

【注释】帛（bó）：丝织品。

【译文】礼呀礼呀，只是说的玉帛之类的礼器吗？乐呀乐呀，只是说的钟鼓之类的乐器吗？

民可使由之,不可使知之。(《论语·泰伯》)
【注释】 由:从,遵从。
【译文】 可以使百姓遵从我们的意见去做,不可以使他们懂得为什么要这样做。

能以礼让为国乎?何有?不能以礼让为国,如礼何?(《论语·里仁》)
【注释】 礼让:按照礼的原则实行谦让。何有:有何困难。如礼何:拿礼怎么办,意思是不能实行礼。
【译文】 能够用礼让来治理国家吗?那样还有什么困难呢?如果不能用礼让来治理国家,那怎么能够实行礼呢?

其身正,不令而行;其身不正,虽令不从。(《论语·子路》)
【译文】 自身正了,不用发布命令百姓就会去做;自身不正,即使发布命令百姓也不会听从。

齐一变至于鲁,鲁一变至于道。(《论语·雍也》)
【译文】 齐国一有改革,可以达到鲁国的样子;鲁国一有改革,则可以达到先王之道。

如有王者,必世而后仁。(《论语·子路》)
【注释】 王:称王。世:古代以三十年为一世。
【译文】 如果有圣明的君主出来治理国家,也一定要经过三十年才能实现仁政。

善人教民七年,亦可以即戎矣。(《论语·子路》)
【注释】 即:就。戎:打仗。
【译文】 善人教导训练百姓七年时间,就可以叫他们去参军作战了。

善人为邦百年,亦可以胜残去杀矣。诚哉是言也!(《论语·子路》)
【注释】 为邦:治理。胜残去杀:战胜残暴、免除杀戮。

【译文】善人治理国家一百年，就可以战胜残暴、免除杀戮。这话说得真对呀！

上好礼，则民易使也。(《论语·宪问》)
【译文】在上位的人依照礼法行事，那么百姓就容易听从指挥。

奢则不孙，俭则固。与其不孙也，宁固。(《论语·述而》)
【注释】孙：通"逊"，谦逊、恭顺。固：简陋。
【译文】奢侈了就显得不谦逊，节俭了就显得简陋。与其不谦逊，宁可简陋。

事君尽礼，人以为谄也。(《论语·八佾》)
【注释】谄：谄媚，奉承。
【译文】完全按照做臣子的礼节去侍奉君主，别人反而认为这是向君主献媚讨好。

听讼，吾犹人也。必也使无讼乎！(《论语·颜渊》)
【注释】听讼：审理诉讼案件。讼：诉讼。
【译文】审理诉讼案件，我同别人是一样的。一定要使诉讼案件不发生才好啊！

巍巍乎，舜、禹之有天下也，而不与焉。(《论语·泰伯》)
【注释】巍巍：高大的样子。舜、禹：远古的两个圣明的君主。与(yù)：参与，关联。
【译文】(舜、禹)真是伟大啊！舜、禹作为天子，富有四海，却(整日为百姓操劳)一点也不为自己。

唯仁者能好人，能恶人。(《论语·里仁》)
【注释】好(hào)：喜欢，喜爱。恶(wù)：憎恨，讨厌。
【译文】只有有仁德的人，才能够(以正确的态度)喜爱人，才能够(以正确的态度)厌恶人。

为政以德,譬如北辰,居其所而众星共之。(《论语·为政》)

【注释】以:用。北辰:北极星。所:处所,方位。共:环抱、拱卫,后作"拱"。

【译文】用道德教化来治理国家,就像北极星一样,处在一定的方位而群星都围绕着它。

先进于礼乐,野人也;后进于礼乐,君子也。如用之,则吾从先进。(《论语·先进》)

【注释】野人:庶人,平民。

【译文】先学习礼乐而后做官的,是没有爵禄的士人;先有了官位而后学习礼乐的,是卿大夫的子弟。如果选用人才,那我就选用先学习礼乐的人。

叶公问政。子曰:"近者说,远者来。"(《论语·子路》)

【注释】说:喜悦,后作"悦"。

【译文】叶公问怎样管理政事。孔子说:"使近处的人高兴,使远方的人前来投奔。"

夷狄之有君,不如诸夏之亡也。(《论语·八佾》)

【注释】夷狄:古代汉族对东方及北方少数民族的称呼,这里泛指少数民族。诸夏:指居住在华夏的各诸侯国。亡:通"无",没有。

【译文】夷狄即使有国君,也不如中原之地没有国君。

以不教民战,是谓弃之。(《论语·子路》)

【译文】用没有受过训练的百姓去打仗,这就叫作抛弃他们。

有子曰:"礼之用,和为贵。先王之道,斯为美。小大由之,有所不行。知和而和,不以礼节之,亦不可行也。"(《论语·学而》)

【注释】和:和谐,顺和。斯:这个。

【译文】有子说:"礼的运用,以和谐为可贵。先王治理国家的方法,好处就在这里。不论小事大事都这样去做,但也有不能这样做的。如果为求和顺而求和顺,不用礼法去节制约束它,也是不可行的。"

与其进也,不与其退也,唯何甚？人洁己以进,与其洁也,不保其往也。(《论语·述而》)

【注释】与:肯定,赞许。保:抓住不放。

【译文】我赞许他们的进步,不赞许他们的退步,何必做得太过分呢？人家改正了错误以求进步,我们赞许他们改正错误,不要死抓住他们过去的缺点不放。

臧文仲其窃位者与！知柳下惠之贤而不与立也。(《论语·卫灵公》)

【注释】臧文仲:鲁国大夫。柳下惠:鲁国贤人。与:举荐。

【译文】臧文仲是一个身居官位而不称职的人吧！他明知道柳下惠贤良而不举荐他来朝廷做官。

曾子曰:"慎终追远,民德归厚矣。"(《论语·学而》)

【注释】终:死,指父母去世。远:指祖先。

【译文】曾子说:"谨慎地对待父母的丧事,虔诚地追念久远的先人,这样做百姓的道德风尚就日趋忠厚了。"

周监于二代,郁郁乎文哉！吾从周。(《论语·八佾》)

【注释】监:借鉴,后作"鉴"。二代:指夏商二代。郁郁:丰富,繁盛。文:道艺,指礼乐制度。从:顺从,跟从。

【译文】周朝的礼乐制度是借鉴夏商二代的,多么的丰富多彩呀！我遵从周朝的制度。

子路问事君。子曰:"勿欺也,而犯之。"(《论语·宪问》)

【注释】犯:触犯。

【译文】子路问怎样侍奉君王。孔子说:"不要欺骗他,但可以当面犯颜直谏他。"

子路问政。子曰:"先之,劳之。"请益。曰:"无倦。"(《论语·子路》)

【注释】先:带头。益:增加。倦:倦怠,厌倦。

【译文】子路问怎样管理政事。孔子说:"自己给百姓带头,然后使他们勤劳地工作。"子路请求多讲一点。孔子说:"办事不能懈怠。"

子夏曰:"君子信而后劳其民,未信则以为厉己也;信而后谏,未信则以为谤己也。"(《论语·子张》)

【注释】厉:虐害。

【译文】子夏说:"君子取得信任之后才去役使百姓,否则百姓就会以为你是在虐待他们;君子取得信任以后才去进谏君主,否则君主就会以为你是在诽谤他。"

子张问政。子曰:"居之无倦,行之以忠。"(《论语·颜渊》)

【译文】子张问如何处理政事。孔子说:"身居官位不懈怠,处理政事要忠心。"

修 养

爱之,能勿劳乎?忠焉,能勿诲乎?(《论语·宪问》)

【译文】爱他,能够不叫他勤劳吗?忠于他,能够不教诲他吗?

邦有道,危言危行;邦无道,危行言孙。(《论语·宪问》)

【注释】危:正,正直。孙:通"逊",顺。

【译文】国家政治清明,说话正直,行为正直;国家政治黑暗,行为正直,但说话要谦逊。

不患人之不己知,患其不能也。(《论语·宪问》)

【注释】患:忧虑,担心。

【译文】不担心别人不了解自己,只担心自己无能呀。

不患无位,患所以立;不患莫己知,求为可知也。(《论语·里仁》)

【注释】所以立:指立身的本领,或立于其位的才学。

【译文】不愁没有职位,只愁自己没有能够站稳脚跟的本领;不愁没有人知道自己,只追求足以使别人知道自己的本领。

不逆诈,不亿不信,抑亦先觉者,是贤乎!(《论语·宪问》)
【注释】逆:事先预料。亿:推测,预料,猜想。抑:表示转折,相当于"可是"。
【译文】不事先猜疑别人欺诈,不随意猜测别人不讲信用,但对别人的欺诈和不讲信用却能事先觉察出来,这才是贤人啊!

不仁者不可以久处约,不可以长处乐。仁者安仁,知者利仁。(《论语·里仁》)
【注释】约:穷困。知:同"智"。
【译文】没有仁德的人不能长期处在穷困之中,也不能长期处在安乐之中。有仁德的人安于仁道,有智慧的人认识到仁对自己有利才去行仁。

不曰"如之何,如之何"者,吾末如之何也已矣。(《论语·卫灵公》)
【注释】如之何:怎么办。末:没有办法。
【译文】遇事从不说"怎么办怎么办"的人,我对他们也不知道怎么办了。

不在其位,不谋其政。(《论语·泰伯》)
【译文】不在那个职位上,就不去考虑那个职位上的政事。

当仁不让于师。(《论语·卫灵公》)
【译文】面对实行仁德的事,就是对老师也不必谦让。

德不孤,必有邻。(《论语·里仁》)
【译文】有道德的人不会孤单,必定会有与他亲近的人。

樊迟问仁。子曰:"居处恭,执事敬,与人忠。虽之夷狄,不可弃也。"(《论语·子路》)
【注释】之:到,往。夷狄:古代对我国东方和北方少数民族的称呼。
【译文】樊迟问什么是仁。孔子说:"平时要态度端正庄严,办事要严肃认真,待人要忠心诚实。即使到了夷狄地区,也是不能废弃这些原则的。"

饭疏食,饮水,曲肱而枕之,乐亦在其中矣。不义而富且贵,于我如浮云。(《论语·述而》)

【注释】 疏食:粗粮。肱:胳膊。

【译文】 吃粗粮,喝白水,弯着胳膊做枕头,乐趣也就在其中了。用不正当的手段得来的富贵,在我看来就像浮云一样。

刚、毅、木、讷近仁。(《论语·子路》)

【注释】 木:质朴。讷(nè):说话迟钝,这里指言语谨慎。

【译文】 刚强、果敢、质朴、言语谨慎,具有这四种品德的人接近于仁了。

躬自厚而薄责于人,则远怨矣。(《论语·卫灵公》)

【译文】 多责备自己而少责备别人,就可以避免怨恨了。

古者言之不出,耻躬之不逮也。(《论语·里仁》)

【注释】 躬:自身。逮(dài):赶上,到。

【译文】 古时候的人不轻易把话说出口,因为他们以说得出做不到为可耻。

古之学者为己,今之学者为人。(《论语·宪问》)

【译文】 古代人学习是为了充实提高自己,现代人学习是为了装饰自己给别人看。

骥不称其力,称其德也。(《论语·宪问》)

【注释】 骥:千里马。称:赞扬。

【译文】 千里马值得称赞的不是它的力气,而是它的品德。

见贤思齐焉,见不贤而内自省也。(《论语·里仁》)

【注释】 省(xǐng):反省,检查。

【译文】 见到圣贤的人就希望向他看齐,见到不贤的人就要反省一下自己有没有类似的毛病。

君子病无能焉,不病人之不己知也。(《论语·卫灵公》)

【注释】 病:怕,担心。

【译文】 君子担心自己没有才能,不担心别人不了解自己。

君子不器。(《论语·为政》)

【注释】 器:器具。每种器具都有专门的用途。

【译文】 君子不像器具那样(只有一种用途)。

君子不重则不威,学则不固。主忠信,无友不如己者。过则勿惮改。(《论语·学而》)

【注释】 主:亲近。无:通"毋",不要。惮(dàn):怕,畏惧。

【译文】 君子不庄重就没有威严,所学就不牢固。应该亲近忠诚和讲信义的人,不要同不如自己的人交朋友。有了过失不要害怕改正。

君子成人之美,不成人之恶。小人反是。(《论语·颜渊》)

【注释】 成:促成。

【译文】 君子促成别人的好事,而不促成别人的坏事。小人则与此相反。

君子耻其言而过其行。(《论语·宪问》)

【译文】 君子以他所说的超过他所做的为可耻。

君子道者三,我无能焉:仁者不忧,知者不惑,勇者不惧。(《论语·宪问》)

【译文】 君子所行的三件事,我都没有做到:有仁德的人不忧愁,聪明的人不迷惑,勇敢的人不畏惧。

君子而不仁者有矣夫,未有小人而仁者也。(《论语·宪问》)

【译文】 君子中有不仁的人,小人中却不会有仁人。

君子和而不同,小人同而不和。(《论语·子路》)

【注释】 和:和谐,协调。同:指人云亦云、盲目附和。

【译文】君子能取长补短,协调各种不同的意见,而不盲从附和;小人只是盲从附和,而不讲自己的不同意见。

君子怀德,小人怀土;君子怀刑,小人怀惠。(《论语·里仁》)
【注释】怀:思念,安于。
【译文】君子安于道德,小人安于故土;君子关心法制,小人关心恩惠。

君子矜而不争,群而不党。(《论语·卫灵公》)
【注释】矜(jīn):庄重。党:结党营私。
【译文】君子态度庄重而不与人发生争执,能够合群而不结党营私。

君子谋道不谋食。耕也,馁在其中矣;学也,禄在其中矣。君子忧道不忧贫。(《论语·卫灵公》)
【注释】馁:饥饿。
【译文】君子谋求学道,不谋求衣食。耕田,常常要饿肚子;学习,常常得到俸禄。君子只担心道不能明不能行,不担心贫穷。

君子求诸己,小人求诸人。(《论语·卫灵公》)
【译文】君子严格要求自己,小人严格要求别人。

君子上达,小人下达。(《论语·宪问》)
【注释】上:这里指仁义。下:这里指财利。
【译文】君子通达于仁义,小人通达于财利。

君子泰而不骄,小人骄而不泰。(《论语·子路》)
【注释】泰:安详,安宁。骄:傲慢,骄傲。
【译文】君子安详舒泰而不傲慢,小人傲慢而不安详舒泰。

君子坦荡荡,小人长戚戚。(《论语·述而》)
【注释】坦:平坦。荡荡:宽广的样子。长:常。戚戚:忧愁的样子。
【译文】君子心胸平坦宽广,小人经常局促忧愁。

君子无所争。必也射乎！揖让而升，下而饮。其争也君子。(《论语·八佾》)

【注释】射：射箭，这里指古时的一种射箭比赛。揖(yī)：拱手行礼。

【译文】君子没有什么与别人相争的事情。如果有的话，那一定是射箭比赛了。比赛时，先互相作揖、谦让，然后登堂。射完后走下场来，又互相敬酒。这样才是君子之争。

君子义以为质，礼以行之，孙以出之，信以成之。君子哉！(《论语·卫灵公》)

【注释】孙：通"逊"，谦逊。

【译文】君子以义为做人的根本，用礼仪来实行它，用谦逊的态度来表达它，用忠诚信义来完成它。这才是君子啊！

君子欲讷于言而敏于行。(《论语·里仁》)

【注释】讷(nè)：迟钝，这里指说话谨慎。敏：敏捷。

【译文】君子应该说话谨慎而行动敏捷。

君子喻于义，小人喻于利。(《论语·里仁》)

【注释】喻：懂得，明白。

【译文】君子懂得大义，小人只懂得小利。

君子贞而不谅。(《论语·卫灵公》)

【注释】贞：正。谅：信。

【译文】君子固守正道而不计较小信。

君子周而不比，小人比而不周。(《论语·为政》)

【注释】周：合群。比：勾结。

【译文】君子能团结而不结党营私，小人结党营私而不能团结。

可与言而不与言，失人；不可与言而与之言，失言。知者不失人，亦不失

言。(《论语·卫灵公》)

【注释】失:错过,过失。知:同"智"。

【译文】可以同他谈话,而不同他谈话,这是错过了人才;不可以同他谈话,而同他谈话,这是白费口舌。聪明的人既不错过人才,也不白费口舌。

狂而不直,侗而不愿,悾悾而不信,吾不知之矣。(《论语·泰伯》)

【注释】狂:急躁,激进。侗(tóng):幼稚,无知。愿:谨慎,朴实。悾(kōng)悾:诚恳的样子。

【译文】急躁而不直爽,幼稚而不朴实,外表一副诚恳的样子而不守信用,我不知道这种人是怎么回事。

里仁为美,择不处仁,焉得知?(《论语·里仁》)

【注释】里:住所,住处。处(chǔ):居住。知:同"智"。

【译文】要居住在有仁德之风的地方才好,选择住处,不居住在有仁德之风的地方,哪能算是明智呢?

孟之反不伐,奔而殿,将入门,策其马,曰:"非敢后也,马不进也。"(《论语·雍也》)

【注释】孟之反:鲁国大夫,名侧。伐:自夸。奔:败退。策:鞭打。

【译文】孟之反从不夸耀自己,打仗败退时,他走在最后作掩护,快进城门时,他鞭打着马说:"不是我敢殿后,是这匹马跑不快呀。"

南容三复白圭,孔子以其兄之子妻之。(《论语·先进》)

【注释】白圭:一种珍贵而晶莹的玉器。《诗经·大雅·抑》:"白圭之玷,尚可磨也;斯言之玷,不可为也。"

【译文】南容反复诵读《诗经》中关于白圭的诗句,孔子把自己哥哥的女儿嫁给他。

宁武子,邦有道,则知;邦无道,则愚。其知可及也,其愚不可及也。(《论语·公冶长》)

【注释】宁武子:卫国大夫宁俞,武是谥号。知:同"智"。愚:这里指装傻。

【译文】宁武子这个人在国家政治清明时,便聪明;在国家政治黑暗时,便装傻。他的那种聪明别人是可以做到的,他的那种装傻却是别人做不到的。

巧言令色,鲜矣仁。(《论语·学而》)
【注释】令:善。色:脸色。令色:指伪装出来的好脸色。鲜(xiǎn):少。
【译文】花言巧语,用伪装出来的好脸色讨人喜欢,这种人的仁德是很少的。

人而不仁,如礼何? 人而不仁,如乐何?(《论语·八佾》)
【译文】一个人没有仁爱之心,还能讲礼吗? 一个人没有仁爱之心,还能讲乐吗?

人而无信,不知其可也。大车无輗,小车无軏,其何以行之哉?(《论语·为政》)
【注释】輗(ní):古代牛车车辕前横木两端的木销子。軏(yuè):古代马车车辕前横木两端的木销子。
【译文】一个人不讲信用,不知道他将何以立身处世。这就好像大车没有輗,小车没有軏,它怎么能行驶呢?

人能弘道,非道弘人。(《论语·卫灵公》)
【注释】弘(hóng):扩大,光大。
【译文】人能把道发扬光大,不是道使人宏大。

仁远乎哉? 我欲仁,斯仁至矣。(《论语·述而》)
【注释】斯:就。
【译文】仁离我们很远吗? 我想要仁,仁就来了。

人之生也直,罔之生也幸而免。(《论语·雍也》)
【注释】罔(wǎng):欺骗、不直,这里指不正直的人。
【译文】一个人生存靠的是正直,不正直的人有时也能生存,那是他侥幸避免了祸害。

三年学,不至于穀,不易得也。(《论语·泰伯》)

【注释】至:到达,此处指意念之所至。穀:俸禄。古代以穀为俸禄,所以"穀"有"禄"的意思。

【译文】读书三年,而不求做官的人,是不容易找到的。

食不语,寝不言。(《论语·乡党》)

【译文】吃饭时不交谈,睡觉时不说话。

士而怀居,不足以为士矣。(《论语·宪问》)

【注释】怀:怀念,留恋。居:安居。

【译文】士如果留恋家庭安逸的生活,那就不足以成为士了。

谁能出不由户?何莫由斯道也?(《论语·雍也》)

【注释】户:门。

【译文】谁能走出屋子而不经过门户呢?为什么就没有人按着道行走呢?

吾未见好德如好色者也。(《论语·子罕》)

【译文】我没有见过像喜爱女色那样喜爱道德的人。

无欲速,无见小利。欲速则不达,见小利则大事不成。(《论语·子路》)

【译文】不要求速成,不要贪图小利。求速成反而达不到目的,图小利则办不成大事。

宪问耻。子曰:"邦有道,穀;邦无道,穀,耻也。"(《论语·宪问》)

【注释】宪:孔子的学生原宪。穀:俸禄。

【译文】原宪问什么叫可耻。孔子说:"国家政治清明,做官拿俸禄;国家政治黑暗,还去做官拿俸禄,这就叫可耻。"

已矣乎!吾未见能见其过而内自讼者也。(《论语·公冶长》)

【注释】已:止。自讼:自责。
【译文】算了吧!我从未见过一个能够发现自己的错误而在内心自责的人。

以约失之者鲜矣。(《论语·里仁》)
【注释】约:约束,拘谨。鲜:少。
【译文】用礼法约束自己而犯错误的人是很少的。

有子曰:"信近于义,言可复也。恭近于礼,远耻辱也。因不失其亲,亦可宗也。"(《论语·学而》)
【注释】信:信约。近:符合,接近。义:义理,做事适宜。复:履行。因:凭借,依靠。宗:主,可靠。
【译文】有子说:"信约符合义理,就可以实现。恭敬符合礼节,就可以避免耻辱。所依靠的都是可亲近的人,也就可靠了。"

曾子曰:"吾日三省吾身:为人谋而不忠乎?与朋友交而不信乎?传不习乎?"(《论语·学而》)
【注释】日:每天。三:再三,指多次。省:反省,自我检查。为:给,替。谋:谋划,指考虑事情。传:传授。
【译文】曾子说:"我每天再三反省自己:替人家办事尽心竭力了吗?与朋友交往讲信用了吗?老师传授的学业用心复习了吗?"

子贡曰:"君子之过也,如日月之食焉。过也,人皆见之;更也,人皆仰之。"(《论语·子张》)
【译文】子贡说:"君子的过错,好比日食月食。他有过错,人人都看得见;他改正了,人人都仰望他。"

子夏曰:"大德不逾闲,小德出入可也。"(《论语·子张》)
【注释】逾(yú):超越。闲:栅栏,这里指界限。
【译文】子夏说:"人在大的节操上不能超越界限,在小枝小节上作风有些出入是可以的。"

子夏曰:"贤贤易色,事父母,能竭其力;事君,能致其身;与朋友交,言而有信。虽曰未学,吾必谓之学矣。"(《论语·学而》)

【注释】贤贤:尊重贤人。易:轻视。色:容貌,指女色。致:献出。

【译文】子夏说:"一个人能看重贤德而轻视女色,侍奉父母能竭尽全力,服侍君主能献出生命,与朋友交往讲究信用。这样的人,尽管他自己说没有学习过,我一定说他已经学习过了。"

子张曰:"士见危致命,见得思义,祭思敬,丧思哀,其可已矣。"(《论语·子张》)

【译文】子张说:"一个士遇见国家危难时就献出生命,遇见有利可得时就想到是否合乎义,祭祀的时候就想到严肃恭敬,服丧的时候就想到哀伤,这样就可以了。"

人　事

伯夷、叔齐不念旧恶,怨是用希。(《论语·公冶长》)

【注释】伯夷、叔齐:商末周初的两位贤人。旧恶:宿怨,旧仇。是用:因此。希:同"稀",稀疏、少、罕见。

【译文】伯夷、叔齐不记旧仇,因此别人对他们的怨恨也就很少。

不得中行而与之,必也狂狷乎! 狂者进取,狷者有所不为也。(《论语·子路》)

【注释】中行:指行为合乎中庸。与:交往。狂:狂妄。狷(juàn):拘谨。

【译文】我找不到行为合乎中庸的人与他们交往,一定只能和狂妄、拘谨的人交往了! 狂妄的人勇于进取,拘谨的人不会同流合污。

不患人之不己知,患不知人也。(《论语·学而》)

【注释】患:忧虑,怨恨。

【译文】不要怨恨别人不了解自己,只忧虑自己不了解别人。

放于利而行,多怨。(《论语·里仁》)

【注释】放(fǎng):依据。

【译文】事事都依照个人利益去做,必然会招来许多怨恨。

可与共学,未可与适道;可与适道,未可与立;可与立,未可与权。(《论语·子罕》)

【注释】适:往,到。权:权衡。

【译文】可以在一起学习的人,未必可以同他一起学道;可以一起学道的人,未必可以同他一起坚守道;可以一起坚守道的人,未必可以同他一起通权达变。

论笃是与,君子者乎?色庄者乎?(《论语·先进》)

【注释】论:言论。笃:诚实。与:赞许。

【译文】总是推许言论诚实的人,是真正的君子呢?还是只是外表庄重的人呢?

贫而无怨难,富而无骄易。(《论语·宪问》)

【译文】贫穷而能没有怨恨很难做到,富贵而不骄傲却很容易做到。

其言之不怍,则为之也难。(《论语·宪问》)

【注释】怍(zuò):惭愧。

【译文】说起话来大言不惭,那要实行这些话就很难了。

巧言乱德。小不忍,则乱大谋。(《论语·卫灵公》)

【译文】花言巧语会败坏人的德行,小事不能忍耐就会败坏大事。

群居终日,言不及义,好行小慧,难矣哉!(《论语·卫灵公》)

【译文】整天待在一起,说话不合乎道义,专好卖弄小聪明,这种人很难有什么成就啊!

人之过也,各于其党。观过,斯知仁矣。(《论语·里仁》)

【注释】党：类别，集团。斯：就。仁：同"人"。

【译文】人们所犯的错误，总是与他们各自的社会类别有关。所以考察一个人的错误，就可以知道他是哪一类人了。

如有周公之才之美，使骄且吝，其余不足观也已矣。(《论语·泰伯》)

【注释】吝：吝啬，小气。

【译文】一个人即使有周公那样美好的才能，如果他骄傲而且吝啬，那其他方面就不值得一看了。

视其所以，观其所由，察其所安。人焉廋哉？人焉廋哉？(《论语·为政》)

【注释】以：为，做。由：经历，指经过的道路。安：安心，指心里乐于什么。焉：怎么。廋(sōu)：隐藏，藏匿。

【译文】(了解一个人，)看他的所作所为，了解他所走过的道路，观察他的爱好。那么，这个人怎么能隐藏得了呢？这个人怎么能隐藏得了呢？

士志于道，而耻恶衣恶食者，未足与议也。(《论语·里仁》)

【注释】士：古代凡习文讲武的人都被称为士。

【译文】一个士有志于追求真理，但又以穿破衣服、吃粗劣食物为耻辱，这种人是不值得与他谈论(真理)的。

吾与回言终日，不违，如愚。退而省其私，亦足以发，回也不愚。(《论语·为政》)

【注释】回：颜渊，孔子最得意的学生。省(xǐng)：观察。

【译文】我整天给颜渊讲学，他从来没有提出不同意见，好像很愚笨。等他退回去自己研究却也能够发挥，他并不愚笨。

有德者必有言，有言者不必有德。仁者必有勇，勇者不必有仁。(《论语·宪问》)

【注释】言：言论。

【译文】有道德的人一定有名言，有名言的人却不一定有道德。有仁德的人一定勇敢,勇敢的人却不一定有仁德。

有朋自远方来,不亦乐乎?(《论语·学而》)

【注释】朋:指志同道合的人。乐:快乐。

【译文】有志同道合的人从远方来,不是很快乐吗?

众恶之,必察焉;众好之,必察焉。(《论语·卫灵公》)

【注释】恶:讨厌,厌恶。好:喜欢,喜爱。

【译文】大家都讨厌他,一定要考察一下;大家都喜欢他,也一定要考察一下。

子贡问友。子曰:"忠告而善道之,不可则止,毋自辱焉。"(《论语·颜渊》)

【注释】道:同"導(导)",引导。

【译文】子贡问怎样对待朋友。孔子说:"要忠言直告又要恰当地引导他,他不听从就算了,不要自找侮辱。"

子谓仲弓曰:"犁牛之子骍且角,虽欲勿用,山川其舍诸?"(《论语·雍也》)

【注释】仲弓:孔子的学生。犁牛:耕牛。骍:赤色。角:这里指角长得周正。山川:山川之神。其:岂。

【译文】孔子对仲弓说:"耕牛生的小牛犊皮毛红润而且两角周正,虽然人们不想用它来作祭品,难道山川之神会舍弃它吗?"

子游曰:"事君数,斯辱矣;朋友数,斯疏矣。"(《论语·里仁》)

【注释】数(shuò):屡次,多次。

【译文】子游说:"进谏君主过于频繁,就会遭受耻辱;劝告朋友过于频繁,就会造成疏远。"

子云:"吾不试,故艺。"(《论语·子罕》)

【注释】试:用,指被任用。

【译文】孔子说:"我没有被国家任用(去做官),所以学到了许多技艺。"

孝 悌

出则事公卿,入则事父兄,丧事不敢不勉,不为酒困,何有于我哉?(《论语·子罕》)

【译文】出外便侍奉国君和大臣,在家便侍奉父母兄长,有丧事不敢不尽心去办,不被酒所困扰,这些事我做到了哪些呢?

弟子入则孝,出则悌,谨而信,泛爱众而亲仁。行有余力,则以学文。(《论语·学而》)

【注释】弟子:指少年人。悌:敬爱兄长。文:古代文献。

【译文】少年弟子在家要讲孝道,外出要敬爱兄长,做事要谨慎小心,说话要诚实可信,要广泛地爱护大众而亲近有仁德的人。这样做后还有余力和闲暇时间,再去学习文献知识。

父母在,不远游,游必有方。(《论语·里仁》)

【注释】游:指游学、游宦,到外地去求学、做官。方:一定的地方。

【译文】父母在世,不出远门,如果外出,也肯定有一定的去处。

父母之年,不可不知也,一则以喜,一则以惧。(《论语·里仁》)

【注释】知:知道,这里是常记在心里的意思。

【译文】父母的年龄不能不时时记在心里,一方面(为他们的长寿而)高兴,另一方面(为他们的衰老而)担忧。

父在观其志,父没观其行,三年无改于父之道,可谓孝矣。(《论语·学而》)

【注释】其:他的,这里指儿子的。没:死。

【译文】父亲在世时看他的志向,父亲逝世后看他的行为,如果三年之内不改变他父亲的合理部分,可以说做到孝了。

事父母几谏,见志不从,又敬不违,劳而不怨。(《论语·里仁》)

【注释】几(jī):轻微,婉转。劳:忧虑。

【译文】侍奉父母,(看见父母有做得不对的地方,)应该很委婉地进行劝谏,如果父母不愿听从,仍然要恭恭敬敬而不违抗,只在内心忧虑而不埋怨。

志　向

譬如为山,未成一篑,止,吾止也;譬如平地,虽覆一篑,进,吾往也。(《论语·子罕》)

【注释】篑(kuì):土筐。

【译文】譬如用土堆山,只差一筐土就完成了,如果不想做要停下来,是我自己要停止的;譬如用土平地,即使才倒了一筐土,如果继续努力前进,是我自己要前进的。

三军可夺帅也,匹夫不可夺志也。(《论语·子罕》)

【注释】三军:周制,一万二千五百人为一军,诸侯中的大国可以有三军,后以"三军"作为军队的通称。匹夫:一个人。

【译文】军队可以夺去它的主帅,一个男子汉的志气是谁也夺不去的。

吾十有五而志于学,三十而立,四十而不惑,五十而知天命,六十而耳顺,七十而从心所欲,不踰矩。(《论语·为政》)

【注释】有:通"又"。立:自立。不惑:不被外界事物所迷惑。知天命:知道上天的意志。踰:超越。矩:规矩。

【译文】我15岁立志学习,30岁能自立,40岁能不被外界事物所迷惑,50岁知道上天赋予我的命运,60岁听到别人说话就能分辨真假、辨明是非,70岁能随心所欲而不会越出规矩。

贤哉,回也!一箪食,一瓢饮,在陋巷,人不堪其忧,回也不改其乐。贤哉,回也!(《论语·雍也》)

【注释】箪(dān):古代盛饭的竹器,圆形。

【译文】颜回真是贤啊!一竹筐饭,一瓜瓢水,住在简陋的巷子里,别人都忍受不了这种穷困,颜回却不改变他自己的乐趣。颜回真是贤啊!

朝闻道,夕死可矣。(《论语·里仁》)

【注释】朝(zhāo):早晨。道:道理,指真理。

【译文】早晨听到真理,当天晚上死掉都可以。

知之者不如好之者,好之者不如乐之者。(《论语·雍也》)

【译文】(对于任何学问和事业)懂得它的人不如爱好它的人,爱好它的人不如以它为快乐的人。

子谓子夏曰:"女为君子儒,无为小人儒。"(《论语·雍也》)

【注释】女:通"汝",你。儒:儒生,学者。

【译文】孔子告诫子夏说:"你要做一个君子式的儒者,不要做一个小人式的儒者。"

子在川上曰:"逝者如斯夫,不舍昼夜。"(《论语·子罕》)

【注释】斯:这,指河水。舍:停息。

【译文】孔子在河边说:"不断消逝的时光像这河水一样,不分昼夜地流去。"

教　学

不愤不启,不悱不发。举一隅不以三隅反,则不复也。(《论语·述而》)

【注释】愤:心里苦苦思索而尚未想通的样子。悱(fěi):心里想说而说不出来的样子。隅(yú):角落。

【译文】我不到学生苦思冥想而想不通的时候,不去开导他;不到他心里想说而说不出来的时候,不去启发他。举出一个角的样子讲给他,而他不能由此推知其他三个角的样子,那就不再教他了。

盖有不知而作之者,我无是也。多闻,择其善者而从之;多见而识之,知

之次也。(《论语·述而》)

【注释】识(zhì):记住。次:次一等,差一等。

【译文】大概有自己不懂却在那里凭空创造的人吧,我没有这种事。多听,选择其中好的,接受和听从它;多看,并且记在心里,这是次一等的智慧了。

攻乎异端,斯害也已。(《论语·为政》)

【注释】攻:攻读,钻研。异端:与孔子不同的主张,指邪说。斯:这。

【译文】一心去钻研异端邪说,这就是害了。

君子博学于文,约之以礼,亦可以弗畔矣夫。(《论语·雍也》)

【注释】约:约束。畔:通"叛",违背、背叛。

【译文】君子广泛地学习文化典籍,又以礼来约束自己,也就不至于离经叛道了。

君子食无求饱,居无求安,敏于事而慎于言,就有道而正焉,可谓好学也已。(《论语·学而》)

【注释】就:走向,接近。已:语气词,用于句末,表确定。

【译文】君子饮食不求饱足,居住不求安逸,办事敏捷,说话谨慎,向有道德的人学习并改正自己的缺点,这样可以说是好学的人了。

默而识之,学而不厌,诲人不倦,何有于我哉?(《论语·述而》)

【注释】识(zhì):记住。诲(huì):教导,诱导。

【译文】默默记住所学的知识,努力学习而不满足,教导别人而不疲倦,这些事情我做到了哪些呢?

求也退,故进之;由也兼人,故退之。(《论语·先进》)

【注释】求:冉求。由:子路。兼人:好勇过人。

【译文】冉求做事退缩,所以我鼓励他大胆干;仲由好勇过人,所以我要压压他。

若圣与仁,则吾岂敢!抑为之不厌,诲人不倦,则可谓云尔已矣。(《论

语·述而》)

【注释】抑：只是，可是。云尔：如此。

【译文】如果说到圣和仁，那我怎么敢当！我只是学习从不满足，教诲别人不知疲倦，不过如此罢了。

三人行，必有我师焉。择其善者而从之，其不善者而改之。(《论语·述而》)

【译文】三个人同行，其中肯定有人可以做我的老师。我选择他的好的品德进行学习，看到不好的方面就改正。

诵《诗》三百，授之以政，不达；使于四方，不能专对，虽多，亦奚以为？(《论语·子路》)

【注释】《诗》：即《诗经》。达：通达。专对：独立回答。奚(xī)：何。以：用。

【译文】熟读《诗经》三百篇后，叫他去处理政务，却不能通达；派他去出使别国，却不能独立应对，虽然学得很多，又有什么用处呢？

温故而知新，可以为师矣。(《论语·为政》)

【注释】温：温习。

【译文】温习学过的知识而能从中产生新的见解、新的体会，这样就可以当老师了。

我非生而知之者，好古，敏以求之者也。(《论语·述而》)

【译文】我不是一生下来就是有知识的人，而是爱好古代文化知识，勤奋地去追求知识的人。

吾尝终日不食，终夜不寝，以思，无益，不如学也。(《论语·卫灵公》)

【注释】尝：曾经。

【译文】我曾经整天不吃饭，整夜不睡觉，去苦思冥想，没有什么益处，不如去学习。

学而不思则罔，思而不学则殆。(《论语·为政》)

【注释】罔(wǎng):迷惑。殆(dài):危险。
【译文】只知道学习而不去思考,就会迷惑不解(容易上当受骗);只知道凭空思考而不学习,那就很危险了。

学而时习之,不亦说乎?(《论语·学而》)
【注释】时:按时。习:温习。说:愉快、喜悦,后作"悦"。
【译文】对学过的知识按时去温习,不是很愉快吗?

学如不及,犹恐失之。(《论语·泰伯》)
【译文】学习就像是(追赶什么似的)生怕赶不上,学到以后还怕会有所丢失。

有教无类。(《论语·卫灵公》)
【注释】类:类别。
【译文】人人都是可以教育的,没有什么(智慧、贫富、地域等)区别。

知之为知之,不知为不知,是知也。(《论语·为政》)
【注释】知:第一个"知"为知道、懂得,第五个"知"同"智"。是:这。
【译文】知道就是知道,不知道就是不知道,这就是智慧呀!

志于道,据于德,依于仁,游于艺。(《论语·述而》)
【注释】艺:指六艺(礼、乐、射、御、书、数),孔子教育学生的六门知识。
【译文】立志于道,据守于德,依靠于仁,游习于六艺之中。

中人以上,可以语上也;中人以下,不可以语上也。(《论语·雍也》)
【译文】智力在中等水平以上的人,可以给他讲授高深的道理;智力在中等水平以下的人,不可以给他讲授高深的道理。

子贡问曰:"孔文子何以谓之文也?"子曰:"敏而好学,不耻下问,是以谓之文也。"(《论语·公冶长》)
【注释】孔文子:卫国大夫,名圉。敏:敏捷、勤勉。

【译文】子贡问道:"孔文子的谥号为什么叫文呢?"孔子说:"他勤勉好学,不认为向身份地位卑下的人请教是一种耻辱,所以他的谥号是文。"

子贡曰:"夫子之文章,可得而闻也。夫子之言性与天道,不可得而闻也已矣。"(《论语·公冶长》)

【注释】文章:指孔子传授的诗、书、礼、乐等文化知识。性:人的本性。天道:天命。

【译文】子贡说:"老师讲授的诗、书、礼、乐等文化知识,我们能够听到。老师关于人性和天命的言论,我们听不到。"

子绝四:毋意,毋必,毋固,毋我。(《论语·子罕》)

【注释】意:猜想。固:固执己见。

【译文】孔子杜绝了四种毛病:不凭空猜测,不绝对肯定,不固执己见,不自以为是。

子以四教:文、行、忠、信。(《论语·述而》)

【注释】文:历代文献。行:指德行。忠:对别人尽心竭力。信:诚实。

【译文】孔子以文、行、忠、信四项内容教育学生。

自行束脩以上,吾未尝无诲焉。(《论语·述而》)

【注释】束脩:十条干肉,古代上下亲友之间相互赠献的一种礼物。脩:干肉。

【译文】只要自己拿着十条干肉来见我,我从来没有不给他教诲的。

文 论

辞达而已矣。(《论语·卫灵公》)

【注释】辞:言辞。

【译文】言辞只要能表达意思就行了。

《关雎》,乐而不淫,哀而不伤。(《论语·八佾》)

【注释】《关雎(jū)》:《诗经》中的第一篇,写一个男子追求一个少女的忧思和想象结婚时的喜悦。

【译文】《关雎》这首诗快乐而不放荡,忧愁而不悲伤。

《诗》三百,一言以蔽之,曰:"思无邪。"(《论语·为政》)

【注释】《诗》:即《诗经》。蔽:概括。思无邪:纯正、直,就是说《诗经》三百篇都是直接抒发作者感情的,没有虚伪假托之作。

【译文】《诗经》三百篇,用一句话可以概括它,就是"思想纯正"。

师挚之始,《关雎》之乱,洋洋乎盈耳哉!(《论语·泰伯》)

【注释】师挚:鲁国乐师,名挚。始:开始。乱:乐曲的结尾。

【译文】从太师挚演奏开始,到最后《关雎》乐曲的结尾,美妙动听的音乐充满了我的耳朵呀!

吾自卫反鲁,然后乐正,《雅》《颂》各得其所。(《论语·子罕》)

【注释】反:归,后作"返"。《雅》《颂》:《诗经》中的两类诗,同时也是两类不同的乐曲的名称。

【译文】我从卫国回到鲁国,乐才得到修订,《雅》《颂》各自有了它们应有的位置。

小子何莫学夫诗?诗,可以兴,可以观,可以群,可以怨。迩之事父,远之事君,多识于鸟兽草木之名。(《论语·阳货》)

【注释】小子:指孔子的学生。夫:那。迩:近。

【译文】学生们为什么不学诗呢?学诗,可以培养联想力,可以提高观察力,可以养成合群性,可以学得讽刺方法。近则可以用诗中的道理侍奉父母,远则可以用诗中的道理侍奉君主,还可以多认识些鸟兽草木的名称。

质胜文则野,文胜质则史。文质彬彬,然后君子。(《论语·雍也》)

【注释】质:朴实。文:文采。野:粗野。史:这里指虚夸。

【译文】朴实胜于文采则流于粗野,文采胜于朴实则显得浮夸。文采和朴实配合恰当,这才是君子。

子谓《韶》:"尽美矣,又尽善也。"谓《武》:"尽美矣,未尽善也。"(《论语·八佾》)

【注释】《韶》:传说是舜时的乐曲名。美:指乐舞的艺术形式优美。善:指乐舞的思想内容完善。《武》:传说是周武王时的乐曲名。

【译文】孔子谈论《韶》乐时说:"艺术形式优美极了,思想内容也完全正确。"谈论《武》乐时说:"艺术形式优美极了,但思想内容不完全正确。"

子在齐闻《韶》,三月不知肉味,曰:"不图为乐之至于斯也。"(《论语·述而》)

【注释】《韶》:传说是舜时的乐曲名。

【译文】孔子在齐国听到了《韶》乐,有三个月尝不出肉的味道,说:"想不到《韶》乐竟能达到这样高的境界。"

孔 子

德之不修,学之不讲,闻义不能徙,不善不能改,是吾忧也。(《论语·述而》)

【注释】徙(xǐ):迁移,这里指见善则迁。

【译文】道德不去培养,学问不去讲习,听到义在那里,却不能全力以赴去做,有了缺点不能改正,这些都是我所忧虑的。

二三子以我为隐乎?吾无隐乎尔。吾无行而不与二三子者,是丘也。(《论语·述而》)

【注释】二三子:诸位,这里指孔子的学生。

【译文】你们以为我会隐瞒什么吗?我不会对你们隐瞒任何东西。我没有什么事不告诉你们的,这就是我孔丘的为人呀!

凤鸟不至,河不出图,吾已矣夫!(《论语·子罕》)

【注释】凤鸟:凤凰,传说中的神鸟。河:黄河。图:相传伏羲氏见龙马负图出于河,遂据其以画八卦,称为"河图"。

【译文】凤凰不来了，黄河不再出现八卦图了，我这一生恐怕完了吧！

富而可求也，虽执鞭之士，吾亦为之。如不可求，从吾所好。(《论语·述而》)

【注释】而：如果。执鞭之士：手执皮鞭为达官贵人开路的下等差役。

【译文】(孔子说)财富如果合于道而可以去求，即使是替人执鞭的下等差事，我也愿意去做。如果财富不合于道而不可求，那还是做我所爱好的事情吧。

苟有用我者，期月而已可也，三年有成。(《论语·子路》)

【注释】苟：如果。期月：一整年。

【译文】如果有人用我治理国家，一年就可以做出点样子来，三年就可以大见成效。

加我数年，五十以学《易》，可以无大过矣。(《论语·述而》)

【注释】《易》：即《周易》。

【译文】增加我几年寿命，五十岁去学习《周易》，便可以没有大的过错了。

巧言、令色、足恭，左丘明耻之，丘亦耻之。匿怨而友其人，左丘明耻之，丘亦耻之。(《论语·公冶长》)

【注释】足：十足，过分。左丘明：鲁国太史，相传《国语》《左传》皆出其手。匿(nì)：隐藏。

【译文】花言巧语，伪装和善，过分卑恭地讨好别人，左丘明认为可耻，我也认为可耻。把怨恨隐藏在内心，表面却装出友好的样子，左丘明认为可耻，我也认为可耻。

甚矣，吾衰也！久矣，吾不复梦见周公。(《论语·述而》)

【注释】周公：姓姬，名旦，鲁国国君的始祖。传说西周的礼乐制度是由他制定的。

【译文】我衰老得多么厉害呀！我已好久没有再梦见周公了。

十室之邑,必有忠信如丘者焉,不如丘之好学也。(《论语·公冶长》)
【注释】邑(yì):地方。
【译文】只要有十户人家居住的地方,必定有像我一样忠信诚实的人,只是不像我这样好学罢了。

述而不作,信而好古,窃比于我老彭。(《论语·述而》)
【注释】述:传述。作:创作,创新。窃:私下。老彭:商代大夫,"好述古事"。
【译文】传述而不创新,相信和爱好古代文化,我私下把自己比作老彭。

文,莫吾犹人也。躬行君子,则吾未之有得。(《论语·述而》)
【注释】莫:大约,大概。
【译文】就文化知识来说,大概我和别人差不多。做一个身体力行的君子,那我还没有做到。

吾有知乎哉?无知也。有鄙夫问于我,空空如也,我叩其两端而竭焉。(《论语·子罕》)
【注释】鄙夫:指农夫。叩:叩问,盘问。竭:尽量。
【译文】我有知识吗?我没有知识。有位农夫问我,我对他提出的问题本来一无所知,只是从问题的正反两方面去想,(得出许多意思,)再尽量告诉他。

曾子曰:"士不可以不弘毅,任重而道远。仁以为己任,不亦重乎?死而后已,不亦远乎?"(《论语·泰伯》)
【注释】弘(hóng):广大,这里指心胸宽广。毅:坚毅,刚强。已:停止。
【译文】曾子说:"士不可以不心胸宽广、意志刚强,因为他们任务重大而路程遥远。他们把实现仁德作为自己的任务,难道还不重大吗?他们奋斗到死才停止,难道还不遥远吗?"

志士仁人,无求生以害仁,有杀身以成仁。(《论语·卫灵公》)
【译文】志士仁人,没有贪生怕死而损害仁的,只有牺牲自己而成全仁的。

知者乐水,仁者乐山;知者动,仁者静;知者乐,仁者寿。(《论语·雍也》)

【注释】知:同"智"。

【译文】聪明的人喜爱水,有仁德的人喜欢山;聪明的人活跃,有仁德的人安详;聪明的人快乐,有仁德的人能享高寿。

中庸之为德也,其至矣乎!民鲜久矣。(《论语·雍也》)

【注释】中庸:孔子提倡的一种最高道德准则。鲜:少。

【译文】中庸作为一种道德,该是最高的吧!人们缺少这种道德已经很久了。

子贡问君子。子曰:"先行其言而后从之。"(《论语·为政》)

【译文】子贡问怎样才能做一君子。孔子说:"君子总是把想说的话先实行,实行了以后再说出来。"

子贡问为仁。子曰:"工欲善其事,必先利其器。居是邦也,事其大夫之贤者,友其士之仁者。"(《论语·卫灵公》)

【译文】子贡问怎样培养仁德。孔子说:"工匠想要做好他的工作,必须先弄好他的工具。我们住在这个国家,就要侍奉大夫中的贤人,和士中的仁人交朋友。"

子罕言利与命与仁。(《论语·子罕》)

【注释】罕:稀少,很少。

【译文】孔子很少谈论功利、天命和仁德。

子见齐衰者、冕衣裳者与瞽者,见之,虽少,必作;过之,必趋。(《论语·子罕》)

【注释】齐衰:古代用麻布做的丧服。冕:古代贵族戴的帽子。衣裳:上衣下裳。瞽:眼瞎。作:站起来。趋:快步走。

【译文】孔子看见穿孝服的人、穿贵族服装的人和盲人,相见时,即使他们年轻,一定要从座位上站起来;经过他们身旁时,一定要快步走。

子温而厉,威而不猛,恭而安。(《论语·述而》)

【译文】孔子温和而严厉,威严而不凶猛,恭敬而又安详。

子与人歌而善,必使反之,而后和之。(《论语·述而》)

【注释】反:反复,重复。和(hè):跟着唱,应和。

【译文】孔子与别人一起唱歌,如果别人唱得好,一定要请他再唱一遍,然后跟着一起唱。

子之燕居,申申如也,夭夭如也。(《论语·述而》)

【注释】燕居:安居,闲居。申申:衣冠整齐的样子。夭夭:温和,愉快。

【译文】孔子闲居在家的时候,衣冠整齐,仪态温和。

孝　经

　　《孝经》的作者，第一说是孔子。班固《汉书·艺文志》云："《孝经》者,孔子为曾子陈孝道也。"因《孝经》摘录了后代一些典籍中的语句，如《左传》《孟子》《荀子》等，此说已无人相信。第二说是曾子。《史记·仲尼弟子列传》："曾参，南武城人，字子舆，少孔子四十六岁。孔子以为能通孝道，故授之业，作《孝经》。死于鲁。"但《大戴礼记·曾子事父母上篇》说："父母之行，若中道则从，若不中道则谏。谏而不用，行之如由己。从而不谏，非孝也；谏而不从，亦非孝也。孝子之谏，达善而不敢争辩。争辩者，作乱之所由兴也。"此与《孝经》所言"故当不义则争之，从父之令，又焉得为孝乎"大相径庭，一个说不争是不孝，一个说争辩是祸乱的根由。第三说是曾子门人所记。从《孝经》被先秦诸子文献《吕氏春秋》所称引（《察微》《孝行》两篇）及《孝经》称引《左传》《孟子》《荀子》等文献看，《孝经》应作于战国后期。

　　《孝经》被尊为儒家经典是在汉代。《汉书·艺文志》说："汉文帝时，《论语》《孝经》皆置博士。"《孝经》在汉代也是少年儿童的必读书。历代皇帝重视"孝"，汉代皇帝的谥号前多加"孝"字，如"孝惠帝""孝文帝""孝景帝""孝武帝"等。东晋孝武帝作《总章馆孝经讲义》一卷。唐代玄宗皇帝作《孝经注》，后来收入《十三经注疏》中。统治者重视"孝"，在于"孝"始于事亲，推之于事君，孝是臣民忠于自己的道德基础。

　　《孝经》有今古文之分。《汉书·艺文志》："武帝末，鲁恭王坏孔子宅，欲以广其宫，而得古文《尚书》及《礼记》《孝经》《论语》，凡数十篇，皆古字也。"《隋书·经籍志》说："《古文孝经》一卷，孔安国传。梁末亡逸，今疑非古本。"原本《古文孝经》已不复存在，今本《古文孝经》是伪书，所谓的郑玄对《孝经》作注释也就不可信了。今天所见《孝经》是今文，计18章，1799字。宋人朱熹又将其分为"经"与"传"两部分:"《孝经》独篇首六七章为本经,其后皆传文;然皆齐鲁间陋儒纂取《左氏》诸书之语为之。至有全不成文理处,传者又颇失其次第。"(《朱子语类》)

孔子之后的儒家学派大多以"孝"为基本道德观念,《孝经》是儒家"孝"理论的代表作。纵观所论,基本可从两方面理解:其一,总论孝之终始。《孝经》曰:"身体发肤,受之父母,不敢毁伤,孝之始也。"自身为父母遗体,"父母全而生之,子全而归之"。如有毁伤,则为辱亲,最为不孝。"立身行道,扬名于后世,孝之终也。"又有所谓"孝始于事亲,中于事君,终于立身"之说。其二,分论天子以至庶人之孝。天子之孝为"德教加于百姓,刑于四海",诸侯之孝为"保其社稷而和其民人",卿大夫之孝为"守其宗庙",士之孝为"保其禄位而守其祭祀",庶人之孝为"谨身节用,以养其父母"。而孝子之能养,又有二端:一是孟子所谓"养志",是"先意承志,谕父母于道"。养而能"敬"。二是口体之养,生前死后,料理周到。《孝经》认为"孝,德之本也,教之所由生也","孝,天之经也,地之义也,民之行也","孝"是孔子以后儒家的道德中心,一切皆源于"孝",孝"无所不通"。

学习《孝经》的重要参考著作有:汪受宽的《孝经译注》(上海古籍出版社1998年版),吕友仁、吕咏梅译著的《孝经全译》(贵州人民出版社1998年版),刘学林、关会民主编的《十三经辞典·孝经卷》(陕西人民出版社2002年版)。

孝 义

夫圣人之德，又何以加于孝乎？（《孝经·圣治章第九》）

【注释】何以：怎么，为什么。加：大。

【译文】圣人的德行，怎么能比孝道更大呢？

夫孝，德之本也，教之所由生也。（《孝经·开宗明义章第一》）

【注释】德：道德，德行。教：教化。

【译文】孝道是所有德行的根本，一切教化都是从它产生出来的。

夫孝，天之经也，地之义也，民之行也。（《孝经·三才章第七》）

【注释】天之经：指日月星辰、春夏秋冬运行无休、永恒不变。经：常。地之义：指大地孕育万物无所不容。义：宜，适宜。天经地义：指正确而永恒不变的道理。

【译文】孝是天经地义的道理。人生活在天地之间，应永远实行孝道。

故当不义则争之，从父之令，又焉得为孝乎？（《孝经·谏诤章第十五》）

【注释】从：听从，顺从。焉：怎么。

【译文】所以当父亲有不义之举时，儿子要直言相劝，一味地听从父亲的命令，又怎么称得上是孝呢？

故自天子至于庶人，孝无终始，而患不及者，未之有也。（《孝经·庶人章第六》）

【注释】而：如果。患：担心。

【译文】所以上自天子下至普通老百姓，孝是无始无终、无穷无尽的，如果有人担心自己能力不够而做不到，那是绝对没有的事。

人之行莫大于孝。（《孝经·圣治章第九》）

【注释】行:行为。莫:没有什么东西。
【译文】人的一切行为中,没有比行孝更重大的了。

身体发肤,受之父母,不敢毁伤,孝之始也。(《孝经·开宗明义章第一》)
【注释】发:头发。肤:皮肤。
【译文】一个人的身躯、四肢、头发、皮肤都是从父母那儿得来的,(要善加爱护,)不能随便毁坏、损伤,这是孝的第一步。

圣人之教不肃而成,其政不严而治,其所因者本也。(《孝经·圣治章第九》)
【注释】教:教化。肃:严厉。政:政令,政治。因:凭借,依靠。本:根本,此处指孝道。
【译文】圣人的教化不用严厉的方法而达到目的、取得成功,他的政治不用严酷的手段而得到平治,他凭借的是孝道这一人类根本的原则。

所敬者寡,而悦者众,此之谓要道也。(《孝经·广要道章第十二》)
【注释】之谓:叫作。要道:指举一而赅众、守约而施博的意思。
【译文】所尊敬的对象虽然很少,但是喜悦的人却有千千万万,这就是所谓的要道。

五刑之属三千,而罪莫大于不孝。(《孝经·五刑章第十一》)
【注释】五刑:指墨、劓(yì)、剕(fèi)、宫、大辟五种刑罚。墨指面额刺字后涂上墨色;劓指割掉鼻子;剕指砍断双脚;宫指男子割掉生殖器,女子幽闭;大辟指杀头。属:条文。
【译文】五刑所属的犯罪条文有三千条,但没有比不孝更大的罪了。

孝莫大于严父,严父莫大于配天。(《孝经·圣治章第九》)
【注释】严:尊敬。配天:祭天时以父配享。
【译文】行孝没有比尊敬父亲更大的了,尊敬父亲没有比祭天时使父亲同享祭祀更大的了。

孝悌之至,通于神明,光于四海,无所不通。(《孝经·感应章第十六》)

【注释】至:极点,最高境界。通:通达。光:照耀。

【译文】孝顺父母、敬爱兄长的最高境界是可以通达神明、感动鬼神、充满天下,没有一个地方到不了。

孝　行

夫孝始于事亲,中于事君,终于立身。(《孝经·开宗明义章第一》)

【注释】始:指幼年时代。中:指中年时代。终:指老年时代。

【译文】孝道(可分为三个阶段):幼年时主要是侍奉父母,中年时主要是侍奉君王(为国家服务),老年时主要是自立修身(以扬名后世)。

立身行道,扬名于后世,以显父母,孝之终也。(《孝经·开宗明义章第一》)

【注释】立身:自立修身,有所建树。行道:依据道德规范做事。显:显耀,荣耀。

【译文】一个人自立修身,依道行事,成功立业,流芳百世,使父母荣耀,这就是孝道的最高目标。

生事爱敬,死事哀戚,生民之本尽矣,死生之义备矣,孝子之事亲终矣。(《孝经·丧亲章第十八》)

【注释】事:侍奉。生民之本:一个人应尽的根本义务。死生之义:养生送死的礼仪。

【译文】一个人在父母在世时尽其爱敬之心,父母去世后怀着悲哀的心情料理丧事,这样,就算完成了一个人的根本义务,同时完成了养生送死的礼仪,孝子也就尽到了侍奉亲人的义务。

事亲者居上不骄,为下不乱,在丑不争。居上而骄则亡,为下而乱则刑,在丑而争则兵。(《孝经·纪孝行章第十》)

【注释】丑:众也。刑:受刑。兵:互相争斗。

【译文】侍奉父母的人,居上位的要谦虚谨慎,不可骄傲自大;在下位的要恭敬尽忠,不可违法乱纪、犯上作乱;在群众中应和平相处,不可争强斗胜。居上位的如果违法乱纪,就会有灭亡的危险;在下位的如果违法乱纪,就会招来杀身之祸;在群众中如果互相争斗,就会自相残杀。

孝子之丧亲也,哭不偯,礼无容,言不文,服美不安,闻乐不乐,食旨不甘,此哀戚之情也。(《孝经·丧亲章第十八》)

【注释】偯(yǐ):哭时把余音拉得很长。言:说话。文:修饰。服:穿。

【译文】孝子在父母去世时,哭得声绝气竭,不再有婉转拉长的余音;对于礼节也不太讲究,没有平时的那种仪容了;说话也不加修饰;穿上好衣服心中也感到不安;听了动听的音乐心中也不快乐;吃了美味的东西也不觉得香。这都是孝子在父母去世时悲哀忧伤的真情流露。

孝子之事亲也,居则致其敬,养则致其乐,病则致其忧,丧则致其哀,祭则致其严。(《孝经·纪孝行章第十》)

【注释】居:日常起居。致:尽心力。养:奉养。严:庄严,肃敬。

【译文】一个孝子侍奉他的父母,应该这样:平日居家的时候,应当表现出恭敬;奉养饮食时,应当表现出高兴愉快(以使父母身心安乐);父母处在病痛中时,应当表现出忧愁;父母去世,送葬父母时,应当表现出哀伤悲痛;祭祀父母时,应当表现出极度的恭敬虔诚。

德　政

爱敬尽于事亲,而德教加于百姓,刑于四海。(《孝经·天子章第二》)

【注释】而:于是、就,表示事理上前后相承。加:推及。刑:效法。

【译文】(天子如果)把亲爱恭敬的诚心用到自己的父母身上,那么他的这种道德教化就会推及到老百姓身上,天下所有的人都会效法(亲爱尊敬自己的父母)。

安上治民,莫善于礼。(《孝经·广要道章第十二》)

【注释】安上:安定上层人的情绪。治民:管理天下老百姓。安上治民:使全国上下安定团结。

【译文】要想使全国上下安定团结,没有比实施礼法更好的办法了。

陈之于德义,而民兴行。(《孝经·三才章第七》)

【注释】陈:说明,讲述。兴:兴起,起来。行:修行、实行(善道)。

【译文】向民众讲述道德仁义(以感化民众),民众就会起来实行孝道、修德行善了。

导之以礼乐,而民和睦。(《孝经·三才章第七》)

【注释】导:引导,教导。礼:礼法。乐:音乐。礼、乐是古代维护社会安宁、保持民心安定的两大要素。

【译文】用礼仪和音乐来教导人民,人民就会和睦相处。

父有争子,则身不陷于不义。(《孝经·谏诤章第十五》)

【注释】争子:直言规劝的儿子。

【译文】父亲如果有直言规劝的儿子,那么他就不会陷入不义之中。

父子之道,天性也,君臣之义也。(《孝经·圣治章第九》)

【注释】道:原则,标准。天性:天生的本性。义:一定的原则。

【译文】父爱子,子敬父,父子之间的这种关系,是人类天生的本性。(同样地,)君主爱护臣下,臣下效忠君主,也是出于自然的义理。

故当不义,则子不可以不争于父,臣不可以不争于君。(《孝经·谏诤章第十五》)

【注释】争:通"诤",直言劝告。

【译文】所以当父亲有不义之举时,儿子不能不向父亲直言相劝;当君主有不义之举时,臣下不能不向君主直言相劝。

教民礼顺,莫善于悌。(《孝经·广要道章第十二》)

【注释】礼:指恭敬有礼节。顺:和顺。悌(tì):尊敬兄长。

【译文】教育人民恭敬和顺,没有比倡导尊敬兄长更好的办法了。

教民亲爱,莫善于孝。(《孝经·广要道章第十二》)

【注释】民:百姓。善:好。

【译文】教育人民相亲相爱,没有比孝道更好的办法了。

君子之事亲孝,故忠可移于君;事兄悌,故顺可移于长;居家理,故治可移于官。是以行成于内,而名立于后世矣。(《孝经·广扬名章第十四》)

【注释】是以:所以。行成于内:指自己的德行在家庭中形成。

【译文】君子侍奉父母尽孝,所以可以把这种孝心移作效忠国君;侍奉兄长尽敬,所以可以把这种敬心移作敬顺长上;在家中能处理好家政,所以可以把治家之理用于治理国家上。因此,一个人的德行是在家庭中形成的,而名声则显扬于后世。

君子之事上也,进思尽忠,退思补过,将顺其美,匡救其恶。(《孝经·事君章第十七》)

【注释】进:指在朝廷。退:指回到家中。将:帮助。顺:发扬。匡救:纠正,弥补。

【译文】君子侍奉君主,在朝廷中应想如何尽忠、筹谋国事,退回家中时又应想怎样弥补君主的过失,帮助君主发扬其优点,纠正补救其缺点、过失。

示之以好恶,而民知禁。(《孝经·三才章第七》)

【注释】示:告示,明示。好恶(wù):喜爱和憎恨。禁:禁止。

【译文】明白地告诉人民,什么事情值得喜爱,什么事情值得憎恨,人民就会知道什么是应当禁止的而不会触犯法令。

天地之性,人为贵。(《孝经·圣治章第九》)

【注释】性:事物的自然本性。贵:尊贵。

【译文】天地万物，人最为尊贵。

昔者明王之以孝治天下也，不敢遗小国之臣，而况于公、侯、伯、子、男乎？故得万国之欢心，以事其先王。(《孝经·孝治章第八》)

【注释】昔者：从前，往昔。遗：忘。小国之臣：指未受封的小国之臣。公、侯、伯、子、男：周代分封诸侯的五等爵位。

【译文】从前圣明的君主用孝道治理天下，连那些小国的臣属也不敢遗忘，更何况公、侯、伯、子、男这样一些大臣呢？所以能得到各国诸侯的拥戴，使他们祭祀先君。

昔者天子有争臣七人，虽无道，不失其天下。(《孝经·谏诤章第十五》)

【注释】争：通"诤"。争臣：直言相劝的臣子。

【译文】如果一个天子身边有直言相劝的臣子七人，他虽然不守王道，胡作非为，也不会失去天下。

先王有至德要道，以顺天下，民用和睦，上下无怨。(《孝经·开宗明义章第一》)

【注释】至德：至高无上的德行。要道：治理国家的重要原则。用：因此。

【译文】古代圣贤的帝王有至高无上的德行和治理国家的重要措施，(他们)用这种德行和这些措施治理国家，人民因此相亲相爱，和睦相处，不管是在上位做官的还是在下位的老百姓，彼此都没有怨恨。

先之以博爱，而民莫遗其亲。(《孝经·三才章第七》)

【注释】先：率先。之：指百姓。而：表示事理上前后相承，可译为"就""于是"。

【译文】(君王)率先做人民的表率，博爱百姓，实行仁政，(人民受感化)便自然而然地孝敬父母而不会遗弃父母。

先之以敬让，而民不争。(《孝经·三才章第七》)

【注释】敬让:恭敬谦让。争:争斗。
【译文】(在上位者)率先实行恭敬谦让的美德,做人民的模范,人民就会效法他而不会发生争斗的事。

要君者无上,非圣人者无法,非孝者无亲,此大乱之道也。(《孝经·五刑章第十一》)
【注释】要(yāo):要挟,威胁。非:通"诽",诽谤。道:指根源。
【译文】(用武力)威胁君主的人是目无君王,诽谤圣人的人是目无王法,诽谤行孝的人是目无双亲,这三种人是招致天下大乱的根源。

移风易俗,莫善于乐。(《孝经·广要道章第十二》)
【注释】乐:音乐。古人认为,音乐可以感动人,乐正则心正,乐淫则人淫。
【译文】要使社会风气好转,改变不良的习惯,没有比音乐更好的了。

治国者,不敢侮于鳏寡,而况于士民乎?故得百姓之欢心,以事其先君。(《孝经·孝治章第八》)
【注释】治国者:诸侯。鳏寡:老而无妻为鳏,老而无夫为寡。鳏寡指弱势群体。
【译文】治理封国的诸侯,对鳏夫寡妇都不敢轻侮,更何况对士人和平民呢?所以能获得老百姓的欢心,使他们帮助诸侯祭祀祖先。

治家者,不敢失于臣妾,而况于妻子乎?故得人之欢心,以事其亲。(《孝经·孝治章第八》)
【注释】治家者:卿大夫。家:卿大夫的封邑。失:失礼。臣妾:男仆女佣。
【译文】治理封邑的卿大夫,对男仆、女佣都不敢失礼,更何况对自己的妻子、儿女呢?所以能获得民众的欢心,使他们乐于侍奉其父母亲。

修　　养

非法不言,非道不行。(《孝经·卿大夫章第四》)

【注释】法:礼法。道:道义。
【译文】不合礼法的话不说,不合道义的事不做。

君子则不然,言思可道,行思可乐。德义可尊,作事可法。容止可观,进退可度。(《孝经·圣治章第九》)
【注释】道:称道。乐:快乐。法:效法。观:仰望。度:效法。
【译文】君子则不是如此,他说话时必想是否可使人民称道;行动时必想所做的是否可使人民快乐;立德行义是否可使人民尊敬;所作所为是否可使人民效法;容貌仪表是否可使人民仰望;一进一退、一举一动是否可使人民效法。

口无择言,身无择行,言满天下无口过,行满天下无怨恶。(《孝经·卿大夫章第四》)
【注释】口过:语言上的过失。怨恶(wù):怨恨。
【译文】(如果)嘴里所说的话都合乎礼法的标准,就不用选择言语说得是否正确;亲身所做的事都合乎礼法,就不用选择行为是对是错。(这样,)所说的话传遍天下,也不会有任何语言上的过失;行为传遍天下,也不会遭人怨恨。

士有争友,则身不离于令名。(《孝经·谏诤章第十五》)
【注释】士:读书人。争:通"诤"。争友:直言相劝的朋友。令名:美好的名声。
【译文】读书人如果有直言相劝的朋友,那么他一生都不会失去美好的名声。

以孝事君则忠,以敬事长则顺。(《孝经·士章第五》)
【注释】忠:尽心尽力。顺:顺从。
【译文】用孝道来侍奉国君,就能够忠贞不贰;用尊重之心来侍奉尊长,就能够顺从。

用天之道,分地之利。谨身节用,以养父母。(《孝经·庶人章第六》)
【注释】用:利用。天之道:天地自然的节候变化规律。分:区别,认清。地之利:各种土壤的利弊得失。谨身:谨慎身心,做事小心。节用:节省用度、开支。

【译文】 善加利用上天所赋予的自然条件,配合气候、时令,认清土地的性质,各尽所宜,增加生产。谨慎自己的言行举止,俭省节约,用来奉养父母。

在上不骄,高而不危。制节谨度,满而不溢。(《孝经·诸侯章第三》)

【注释】 而:表示转折,但是。制节:节约,不浪费。谨度:谨慎地使用(财物)。

【译文】 做官的人(如果)不骄傲自大,(那么)他的地位虽然很高但不会有倾覆的危险。(如果能够)节约开支,谨慎使用,国库就充裕而不会溢出。

尔　雅

　　《尔雅》是十三经中的特殊经典,它是一部故训汇编,是研究经学的重要工具,因此在汉孝文帝时就曾被列入"经书"的行列(参《孟子题辞》),置博士讲授。《尔雅》正式列为经书,是唐文宗刻《开成石经》时的事。如清纪昀《四库全书总目提要》所说:"持说经之家,多资(《尔雅》)以证古,故从其所重,列之经部。"

　　《尔雅》的作者,《汉书·艺文志》未提,魏张揖《上广雅表》说是周公,也有人说是孔子及其门人所著,宋欧阳修《诗本义》说:"考其文理,乃是秦汉之间学《诗》者纂集说诗博士解诂。"受此启发,现代学者一般认为,《尔雅》乃秦汉学者(非一时一人)杂采前代及同时诸家的训诂材料分类编辑而成,约成书于汉武帝时代(公元前2世纪)以前(也有人认为,《尔雅》在战国晚期初具规模,在汉代初期最后编定)。

　　汉刘熙说:"尔雅:尔,昵也;昵,近也。雅,义也;义,正也。五方之言不同,皆以近正为主也。"(《释名》)如何才能"近正"?只有依照故训。

　　现存《尔雅》19篇,依类分为《释诂》《释言》《释训》《释亲》《释宫》《释器》《释乐》《释天》《释地》《释丘》《释山》《释水》《释草》《释木》《释虫》《释鱼》《释鸟》《释兽》《释畜》。

　　前3篇是古代文献词语训释汇编。《释诂》《释言》多释单字,《释训》多释叠字。例如:"初、哉、首、基、肇、祖、元、胎、俶、落、权舆,始也。"(《释诂》)"殷、齐,中也。"(《释言》)"明明、斤斤,察也。""肃肃、翼翼,恭也。"(《释训》)

　　其他16篇专释名物。《释亲》是关于亲属词语的训诂,又分宗族、母党、妻党、婚姻四类。例如:"父为考,母为妣。父之考为王父,父之妣为王母。"(宗族)"母之考为外王父,母之妣为外王母。"(母党)《释宫》是关于宫室的训诂,如

"宫谓之室,室谓之宫"。《释器》是关于器用的训诂,如"木豆谓之豆,竹豆谓之笾,瓦豆谓之登"。《释乐》是关于乐器的训诂,如"大钟谓之镛""和乐谓之节"。《释天》是关于天文的训诂,又分为四时、祥、灾、岁阳、岁名、月阳、月名、风雨、星名、祭名、讲武、旌旗十二类。如"春为青阳,夏为朱明,秋为白藏,冬为玄英,四气和谓之玉烛"。《释地》是关于地理的训诂,包括九州、十薮、八陵、九府、五方、野、四极七类。如:"两河间曰冀州,河南曰豫州,河西曰雍州,汉南曰荆州,江南曰扬州,济河间曰兖州,济东曰徐州,燕曰幽州,齐曰营州。"(九州)"下湿曰隰,大野曰平,广平曰原,高平曰陆,大陆曰阜,大阜曰陵,大陵曰阿。"(野)《释丘》是关于高地的训诂,又分丘和崖岸两类。如"丘上有丘为宛丘"。《释山》是关于山的训诂,如"山小而高,岑""山脊,冈"。《释水》是关于水的训诂,包括水泉、水中、河曲、九河四类。如"水中可居者曰洲,小洲曰渚,小渚曰沚,小沚曰坻""大波为澜,小波为沦,直波为径"。《释草》是关于草本植物的训诂,如"木谓之华,草谓之荣,不荣而实者谓之秀,荣而不实者谓之英"。《释木》是关于木本植物的训诂,如"灌木,丛木""杜,甘棠"。《释虫》是关于虫类的训诂,如"有足谓之虫,无足谓之豸"。《释鱼》是关于鱼类的训诂,包括爬行动物,如"蝾螈,蜥蜴""蟒,王蛇"。《释鸟》是关于鸟类的训诂,如"舒雁,鹅""凫,雁醜"。《释兽》是关于兽类的训诂,又分为寓属、鼠属、齸属、须属四类。如"狒狒,如人。被发,迅走,食人"。《释畜》是关于家畜的训诂,又分为马属、牛属、羊属、狗属、鸡属、六畜六类。如"马八尺为駥,牛七尺为犉"。

《尔雅》在解释这些词语时一般是用常见的词语解释生僻疑难词语,王国维《尔雅草木虫鱼鸟兽释例》说它是"释雅以俗,释古以今"。这种释义方式是词义解释的基本方式。

《尔雅》保存了大量的故训材料,是我们解释经典乃至先秦一切作品的极有用的参考书。前人称之为"诗书之襟带"(南朝刘勰《文心雕龙》)、"六籍之户牖,学者之要津"(宋林光甫《艾轩诗说》),足见其重要性。同时,《尔雅》也是我们研究古代文字学、词汇学和古代文化史的宝贵资料。

《尔雅》较早且较为权威的注本是晋郭璞《尔雅注》。郭注发凡起例,指明来源,证以当时方言,确有功于《尔雅》。为郭注作疏证的较有影响的本子有宋邢昺《尔雅注疏》、清郝懿行《尔雅义疏》。迟铎主编的《十三经辞典·尔雅卷》(陕西人民出版社2010年版)可作为学习《尔雅》的参考。

修　养

"如切如磋",道学也。"如琢如磨",自修也。"瑟兮僴兮",恂栗也。"赫兮咺兮",威仪也。"有斐君子,终不可谖兮",道盛德至善,民之不能忘也。(《尔雅·释训第三》)

【注释】这是《尔雅》专门解释《诗经·卫风·淇奥》"有匪君子,如切如磋,如琢如磨。瑟兮僴兮,赫兮咺兮。有匪君子,终不可谖兮"的,旨在点明诗的内在含义。切、磋:本指把牛骨象牙磨制成器物,引申为学习上共同商讨、研究。琢、磨:本指雕刻金玉,引申为品德或文字上的磨砺修饰。瑟:严正的样子。僴(xiàn):勇猛的样子。恂栗:(使人)恐惧战栗。赫:显赫,光明。咺(xuǎn):盛大,显著。威仪:威严的仪容。斐:文采,引申为文雅多才。谖(xuān):忘。

【译文】"如切如磋",说的是钻研道理学问的工夫。"如琢如磨",说的是加强自身修养的工夫。"瑟兮僴兮",说的是君子要具有战兢敬慎的内心。"赫兮咺兮",说的是君子应保持可敬可畏的仪表。"有斐君子,终不可谖兮",说的是君子道德极深,德行极高,人民心里永远不会忘记他。

颙颙卬卬,君之德也。(《尔雅·释训第三》)

【注释】颙(yóng)颙:令人肃然起敬的样子。卬(áng)卬:气宇轩昂的样子。语出《诗经·大雅·卷阿》,说明贤士气宇轩昂,令人肃然起敬。君之德:在此说明国家有这种贤士的原因。

【译文】(贤士)气宇轩昂,令人肃然起敬,那是国君有德的缘故。

丁丁嘤嘤,相切直也。(《尔雅·释训第三》)

【注释】丁(zhēng)丁:伐木声。嘤(yīng)嘤:鸟鸣声。语出《诗经·小雅·伐木》,诗以伐木起兴,以鸟鸣求友,比喻人类也应该这样。

【译文】伐木丁丁,鸟鸣嘤嘤,(人们要)互相切磋,责过求善。

名物制度

春祭曰祠,夏祭曰礿,秋祭曰尝,冬祭曰烝。(《尔雅·释天第八》)

【注释】 礿(yuè):古代宗庙四时祭之一,夏、殷在春天举行,周改为夏,故夏祭曰礿。

【译文】 春季祭祀叫"祠",夏季祭祀叫"礿",秋季祭祀叫"尝",冬季祭祀叫"烝"。

春猎为蒐,夏猎为苗,秋猎为狝,冬猎为狩。(《尔雅·释天第八》)

【译文】 春季打猎叫"蒐",夏季打猎叫"苗",秋季打猎叫"狝",冬季打猎叫"狩"。

二足而羽谓之禽,四足而毛谓之兽。(《尔雅·释鸟第十七》)

【译文】 有两只脚带羽毛的动物叫"禽",有四只脚带皮毛的动物叫"兽"。

父为考,母为妣。(《尔雅·释亲第四》)

【注释】 考:父亲。妣(bǐ):母亲。

【译文】 父亲叫"考",母亲叫"妣"。

父之考为王父,父之妣为王母。王父之考为曾祖王父,王父之妣为曾祖王母。曾祖王父之考为高祖王父,曾祖王父之妣为高祖王母。(《尔雅·释亲第四》)

【注释】 王父:祖父。王母:祖母。曾:重,指隔了两代的亲属。曾祖王父:曾祖父。曾祖王母:曾祖母。高:辈分最大。高祖王父:高祖父。高祖王母:高祖母。

【译文】 父亲的父亲叫祖父,父亲的母亲叫祖母。祖父的父亲叫曾祖父,祖父的母亲叫曾祖母。曾祖父的父亲叫高祖父,曾祖父的母亲叫高祖母。

谷不熟为饥,蔬不熟为馑,果不熟为荒,仍饥为荐。(《尔雅·释天第八》)

【注释】 仍:连续,重复。

【译文】 粮食歉收叫"饥",蔬菜歉收叫"馑",(树上结的)果子歉收叫"荒",连续几年粮食歉收叫"荐"。

金谓之镂,木谓之刻,骨谓之切,象谓之磋,玉谓之琢,石谓之磨。(《尔雅·释器第六》)

【注释】 镂、刻、切、磋、琢、磨:本义不尽相同,但后来语义相通,"镂刻""切磋""琢磨"常连用。

【译文】 用金属制作器物叫"镂",用木材制作器物叫"刻",用骨头制作器物叫"切",用象牙制作器物叫"磋",用玉制作器物叫"琢",用石头制作器物叫"磨"。

母之考为外王父,母之妣为外王母。(《尔雅·释亲第四》)

【注释】 外王父:外祖父。外王母:外祖母。因为是异姓,故称"外"。

【译文】 母亲的父亲叫外祖父,母亲的母亲叫外祖母。

男子先生为兄,后生为弟。[男子]谓女子先生为姊,后生为妹。(《尔雅·释亲第四》)

【注释】 男子:今本《尔雅》无,唐《开成石经》有。

【译文】 男子先出生的叫"兄",后出生的叫"弟"。(男子)称先于自己出生的女子为"姊"(zǐ),后于自己出生的为"妹"。

载,岁也。夏曰岁,商曰祀,周曰年,唐虞曰载。(《尔雅·释天第八》)

【注释】 载:年的别名。

【译文】 载,就是"年岁"。夏代叫"岁",商代叫"祀",周代叫"年",唐虞时叫"载"。

"张仲孝友",善父母为孝,善兄弟为友。(《尔雅·释训第三》)

【注释】张仲孝友:语出《诗经·小雅·六月》。张:姓。仲:字。

【译文】"张仲孝友",善待父母叫孝,善待兄弟叫友。

子之子为孙,孙之子为曾孙,曾孙之子为玄孙,玄孙之子为来孙,来孙之子为晜孙,晜孙之子为仍孙,仍孙之子为云孙。(《尔雅·释亲第四》)

【注释】晜:同"昆"。仍孙:又称"耳孙"。这些称呼都是以我(父)为中心的。

【译文】儿子的儿子叫孙子,孙子的儿子叫曾孙,曾孙的儿子叫玄孙,玄孙的儿子叫来孙,来孙的儿子叫晜孙,晜孙的儿子叫仍孙,仍孙的儿子叫云孙。

孟　子

　　孟子,名轲,字子舆,邹人,战国时期的思想家、政治家、教育家。相传幼年时,孟母为教育孟子,曾"三迁""断机"(前者见《列女传》,后者见《孟子·万章下》)。孟子受业于孔子的嫡孙孔伋(子思)。孟子学成后,游历齐、宋、滕、魏等国,宣传自己的政治主张、统一天下的方法,但在当时的社会条件下,他那套"仁政"措施不切实际,无人领会,只显得"迂阔"。他四处游说,到处碰壁。直到古稀之年,才不再出外游说,如《史记·孟子荀卿列传》所说:"天下方务于合纵连横,以攻伐为贤,而孟轲乃述唐、虞、三代之德,是以所如者不合。退而与万章之徒序《诗》《书》,述仲尼之意,作《孟子》七篇。"(也有人认为《孟子》是孟子的弟子及再传弟子记录的)今本《孟子》7篇,汉赵岐将每篇分为上下章句,共14章,即《梁惠王上》《梁惠王下》《公孙丑上》《公孙丑下》《滕文公上》《滕文公下》《离娄上》《离娄下》《万章上》《万章下》《告子上》《告子下》《尽心上》《尽心下》。《孟子》是研究孟子思想乃至整个儒家思想的重要资料。

　　战国时儒家分为八派,其中最为重要的是孟子和荀子两派,历来将孟荀并称。荀子对后代学术的影响比孟子大,但历来文人都称道《孟子》,《孟子》以气势见长,《荀子》以逻辑严密见长。孟子的思想更接近于孔子,于封建统治有益,因此,《孟子》一书被列为儒家经典。孔子是"圣人",孟子被推为"亚圣"(始于元顺帝至顺元年,定于明世宗嘉靖九年)。从政治地位上看,荀子不如孟子,从思想影响上看,孟子的思想对中华民族的影响是巨大的,这与封建统治者的提倡有关。

　　儒家向来有一"道统",《论语·尧曰》中孔子称尧、舜、禹、汤、文武、周公为"先圣",自己是继承他们衣钵的。《孟子》最后一段从尧、舜讲到汤、文王、孔子,孔子之后,便是孟子自己了。到了唐代,韩愈便认为自己是遥接孟子的。儒家粉饰"先圣",旨在寄托自己的理想,为宣传自己的主张寻找历史根据。

关于人性善恶,荀子认为"性恶",与孟子同时的还有"性无善无不善说""性可以为善可以为不善说""有性善性不善说",而孟子认为人本性皆善。"恻隐之心,人皆有之;羞恶之心,人皆有之;恭敬之心,人皆有之;是非之心,人皆有之。"何以见得?"今人乍见孺子将入于井,皆有怵惕恻隐之心,非所以内交于孺子之父母也,非所以要誉于乡党朋友也,非恶其声而然也。"而"恻隐之心,仁之端也;羞恶之心,义之端也;辞让之心,礼之端也;是非之心,智之端也"。"仁义礼智,非由外铄我也,我固有之也。"这就是孟子所说的"良知良能"。人只要能扩充"良知良能",即"四端",必为"圣人"。那么世上为什么又有恶人呢?因为这些人"不能尽其才",即不能"尽其性",不能扩充他的"四端"。他为什么不能扩充其"良知良能"?这是由于外力的影响。孟子曰:"富岁,子弟多赖(通'懒');凶岁,子弟多暴。非天之降才尔殊也,其所以陷溺其心者然也。"环境对人的影响是很大的,但同一环境下,为什么有的人能够成为圣贤呢?这是由于自己的努力,他们知道"求其善心""求其放心"。可见,孟子性善论的落脚点在于主观努力。

孟子的性善论用到政治上就是仁政说。他要诸侯、统治者把这种善心扩充到天下平民百姓,即可实现仁政,保民而王。孟子仁政设想的基本做法是:"制民之产""先富后教"。孟子反对诸侯间的兼并战争,因为战争的最终受害者是平民百姓。他反对霸政,倡导德治,认为"以力服人者,非心服也,力不赡也;以德服人者,中心悦而诚服也"(《公孙丑上》)。孟子仁政说的基本支撑点是"民本主义"思想。他认为统治者只有"保民",才能统一天下。正所谓"民为贵,社稷次之,君为轻"(《尽心下》)。他引《尚书》"天视自我民视,天听自我民听"的话,说明"天意"就是"民意",所以要争取民心。"桀、纣之失天下也,失其民也;失其民者,失其心也。得天下有道,得其民,斯得天下矣。得其民有道,得其心,斯得民矣。得其心有道,所欲与之聚之,所恶勿施尔也。"(《离娄上》)

孟子说:"君子深造之以道,欲其自得之也。自得之,则居之安;居之安,则资之深;资之深,则取之左右逢其原,故君子欲其自得之也。"(《离娄下》)"自得",在知识方面,是"自学";在道德方面,是"自求""自律"。孟子说:"大匠诲人,必以规矩,学者亦必以规矩。"(《告子上》)教师的目标是教人以方法,若仅致力于使学者速成,不注重传授能使之"自得"的方法,便是"揠苗助长"的宋人。

孟子认为自身的修养在于"养气"。"养气",即以"集义"之法,养"至大至刚"的"浩然之气",从而达到"富贵不能淫,贫贱不能移,威武不能屈"的境界。

孟子一生严于索取,不合义之财物,决不索求,故齐王馈赠一百金而不受,表示君子不可以索取。身处社会,决不低三下四去见诸侯,"大有为之君,必有所不召之臣"。为了义,必要时可以献身,即"舍生取义"。

《孟子》最好的今人注本是杨伯峻的《孟子译注》。古注可参汉赵岐的《孟子章句》、宋孙奭的《孟子注疏》。刘学林、周淑萍主编的《十三经辞典·孟子卷》(陕西人民出版社2002年版)可作为学习《孟子》的参考。

哲　理

爱人,不亲,反其仁。治人,不治,反其智。礼人,不答,反其敬。行有不得者,皆反求诸己。(《孟子·离娄上》)

【注释】反:反省,省过。礼:有礼貌地待人,以礼待人。诸:"之于"的合音。

【译文】我爱别人,可是别人不亲近我,那就得反问自己,自己的爱心是否得体。我治理人民却见不到成效,那就得反问自己,自己的聪明才智是否不够,使用的方法是否得当。我有礼貌地对待别人,可是得不到相应的答礼,那就得反问自己,自己的恭敬是否不够。不论做什么事,如果效果不理想,就要反省自身。

爱人者,人恒爱之。敬人者,人恒敬之。(《孟子·离娄下》)

【注释】恒:经常。

【译文】爱别人的人,别人也会经常爱他。尊敬别人的人,别人也会经常尊敬他。

不揣其本而齐其末,方寸之木可使高于岑楼。(《孟子·告子下》)

【注释】岑楼:高楼。

【译文】不揣度物体的基础高低,而只比较其顶端,使末梢看齐,那么就可以使一方寸大小的木头比高楼还高。

不直则道不见。(《孟子·滕文公上》)

【注释】见:"现"的本字,显露、出现。

【译文】不直率地发表意见,真理就不可能表现出来。

出乎尔者,反乎尔者也。(《孟子·梁惠王下》)

【注释】乎:介词,相当于"于"。

【译文】你怎样对待别人,别人也会用同样的手段对待你。(现在常用来指说话不算数,一会儿这样说,一会儿那样说,反复无常)

富岁,子弟多赖;凶岁,子弟多暴。非天之降才尔殊也,其所以陷溺其心者然也。(《孟子·告子上》)

【注释】赖:通"懒",懒惰。尔:这样。

【译文】丰收年成,子弟多半懒惰;灾荒年成,子弟多半强暴。不是天生的品质就这样不同,是环境使他们的心性变成这样。

父子有亲,君臣有义,夫妇有别,长幼有叙,朋友有信。(《孟子·滕文公上》)

【注释】亲:亲爱。别:分别,特指内外有别。叙:次序,次第。信:讲信誉。

【译文】父子之间有骨肉之亲,君臣之间有礼义之道,夫妻之间敬爱而内外有别,老幼之间以尊重秩序为本,朋友之间以信义为本。

告子曰:"食色,性也。"(《孟子·告子上》)

【注释】色:女色。

【译文】告子说:"追求饮食和男女之爱,这是人类的本性。"

苟得其养,无物不长;苟失其养,无物不消。(《孟子·告子上》)

【译文】如果得到滋养,没有东西不生长;如果失去滋养,没有东西不消亡。

孤臣孽子,其操心也危,其虑患也深,故达。(《孟子·尽心上》)

【注释】孽子:也叫庶子,即婢妾所生之子,地位低下。

【译文】(怀才不遇的)孤立之臣、侍妾所生的孩子,由于常常处在心惊胆战的状态下,对祸患的考虑也就特别深刻,所以才能通达事理。

观于海者难为水,游于圣人之门者难为言。(《孟子·尽心上》)

【注释】为:算作,当作。

【译文】对看过大海的人来说,别的水也就难以算作水了(不能吸引他);对曾在圣人门下学习过的人来说,别的言论也就难以算作言论了(不能吸引他)。

饥者甘食,渴者甘饮。(《孟子·尽心上》)

【注释】甘：以……为甘。

【译文】饥饿的人吃任何食物都觉得是甜美的，口渴的人喝什么水都觉得是甘甜的。

居移气，养移体，大哉居乎！（《孟子·尽心上》）

【注释】居：所居住的环境。移：改变。

【译文】环境可以改变人的气度，奉养可以改变人的体质，环境是非常重要的呀！

孔子登东山而小鲁，登泰山而小天下。（《孟子·尽心上》）

【注释】东山：鲁国境内的一座小山。小：认为……小。

【译文】孔子登上东山，就觉得鲁国小了；登上泰山，便觉得天下也小了。

孔子曰："天无二日，民无二王。"（《孟子·万章上》）

【注释】二：两个。

【译文】孔子说："天上没有两个太阳，人间没有两个天子。"

口之于味也，有同耆焉；耳之于声也，有同听焉；目之于色也，有同美焉。（《孟子·告子上》）

【注释】耆：爱好、嗜好，后作"嗜"。

【译文】口对于味道，有相同的嗜好；耳对于声音，有相同的听觉；眼睛对于美的东西，有相同的美感。

离娄之明，公输子之巧，不以规矩，不能成方员。（《孟子·离娄上》）

【注释】离娄：相传为黄帝时人，视力很好，能在百步之外看见极微小的毛发。公输子：即鲁班，是古代的能工巧匠。员：通"圆"，圆形。

【译文】就是有离娄一样的视力、公输子一样的技巧，如果不用圆规和曲尺，也不能正确地画出四方形或圆形。

其进锐者，其退速。（《孟子·尽心上》）

【注释】锐：急切，快速。

【译文】前进太快的人,他后退起来也快。

其为气也,至大至刚,以直养而无害,则塞于天地之间。其为气也,配义与道。无是,馁也。是集义所生者,非义袭而取之也。(《孟子·公孙丑上》)
【注释】气:指孟子所说的"浩然之气"。
【译文】那种气,最伟大,最刚强。用正义去培养它,一点不加伤害,就会充满上下四方,无所不在。那种气,必须与义和道配合。缺乏它们,就没有了力量。那种气,是由正义的经常积累所产生的,不是偶然的正义行为所能取得的。

人之有德慧术知者,恒存乎疢疾。(《孟子·尽心上》)
【注释】乎:介词,相当于"于"。疢(chèn):热病,泛指病。疢疾:比喻忧患。
【译文】有德行、智慧、本领、知识的人,多半是由于他有灾难祸患。

顺天者存,逆天者亡。(《孟子·离娄上》)
【注释】天:指自然法则、规律。
【译文】遵循自然规律的就会生存,违背自然规律的就会灭亡。

虽有天下易生之物也,一日暴之,十日寒之,未有能生者也。(《孟子·告子上》)
【注释】暴(pù):晒,后作"曝"。
【译文】即使有一种生存力最强的植物,晒它一天,冷它十天,也没有能够活下来的。

虽有智慧,不如乘势。虽有镃基,不如待时。(《孟子·公孙丑上》)
【注释】镃(zī)基:锄头。时:农时。
【译文】虽然有智慧,但不如抓住机会。虽然有锄头,但不如等待农时。

天时不如地利,地利不如人和。(《孟子·公孙丑下》)
【注释】天时:指完成某种事业的最好时机。地利:指完成某种事业的有利地理环境,如高城深池、山川险阻。人和:人心所向,众志成城。

【译文】得到天时,还不如得到地利容易成功;得到地利,还不如得到人和容易成功。

枉尺而直寻。(《孟子·滕文公下》)
【注释】枉:弯曲。直:伸直。寻:古代的长度单位,八尺为寻。
【译文】弯曲的时候只有一尺,伸直了却有一寻。

为高必因丘陵,为下必因川泽。(《孟子·离娄上》)
【注释】因:凭借,依靠。
【译文】堆高山、筑高台一定要凭借丘陵,挖深池、大沟一定要利用河川沼泽。

吾闻出于幽谷迁于乔木者,未闻下乔木而入于幽谷者。(《孟子·滕文公上》)
【注释】幽谷:比喻落后、愚昧、野蛮。乔木:比喻先进、智慧、文明。
【译文】我听说过飞出深暗山沟迁往高大树木的,没有听说过离开高大树木飞进深暗山沟的。

五谷者,种之美者也;苟为不熟,不如荑稗。(《孟子·告子上》)
【注释】荑(tí):通"稊"。荑稗(bài):二草名,似谷的杂草,果实小,可作牲畜饲料。
【译文】五谷是庄稼中的好品种,假如没有生长成熟,那就连荑稗一类的野草都不如。

阳虎曰:"为富不仁矣,为仁不富矣。"(《孟子·滕文公上》)
【注释】阳虎:鲁国正卿季氏的总管,字货,与孔子同时。
【译文】阳虎说:"想发财致富就不能要仁爱,要仁爱就不能发财致富。"

有不虞之誉,有求全之毁。(《孟子·离娄上》)
【注释】虞:料想。全:十全十美。
【译文】有意料不到的赞扬,也有苛求完美的诋毁。

有恒产者有恒心,无恒产者无恒心。(《孟子·滕文公上》)

【注释】 恒产:一定的产业。恒心:一定的道德、思想。

【译文】 有一定的资产收入的人才有一定的道德观念和行为准则,没有一定的资产收入的人便不会有一定的道德观念和行为准则。

禹之治水,水之道也。(《孟子·告子下》)

【译文】 大禹治理水患,是顺着水的本性进行的(运用疏导的办法使水流到大海)。

丈夫生而愿为之有室,女子生而愿为之有家。父母之心,人皆有之。(《孟子·滕文公下》)

【注释】 室:指妻室。家:指婆家。

【译文】 男孩子一生下来,父母便希望给他找个妻室;女孩子一生下来,父母便希望给她找个婆家。父母这样的心情,个个都有。

执中无权,犹执一也。(《孟子·尽心上》)

【注释】 中:中庸之道,不偏不倚。权:灵活变通,权宜之计。

【译文】 一味地执中到底,不懂(在特定条件下)灵活变通,那就和固执己见没有两样了。

知者无不知也,当务之为急。(《孟子·尽心上》)

【注释】 知:第一个"知"同"智"。

【译文】 智者没有不知道的,但要以当前必须做的工作为先。

梓匠轮舆能与人规矩,不能使人巧。(《孟子·尽心下》)

【注释】 梓匠:木匠。轮舆:造车的人。

【译文】 木匠或造车的工匠能够把各种规矩准则传授给徒弟,却不能使他们一定具有高明的技巧。

自暴者,不可与有言也。自弃者,不可与有为也。(《孟子·离娄上》)

【注释】暴:损害,祝害。

【译文】自己残害自己的人,不能和他谈论道理。自己抛弃自己的人,不能和他有所作为。

仁　政

保民而王,莫之能御也。(《孟子·梁惠王上》)

【注释】保:安抚。王(wàng):统治天下。

【译文】一切为了百姓的生活安定而努力,这样去统一天下,是没有谁能够阻挡的。

詖辞知其所蔽,淫辞知其所陷,邪辞知其所离,遁辞知其所穷。生于其心,害于其政;发于其政,害于其事。(《孟子·公孙丑上》)

【注释】詖(bì)辞:偏颇之辞。淫:过分。遁:躲闪的言辞。

【译文】不全面的言辞我知道它的片面性所在,过分的言辞我知道它的错误所在,不合正道的言辞我知道它的邪恶所在,躲闪的言辞我知道它的理屈所在。(这四种言辞)从思想中产生,必然会在政治上发生危害;如果体现在政治上,一定会危害国家的各种工作。

不教民而用之,谓之殃民。(《孟子·告子下》)

【注释】谓之:叫作。殃:损害,祸害。

【译文】不先教导、训练百姓就使他们去打仗,这叫作祸害百姓。

不违农时,谷不可胜食也;数罟不入洿池,鱼鳖不可胜食也;斧斤以时入山林,材木不可胜用也。(《孟子·梁惠王上》)

【注释】胜:尽。数(cù):细,密。罟(gǔ):渔网。数罟:细密的渔网。古代曾规定网眼在四寸以下的是密网,为了保留鱼种,禁止用密网在湖泊捕鱼。洿(wū):池塘。斤:斧类工具。

【译文】如果不违背农民耕种收获的季节(不在农时招兵征士),那么便会有吃不完的粮食;如果不用细密的渔网到池沼湖泊去捕鱼,那么便会有吃不完的鱼;如果按照一定的时节砍伐树木,那么便会有用不完的木材。

不信仁贤,则国空虚。(《孟子·尽心下》)
【译文】不信任有仁德和有贤才的人,那国家就会空虚(缺乏人才,人才外流)。

春秋无义战。(《孟子·尽心下》)
【译文】春秋时代没有正义战争。

春省耕而补不足,秋省敛而助不给。(《孟子·告子下》)
【注释】省:考察。敛:收成。给(jǐ):丰足。
【译文】春天考察耕种情况,补助不足的人;秋天考察收获情况,赈济不够的人。

得道者多助,失道者寡助。(《孟子·公孙丑下》)
【注释】得道:得治国之道,即行仁政。
【译文】推行仁政的人,帮助他的人就多;不行仁政的人,帮助他的人就少。(现也指正义的一方,帮助的人就多;非正义的一方,帮助的人就少。)

得乎丘民而为天子。(《孟子·尽心下》)
【注释】乎:介词,相当于"于"。
【译文】得到百姓的欢心便可以做天子。

得其民有道,得其心,斯得民矣。得其心有道,所欲与之聚之,所恶勿施尔也。(《孟子·离娄上》)
【注释】与:介词,给。恶(wù):厌恶。尔:语气词,而已。
【译文】获得百姓的支持有办法:获得了民心,也就获得了百姓的支持。获得民心也有办法:他们所希望的,替他们聚积起来;他们所厌恶的,不要施加在他们头上罢了。

得天下有道,得其民,斯得天下矣。(《孟子·离娄上》)
【注释】道:方法。

【译文】获得天下有方法:获得百姓支持,这样也就获得天下了。

苟为善,后世子孙必有王者矣。君子创业垂统,为可继也。(《孟子·梁惠王下》)
【注释】垂:流传。
【译文】(一个君主)如果能做善事(实行仁政),(即使他本人不成功)他的后世子孙一定会有成为帝王的。君王创立功业,传之子孙,正是为了能够一代一代地继承下去。

古之君子,其过也,如日月之食,民皆见之,及其更也,民皆仰之。(《孟子·公孙丑下》)
【注释】食:通"蚀",日月亏蚀。更:改正。
【译文】古代的君子,他的过错好像日食月食一般,老百姓个个都看得到;等到他改正了错误,老百姓个个都抬头望着。

好善优于天下。(《孟子·告子下》)
【注释】优于天下:"优于治天下"之意。
【译文】喜欢听取善言,以此来治理天下是没有问题的。

或劳心,或劳力。劳心者治人,劳力者治于人。治于人者食人,治人者食于人,天下之通义也。(《孟子·滕文公上》)
【注释】劳心:耗费脑力,指脑力劳动。劳力:耗费体力,指体力劳动。
【译文】有的人从事脑力劳动,有的人从事体力劳动。脑力劳动者统治人,体力劳动者被人统治。被人统治的人养活别人,统治人的人被人养活,这是天下通行的基本原则。

鸡鸣而起,孳孳为善者,舜之徒也。(《孟子·尽心上》)
【注释】孳:同"孜",不懈怠、勤勉。孳孳:同"孜孜",勤勉不懈。
【译文】鸡一报晓就起来做善事的人,便是大舜一类的人物。

及陷乎罪,然后从而刑之,是罔民也。焉有仁人在位罔民而可为也?

(《孟子·滕文公上》)

【注释】乎:介词,相当于"于"。刑:用刑,惩罚。罔:捕鸟兽鱼类的工具,同"网"。罔民:陷害人民。

【译文】等到他们犯罪,然后加以惩处,这叫陷害。哪有仁爱的人坐在朝廷里却做出陷害百姓的事情呢?

将大有为之君,必有所不召之臣;欲有谋焉,则就之。(《孟子·公孙丑下》)

【注释】召:召唤。就:到,前去。

【译文】有所作为的君主,一定有他不能召唤的臣子;如果有什么事要商量,就亲自到臣子那里去。

桀、纣之失天下也,失其民也。失其民者,失其心也。(《孟子·离娄上》)

【注释】桀:夏桀,夏朝最后一个皇帝,是个暴君。纣:商纣王,商朝最后一个皇帝,也是个暴君。

【译文】夏桀和商纣丧失天下,是由于失去了百姓的支持。他们失去百姓的支持,是因为失去了民心。

居下位而不获于上,民不可得而治也。(《孟子·离娄上》)

【注释】获:得到(信任)。

【译文】(作为臣子)身居下位又得不到上级(君主)的信任,是不能把百姓治理好的。

君仁莫不仁,君义莫不义,君正莫不正,一正君而国定矣。(《孟子·离娄上》)

【注释】正:端正。

【译文】君主仁,没有不仁的;君主义,没有不义的;君主正,没有不正的。只要把君主端正了,国家也就安定了。

君之视臣如手足,则臣视君如腹心。君之视臣如犬马,则臣视君如国

人。君之视臣如土芥,则臣视君如寇仇。(《孟子·离娄下》)

【注释】 寇仇(chóu):仇敌。

【译文】 君主把臣下看作自己的手足,那么臣下就会把君主看作自己的腹心。君主把臣下看作狗马,那么臣下就会把君主看作一般人。君主把臣下看作泥土草芥,那么臣下就会把君主看作仇敌。

君子有三乐,而王天下不与存焉。(《孟子·尽心上》)

【注释】 王(wàng):统治天下。

【译文】 君子有三件值得高兴的事,但统治天下并不在这其中。

君子之事君也,务引其君以当道,志于仁而已。(《孟子·告子下》)

【注释】 务:从事,致力。

【译文】 君子服侍君王,只是专心引导他趋向正道,有志于仁义罢了。

君子之所为,众人固不识也。(《孟子·告子下》)

【译文】 君子的所作所为,一般人本来是不知道、不理解的。

君子之泽,五世而斩。(《孟子·离娄下》)

【注释】 泽:恩德。斩:断绝。

【译文】 君子的恩泽,影响五代就断绝了(世袭的地位与权利是不能长久的)。

乐民之乐者,民亦乐其乐。忧民之忧者,民亦忧其忧。(《孟子·梁惠王下》)

【注释】 乐:第一个"乐"为动词,以……为快乐。忧:第一个"忧"为动词,以……为忧愁。

【译文】 把百姓的快乐当作自己的快乐的人,百姓也会把他的快乐当作自己的快乐。把百姓的忧虑当作自己的忧虑的人,百姓也会把他的忧虑当作自己的忧虑。

立乎人之本朝,而道不行,耻也。(《孟子·万章下》)

【译文】在君主的朝廷上做官,而自己正义的主张不能实现,这是耻辱。

民事不可缓也。(《孟子·滕文公上》)
【注释】缓:迟缓,拖延。
【译文】有关人民群众的事情(要尽快解决)不能拖延。

民为贵,社稷次之,君为轻。(《孟子·尽心下》)
【注释】社稷:土神和谷神,借指国家。
【译文】百姓最为重要,社稷在其次,国君是最轻的。

人伦明于上,小民亲于下。(《孟子·滕文公上》)
【注释】人伦:人与人之间的关系准则,指君臣、父子、夫妇、朋友、长幼等方面。
【译文】在上的明白了人与人之间的关系及各种行为准则,在下的老百姓自然会亲密团结在一起。

人人亲其亲、长其长,而天下平。(《孟子·离娄上》)
【注释】亲:第一个"亲"为动词,亲爱。长:第一个"长"为动词,尊敬。
【译文】只要人人都亲爱自己的双亲、尊敬自己的长辈,天下就太平了。

仁人无敌于天下。(《孟子·尽心下》)
【译文】仁义之人在天下没有敌人。

仁之实,事亲是也;义之实,从兄是也;智之实,知斯二者弗去是也。(《孟子·离娄上》)
【注释】事:侍奉。从:顺从。斯:这。
【译文】仁的主要内容是侍奉双亲,义的主要内容是顺从兄长,智的主要内容是明白这两者的道理并坚持下去。

入则无法家拂士,出则无敌国外患者,国恒亡。(《孟子·告子下》)
【注释】入:指国内。拂:通"弼",辅助。出:指国外。

【译文】（一个国家）国内没有守法度的大臣和辅助君主的士子,国外没有与之抗衡的邻国和外患,这样的国家经常容易被(别国)灭亡。

三代之得天下也以仁,其失天下也以不仁。国之所以废兴存亡者亦然。(《孟子·离娄上》)

【注释】 三代:指夏、商、周。

【译文】 夏、商、周三代获得天下是由于仁,他们丧失天下是由于不仁。国家的兴起和衰败、生存和灭亡也是这样。

善政,不如善教之得民也。(《孟子·尽心上》)

【译文】 良好的政治,不如良好的教育能获得民心。

上无礼,下无学,贼民兴,丧无日矣。(《孟子·离娄上》)

【注释】 贼民:犯上作乱之民。

【译文】 如果在上位的人没有礼义,在下位的人没有教育,违法乱纪的人都起来了,国家的灭亡也就快了。

上下交征利,而国危矣。(《孟子·梁惠王上》)

【注释】 征:贪,取。

【译文】 假如朝野上下都互相追逐私利,那么国家便会发生危险了。

上有好者,下必有甚焉者矣。(《孟子·滕文公上》)

【注释】 好(hào):喜欢,爱好。

【译文】 在上位的有什么爱好,在下位的一定爱好得更厉害。

使人不以道,不能行于妻子。(《孟子·尽心下》)

【注释】 使:使唤。

【译文】 使唤别人不合于道,就是使唤自己的妻子儿女都不可能。

死徙无出乡,乡田同井,出入相友,守望相助,疾病相扶持,则百姓亲睦。(《孟子·滕文公上》)

【注释】徙(xǐ):迁移。友:友爱。

【译文】埋葬或者迁移(搬家),都不离开本乡本土。同一井田的各家,平日出入,互相友爱;防御盗贼,互相帮助;一有疾病,互相照顾,那么,百姓之间便亲爱和睦了。

天下有道,小德役大德,小贤役大贤。天下无道,小役大,弱役强。(《孟子·离娄上》)

【注释】役:役使,其后省略了"于"。

【译文】天下太平、政治清明的时候,道德不高的人为道德高的人所役使,不太贤能的人为非常贤能的人所役使。天下混乱、政治黑暗的时候,力量小的为力量大的所役使,弱的为强的所役使。

天之生此民也,使先知觉后知,使先觉觉后觉也。(《孟子·万章上》)

【注释】觉:觉悟,觉醒。

【译文】上天生育人民,就是要先知先觉者来使后知后觉者觉悟。

天子不能以天下与人。(《孟子·万章上》)

【注释】与:给予。

【译文】(即使是)天子也不能够把天下授予人。

徒善不足以为政,徒法不能以自行。(《孟子·离娄上》)

【注释】徒:只。

【译文】只有好心,不足以治理政事;只有好的法度,不能使其自动实施(必须两者结合起来)。

惟仁者宜在高位。不仁而在高位,是播其恶于众也。(《孟子·离娄上》)

【注释】宜:应该。播:传播。

【译文】只有仁人才应该处在统治地位。不仁的人处在统治地位,就会把他的罪恶传播给大众。

位卑而言高,罪也。(《孟子·万章下》)

【注释】 卑:低下。

【译文】 地位低下却议论朝廷大事,这是犯罪。

为其多闻也,则天子不召师,而况诸侯乎?为其贤也,则吾未闻欲见贤而召之也。(《孟子·万章下》)

【译文】 如果为的是他见闻广博,即使是天子也不能召唤他来当老师,更何况是诸侯呢?如果为的是他品德高洁,那我也不曾听说过想要同贤人相见却随便召唤的。

为渊驱鱼者獭也,为丛驱爵者鹯也,为汤、武驱民者桀与纣也。(《孟子·离娄上》)

【注释】 獭(tǎ):水獭。爵:同"雀"。鹯(zhān):一种凶猛的鸟。汤:商汤王,商代的一个贤君。武:周武王,周代的一个贤君。

【译文】 替深池把鱼赶来的是水獭,替丛林把鸟雀赶来的是鹯鸟,替商汤与周武把百姓赶来的是夏桀与殷纣。

文王一怒而安天下之民。(《孟子·梁惠王下》)

【注释】 安:使安定。

【译文】 周文王一生气便使天下的百姓得到安定。

无君子莫治野人,无野人莫养君子。(《孟子·滕文公上》)

【注释】 君子:指官吏。野人:指劳动人民。

【译文】 没有官吏,便没有人管理劳动人民;没有劳动人民,便没有人养活官吏。

贤君必恭俭礼下,取于民有制。(《孟子·滕文公上》)

【注释】 制:制度。

【译文】 贤明的君主一定认真办事、节省费用、礼贤下士,向老百姓征收赋税有一定的制度。

养生丧死无憾,王道之始也。(《孟子·梁惠王上》)

【译文】百姓对于养生送死一类事没有什么不满,这就是王道的开端。

尧舜之道,孝弟而已矣。(《孟子·告子下》)

【注释】弟:弟顺从兄,后作"悌"。

【译文】尧舜之道,就是孝和悌。

以力服人者,非心服也,力不赡也。以德服人者,中心悦而诚服也。(《孟子·公孙丑上》)

【注释】赡:充足。

【译文】依靠暴力来使人服从的,人家不会心悦诚服,因为他本身的实力不够。依靠道德来使人服从的,人家才会心悦诚服。

以善服人者,未有能服人者也。以善养人,然后能服天下。(《孟子·离娄下》)

【注释】服:使人归顺、服从。养:培养,熏陶。

【译文】拿善来使人服从,没有人能够服从。拿善来熏陶教育培养人,才能使天下人都归服。

以天下与人易,为天下得人难。(《孟子·滕文公上》)

【注释】与:给予。

【译文】把天下让给别人是比较容易的,替天下找到出色的人才却很困难。

以佚道使民,虽劳不怨。(《孟子·尽心上》)

【注释】佚:安逸。

【译文】为了使百姓安逸而役使百姓,百姓即使很辛劳,也不会产生怨恨。

有官守者,不得其职则去;有言责者,不得其言则去。(《孟子·公孙丑下》)

【注释】去:离开。

【译文】有一定职务的,如果无法尽其职责,就可以不干;有进言责任的,如果言不听、计不从,也就可以不干。

欲为君,尽君道;欲为臣,尽臣道。(《孟子·离娄上》)
【注释】为:作,作为。
【译文】要想做一个真正的君主,就要尽君主之道;要想做一个真正的臣子,就要尽臣子之道。

争地以战,杀人盈野;争城以战,杀人盈城。(《孟子·离娄上》)
【注释】盈:满。
【译文】为争夺土地而战,杀死的人遍野;为争夺城池而战,杀死的人满城。

诸侯之宝三:土地、人民、政事。(《孟子·尽心下》)
【译文】诸侯的宝贝有三样:土地、人民、政事。

尊贤使能,俊杰在位。(《孟子·公孙丑上》)
【注释】尊:尊重。能:有才能的人。
【译文】尊重有德行的人,使用有能力的人,让杰出的人才待在官位上。

作于其心,害于其事;作于其事,害于其政。(《孟子·滕文公下》)
【注释】害:妨碍。
【译文】(邪说)从心里产生出来,便会危害工作事业;危害了工作事业,也就危害了政治。

修　　养

宝珠玉者,殃必及身。(《孟子·尽心下》)
【注释】宝:以……为宝。
【译文】以珍宝美玉为宝贝的人,祸害一定会降临到他身上。

伯夷隘,柳下惠不恭。隘与不恭,君子不由也。(《孟子·公孙丑上》)
【注释】隘:器量狭小。柳下惠:鲁国贤大夫。

【译文】伯夷器量太小,柳下惠不太严肃。器量太小与不太严肃,君子是不这样做的。

不耻不若人,何若人有?(《孟子·尽心上》)
【注释】耻:以……为耻。若:如。
【译文】不以赶不上别人为羞耻,这如何能赶上别人呢?

成覵谓齐景公曰:"彼丈夫也,我丈夫也,吾何畏彼哉?"(《孟子·滕文公上》)
【注释】成覵(gàn):齐国的勇士。
【译文】成覵对齐景公说:"他是个男子汉大丈夫,我也是个男子汉大丈夫,我为什么怕他呢?"

耻之于人大矣。(《孟子·尽心上》)
【注释】耻:羞耻心。于:对。
【译文】有没有羞耻心,对于一个人来说关系重大。

大人者,不失其赤子之心者也。(《孟子·离娄下》)
【注释】赤子:婴儿。
【译文】一个有德行有学问的人是那种能保持婴儿的天真纯朴的心的人。

尔为尔,我为我,虽袒裼裸裎于我侧,尔焉能浼我哉?(《孟子·公孙丑上》)
【注释】袒(tǎn)裼(xī)裸裎(chéng):赤身露体。浼(měi):玷污。
【译文】你是你,我是我,(一个有节操的人,不为世俗所动,我行我素)即使你在我身旁赤身裸体,哪里能玷污我呢?

反身而诚,乐莫大焉。(《孟子·尽心上》)
【注释】反:反省。
【译文】反躬自问,自己是忠诚踏实的,便是最大的快乐。

非其道,则一箪食不可受于人。(《孟子·滕文公下》)

【注释】 箪(dān):盛饭的圆形竹桶。

【译文】 如果不合乎正道,即使是一小竹桶的饭,也不能随便接受。

非其君不事,非其民不使,治则进,乱则退,伯夷也。(《孟子·公孙丑上》)

【注释】 事:侍奉。治:天下太平。

【译文】 不是他理想的君主,他不去服侍;不是他理想的百姓,他不去使唤;天下太平就出来做官,天下大乱就退而隐居,伯夷是这样的。

非其义也,非其道也,禄之以天下,弗顾也;系马千驷,弗视也。(《孟子·万章上》)

【注释】 禄:把……作为俸禄。驷:四匹马为驷。

【译文】 如果不合道义,即使以天下的财富作为俸禄,他都不看一下;即使有四千匹马拴在那里,他也都不看一下。

夫义,路也;礼,门也。惟君子能由是路,出入是门也。(《孟子·万章下》)

【注释】 惟:只。由:经过。

【译文】 义如同大路,礼如同大门。只有君子能在这条大路上行走,从这大门进出。

夫志,气之帅也。气,体之充也。(《孟子·公孙丑上》)

【注释】 帅:主帅。

【译文】 思想意志是意气感情的主帅,意气感情是充满体内的力量。

夫志至焉,气次焉。故曰:"持其志,无暴其气。"(《孟子·公孙丑上》)

【注释】 次:驻扎,停止。持:保持,坚守。暴:显露,引申为轻易地表现。

【译文】 思想意志到了哪里,意气情感也就在哪里表现出来。所以说:"要坚守自己的思想意志,不要滥用自己的意气情感。"

富贵不能淫,贫贱不能移,威武不能屈,此之谓大丈夫。(《孟子·滕文公下》)

【注释】淫:淫乱,蛊惑。移:改变。

【译文】富贵不能惑乱我的心性,贫贱不能改变我的志向,威逼压制不能使我屈服,这样的人才叫作大丈夫。

恭者不侮人,俭者不夺人。(《孟子·离娄上》)

【注释】侮:侮辱。俭:节俭。

【译文】恭敬别人的人不会侮辱别人,自己节俭的人不会掠夺别人。

苟为后义而先利,不夺不餍。(《孟子·梁惠王上》)

【注释】后:以……为后,轻视。先:以……为先,重视。餍(yàn):满足。

【译文】假如全国人都轻道义、重私利,那么人们不夺取别人的产业,就不会得到满足。

古之君子,过则改之;今之君子,过则顺之。(《孟子·公孙丑下》)

【注释】顺:顺延,继续。

【译文】古代的君子,有了过错,立即改正;今天的君子,有了过错,竟一错到底。

古之人得志,泽加于民;不得志,修身见于世。(《孟子·尽心上》)

【注释】加:施给,施加。见:出现,"现"的本字。

【译文】古代的人得意的时候,把恩泽施给百姓;失意的时候,培养自己的品德,以表现于社会。

居天下之广居,立天下之正位,行天下之大道。(《孟子·滕文公下》)

【注释】广居:宽广的处所,指"仁"。正位:正确的位子,指"礼"。大道:大路,指"义"。

【译文】(男子汉大丈夫应当)居住在天下最宽广的住宅(指"仁")中,站在天下最正确的位置(指"礼")上,走在天下最光明的大道(指"义")上。

君子不亮,恶乎执?(《孟子·告子下》)

【注释】 亮:相信,诚信。恶:怎么。乎:介词,相当于"于"。

【译文】 君子不讲诚信,如何能有操守?

君子可欺以其方,难罔以非其道。(《孟子·万章上》)

【注释】 欺:欺骗,欺诈。

【译文】 对于君子可以用合乎人情的方法欺骗他,但很难用违反道理的阴谋诡计欺骗他。

君子莫大乎与人为善。(《孟子·公孙丑上》)

【注释】 与:偕同。

【译文】 君子最高的行为标准就是同别人一起行善。(今天单讲"与人为善"多指善意地帮助别人)

君子有终身之忧,无一朝之患也。(《孟子·离娄下》)

【注释】 一朝:一时的,偶然的。

【译文】 君子有一生的忧虑(为自己修养不足而忧虑),没有突发的痛苦。

可以取,可以无取,取伤廉。可以与,可以无与,与伤惠。可以死,可以无死,死伤勇。(《孟子·离娄下》)

【注释】 与:施给,施舍。

【译文】 可以拿,可以不拿,拿了有损廉洁。可以施给,可以不施给,施给了有损恩惠。可以死,可以不死,死了有损勇敢。

可以仕则仕,可以止则止,可以久则久,可以速则速,孔子也。(《孟子·公孙丑上》)

【注释】 止:不做官,隐居。

【译文】 应该做官就做官,应该辞职就辞职,应该继续干就继续干,应该马上走就马上走,孔子是这样的。

可以速而速,可以久而久,可以处而处,可以仕而仕,孔子也。(《孟子·

万章下》)

【注释】处:隐退。仕:做官。

【译文】应该快走就快走,应该继续干就继续干,应该隐退就隐退,应该做官就做官,孔子是这样的。

老吾老,以及人之老;幼吾幼,以及人之幼。(《孟子·梁惠王上》)

【注释】老:第一个"老"为动词,尊老。幼:第一个"幼"为动词,爱幼。

【译文】由尊敬我自己的长辈,从而推广到也尊敬别人的长辈;由爱护我自己的儿女,从而推广到也爱护别人的儿女。

柳下惠不以三公易其介。(《孟子·尽心上》)

【注释】三公:指太师、太傅、太保。介:操守。

【译文】柳下惠不因为做了三公这样的高官就改变自己的操守品行。

其为人也小有才,未闻君子之大道也,则足以杀其躯而已矣。(《孟子·尽心下》)

【注释】小有才:有点小聪明。

【译文】为人有点小聪明,但不曾懂得君子的大道,那就足以招致杀身之祸。

穷则独善其身,达则兼善天下。(《孟子·尽心上》)

【注释】善:使之善,完善。

【译文】(古代的贤人)穷困不得志时就独善其身,(仕途畅达)得意时就兼善天下。

权,然后知轻重;度,然后知长短。物皆然,心为甚。(《孟子·梁惠王上》)

【注释】权:称量。度(duó):量长短。

【译文】称一称,才晓得轻重;量一量,才知道长短。什么东西都是这样,人的心更是这样。

人病舍其田而芸人之田，所求于人者重，而所以自任者轻。(《孟子·尽心下》)

【注释】 芸：耕种。

【译文】 人们常犯的一个毛病是放弃自己的田地，而去替别人种田，对别人要求很多很严格，对自己却要求很少很松弛。

人不可以无耻，无耻之耻，无耻矣。(《孟子·尽心上》)

【译文】 人不能没有羞耻感，不知道羞耻的那种羞耻，真是不知羞耻呀！

人皆可以为尧舜。(《孟子·告子下》)

【注释】 尧舜：传说中的圣人。

【译文】 人人都可以成为尧舜(一样的圣人)。

仁，人之安宅也。义，人之正路也。(《孟子·离娄上》)

【注释】 安：安逸，舒适。

【译文】 仁是人类最安适的住宅，义是人类最正确的道路。

人之患，在好为人师。(《孟子·离娄上》)

【注释】 好：喜欢。

【译文】 人的毛病在于喜欢做别人的老师。

人之易其言也，无责耳矣。(《孟子·离娄上》)

【注释】 责：责备，一说责任、负责。

【译文】 一个人如果轻易地把什么话都说出口，那就不是责备了(或那就太不负责任了)。

人之有道也，饱食、煖衣、逸居而无教，则近于禽兽。(《孟子·滕文公上》)

【注释】 有：为。煖：同"暖"，温暖。

【译文】 人之所以为人是有准则的，(如果)吃饱了、穿暖了、住得安逸了却没有教养，那就和禽兽差不多。

人知之,亦嚣嚣;人不知,亦嚣嚣。(《孟子·尽心上》)

【注释】嚣(xiāo)嚣:自得无欲的样子。

【译文】别人理解我,我自得其乐;别人不理解我,我也自得其乐。

身不行道,不行于妻子。(《孟子·尽心下》)

【注释】身:自身,自己。

【译文】自身不循正道而行,道在妻子儿女身上都行不通(更不要说对别人了)。

声闻过情,君子耻之。(《孟子·离娄下》)

【注释】闻:名誉。情:实际情况,事实。

【译文】如果自己的名气超过了自己的实际情况,对君子来说是件可耻的事。

舜视弃天下犹弃敝蹝也。(《孟子·尽心上》)

【注释】蹝(xǐ):鞋,同"屣"。

【译文】大舜把抛弃天子之位看成抛弃破鞋一样。

天将降大任于是人也,必先苦其心志,劳其筋骨,饿其体肤,空乏其身,行拂乱其所为,所以动心忍性,曾益其所不能。(《孟子·告子下》)

【注释】曾:增加,同"增"。

【译文】天(如果)将要把某项重大任务落到某个人身上,就一定先使他的心意苦恼,使他的筋骨疲劳,使他的肚子挨饿,使他的身体穷困,使他的每一行动总是不能称心如意,这样,便可以震动他的心志,坚韧他的性情,增加他的能力。

天下之本在国,国之本在家,家之本在身。(《孟子·离娄上》)

【注释】本:根本,基础。身:自身。

【译文】天下的基础是国,国的基础是家,而家的基础是个人自身。

听其言也,观其眸子,人焉廋哉?(《孟子·离娄上》)
【注释】 焉:疑问代词,哪里。廋(sōu):隐藏。
【译文】 听一个人说话的时候,注意观察他的眼神,这人的善恶又能往哪里隐藏呢?

枉己者,未有能直人者也。(《孟子·滕文公下》)
【注释】 枉:曲,不正不直。直:使……直,纠正。
【译文】 自己的行为不正不直的人,不能纠正别人。

闻伯夷之风者,顽夫廉,懦夫有立志。(《孟子·万章下》)
【注释】 伯夷:商代的高洁之士,以清廉著称。顽:贪婪。
【译文】 听闻伯夷的风尚,贪得无厌的人也会变得廉洁,懦弱的人都有了独立不屈的意志。

无处而馈之,是货之也。焉有君子而可以货取乎?(《孟子·公孙丑下》)
【注释】 馈:通"馈",馈赠。货:贿赂,收买。焉:疑问代词,哪、哪里。
【译文】 没有什么理由却要送我一些钱财,这等于用金钱收买我。哪里有君子可以用钱来收买呢?

无礼义,则上下乱。(《孟子·尽心下》)
【译文】 没有礼义约束,上下关系就会混乱。

无为其所不为,无欲其所不欲。(《孟子·尽心上》)
【译文】 不要做我不做的事,不要拿我不要的东西。

西子蒙不洁,则人皆掩鼻而过之。(《孟子·离娄下》)
【注释】 西子:即西施,古代美人。
【译文】 如果西施身上沾染了肮脏的东西,别人走过时也会捂着鼻子。

贤者以其昭昭,使人昭昭。(《孟子·尽心下》)

【注释】昭昭:明白。

【译文】贤者(教导别人)都是自己先彻底明白道理,然后才去使别人明白。

挟贵而问,挟贤而问,挟长而问,挟有勋劳而问,挟故而问,皆所不答也。(《孟子·尽心上》)

【注释】挟:仗恃。

【译文】倚仗着自己的权势地位而来发问,倚仗着自己的贤能而来发问,倚仗着自己年纪大而来发问,倚仗着自己功劳大而来发问,倚仗着自己是老交情而来发问,这都是我不回答的。

行之而不著焉,习矣而不察焉,终身由之而不知其道者,众也。(《孟子·尽心上》)

【注释】著:明白,通晓。

【译文】做了事,却不明白其何以然;习惯了,却不明察其所以然;一生都这样走,却不知道这是什么道路,这是一般的人。

学问之道无他,求其放心而已矣。(《孟子·告子上》)

【注释】他:别的,其他。放:丧失,散失。

【译文】学问之道没有别的,就是找回那丧失了的人类的善心罢了。

仰不愧于天,俯不怍于人,二乐也。(《孟子·尽心上》)

【注释】怍(zuò):惭愧。

【译文】抬头无愧于上天,低头无愧于人,这是人生的第二种快乐。(这是孟子所讲的人生三种快乐中的第二种)

养其小者为小人,养其大者为大人。(《孟子·告子上》)

【注释】小者:指人身体的小的部分、不重要的部分。大者:指人身体的大的部分、重要的部分,多指人的心志、思想。

【译文】保养小的部分的就是小人,保养大的部分的就是大人。

养心莫善于寡欲。(《孟子·尽心下》)

【译文】修养心性的最好办法是清心寡欲。

夭寿不贰,修身以俟之,所以立命也。(《孟子·尽心上》)
【注释】夭:短命。俟:等待。
【译文】短命也好,长寿也罢,我都不三心二意,只是修身养性,以等待天命,这就是安身立命的方法。

有孺子歌曰:"沧浪之水清兮,可以濯我缨。沧浪之水浊兮,可以濯我足。"(《孟子·离娄上》)
【注释】孺子:小孩子。沧浪:青色的水。有人以为沧浪是水名或地名。缨:系帽子的丝带。
【译文】有一个小孩子唱道:"沧浪的水清啊,可以洗我的帽缨。沧浪的水浊啊,可以洗我的脚。"

于不可已而已者,无所不已。(《孟子·尽心上》)
【注释】已:停止。
【译文】一个人对于不应该停止的工作停下来不做的话,那么他没有什么事情是不可以停止的。

曾子曰:"江汉以濯之,秋阳以暴之,皜皜乎不可尚已。"(《孟子·滕文公上》)
【注释】江:长江。汉:汉水。濯(zhuó):洗涤。暴:后作"曝",晒。皜(hào)皜:光亮洁白的样子。
【译文】曾子(赞美孔子时)说:"譬如(把一块布)用长江汉水洗涤过,然后再在炎炎烈日下曝晒,真是洁白得无以复加了。"

中也养不中,才也养不才,故人乐有贤父兄也。(《孟子·离娄下》)
【注释】也:前两个"也"是句中语气词,表停顿。养:培养,熏陶。
【译文】道德品质好的人教育熏陶那道德品质不好的人,有才能的人教育熏陶那没有才能的人,所以每个人都喜欢有个好父兄。

周于利者,凶年不能杀;周于德者,邪世不能乱。(《孟子·尽心下》)

【注释】周:充足,充裕。

【译文】财物充足的人,荒年不会被饿死;道德高尚的人,身处乱世不会被迷惑心志。

人　事

不得乎亲,不能为人;不顺乎亲,不可以为子。(《孟子·离娄上》)

【注释】乎:介词,相当于"于"。顺:顺从。

【译文】不能得到双亲的欢心,不能做人;不能顺从父母的旨意,不能做儿子。

不孝有三,无后为大。(《孟子·离娄上》)

【注释】后:后代,特指儿子。

【译文】为人有三种不孝的行为,没有生育儿子是最大的不孝(因为这样会断绝祖先的香火)。(人生的另外两不孝是奉承父母,使父母陷于不义;双亲衰老而贫穷,但不愿尽心奉养)

不挟长,不挟贵,不挟兄弟而友。友也者,友其德也,不可以有挟也。(《孟子·万章下》)

【注释】挟(xié):倚仗。友:交朋友。

【译文】不倚仗自己年纪大,不倚仗自己地位高,不倚仗自己兄弟的权势去结交朋友。交朋友,要因为朋友的品德去结交他,心中不能存在任何有所倚仗的观念。

恻隐之心,人皆有之;羞恶之心,人皆有之;恭敬之心,人皆有之;是非之心,人皆有之。恻隐之心,仁也;羞恶之心,义也;恭敬之心,礼也;是非之心,智也。(《孟子·告子上》)

【注释】恻隐:怜悯,同情。

【译文】同情心,每个人都有;羞耻心,每个人都有;恭敬心,每个人都有;是非心,每个人都有。同情心属于仁,羞耻心属于义,恭敬心属于礼,是非心属于智。

出乎其类,拔乎其萃。(《孟子·公孙丑上》)

【注释】出:超出。类:同类。拔:超出。萃:本为杂草丛生的样子,比喻聚集在一起的人或事物。

【译文】远远地超出他同类的人,大大地高出他身边的那群人。

存乎人者,莫良于眸子。眸子不能掩其恶。(《孟子·离娄上》)

【注释】存:观察。眸(móu)子:眼珠子,指眼睛。

【译文】观察一个人,没有比观察他的眼睛更好的了。眼睛不能遮盖一个人的丑恶。

大孝终身慕父母。(《孟子·万章上》)

【注释】慕:爱。

【译文】最孝顺的人终身敬爱父母。

得天下英才而教育之,三乐也。(《孟子·尽心上》)

【译文】得到天下的优秀人才并对他们进行培养,这是人生的第三种快乐。(这是孟子所讲的人生三种快乐中的第三种)

夫仁,天之尊爵也,人之安宅也。(《孟子·公孙丑上》)

【注释】尊:尊贵。安:安逸。

【译文】仁是上天给予的最尊贵的爵位,是人最安逸的住宅。

父母俱存,兄弟无故,一乐也。(《孟子·尽心上》)

【注释】故:灾祸。

【译文】父母都还健在,兄弟没有灾祸,这是人生的第一种快乐。(这是孟子所讲的人生三种快乐中的第一种)

君子不以天下俭其亲。(《孟子·公孙丑下》)

【注释】俭:节俭,节省。

【译文】君子不因为天下大事而俭省应该用在父母丧礼上的钱财。

良人者,所仰望而终身也。(《孟子·离娄下》)
【注释】良人:指丈夫。
【译文】丈夫是(妻子)仰望而终身依靠的人。

莫之为而为者,天也;莫之致而至者,命也。(《孟子·万章上》)
【注释】致:招致。
【译文】没有人叫他们这样做,而竟然这样做了,这是天意;没有人叫他们来,而竟然来了,这是命运。

男女居室,人之大伦也。(《孟子·万章上》)
【注释】伦:伦理纲常。
【译文】男女结婚(成家),是人与人之间最重要的伦理纲常。

然后知生于忧患而死于安乐也。(《孟子·告子下》)
【译文】这样,就可以知道忧愁恐惧使人生存,而安逸享乐使人死亡。

人皆有不忍人之心。(《孟子·公孙丑上》)
【注释】不忍:体恤。
【译文】每个人都有怜恤别人的心情。

食而弗爱,豕交之也;爱而不敬,兽畜之也。(《孟子·尽心上》)
【注释】食(sì):奉养。
【译文】(对于人)仅仅养活他而不爱他,这等于养猪;仅仅喜爱他而不恭敬他,这等于畜养狗马。

士,穷不失义,达不离道。(《孟子·尽心上》)
【注释】穷:不得志,失意。达:得志,显贵。
【译文】士人失意时不失去义,得志时不离开道。

说大人,则藐之,勿视其巍巍然。(《孟子·尽心下》)

【注释】说(shuì):劝说,说服。大人:指地位高贵者。巍巍:高大的样子。

【译文】劝说有权势的人,首先要轻视他,不要把他的高官放在眼里。

五百年必有王者兴,其间必有名世者。(《孟子·公孙丑下》)

【注释】兴:兴起,出现。名世:闻名于当世。

【译文】每过五百年一定有位贤君圣主出现,而且其中一定会有命世之才。

一乡之善士,斯友一乡之善士;一国之善士,斯友一国之善士;天下之善士,斯友天下之善士。(《孟子·万章下》)

【注释】友:交朋友。

【译文】一乡中的优秀人物,就和一乡中的优秀人物交朋友;全国性的优秀人物,就和全国性的优秀人物交朋友;天下性的优秀人物,就和天下性的优秀人物交朋友。

于所厚者薄,无所不薄也。(《孟子·尽心上》)

【译文】一个人对于他应该厚待的人却薄待的话,那么也就没有什么人不被他薄待了。

鱼我所欲也,熊掌亦我所欲也,二者不可得兼,舍鱼而取熊掌者也。生亦我所欲也,义亦我所欲也,二者不可得兼,舍生而取义者也。(《孟子·告子上》)

【注释】舍:舍弃,后作"捨",简化后仍作"舍"。

【译文】鱼是我所喜欢的,熊掌也是我所喜欢的,如果两者不能同时拥有,就舍弃鱼而要熊掌。生命是我所喜欢的,道义也是我所喜欢的,如果两者不能同时拥有,就舍弃生命而要道义。

责善,朋友之道也。(《孟子·离娄下》)

【译文】以善相责,这是朋友的相处之道。

知命者,不立乎岩墙之下。(《孟子·尽心上》)

【译文】懂得天命的人,绝不会站在将要倾倒的危墙之下。

志 向

不得志,独行其道。(《孟子·滕文公下》)

【注释】行:实行。

【译文】即使不得志的时候(自己的主张不能行之于世),也要独自坚持自己的原则。

墨子兼爱,摩顶放踵利天下,为之。(《孟子·尽心上》)

【注释】摩:磨。放:至,到。踵:脚后跟。

【译文】墨子主张兼爱(无所不爱),即使磨秃头顶,磨破脚跟,只要对天下有利,什么都干。

人恒过,然后能改。困于心,衡于虑,而后作。(《孟子·告子下》)

【注释】衡:通"横",堵塞。

【译文】人经常犯错误,然后才能改正。心意困苦,思虑阻塞,然后才能发愤而有所作为。

人有不为也,而后可以有为。(《孟子·离娄下》)

【译文】人要有所不为,才能有所为。

天下有达尊三:爵一,齿一,德一。朝廷莫如爵,乡党莫如齿,辅世长民莫如德。(《孟子·公孙丑下》)

【注释】齿:指年龄。长:统治。

【译文】天下公认的尊贵的东西有三样:爵位是一个,年龄是一个,道德是一个。在朝廷没有比爵位更尊贵的了,在乡里没有比年龄大更尊贵的了,辅佐君主、统治百姓没有比道德更尊贵的了。

天下有道,以道殉身;天下无道,以身殉道。(《孟子·尽心上》)

【注释】殉:献出生命,牺牲。

【译文】天下政治清明时,君子可以为施行道义献出生命;天下政治黑暗时,君子可以为道而死。

颜渊曰:"舜,何人也?予,何人也?有为者亦若是。"(《孟子·滕文公上》)

【注释】颜渊:孔子的学生。

【译文】颜渊说:"大舜是什么样的人?我是什么样的人?有作为的人也会像他那样。"

源泉混混,不舍昼夜,盈科而后进,放乎四海,有本者如是。(《孟子·离娄下》)

【注释】混混:水流滚滚。科:坎,坑。乎:介词,相当于"于"。

【译文】有本源的泉水滚滚向前,昼夜不停,灌满小水坑,又继续向前奔流,一直流进大海,有强大根基和远大志向的人也是这样。

志士不忘在沟壑,勇士不忘丧其元。(《孟子·滕文公下》)

【注释】在沟壑:死无棺椁,被抛弃在山沟里。丧其元:抛头颅。元:头。

【译文】(以国家为重的)志士仁人时刻不忘(为了国家的利益而)抛尸荒野,勇夫壮士时刻不忘(为了国家的利益)抛头颅。

教　　学

博学而详说之,将以反说约也。(《孟子·离娄下》)

【注释】约:指简要的愿望。

【译文】广博地学习并且详细地解说,(是要在融会贯通后)再返回到叙说简约的道理的地步。

大匠不为拙工改废绳墨,羿不为拙射变其彀率。(《孟子·尽心上》)

【注释】彀(gòu)率:张弓的限度。

【译文】高明的工匠不因为徒弟笨拙而改变或废弃绳墨规矩,后羿不因为学射箭的人笨拙而改变他拉开弓的标准。

大匠诲人,必以规矩,学者亦必以规矩。(《孟子·告子上》)
【注释】诲:教导,教育。规:指圆规。矩:指曲尺。
【译文】有名的木匠教导徒弟,一定依照规矩,学习的人也一定要依照规矩。

古者易子而教之,父子之间不责善。(《孟子·离娄上》)
【注释】易:交换。
【译文】古时候互相交换儿子来教育,使父子之间不因求好而相互责备。

教亦多术矣,予不屑之教诲也者,是亦教诲之而已矣。(《孟子·告子下》)
【注释】术:办法,方式。不屑之教诲:正常语序是"不屑教诲之"。
【译文】教育的方式是很多的,我不屑于去教诲他,这也是一种教诲方式。

君子之所以教者五:有如时雨化之者,有成德者,有达财者,有答问者,有私淑艾者。(《孟子·尽心上》)
【注释】财:通"材",才能、才智。淑:通"叔",拾取。艾:通"刈",拾取。
【译文】君子用来教导别人的方法有五种:一是像及时雨一样滋润万物,一是成全品德,一是培养才能,一是解答疑问,一是有风流余韵为后人所私自学习的。

圣人,百世之师也。(《孟子·尽心下》)
【注释】百世:世世代代。
【译文】圣人,是世世代代人的老师。

文　论

尽信《书》,则不如无《书》。(《孟子·尽心下》)
【注释】《书》:即《尚书》,中国最古老的典籍之一。
【译文】完全相信《尚书》(上的话),那不如没有《尚书》。

说《诗》者,不以文害辞,不以辞害志,以意逆志,是为得之。(《孟子·万章上》)

【注释】 文:字。害:妨碍。辞:语句。逆:推测。

【译文】 解说《诗经》的人,不要拘泥文字而误解词句,也不要拘泥词句而误解作者的思想。要用自己的切身体会去推测作者的本意,这才能得其要领。

颂其诗,读其书,不知其人,可乎?是以论其世也。(《孟子·万章下》)

【注释】 颂:通"诵",吟诵。

【译文】 吟咏他们的诗歌,诵读他们的著作,不了解他们的为人,可以吗?所以要结合他们所处的时代来讨论。

言近而指远者,善言也。(《孟子·尽心下》)

【译文】 所说的话虽然很浅近,意义却深远,这是"善言"。

附　录

附录一　《十三经注疏》目

（1）《周易正义》10卷，魏王弼、晋韩康伯注，唐孔颖达等正义。

（2）《尚书正义》20卷，汉孔安国传，唐孔颖达等正义。

（3）《毛诗正义》70卷，汉毛亨传，汉郑玄笺，唐孔颖达等正义。

（4）《周礼注疏》42卷，汉郑玄注，唐贾公彦疏。

（5）《仪礼注疏》50卷，汉郑玄注，唐贾公彦疏。

（6）《礼记正义》63卷，汉郑玄注，唐孔颖达等正义。

（7）《春秋左传正义》60卷，晋杜预集解，唐孔颖达等正义。

（8）《春秋公羊传注疏》28卷，汉何休解诂，唐徐彦疏。

（9）《春秋穀梁传注疏》20卷，晋范宁集解，唐杨士勋疏。

（10）《论语注疏》20卷，魏何晏等集解，宋邢昺疏。

（11）《孝经注疏》9卷，唐玄宗注，宋邢昺疏。

（12）《尔雅注疏》10卷，晋郭璞注，宋邢昺疏。

（13）《孟子注疏》14卷，汉赵岐注，宋孙奭疏。

《十三经注疏》南宋光宗时始合刊，明嘉靖、万历年间都有刊本，清乾隆初又有武英殿本，其后阮元据"殿本"重刊，随文收入陆德明《经典释文》，并附《十三经注疏校勘记》，即今日所通行本。《十三经注疏》保存了宋以前经书的重要注本。

附录二 《周易》中的成语

张 磊

（浙江师范大学人文学院）

被冠以"群经之首"的《周易》，对中国文化有着广泛而深刻的影响，在汉语的方方面面都可以看到《周易》的影子。出自《周易》中的常用成语、熟语及典故就有 120 多条（《汉语成语考释词典》，刘洁修编著，商务印书馆 1989 年版）。

1914 年，梁启超为清华学子作以"君子"为题的讲演，分别以《周易》里"自强不息""厚德载物"这两句成语勉励学生。清华大学后来便以这两句成语作为校训。这两句源自《周易·乾卦》："天行健，君子以自强不息。"《周易·坤卦》："地势坤，君子以厚德载物。"如今不少高校的校训，同样取之于《周易》中的成语。如厦门大学校训中也有"自强不息"一语；湘潭大学校训中的"盛德日新"，出自《周易·系辞上》："日新之谓盛德"；首都医科大学的"敬德修业"，出自《周易·乾卦·文言》："君子进德修业"。细究这些成语意义、用法的古今变化，从中可以看出中国传统思想、语言文化在今天的延续方式。

《周易》相传由伏羲制卦，文王作《系辞》，孔子作《十翼》。共六十四卦，三百八十四爻。这就是成语"易更三圣"的由来。《周易》的内容，最早只是记录大自然、气象、天文等变化，供古代帝王施政参考之用，一般士人则用为占卜吉凶。直到《易传》出现，才被赋予了深邃的哲理意义，成为儒家的重要典籍。《周易》的内容充满了神秘色彩，理念幽微莫测，从宇宙运行乃至人事生灭，都有极为精辟的见解。《周易》"经"文中的成语典故多为古人首创的具有象征寓意的言辞；而"传"文里的成语典故则多为春秋战国时期沿用前代的语言形式，并赋予新意，多涉及"人事"方面的意义。古人撰成卦爻辞，利用占卜的形式，根本目的是"推天道以明人事"，让人们能够了解事物的发展规律，把握事物发展变化的方向，以执中守正、趋利避害、趋吉避凶。《周易》卦爻辞中，这类成语随处可见。下面分别从形式和意义两方面来说明。

一、成语的意思与《周易》里的原意差别不大，从形式上可分为两类

(一) 直接取自《周易》原句的成语

"即鹿无虞"语出《屯卦》："即鹿无虞，惟入于林中。""《象》曰：'即鹿无虞'，以从禽也。"虞，指掌管山林湖泽的官。意思是追逐鹿却没有熟悉地形的虞官引导，徒劳无功。比喻不具备条件而贸然行事，最终将无功而返。

"信及豚鱼"语出《中孚卦》。是说诚信已经施及小猪、鱼之类的微小事物，信用昭著。《梁书·本纪第一·武帝上》："与夫仁被行苇之时，信及豚鱼之日，何其辽复相去之远欤！"

"尺蠖之屈"语出《系辞下》："尺蠖之屈，以求信也。"信，通"伸"。尺蠖的弯曲是为了伸展身体以便前进。尺蠖是一种昆虫，清代郝懿行《尔雅义疏·释虫》："其行先屈后伸，如人布手知尺之状，故名'尺蠖'。"

"羝羊触藩"语出《大壮卦·上六》爻辞："羝羊触藩，不能退，不能遂，无攸利。"公羊性急，喜冒进。但《上六》已到卦的尽头，故有触藩之象。因用力过猛，其角触藩被挂。欲前进则头为藩所阻，欲后退则角为藩所挂，因而造成进退两难的局面。明代许仲琳《封神演义》第七回："纣王沉吟不语，心下煎熬，似羝羊触藩，进退两难。""羝羊触藩"旨在说明做事审慎之重要。

"同声相应，同气相求"语出《乾卦》。"气"与"声"、"求"与"应"对举，说明同类事物的相互感应作用。

"日中则昃，月盈则食"语出《丰卦》。昃，太阳西斜。食，亏缺，指月食。大自然有盈满有亏虚，是按照一定规律更替消亡与生息的。这是《周易》所归纳出的大自然阴阳变化的基本规律，从这一自然规律又进而推导出人生社会应遵守的法则来。

"慢藏诲盗，冶容诲淫"语出《系辞上》。意思是自己收藏财物不谨慎，无异于招引人来偷窃；女子打扮得很妖媚，无异于引诱人来调戏，祸由自取。《周易》强调自身做事一定要谨慎，因为万事万物无不处在变化之中。鲁迅《坟·坚壁清野主义》："古圣人所教的'慢藏诲盗，冶容诲淫'，就是说子女玉帛的处理方法，是应该坚壁清野的。"先生用悲愤和冷峻的笔调，对自己的人性解放观念进行了一番总结。

"谦谦君子"语出《谦卦》:"谦谦君子,卑以自牧也。"指唯有君子能体谦谦(屈躬下物,先人后己)之道,常以谦卑自养其德。

"虎视眈眈"语出《颐卦》:"虎视眈眈,其欲逐逐。"形容老虎凶猛地注视,意欲有所追逐。《红楼梦》第四十五回,黛玉与宝钗谈论,说:"你看这里这些人,因见老太太多疼了宝玉和凤姐姐两个,他们尚虎视眈眈,背地里言三语四的,何况于我?"

"朋友讲习"语出《兑卦》:"丽泽,兑;君子以朋友讲习。"丽是并连的意思,兑为泽,此卦上下皆兑,两泽相连,有交相浸润之象。结合人事,朋友互相讲解道理,研讨学业,双方也可互相滋益。南宋吕祖谦在浙江金华开设丽泽书院,为讲学会友之所。"丽泽"之名便取自《周易》,意为两泽相连,其水交流犹如君子朋友通过讲学来交流学问。清人全祖望在《鲒埼亭集外编》卷四十五中,将丽泽书院与岳麓、白鹿洞、象山书院并称为南宋四大书院。

(二)通过调整《周易》字句而形成的成语

此类又可分为三种情况:
1.压缩《周易》字词而成的成语

"履霜坚冰"语出《坤卦·初六》:"履霜,坚冰至。"初六处在卦下第一位,又是阴爻,表示最初虽然只是微霜,但渐渐积累,那么坚冰必然将至。比喻不良的事物如果不在萌芽阶段加以纠正,任由其发展,就会达到严重的地步。该卦的另一语"一朝一夕",则从反面来比喻严重的后果并非是在很短时间内形成的,如《红楼梦》第十回:"人(秦可卿)病到这个地位,非一朝一夕的症候,吃了这药,也要看医缘了。"所谓千里之堤,溃于蚁穴,应当及早防微杜渐。所以《既济卦》又提醒人们"君子以思患而豫防之"。后人略微压缩,便得出了"防患未然"这一成语。

"藏器待时,待时而动"语出《系辞下》:"君子藏器于身,待时而动,何不利之有?"器,《系辞上》谓:"形而上者谓之道,形而下者谓之器。"相对于抽象的"道","器"指具体的物质形态。这里比喻君子应该掌握有利条件,等待时机而行动,以获取成功。

"穷通变化(穷变通久)"语出《系辞下》:"易穷则变,变则通,通则久。"说明事物是在不断地变化的,变化带来的是事物的畅通、长久,以及持久的生命力。

"革故鼎新(鼎新革故)"语出《杂卦》:"革,去故也;鼎,取新也。"《革卦》与

《鼎卦》是《周易》中的一对反对卦,《鼎卦》上离(☲)下巽(☴),巽为木,离为火,木上燃火,有烹饪之象。即以火烧鼎,变生物为熟物,这就有"革故鼎新"之义。变革与出新,更新除旧,社会在不断"去故""取新"中向前发展。

"数往知来"语出《说卦》:"八卦相错,数往者顺,知来者逆。"意为依据八卦变化之道,可顺推往事,逆知来事。由"数往"和"知来"压缩成词。

"见仁见智"语出《系辞上》:"仁者见之谓之仁,知者见之谓之知。"知,同"智"。说明不同的人对易理的理解是有差别的。后人将两句压缩成一语,也说成"仁者见仁,智者见智"。

"物以类聚"语出《系辞上》:"方以类聚,物以群分。"方,指万物之性情。后来两句压缩为一句,指同类的事物聚集在一起。《醒世恒言·张孝基陈留认舅》:"自古道:'物以类聚。'过迁性喜游荡,就有一班浮浪子弟引诱打合。"

"触类旁通","触类"语出《系辞上》:"引而伸之,触类而长之,天下之能事毕矣。""旁通"语出《乾卦·文言》:"大哉乾乎! 刚健中正,纯粹精也。六爻发挥,旁通情也。"后来"触类"和"旁通"合并为"触类旁通",说明易理广大,无所不包。章学诚《文史通义·内篇五·诗话》称钟嵘《诗品》对后世的影响:"事有是非,辞有工拙,触类旁通,启发实多。"

2. 调整原文顺序而成的成语

"罪大恶极"语出《系辞下》:"善不积不足以成名,恶不积不足以灭身。小人以小善为无益而弗为也,以小恶为无伤而弗去也。故恶积而不可掩,罪大而不可解。""恶积"与"罪大"对文,"积"就是"极"。小人积小恶成大恶,最终罪大恶极而自取灭亡。作《周易》者具有强烈的防忧虑患、重视道德修养的劝善思想,所以其中多"吉凶""悔吝""厉咎"等不好的结果。三国时,刘备在临终前教导儿子刘禅时所说的"勿以善小而不为,勿以恶小而为之"(《三国志·蜀书·先主传》),便本之《周易》。

"改过迁善"语出《益卦》:"君子以见善则迁,有过则改。"损,是自损不善。益,则为自益美德。二者都着眼于"修身"之道。"迁善"和"改过"位置互换而成。

"殊途同归"语出《系辞下》:"天下同归而殊途,一致而百虑。"途,道路。《周易》强调"变",正反两端、阴阳两极都是交互变化的,君子只要勤勉谨慎,无论从哪方面都可以提高自身的道德修养。

"耳聪目明"语出《鼎卦》,原作"耳目聪明",即"耳聪""目明"的意思。后人调整这种"并提"的修辞结构，形成了常用的联合式主谓结构。

"应天顺人"语出《革卦》："天地革而四时成，汤武革命，顺乎天而应乎人，革之时大矣哉！"顺、应互文，故将"顺天应人"的次序颠倒而成。

"风虎云龙"语出《乾卦·文言》："同声相应，同气相求。水流湿，火就燥，云从龙，风从虎。"同类事物相互感应，如同明君贤臣相遇投合，这是《周易》以自然现象来比喻人事的基本方法。调整句中字词顺序而成，也作"风云际会"。明代冯梦龙《东周列国志》第二十七回："古来真主百灵扶，风虎云龙自不孤。"可见重耳逃难时随行诸臣之多。

3. 改动或添加少数字词而成的成语

"惩恶扬善"语出《大有卦》，原作"遏恶扬善"。"遏"和"惩"都有止的意思。

"可歌可泣"语出《中孚卦》，原作"或泣或歌"。在相同的位置换字。清代赵翼《瓯北诗话》卷四说白居易《长恨歌》："有声有情，可歌可泣。"

"硕果仅存"语出《剥卦》，原作"硕果不食"。"不食"改为"仅存"，都强调稀少。

"鹤鸣之士"语出《中孚卦》："鸣鹤在阴，其子和之。我有好爵，吾与尔靡之。"比喻笃实诚信而有声望的人。增加"之士"，形成一个完整的偏正结构。《诗经·小雅·鹤鸣》："鹤鸣于九皋，声闻于天。"

"中馈尚虚"语出《家人卦》："无攸遂，在中馈。""中馈"指妇女在家所主管的饮食等事，后人附加"尚虚"二字，表示男子尚未娶妻。又作"中馈乏人"，如清代吴趼人《二十年目睹之怪现状》第七十回："雪舫道：'你今日起，便到处托人做媒，只说中馈乏人，要续弦了。这么一来，外头的谣言自然就消灭了。'"

"朝乾夕惕"语出《乾卦》："君子终日乾乾，夕惕若厉，无咎。"将"乾乾"改为"朝乾"，紧缩而成。意为君子勤奋谨慎不懈，即便面临危险也能免遭咎害，汲取反面教训，"反躬自省"。

"切肤之痛"语出《剥卦》："剥床以肤，切近灾也。"肤，在句中喻指床板。切，接近、靠近的意思。意为床已剥落至床板，灾害离人很近了，增加"之痛"形成偏正结构。由于自身的疏忽，甚至会导致如《坤卦》"积不善之家，必有馀殃"的连锁反应。谨慎行事，积德行善，则会有"积善之家，必有馀庆"的美好结果。清代蒲松龄《聊斋志异·冤狱》："或平昔以睚眦开嫌，或当前以怀璧致罪，故兴讼者以其全力谋正案，而以其馀毒复小仇，带一名于纸尾，遂成附骨之疽，受万罪于公门,竟属切肤之痛。"

"否极泰来",后人根据《周易》六十四卦中的《泰卦》和《否卦》的顺序,添加数字而成。意思是坏的到了尽头,就会好起来。《否卦》和《泰卦》是《周易》里相互颠倒的反对卦,天地交,万物通,一切顺利,是为"泰";天地不交,万物不通,一切不顺利,是为"否"。否和泰是对立统一的,可以相互转化。元代高明《琵琶记》第二十四出:"叹一家破坏,否极何时泰来?"正道出了赵五娘处"否"求"泰"的焦虑心情。

二、由于时代的变化和卜筮效用的淡化,《周易》中部分成语的用法和意义发生了变化,从意义方面可分为两类

《论语·述而》篇提到孔子授徒亦涉及《易》学:"子曰:'加我数年,五十以学《易》,可以无大过矣。'"《周易》代表着中国古代文化的源头,长期以来作为经典供士人们研习,其中有大量语言词汇逐渐融入了新的思想,因而产生了新的特定含义。后来王国维在《观堂集林·与友人论〈诗〉、〈书〉中成语书》里谈到成语字义之转移时说:"古代已有成语,则读古书者可无以文害辞、以辞害志之失矣。"《周易》中这类古今意义产生变化的成语有很多,读古典文献时,应多加注意。

(一)古今词义差别较小的

"枯杨生稊"语出《大过卦》:"枯杨生稊,老夫得其女妻,无不利。"稊,通"荑",树木新生的枝芽。意思是枯槁的杨树生出新枝,年老的男子娶了个年少娇妻,后代常用第二个意思。

"矫揉造作"语出《说卦》:"为矫鞣,为弓轮。"矫,使曲变直。鞣(也作揉),使直变曲。《周易》中本来是指《坎卦》具有像水一样屈曲的特性,后引申为故意做作,不自然。清代崔述在论及诗歌发展至六朝的变化时说:"自沈约始调四声;陈、隋之际,竞尚徘偶;永徽、神龙以后,稳顺声势,谓之律诗,遂驱意以就词;于是诗为矫揉造作之物,不畅其情,而诗又一变。"(《崔东壁遗书·知非集·自序》,顾颉刚编订,上海古籍出版社 1983 年版)

"探赜索隐"语出《系辞上》。孔颖达《周易正义》:"赜,谓幽深难见。"赜、隐

互文。本意指以卜筮探求幽隐难见之理,来判定天下吉凶。后来引申为形容做学问时需广博而精深地考证材料,提倡潜心研究的治学态度。唐代司马贞撰《史记索隐》,"索隐"一词便来源于《周易》。20世纪初,红学研究中形成的索隐派,如蔡元培先生所著的《石头记索隐》,其名称同样源于《周易》。

"二人同心,其利断金"语出《系辞上》:"二人同心,其利断金。同心之言,其臭如兰。"两人齐心,犹如利刃可以切断金属;心意相通的言语,气味如同兰草一样芬芳。《周易》里常指君臣同心协力,无往不利。后代泛指团结一致,力量无穷;也指友谊深厚。

"微显阐幽"语出《系辞下》。本意为通过卜筮来明了原本幽微不明的人事,后引申指通过"辨章学术,考镜源流"的梳理,揭示经典内涵。

"反目成仇"语出《小畜卦》。原作"夫妻反目",指结发夫妻反目离异。后泛指人与人之间关系不和,矛盾激化。《红楼梦》第五十七回,紫鹃劝黛玉说:"娶一个天仙来,也不过三夜五夜,也就撂在脖子后头了,甚于怜新弃旧,反目成仇的多着呢。"

"无往不复"语出《泰卦》。朱熹《周易本义》:"将过于中,泰将极而否欲来之时也。"本为告诫人将有由"泰"转"否"的危险。后人由此归纳出我国古代的辩证法思想,即矛盾正反转化的普遍性和永恒性。

(二)古今词义差别较大,甚至截然相反的

"十八变"语出《系辞上》:"是故四营而成易,十有八变而成卦,八卦而小成。"《易》三变成一爻,一卦有六爻,"十八变"成一卦。因此,"十八变"是《周易》推衍出一卦的基本过程,本为实指,后来才引申用来表示虚数,泛指多变。如今天人们常说的"女大十八变""十八般武艺""黄梅天十八变",以及金庸小说里的"降龙十八掌"等,大多数情况下则泛指多次、多种。

"满腹经纶"语出《屯卦》:"云雷屯,君子以经纶。"段玉裁《说文解字注》:"经,织从(纵)丝也。""纶,青丝绶也。"两字连用,指整理丝线,引申为规划、治理的意思。后来"经纶"逐渐由动词转化为名词,就是才识丰富的意思。宋代洪炎《闻师川谏议至漳州作建除字诗十二韵迓之》:"满腹怀经纶,笔间含露雨。"正是在说这位谏议大夫"满腹经纶,文章含雨露"。

"匪夷所思"语出《涣卦》:"涣有丘,匪夷所思。"清代学者于鬯认为这里

"匪"字当训为指示代词"彼"(《香草校书》卷一,中华书局1984年版),本意为因地势不平坦而有所顾虑。只因历代注家多训"匪"为"非",词义才发生了转变,指超出一般人所能想到的。

"群龙无首"语出《乾卦》:"见群龙无首,吉。"这是《乾卦·用九》爻辞,本来比喻众人俱得志而飞腾,是吉利的。后来则用作贬义,泛指无人领导的混乱状态,被赋予了完全不同的意义。清代丘逢甲《题仲迟月中课读图》:"万里河山方破碎,一家儿女共团圆。群龙无首今何在?雌凤清声夜满天。"

"密云不雨"语出《小畜卦》《小过卦》。孔颖达《周易正义》:"但为密云……不能为雨也……润泽不能行也。"浓云密布却不下雨,比喻恩惠未能施及众人。如今多用来比喻事情正在酝酿,尚未发作。

"三阳开泰"源于《泰卦》下乾(☰)上坤(☷)的卦象。"三阳"表示冬去春来,阴阳消长,万物复苏。"开泰"则有吉祥亨通之象。到了羊年,人们喜欢用"羊"字讨个吉利,便将"阳"改为"羊",意思转变为岁首人们用来互相祝福的吉利话。许多人不知道"三羊开泰"的来历,以为"羊"字是借了太阳的"阳"的谐音,这就讲不通了。《西游记》第九十一回,元宵节那天,唐僧贪欢过了头,乐极生悲,结果被妖怪捕获。悟空前去营救时,看见暗中保护师父的功曹赶了三只羊,嘴里吆喝:"开泰!"功曹解释说:"设此三羊,以应开泰之言,唤做'三阳开泰',破解你师之否塞也。"这同样是借用二字谐音以求吉利。

《周易》中许多本来为"假象寓意"以明人事的卦爻辞,被后人用作文学批评的术语。如:

"言之有物"语出《家人卦》:"君子以言有物而行有恒。"本指日常言语必须切合实物,后来被用来形容文章内容充实,有根有据。也变称"言之无物",用于反指。1917年,胡适发表《文学改良刍议》,提出了文学改良的"八事",第一条便是作品必须"言之有物"。

"出神入化"语出《系辞下》:"精义入神,以致用也。……穷神知化,德之盛也。"本意为穷极神理、通晓变化,后来指创作技巧的超绝。元代王实甫《西厢记·请宴》(金圣叹改评本),红娘唱道:"我不曾出声,他连忙答应。早飞去莺莺跟前,'姐姐'呼之,喏喏连声。"这是红娘摹写张生急切想见莺莺,连忙答应的神态。金圣叹批曰:"真正出神入化之笔!"

"风行水上"语出《涣卦》。本来是解释《涣卦》下坎(水)上巽(风)的卦象,后用以比喻诗文自然流畅,感情真率。清代刘熙载《艺概·文概》评论《庄子》的艺术特色为:"缥缈奇变,乃如风行水上,自然成文也。"

"书不尽言,言不尽意"语出《系辞上》。本来是说明文字与语言、语言与思想之间有一定的距离,后来则形容传统"留白"的艺术境界。也用作书信结尾的习用语,如《三国演义》第二十六回,关羽滞留曹营时,刘备寄上书信一封,末尾写道:"书不尽言,死待来命。"言辞恳切,引得关羽归心似箭,这才有了美髯公千里走单骑的传奇故事。

此外,《周易》对《文心雕龙》的创作也产生了重要的影响。如《原道》篇:"仰观吐曜,俯察含章,高卑定位,故两仪既生矣""人文之元,肇自太极"等,便是综合借用了《周易》里的基本思想与辞句,原本是用来说明卦象以及卦爻辞之产生过程的辞句,被刘勰改造成了"论文"之语。"含章"语出《坤卦·六三》爻辞,本意为蕴含阳刚之美的东西;《系辞上》"仰观俯察""卑高以陈,贵贱位矣",以及"《易》有太极,是生两仪",太极就是天地混沌未分的状态,两仪指天地阴阳。《文心雕龙》用这些词语与《周易》的本意和卦象及卦爻辞是没有多少直接的联系的。

出自《周易》的成语还有很多,比如发蒙解惑(《蒙卦》)、哀多益寡(《谦卦》)、称物平施(《谦卦》)、卑以自牧(《谦卦》)、干父之蛊(《蛊卦》)、周而复始(《蛊卦》,又见《恒卦》)、无妄之灾(《无妄卦》)、灭顶之灾(《大过卦》)、突如其来(《离卦》)、思不出位(《艮卦》)、乐天知命、极深研几、金兰之契(《系辞上》)、舟楫之利、原始要终、安不忘危、各得其所、穴居野处、小惩大诫(《系辞下》)、利市三倍、穷理尽性(《说卦》)等。

语言的形式和使用方法反映着民族固有的文化内涵,经典文献中的成语作为一种被多数人认可和使用的固定结构,尤为凸显这种功用。阅读《周易》,仔细咀嚼、品味这些几千年来作为我们民族精神与民族性格的重要表征的成语,对于继承优秀的传统文化,陶冶情性是很有意义的。

(原载《中华活页文选(成人版)》2005 年第 11 期,收录时略有改动)

附录三 《尚书》中的成语

王亚元
（珠海市第十三中学）

《尚书》是我国最早的政事史料汇编，是中国古代重要的儒家政治思想文献，也是反映我国上古史和古代文化的一部重要儒家经典。《尚书》流传历经磨难无数，真伪相陈，但绵延数千年不曾中断，对中华文化和精神产生了深远的影响。现代汉语词汇中的成语，作为相沿习用的固定词组，多数是古代书面语的产物，而这其中有相当一部分源自《尚书》。在"十三经"这一经学范畴内，相对于《诗经》《论语》《孟子》等书的成语研究，《尚书》成语研究还不够全面、深入，《尚书》的成语研究，较早可追溯到裴学海的《〈尚书〉成语之研究》，1934年发表于当时河北省立第一中学（1932—1946）的年刊《铃铛》上。之后专论性质的文章只有钱宗武《〈尚书〉成语简析》（《达县师范高等专科学校学报》1995年第4期）和钱宗武、孙丽娟《〈尚书〉成语兼论汉语成语的形态标准》（《南山论学集》，北京图书馆出版社2006年版）两篇。鉴于《尚书》重要的历史、文学和文化地位，我们有必要在前人研究的基础上对源自《尚书》的成语进行溯源和条分缕析，探究其在构成形态、意义、用法上的古今变化，还原汉民族传统人文精神中的《尚书》因子。历来《尚书》有今古文之别，本文所列成语不区分今古文。《尚书》原文参引清阮元校刻的《十三经注疏（附校勘记）》（中华书局1980年影印本）。

一、源自《尚书》的成语的形态分析

成语的来源是多种多样的，有神话、寓言、史事、诗文等，但"主要可以分做从书面上得来的和从口头上传下来的两大类"[1]，源自《尚书》的成语属于前者。从构成形态上看，这些成语以《尚书》文本为基础，有的整体源于《尚书》，完整截取原始字句，不做任何改动；有的较之原始形式字数有增删，字序有移换，或者通过概括引申而成，情况比较复杂。下面逐一分析。

---

[1] 胡裕树.现代汉语：增订本[M].上海：上海教育出版社,1981:259.

（一）直接取自《尚书》原句的成语

这类成语的数量占《尚书》成语总量的一半以上。如：

"暴殄天物"的释义主要参考刘洁修《汉语成语考释词典》（商务印书馆1989年版）、朱瑞玟《成语探源辞典》（首都师范大学出版社2008年版）。语出《周书·武成》："今商王受无道，暴殄天物，害虐烝民。"暴，损害，糟蹋。殄，尽，灭绝。指糟蹋灭绝自然界的动植物。后来用来泛指任意屠杀生灵或糟蹋东西。唐常衮《李采访贺收西京表》："顷者，胡羯乱常，崤函失守，暴殄天物，凭陵帝京。"

"兼弱攻昧"语出《商书·仲虺之诰》："佑贤辅德，显忠遂良，兼弱攻昧，取乱侮亡，推亡固存，邦乃其昌。"昧，昏暗。直译为兼并弱小的（国家），进攻政治昏暗的（国家）。

"心劳日拙"语出《周书·周官》："作德，心逸日休。作伪，心劳日拙。"孔安国传："为德直道而行，于心逸豫，而名且美；为伪饰巧百端，于心劳苦，而事日拙不可为。"拙，窘困。指费尽心机，情况却一天比一天糟，含贬义。

（二）调整《尚书》字句而成的成语

所谓"调整"，是指将松散的字句加工成凝练、匀称、言简意丰的四字成语。这部分成语同《尚书》原字句相比，具有丰富的语形变化。主要包含以下五种方式：

1. 紧缩

"肯堂肯构"语出《周书·大诰》："若考作室，既厎法，厥子乃弗肯堂，矧肯构？"意思是父亲盖房子，已经定了计划，可他儿子连堂基都不立，何况是架起房屋呢？考，父亲。厎（zhǐ），致，定。厥，其。矧（shěn），况且，何况。后来用"肯堂肯构"比喻继承父祖的事业。成语"肯堂肯构"紧缩"弗肯堂，矧肯构"而成，由否定变为肯定。清查慎行《敬业堂诗集·传经堂歌卓次厚属赋》："祖父遗书读未成，肯堂肯构夫何有？"

"明刑弼教"语出《虞书·大禹谟》："汝作士，明于五刑，以弼五教，期于予治。"明，通晓。五刑，指墨、劓、剕、宫、大辟五种刑罚。五教，指父义、母慈、兄友、弟恭、子孝五种纲常伦理。孔安国传："弼，辅；期，当也。叹其（皋陶）能以刑辅教，当于治体。"后来用"明刑弼教"指以刑法晓谕民众，借以达到辅助教化的目的。"五刑"与"五典"体现了中国古代统治阶级两种不同的治国手段：刑罚与教化。后代之以"法治"与"德治"。

2. 增字

"贻人口实"语出《商书·仲虺之诰》："成汤放桀于南巢，惟有惭德。曰：'予恐来世以台为口实。'"台（yí），我。口实，可以利用的借口。取原句之"口实"前加"贻人"而成，意义完整，即留给他人可以利用的借口，让人当作话柄。

"知人之明"语出《虞书·皋陶谟》："知人则哲，能官人。"知，认识。哲，明智。官，任用。指有认识人的好眼力。清吴趼人《二十年目睹之怪现状》第七十二回："前任督宪是兄弟同门世好，最有知人之明。"

3. 换字

"多才多艺"语出《周书·金縢》："（旦）多材多艺，能事鬼神。"据王力《同源字典》，"才""材"二字同源，古文献中两字常通用。现代汉语中，表示"才能"之意专用"才"已经成为主流，故"材"易为"才"。

"无稽之谈"语出《虞书·大禹谟》："无稽之言勿听，弗询之谋勿庸。"询，问。庸，用。古今词汇有别，以白话之"谈"替换文言之"言"求得通用。清李汝珍《镜花缘》第七十一回："若花姐姐这话并非无稽之谈。妹妹不妨去查……"

4. 调序

"一心一德"语出《周书·泰誓中》："乃一德一心，立定厥功，惟克永世。""一德一心"前后调换，写作"一心一德"。指思想、信念一致，形容大家有共同的目标。

5. 概括引申

"风行草偃"语出《周书·君陈》："尔其戒哉！尔惟风，下民惟草。"孔安国传："凡人之行，民从上教而变，犹草应风而偃，不可不慎。"《论语·颜渊》："君子之德风，小人之德草。草上之风，必偃。"理解了这两句话便知"风行草偃"是对《尚书》原文的概括引申，比喻道德和文教所产生的感化力量，使百姓顺从。也泛指强大的力量使人顺从。

"面从背违"语出《虞书·益稷》："汝无面从，退有后言。"意为你不要当面顺从，背后又去议论。这是舜告诫禹的话。宋蔡沈《书集传》："违，戾也。言我有违戾于道，尔当弼正其失。尔无面谀以为是，而背毁以为非。"后概括为面从背违，形容当面一套，背后一套。明许仲琳《封神演义》第二十一回："自古人心难测，面从背违；知外而不知内，知内而不知心。"

6. 多源组合

"尸位素餐","尸位"语出《夏书·五子之歌》:"太康尸位以逸豫,灭厥德,黎民咸贰。"尸,主。古代祭祀时,鬼神的代表叫尸。像鬼神的代表一样处在位子上而不做事,叫"尸位"。"素餐"语出《诗经·魏风·伐檀》:"彼君子兮,不素餐兮。"后四字成文,原指空占着职位不做事而白吃饭,后也用作谦语,表示做事未能尽到责任。

"嘉言懿行","嘉言"语出《虞书·大禹谟》:"允若兹,嘉言罔攸伏,野无遗贤,万邦咸宁。""懿行"语出《旧唐书·柳玭传》:"实艺懿行,人未必信;纤瑕微累,十手争指矣。"后四字成文,指美好的、使人能受益的言论和行为。

"多源组合"成语确切地说应该是"双源"的,即分别来自《尚书》和另外一种文献,但这里我们取"一"与"多"相对的惯常说法,称为"多源组合"。相似的还有"和衷共济""光天化日""光前裕后"和"正人君子"等,以并列式联合短语居多。多源组合式成语的语素虽然来自不同典籍,却能前后相合,四字成文,这是汉语构词灵活性和能产性的生动体现。

二、源自《尚书》的成语的语义分析

(一)语义结构

汉语成语是中华民族智慧的结晶,不仅具有浓厚的民族特色,而且往往包含着精辟、深刻的含义。源于《尚书》的成语是来自古代书面文献的雅语,语义的稳定性比较强,古今语义变化不大。以下主要从两个层面分析成语的语义结构。

1. 字面意义和实际意义

成语字面意义是语素的直接组合义,也叫本义或表层意义。实际意义或称深层意义,多是从本义派生出来的(引申义)或通过比喻形成的(比喻义)。源于《尚书》的成语的字面意义同实际意义的关系有三种情况:

(1)字面意义等于实际意义。成语的语义由各语素义直接组合而成,可按字面意思理解。如:

"伐功矜能",夸耀自己的功劳和能力,语出《虞书·大禹谟》。

"人心惟危",人心险恶,语出《虞书·大禹谟》。惟,语气助词。

(2)既有字面意义,又有实际意义。如:浩浩荡荡(浩浩汤汤)。

①《岳阳楼记》:"衔远山,吞长江,浩浩汤汤,横无际涯。"

②《红楼梦》第十四回:"一时只见宁府大殡浩浩荡荡,压地银山一般从北而至。"

按:"浩浩""荡荡""汤汤"都是水大的样子,同出于《虞书·尧典》:"汤汤洪水方割,荡荡怀山襄陵,浩浩滔天。"浩浩荡荡(浩浩汤汤)字面意义是形容水势浩大,后引申指规模、声势、场面等的壮阔。① 例用字面意义,② 例用引申义。这两个意义在现代汉语中仍然使用。

(3)字面意义消失,深层意义充当实际意义。如:

"牝鸡司晨",字面意义是母鸡报晓,实际意义是比喻女人掌管政权或干预朝政。语出《周书·牧誓》:"古人有言曰:'牝鸡无晨。牝鸡之晨,惟家之索。'今商王受,惟妇言是用。"索,尽也。

"日月重光",字面意义是太阳和月亮重放光芒,引申为黑暗时期已经过去,出现了清明的局面。语出《周书·顾命》:"昔君文王、武王宣重光。"孙星衍《尚书今古文注疏》:"重光者,言文武化成之德,比于日月也。"

成语的深层意义有的在《尚书》篇章中就已经衍生出来了,有的则是在后世使用过程中逐渐产生的。就现在来看,绝大部分《尚书》中的成语的字面意义早已少用甚至不用,融合性、抽象性的比喻义和引申义往往已经取代了组合性、形象性的字面意义。

2. 基本意义和色彩意义

有些成语除基本意义之外,还有附加的色彩意义(感情色彩、语体色彩、风格色彩等),这里我们主要讨论感情色彩。源于《尚书》的成语的感情色彩基本上可以通过成语的语义内容而彰显出来,凡是肯定的、正面的意义往往带有褒义色彩,反之,则带有贬义色彩。如:不矜不伐、和衷共济、嘉言懿行、克勤克俭、舍己从人、孜孜不倦等成语具有明显的褒义;暴殄天物、不齿于人、不矜细行、独夫民贼、功亏一篑、面从背违、杀人越货、玩物丧志、诪张为幻、作威作福等成语则明显具有贬义。也有少数成语的感情色彩发生了改变。如多源组合成语"正人君子","正人"语出《周书·洪范》:"凡厥正人,既富方穀。""君子"语出《论语·学而》:"人不知而不愠,不亦君子乎?"原指品行端正的人,褒义色彩较浓,现多用来讽刺假装正经的人,含贬义。又如"发号施令",语出《周书·冏命》:"发号施令,罔有不臧。"本义是发布命令,具有中性色彩,现在常用来形容指挥别人,含贬义。

(二)语义叙述方式

与单个词义的概念性特征相区别,"成语是词与词合成的叙述性语言单位,通过具体的描述,使语义含有形象化的内容"①。也就是说,成语语义具有叙述性特征。源于《尚书》的成语尽管书面色彩较浓,但仍然秉承了汉语成语生动有力、言简意赅的特点,其语义内容的叙述方式主要有描述性和表述性两类:

第一,描述性成语。描述性成语通过描述人的情貌、动作、行为或事物的性质状态来表情达意,富于鲜明形象,具有极强的表现力。如:百兽率舞、洞若观火、风行草偃、虎尾春冰、唾面自干、血流漂橹、玉石俱焚、朽索驭马。这些成语以具体可感的意象,通过比喻、夸张、示现等方式表现出所描述事物的特征,借助类比和联想,人们可以认知到字面所投射的深层意义区域。这种"隐喻"手法的成熟运用是汉民族以形象思维占优势的思维方式的表现。

第二,表述性成语。表述性成语通过判断或推理,寓某种知识性的经验或认识于简洁凝练的四字成语之中,耐人寻味,意蕴深远。如:玩物丧志、有备无患、习与性成、惟口兴戎、时不可失。这类成语所蕴含的经验本来抽象而隐微,"现在却经过成语以生活中常见的平凡意象表现出来,使人们很快由生活的经验领悟到人生的哲理"②。以最朴实的语言和生活现象传递给我们最实在、最有启迪意义的人生经验和哲理,这是古人运用语言的高超智慧。

三、源自《尚书》的成语的其他形式

结构的凝固性是成语的根本属性之一。流传至今的古汉语成语,是在长期的历史演变中逐渐稳固下来的一种通行形式,或者说是典型形式。从历时的维度看,源自《尚书》的成语语形在实际运用中始终保持着动态的变化趋势。以《成语探源辞典》为例,书中总结出的94条源自《尚书》的成语,有53条在《汉语成语考释词典》中作者以"又作""也作""间或有"的方式给出了历史上(清代以前)存在于文献中的不同形式。如:除恶务尽——除莠务尽;洞若观火——燎若观火、明若观火;舍己从人——舍己徇人、舍己为人、舍己救人;不可名状——不可比状、名状不可、莫可名状、未易名状、无可名状。

---

① 温端政.汉语语汇学[M].北京:商务印书馆,2005:115.
② 周光庆.成语内部形式论[J].华中师范大学学报(哲学社会科学版),1994(5):116.

这些成语的非通行形式,在语序、语素上与通行形式具有明显的差异,但基本意义和感情色彩基本保持了一致,可以替换使用。这种现象其实也反映出成语发展演变的一条普遍规律——在意义相同或相近的前提下,可以变换语序或者变更语素。简要分析如下(括号内为通行形式):

(一)语序不同

"草偃风行(风行草偃)",《官场现形记》第二十回:"现在几个月下来,居然上行下效,草偃风行,兄弟心上甚是高兴。"

"令色巧言(巧言令色)",明瞿佑《剪灯新话·爱卿传》:"惟知倚门而献笑,岂解举案以齐眉。令色巧言,迎新送旧,东家食而西家宿。"

"放牛归马(归马放牛)",唐王棨《麟角集·倒载干戈赋》:"罢刃销金,遂无惭于齐帝;放牛归马,德宁愧于周王。"

(二)语素不同

"不拘细行(不矜细行)",《太平广记·李邕》引《谭宾录》:"天宝初,(邕)为汲郡北海太守,性豪侈,不拘细节。"

"燎如观火(洞若观火)",《平斋文集·饶州堂试》:"亮负王佐之才,得失胜负,燎如观火。"

总之,源自《尚书》的成语流传至今,虽然在形态上经历了复杂的变化,但基本语义古今差别不大,而且很好地秉承了汉语成语言简意赅、生动形象的特点,具有极强的生命力。传世经典文献中的成语,作为一种被多数人认可和使用的固定结构,其语言的形式和使用方法反映着民族固有的文化内涵,也是我们民族精神和民族性格的重要表征。《尚书》行文之佶屈聱牙是不争的事实,但它所蕴含的人文精神却早已融入中华民族的文化基因中。今日我们仍需仔细咀嚼、品味这些意味深远的成语,借此继承我们优秀的传统文化,砥砺我们的情性与品格。

(原载《〈十三经辞典〉编纂纪念文集》2016年版第302—306页,收录时略有改动)

附录四 "三礼"中的成语

罗时伟
（深圳第二外国语学校）

"三礼"指《周礼》《仪礼》《礼记》，是儒家传世经典"十三经"的重要组成部分。《周礼》，是"十三经"中唯一一部阐述儒家理想官制的典籍，对中国古代官制的建置产生了深远的影响。《周礼》涉及范围广泛，城乡建置、礼乐兵刑、天文历法、宫室车服、农商医卜、工艺制作等几乎无所不包。《仪礼》详细记录了我国上古时代的诸多礼仪，是反映中国上古社会民俗民风、宗教文化、伦理道德等的重要典籍。《礼记》是一部先秦至两汉时期儒家关于各种礼仪的论著以及礼学文献的汇编。它的内容庞杂，既阐释了《仪礼》所载各种礼仪制度的意义，也简要记述了夏商周三代所传之礼，其中还包括孔子及弟子关于礼的问答对话等。《礼记》与《仪礼》《周礼》相互补充，相互印证，是"三礼"中对后世思想文化产生很大影响的一部儒家礼学著作。

除了承载大量政治文化、礼仪习俗等方面的信息外，"三礼"还从源头上极大地丰富了中华民族的共同语——汉语。我们今天日常生活中的很多成语，追根溯源，不少都源自"三礼"。

一、成语的意思与"三礼"中的原意差别不大，从形式上可分为两类

（一）直接取自"三礼"原文的成语

"半途而废"语出《礼记·中庸》："君子遵道而行，半途而废，吾弗能已矣。"意思是半路停下来不再前进，比喻事情还没有完成就停止下来。《论语·雍也》："力不足者，中道而废。""中道而废"一语，与此同义。

"并行不悖"语出《礼记·中庸》："万物并育而不相害，道并行而不相悖。"意思是同时进行，不相抵触。

"博闻强识"语出《礼记·曲礼上》："博闻强识而让，敦善行而不怠，谓之君子。"识，记，也作"志"。指的是见闻广博，记忆力强。《荀子·解蔽》："传曰：

'析辞而为察,言物而为辨,君子贱之;博闻强志,不合王制,君子贱之。'此之谓也,为之无益于成也。"

"孤陋寡闻"语出《礼记·学记》:"独学而无友,则孤陋而寡闻。"指的是学识浅陋贫乏,见闻狭隘闭塞。晋葛洪《抱朴子·外篇·自叙》:"年十六,始读《孝经》《论语》《诗》《易》。贫乏无以远寻师友,孤陋寡闻,明浅思短,大义多所不通。"

"教学相长"语出《礼记·学记》:"虽有至道,弗学,不知其善也。是故学然后知不足,教然后知困。知不足,然后能自反也。知困,然后能自强也。故曰:教学相长也。"指通过教授、学习,学生获得进步,教师也得到提高,教和学相互促进。

"量入为出"语出《礼记·王制》:"冢宰制国用,必于岁之杪,五谷皆入,然后制国用……量入以为出。"指根据收入的多少来定支出的限度。《三国志·卫觊传》:"当今之务,宜君臣上下,并用筹策,计校府库,量入为出。"

"倾耳而听"语出《礼记·孔子闲居》:"倾耳而听之,不可得而闻也。"指侧着耳朵来听,即注意听取。《战国策·秦策一·苏秦始将连横》:"(苏秦)妻侧目而视,倾耳而听。"

"入境问禁"语出《礼记·曲礼上》:"入竟而问禁,入国而问俗,入门而问讳。"竟,"境"的本字。唐孔颖达疏:"禁,谓国中政教所忌。凡至竟界,当先访问主国何所禁也。"进入别国的疆界,先问清该国的禁忌。

"特立独行"语出《礼记·儒行》:"儒有澡身浴德,……世治不轻,世乱不沮,同弗与,异弗非也。其特立独行有如此者。"指立身和行事不同于流俗,形容情操高尚,志趣纯正,不随波逐流。宋释惠洪《石门文字禅》卷二十一《五慈观阁记》:"古之仁人,将有为于世也,必特立独行,自行其志。"

"温柔敦厚"语出《礼记·经解》:"入其国,其教可知也。其为人也,温柔、敦厚,《诗》教也。"指温和柔顺,诚恳宽厚,多形容诗文的特点,后也用来形容人的气质。宋杨时《龟山集》卷二《荆州所闻》:"为文要有温柔敦厚之气。"

"先人后己"语出《礼记·坊记》:"君子贵人而贱己,先人而后己,则民作让。"指先为别人着想,然后才想到自己。《三国志·许靖传》:"自流宕以来,与群士相随,每有患急,常先人后己,与九族中外同其饥寒。"

"心不在焉"语出《礼记·大学》:"心不在焉,视而不见,听而不闻,食而不知其味。"指思想不集中。唐李翱《答韩侍郎书》:"如离娄与瞽夫偕行而同坠沟中,或以无目不见坑而坠,或以心不在行忧思之病而坠,所以坠则殊,其所以为坠则同也。天下如瞽者鲜,则其坠者皆离娄也,心不在焉故也。"

"移风易俗"语出《礼记·乐记》:"故乐行而伦清,耳目聪明,血气和平,移风易俗,天下皆宁。"指改变旧的、不良的社会风气和习惯。李斯《谏逐客书》:"孝公用商鞅之法,移风易俗,民以殷盛,国以富强。"

(二)通过调整字句而形成的成语

1. 压缩合并字词而成的成语

"谨言慎行"语出《礼记·缁衣》:"子曰:'君子道人以言,而禁人以行。故言必虑其所终,而行必稽其所敝,则民谨于言而慎于行。'"指说话小心,行动谨慎。明朱国桢《涌幢小品》卷十七《笃行》:"(叶广彬自诵曰)八十年来识更真,深知言行切修身,谨言慎行无些过,细数吾乡有几人?"

"美轮美奂"语出《礼记·檀弓下》:"晋献文子成室,晋大夫发焉。张老曰:'美哉轮焉! 美哉奂焉!'"郑玄注:"心讥其奢也。轮,轮囷,言高大;奂,言众多。"后来用美轮美奂形容房屋高大美观。

"生杀予夺"语出《周礼·春官·内史》:"内史掌王之八枋之法,以诏王治:一曰爵,二曰禄,三曰废,四曰置,五曰杀,六曰生,七曰予,八曰夺。"后来用生杀予夺指有权势的人所掌握的能任意处置人民生命财产的权力。唐杜牧《樊川文集》卷十三《上宣州崔大夫书》:"今藩镇之贵,土地兵甲,生杀予夺,在一出口。"

"文治武功"语出《礼记·祭法》:"汤以宽治民而除其虐,文王以文治,武王以武功,去民之灾,此皆有功烈于民者也。"指文化教育和军事方面的业绩。

"行远自迩"语出《礼记·中庸》:"君子之道,辟如行远必自迩,辟如登高必自卑。"指到远处去必须从近处起步,比喻学习、做事要由浅入深,扎扎实实,循序渐进。清张伯行《困学录集粹》:"学者不可不志于远大,亦不可骤期乎远大。盖行远自迩,登高自卑也。"

"一成不变"语出《礼记·王制》:"刑者,侀也;侀者,成也。一成而不可变,故君子尽心焉。"侀,通"型"。原指刑法一经制定,就不得随意变更。后多用来转指一经形成,就固定下来不再改变。白居易《太湖石记》:"岂造物者有意于其间乎? 将胚浑凝结偶然而成功乎? 然而自一成不变已来,不知几千万年。"

2. 改动或添加少数字词而成的成语

"不共戴天"语出《礼记·曲礼上》:"父之仇,弗与共戴天。"又《檀弓上》:

"子夏问于孔子曰:'居父母之仇,如之何?'夫子曰:'……弗与共天下也。'"原指子女与父母的仇敌誓不两立,不在一个天底下生活。后来用不共戴天形容仇恨极深。宋李心传《建炎以来系年要录》卷六《建炎元年六月庚申》:"报不共戴天之仇,雪振古所无之耻。"

"明辨是非"语出《礼记·曲礼上》:"夫礼者,所以定亲疏,决嫌疑,别同异,明是非也。"后来用明辨是非指清楚地辨别哪是对的哪是错的。欧阳修《欧阳文忠公集·书简三·与王懿敏公(嘉祐七年)》:"某窃位于此,不能明辨是非,默默苟且,负抱愧耻,何可胜言。"

"人浮于事"语出《礼记·坊记》:"故君子与其使食浮于人也,宁使人浮于食。"郑玄注:"食,谓禄也,在上曰浮。禄胜己则近贪,己胜禄则近廉。"原指人的任职能力高于所得的报酬(俸禄)。后世多作人浮于事,指人员的数目超过工作的需要或人多事少。《儿女英雄传》第二回:"他从前就在邳州衙门,如今在兄弟这里,人浮于事,实在用不开。"

"瑕不掩瑜"语出《礼记·聘义》:"瑕不掩瑜,瑜不掩瑕,忠也。"后来用瑕不掩瑜比喻缺点掩盖不了优点,缺点是次要的,优点是主要的。

"油然而生"语出《礼记·乐记》:"礼乐不可斯须去身。致乐以治心,则易、直、子、谅之心油然生矣。"也见《礼记·祭义》。形容某种好的思想感情自然而然地产生出来。苏洵《嘉祐集》卷十七《苏氏族谱》:"呜呼!观吾之谱者,孝弟(悌)之心可以油然而生矣。"

二、由于时代的变化,"三礼"中的部分成语用法和意义发生了变化,从意义上可分为两类

(一)古今词义差别较小的

"不苟言笑"语出《礼记·曲礼上》:"不苟訾,不苟笑。"《大戴礼记·曾子本孝》作"不苟笑,不苟訾"。指不随便说话。后来用不苟言笑形容态度庄重或表情刻板。《二十年目睹之怪现状》:"那做房官的,我看见他,都是气象尊严,不苟言笑的,那种官派,我一见先就怕了。"

"礼尚往来"语出《礼记·曲礼上》:"礼尚往来,往而不来,非礼也;来而不往,亦非礼也。"指礼节上讲究有来有往。清徐震《后七国志》第十八回:"今燕与赵为唇齿,齐已复国,宜礼尚往来,相与保守。"后也用来指你对我怎么样,我

也对你怎么样。

"心广体胖"语出《礼记·大学》："富润屋,德润身,心广体胖,故君子必诚其意。"指心境开阔坦荡,身体安泰舒适。后多用来指心情舒畅,身体健壮。明李贽《续焚书》卷一《答刘晋川书》："令郎外似痴而胸中实秀颖,包含大志,特一向未遇明师友耳。自到此,笑语异常,心广体胖矣。"

(二)古今词义差别较大的

"仁至义尽"语出《礼记·郊特牲》："岁十二月,合聚万物而索飨之也……禽兽,仁之至,义之尽也……蜡之祭,仁之至,义之尽也。"孔颖达疏："不忘恩而报之,是仁;有功必报之,是义也。蜡祭有仁义之至尽也。"本指身体力行仁义之道,已经尽了最大的努力。后多用来形容对人的关怀、爱护和帮助,已经做到最大的限度。陆游《剑南诗稿》卷七十七《秋思十首(其十)》："虚极静笃道乃见,仁至义尽余何忧。"

"无征不信"语出《礼记·中庸》："上焉者,虽善无征,无征不信,不信民弗从。"郑玄注："上,谓君也。君虽善,善无明征,则其善不信也。"意思是君主没有好的实际表现,人民就不信服。后多用来指没有证据人们就不相信。李贽《焚书》卷一《复宋太守》："且无征不信久矣,苟不取陈语以相证,恐听者益以骇愕,故凡论说,必据经引传,亦不得已焉耳。"

"坐而论道"语出《周礼·冬官考工记》："或坐而论道,或作而行之,……坐而论道,谓之王公;作而行之,谓之士大夫。"意思是无固定职守的大臣,专门陪侍君主谋虑国事、议论政令。晋傅玄《傅子》："(司空陈群又荐宁曰)昔司空荀爽,家拜光禄,先儒郑玄,即授司农,若加备礼,庶必可致。至延西序,坐而论道,必能昭明古今,有益大化。"

出自"三礼"的成语还有很多,比如:报来知往、不可企及、不胜其弊、发蒙振聩、耕一余三、观者如堵、极天际地、加人一等、嘉肴旨酒、君子之交、累珠妙曲、面有菜色、穷原竟委、三牲九鼎、帷幕不修、席上之珍、一言而尽、澡身浴德、至死不变等。

"三礼"中的成语,内容较广,数量可观,较大地丰富了古代汉语的词汇,对汉语词汇的发展产生了不可估量的影响。如今,有不少成语仍以其经久不衰的生命力和穿透时空的永恒魅力出现在人们的日常交际和书面应用之中。

（原载《四川理工学院学报（社会科学版）》2009年第A1期，收录时略有改动）

附录五　《左传》中的成语

黄耀明

（陕西师范大学美术学院）

《左传》成语在传播《左传》精华文化过程中扮演着重要角色，也是学习上古汉语的好语料，因而对其进行全面而深入的研究具有重要意义。对于专书成语研究来说，《左传》成语研究又具有很强的典型性。然而其研究仍处在起步阶段，有待继续深入。本文从数量、形成、结构、语义等四方面对其进行较为全面、深入的探索研究，希望能对专书成语研究和成语辞书编撰有所补益。

我们根据中国社会科学院语言研究所词典编辑室编的《现代汉语词典》以及相关论著，将成语界定为：成语是一种长期沿用、结构稳定、形式简洁凝固、意义完整定型、具有书面色彩的短语。

广义地讲，《左传》成语就是在《左传》一书范围内出现的成语。从来源看，它应包括三部分：书中源于前代典籍的成语、完全源自该书的成语和其中主要词语源自该书的成语等。狭义地讲，指源于《左传》的成语，即后两部分。本文主要讨论狭义的《左传》成语。

一、《左传》成语的数量

我们采用查检成语辞书与爬梳《左传》中有可能是成语的短语相结合的方法确定其数量，以求穷尽所有《左传》成语。并根据乔永在《成语鉴别与成语词典收词标准的量化定性研究》中提出的成语鉴别标准，对每一条成语进行鉴别考证。

李小燕、李晓静在《〈左传〉成语初探》中统计《中国成语分类大词典》（新世界出版社1989年版）中来自《左传》的成语数量为323条。[①] 那么，其他辞典怎

---

① 李小燕,李晓静.《左传》成语初探[J].九江师专学报(哲学社会科学版),2004,23(3):64.

样？我们先统计了三部大型辞书以了解辞典中的收录情况。

按照原辞典立目的情况，《汉语成语大全》共有《左传》成语 363 条[①]；《汉语成语辞海》共有 390 条[②]；《中国成语大辞典》共有 275 条[③]。上述三部大型权威成语辞典不但收词量有差别，而且两部成语辞典所收的成语中，有许多是同义同源异形成语（语义相同、语源相同、词形不同的一组成语），甚至同一部辞典内的成语也有一些，并视其为不同的成语予以立目。比如，《汉语成语大全》把"声明文物"和"文物声明"看作两个不同的成语；《汉语成语辞海》把"旗靡辙乱"和"辙乱旗靡"看作两个不同的成语；《中国成语大辞典》把"庚癸之呼"和"呼庚呼癸"看作两个不同的成语。所以，完全按照辞典的立目进行统计，得出的数量是不可靠的。

因此，我们认为，在统计一部专书内的成语时，首先要对同义同源异形成语拟定一个统计标准。根据《左传》成语的实际，我们将一组同义同源异形成语视为同一个成语。在这几个形式中，将人们普遍使用的形式称为通用形式，其他形式都称为变用形式。并选取通用形式代表该成语，比如，在上例中，用"声明文物""旗靡辙乱""庚癸之呼"作为代表。

按照上述成语定义和成语鉴别标准，我们对以上三部辞典中的《左传》成语进行逐条分析，合并同义同源异形成语，取通用形式作为该成语的形式，进而得出三大辞典所收成语的实际数量，详见下表：

三大权威成语辞典所收《左传》成语数量分析统计表

书名	立目数量	实际数量	收词总量	出版社	版次
《汉语成语大全》	363	333	43000	商务印书馆国际有限公司	2007
《汉语成语辞海》	390	361	25000	武汉出版社	1999
《中国成语大辞典》	275	265	18000	上海辞书出版社	1987

注：立目数量是原辞典所认为的数量，即直接或间接标明"语本""语见"于《左传》的成语数量，是广义《左传》成语的数量。如《汉语成语大全》中"含垢藏瑕""含垢纳污"的释义均为"见'含垢藏疾'"，而又没有标明"语见"，而"含垢藏疾"却被认为"语见"《三国志》，我们就尊重辞典立目规则，认为《左传》成语立目数量不包含这 3 个。实际数量是按辞典条目合

[①] 梅萌. 汉语成语大全[Z]. 北京：商务印书馆国际有限公司,2007.
[②] 朱祖延. 汉语成语辞海[Z]. 武汉：武汉出版社,1999.
[③] 王涛,等. 中国成语大辞典[Z]. 上海：上海辞书出版社,1987.

并同义同源异形成语为一个之后所计算的数量。如"含垢匿瑕"和"匿瑕含垢"均被《汉语成语大全》认为"语见"《左传》,立目数量为 2 个。而我们仍将其合并为一,认为实际数量是 1 个。

再合并这三部辞典之间的同义同源异形成语,从而得出三大成语辞典共有《左传》成语 498 条。这些都是在辞典中标明"语见"或"语本"于《左传》的成语,即广义《左传》成语。经考证,其中有 24 条成语源自前代典籍。所以实际源自《左传》的成语共有 474 条。

诚然,这 474 条成语还不是《左传》成语的全部。为了穷尽其成语,我们在《左传》中爬梳,搜索出所有可能是成语的短语,再检索各种古今文献考察其使用频度,最后按照上述鉴别标准确定了另外 163 条见于《左传》的成语。据多方查证,其中 156 条散见于 29 部大中型成语辞书,尤其是《中国成语分类大词典》①和《成语辞海》②。其余 7 条是我们发现的源于《左传》的成语,未见于所查成语辞书,它们是由是观之、事未可知、授方任能、内平外成、君明臣忠、敬教劝学、宠而不骄。在上述 156 条成语中,又有 32 条源自其前典籍,所以,实际上源自《左传》的有 131 条。总之,我们经过查找辞典和搜索《左传》,最终找到了源自《左传》的成语共 605 条。

我们按照这 605 条成语,参考清阮元校勘本《左传》和陈戍国《春秋左传校注》以探其源头,细核原文,并参考《春秋左传正义》(孔颖达)、《春秋左传注》(杨伯峻)、《白话左传》(冯作民)、《白话左传》(杨伯峻、徐提)和《左传译注》(李梦生)以细究语义,纠正了原辞典的语源或释义错误,补出了成语语素义和原义③,以便于分析语义演变,从而建立了约 11 万字的《左传》成语语料库,编辑了《左传》成语辞典。在此基础上,尽我们所能对此进行较为全面深入的研究。

---

① 韩省之.中国成语分类大词典[Z].修订本.北京:新世界出版社,1996.
② 胡汝章.成语辞海[Z].北京:中国卓越出版公司,1990.
③ 例如《中国成语大辞典》认为"楚囚相对"出自《左传·成公九年》:"晋侯观于军府,见钟仪,问之曰:'南冠而絷者,谁也?'有司对曰:'郑人所献楚囚也。'"我们考证后发现,"楚囚相对"并非源于此处。"相对"意为相对而泣,而非此处"以楚囚对答"之意。又如《汉语成语大全》中"含垢藏瑕""含垢纳污""含垢匿瑕""含垢弃瑕"的释义均为"见'含垢'",其语源同为《左传·宣公十五年》:"川泽纳污,山薮藏疾,瑾瑜匿瑕,国君含垢,天之道也。"并按"藏污纳垢"释义:污、垢,污秽、肮脏的东西。纳,接受。包藏容纳肮脏污秽之物,也指包容污垢,隐匿缺失。本来形容为了长远利益而能包容大度,后用以比喻隐藏或包容坏人坏事。

二、《左传》成语的形成方式

这里所谓的形成方式是指成语的语言形式从原始形式演变为现行形式的方法。由于《左传》成语中很大一部分都属同义同源异形成语,一条成语有几种不同的形式,我们用其通用形式代表该成语来分析其形成方式。通过逐一对照语源和分析,我们从这 605 条成语中归纳出七类基本形成方式,以数量由多到少的顺序分述如下:

(一)摘取原形

指摘取《左传》中已有的原始形式形成。这些原始形式有些是原书一句中已成形的(前后均有语音停顿),有些则是从原句中截取的。通过这种方式形成的成语共有 369 条,约占全部成语的 61%,例如:

  济河焚舟 《左传·文公三年》:"秦伯伐晋,济河焚舟,取王官及郊。"[1]

(二)压缩语句

指压缩一句之内的原始形式而形成。通过这种方式形成的成语共有 112 条,约占全部成语的 18.5%。该方式可以根据原始形式的长短分为两种情况:

1. 句内合并压缩

具有两个语音停顿以上的句子,已有该成语的主要语素,句意自足,压缩句子的大量成分以表原意。通过这种方式形成的成语共有 80 条。例如:

  仁言利博 《左传·昭公三年》:"仁人之言,其利博哉!"[2]

2. 语内删词压缩

一个语音停顿之内的短语形式,已完全具备现行成语各语素,删去中间的一些连词、代词等成分压缩而成。一般所删之词不超过两个。通过这种方式形成的成语共有 32 条。例如:

  数典忘祖 《左传·昭公十五年》:"数典而忘其祖。"[3]

---

[1] 陈戍国.春秋左传校注[M].长沙:岳麓书社,2005:291.
[2] 陈戍国.春秋左传校注[M].长沙:岳麓书社,2005:826.
[3] 陈戍国.春秋左传校注[M].长沙:岳麓书社,2005:962.

(三) 概括语义

指从历史故事、事理论述等原始语料中概括出简洁的形式来表达语义。原始语料一般没有主要语素,多在数句以上。通过这种方式形成的成语共有38条,约占全部成语的6.3%。例如:

> 爱鹤失众 《左传·闵公二年》:"冬十二月,狄人伐卫。卫懿公好鹤,鹤有乘轩者。将战,国人受甲者皆曰:'使鹤!鹤实有禄位,余焉能战?'"①

(四) 扩展短语

指扩展原始短语形式而形成。通过这种方式形成的成语共有30条,约占全部成语的5%。可分为两种情况:

1. 据意增词扩展

指一句之内的原始形式中已有至少两个成语语素,添加一到两个语素而形成。一般不改变原意。通过这种方式形成的成语共有29条。例如:

> 政出多门 《左传·成公十六年》:"晋政多门,不可从也。"②

2. 变意转型扩展

指受原始形式启发,为表达另外一种与之相关的意思而扩展为现有形式。现有形式与原始形式有明显不同的结构和语素。此类仅有1条成语。

> 无源之水,无本之木 《左传·昭公九年》:"我在伯父,犹衣服之有冠冕,木水之有本原,民人之有谋主也。"③

(五) 替换词语

指一句之内的原始形式中已具备成语的基本语素和结构,改换一两个词而形成。通过这种方式形成的成语共有21条,约占全部成语的3.5%。例如:

> 宁缺毋滥 《左传·襄公二十六年》:"若不幸而过,宁僭无滥。"④

---

① 陈戍国.春秋左传校注[M].长沙:岳麓书社,2005:155.
② 陈戍国.春秋左传校注[M].长沙:岳麓书社,2005:512.
③ 陈戍国.春秋左传校注[M].长沙:岳麓书社,2005:897.
④ 陈戍国.春秋左传校注[M].长沙:岳麓书社,2005:701.

(六)分取合并

指分别摘取不同语句中的词或词组合并而成。通过这种方式形成的成语共有 7 条,约占全部成语的 1.2%。又可以分为两类:

1. 分取《左传》篇章内不同句子的语词合并而成

此类共有 4 条成语。例如:

　　幸灾乐祸　《左传·僖公十四年》:"幸灾不仁。"①又《庄公二十年》:"今王子颓歌舞不倦,乐祸也。"②

2. 分取《左传》和其他典籍中的语词合并而成

此类共有 3 条成语。例如:

　　土牛石田　《左传·哀公十一年》:"得志于齐,犹获石田也,无所用之。"③《礼记·月令》:"命有司,大难,旁磔,出土牛,以送寒气。"④

(七)改变语序

指改变原始形式的顺序而形成。通过这种方式形成的成语共有 5 条,占全部成语的 0.8%。例如:

　　生死存亡　《左传·定公十五年》:"夫礼,死生存亡之体也。"⑤

以上七大类十种是形成《左传》成语的单一方式,在实际分析中发现,少数成语是合用其中两种甚至三种方式形成的。经分析统计,合用两种以上形成方式的成语共 23 条,占全部成语的 3.8%。共有如下十种组合方式:替换词语 + 语内删词压缩(5 条)、分取合并 + 语内删词压缩(4 条)、替换词语 + 改变语序(3 条)、语内删词压缩 + 据意增词扩展(3 条)、压缩语句 + 替换词语(2 条)、压缩语句 + 据意增词扩展(2 条)、压缩语句 + 改变语序(1 条)、分取合并 + 替换词语(1 条)、分取合并 + 改变语序(1 条)、替换词语 + 语内删词压缩 + 据意增词扩展(1 条)。

---

① 陈戍国.春秋左传校注[M].长沙:岳麓书社,2005:198.
② 陈戍国.春秋左传校注[M].长沙:岳麓书社,2005:121 – 122.
③ 陈戍国.春秋左传校注[M].长沙:岳麓书社,2005:1286.
④ 十三经注疏·礼记正义[M].北京:北京大学出版社,1999:559.
⑤ 李小燕,李晓静.《左传》成语初探[J].九江师专学报(哲学社会科学版),2004,23(3):66.

三、《左传》成语的语法结构

《〈左传〉成语初探》已经初步探讨了《左传》成语的部分结构,把其语法结构分为十类:主谓关系、并列关系、述宾关系、述宾补关系、对举关系、比况关系、目的关系、偏正关系、因果关系、承接关系。① 我们认为这样分析欠妥。因为成语是固定短语,而不是句子,不能把复句间的语义关系简单杂糅到短语语法之中。

我们参考王宁、邹晓丽主编的《词汇应用通则》所述的成语语法结构和黄伯荣、廖序东主编的《现代汉语》所述的短语语法结构,对《左传》成语进行逐一分析后,将《左传》成语的结构分为十一种:主谓结构、联合结构、紧缩结构、状中结构、定中结构、述宾结构、中补结构、连动结构、兼语结构、方位结构、介词结构。② 下面分别予以阐述。

(一)主谓结构

指由主语和谓语构成,二者是陈述关系。属该结构的成语共有 157 条,约占全部成语的 26%。这是用层次分析法从总体上对成语进行首次分析而切分成前后两大部分,再对这两部分进行分析的结果。进一步分析就会发现,在主谓结构之内,有的谓语还可分析成述宾、状中、中补、主谓等结构,而主语也有很多,可分析为定中、联合、主谓等结构。所以不可简单地把主谓结构分为"主—谓"型、"主—谓—宾"型和"主—谓—补"型。③ 现略分主谓结构为十一类,具体如下:①定中+述宾,如:白水鉴心。②定中+状中,如:困兽犹斗。③定中+主谓,如:楚材晋用。④定中+中补,如:老夫耄矣。⑤联合+状中,如:盗贼公行。⑥联合+述宾,如:都鄙有章。⑦联合+主谓,如:伉俪情深。⑧主语+状中,如:光可鉴人。⑨主语+述宾,如:天夺之魄。⑩定中+谓语,如:肉食者鄙。⑪主谓+述宾,如:师克在和。

---

① 李小燕,李晓静.《左传》成语初探[J].九江师专学报(哲学社会科学版),2004,23(3):66.

② 万艺玲,郑振峰,赵学清.词汇应用通则[M].沈阳:春风文艺出版社,1999:184. 黄伯荣,廖序东.现代汉语[M].北京:高等教育出版社,1997:60 - 67.

③ 李小燕,李晓静.《左传》成语初探[J].九江师专学报(哲学社会科学版),2004,23(3):66.

(二) 联合结构

指两部分语法地位相同,在语义上有并列、顺承、递进、选择等关系。属该结构的成语共有 155 条,约占全部成语的 25.6%。可大致分为两类:

1. 两词组联合

指该联合结构可以分为前后两个词组。属该结构的成语共有 144 条。例如:跋山涉水。

2. 四语素联合

指构成成语的 4 个语素呈联合结构,是广义的联合结构。属该结构的成语共有 11 条。例如:池台钟鼓。

(三) 紧缩结构

指前后两部分犹如现代汉语的紧缩复句,经过压缩,省去了应有的成分而构成。各部分之间有转折、让步、因果、假设、条件、目的等意义关系。属该结构的成语共有 103 条,占全部成语的 17%。例如:爱鹤失众。

(四) 状中结构

指由状语和中心语构成。中心语是谓词性成分,二者呈修饰关系。属该结构的成语共有 63 条,约占全部成语的 10.4%。例如:躬擐甲胄。

(五) 定中结构

指由定语和中心语构成。中心语是名词性成分,二者呈修饰关系。属该结构的成语共有 53 条,约占全部成语的 8.8%。例如:城下之盟。

(六) 述宾结构

指由述语和宾语构成。述宾之间是支配、关涉关系。属该结构的成语共有 24 条,约占全部成语的 4%。例如:掠人之美。

(七) 中补结构

指由中心语和补语构成,补语置于中心语之后,二者是补充关系。属该结构的成语共有 21 条,约占全部成语的 3.5%。例如:如此而已。

(八)连动结构

指由前后共用一个主语,具有连续关系的两个动词构成。属该结构的成语共有 18 条,约占全部成语的 3%。例如:出口入耳。

(九)兼语结构

指一词既作前面述语的宾语,同时又作后面谓语的主语。即由述宾结构的宾语和主谓结构的主语套叠构成。属该结构的成语共有 9 条,约占全部成语的 1.5%。例如:劳师袭远。

(十)方位结构

指方位词置于名词性词语之后构成。属该结构的成语仅有 1 条(黄泉之下),占全部成语的 0.2%。

(十一)介词结构

指介词置于名词或方位词组之前构成。属该结构的成语仅有 1 条(自郐以下)。

四、《左传》成语的语义演变方式

为了表达准确简洁,我们称成语的原始形式所具有的语义为语源义,称现行成语表达的固定语义为定型义。那么,语义演变即是指语义由语源义到定型义的变化。

经过对这 605 条成语的语源义与定型义的比较,发现没有发生语义演变的有 286 条,约占全部成语的 47.3%。发生语义演变的成语则有 319 条,约占 52.7%。我们根据左林霞的观点[①],将《左传》成语语义演变的方式分为以下四种:

(一)语义扩大

指语义所指范围扩大或在保留语源义的基础上,又产生了新的语义。这种

---

① 左林霞.成语语义的发展演变[J].武汉科技大学学报(社会科学版),2004,6(3):78-81.

语义扩大的成语共有 237 条,约占全部成语的 39.2%。例如:

  知难而退 《左传·宣公十二年》:"见可而进,知难而退,军之善政也。"又《僖公二十八年》:"《军志》曰:'允当则归。'又曰:'知难而退。'"①
原指作战要见机而行,不要做实际上无法办到的事。后泛指知道事情困难就退下。

  孙犁《买章太炎遗书记》:"此因过去读过的书,都已忘记,年老少精神,又不愿去翻检,知难而退。"②

(二)语义转移

指语源义为此义,而定型义则变为彼义。这种成语共有 69 条,约占全部成语的 11.4%,例如:

  外强中干 《左传·僖公十五年》:"今乘异产以从戎事,及惧而变,将与人易。乱气狡愤,阴血周作,张脉偾兴,外强中干。进退不可,周旋不能。"③
原指外地的战马外表看上去很强壮,其内心却枯竭虚怯。现转为形容人外表强壮,内心虚怯。

  游国恩等主编的《中国文学史》:"《黔之驴》是外强中干的小人的写照,嘲讽他们'形之庞也类有德,声之宏也类有能',而其实是无德无能。"④

(三)语义缩小

指定型义比语源义所指语义范围缩小。这种成语仅有 8 条,约占全部成语的 1.3%,例如:

  匡救弥缝 《左传·僖公二十六年》:"桓公是以纠合诸侯而谋其不协,弥缝其阙而匡救其灾,昭旧职也。"⑤
原指补救缺失和救援灾害两方面。后语义缩小,单指弥补过失,纠正错误。

---

① 陈戍国.春秋左传校注[M].长沙:岳麓书社,2005:393,252.
② 孙犁.读《吕氏春秋》[M]//孙犁.孙犁文集:续编三.天津:百花文艺出版社,2002:100.
③ 陈戍国.春秋左传校注[M].长沙:岳麓书社,2005:201.
④ 游国恩,王起,萧涤非,等.中国文学史[M].修订本.北京:人民文学出版社,1963:173.
⑤ 陈戍国.春秋左传校注[M].长沙:岳麓书社,2005:244.

梅萌《汉语成语大全》:"他是个懂事的孩子,犯错之后总是想办法匡救弥缝,并且能够吸取教训,以免下次再犯。"①

(四)感情色彩转变

指定型义和语源义相比,语义的感情色彩发生了褒贬变化。这种成语仅有 5 条,约占全部成语的 0.8%,例如:

断章取义 《左传·襄公二十八年》:"赋诗断章,余取所求焉,恶识宗?"②

本指截取《诗经》中某篇诗的某章节,用来表达自己的意思,后转为贬义,指引用他人文章或谈话,只截取其中一段或一句的意思,而不顾全篇的内容以致误用其义。

陈白尘《忆鸭群》(上):"不过这句话不能引申,如果以此反证说,我把人比做'禽兽不如',那是断章取义。"③

综上所述,我们通过对整理出的 605 条《左传》成语进行逐一分析,归纳出了《左传》成语的七类形成方式、十一种语法结构和四种语义演变方式,并统计了每一项的数量。当然,《左传》成语的形成、结构、语义相当复杂,仍有待深入研究。

(原载《船山学刊》2011 年第 1 期,收录时略有改动)

---

① 梅萌.汉语成语大全[Z].北京:商务印书馆国际有限公司,2007:869.
② 陈戍国.春秋左传校注[M].长沙:岳麓书社,2005:730.
③ 陈白尘.陈白尘选集:第 5 卷 散文文论[M].成都:四川文艺出版社,1988:118.

索 引

A

ai

哀哀父母,生我劬劳 …………………………………………… 62
哀公问曰:"何为则民服 ……………………………………… 232
哀乐失时,殃咎必至 ………………………………………… 208
爱而知其恶,憎而知其善 …………………………………… 150
爱敬尽于事亲,而德教加于百姓,刑于四海 ………………… 271
爱人,不亲,反其仁 …………………………………………… 287
爱人者,人恒爱之 …………………………………………… 287
爱之,能勿劳乎 ……………………………………………… 239

an

安上治民,莫善于礼 ………………………………………… 272

ao

敖不可长,欲不可从,志不可满,乐不可极 ………………… 131

B

bai

百川沸腾,山冢崒崩。高岸为谷,深谷为陵 ………………… 60
百名以上书于策,不及百名书于方 ………………………… 100

bang

邦有道,危言危行;邦无道,危行言孙 ……………………… 239
邦之杌陧,曰由一人。邦之荣怀,亦尚一人之庆 …………… 34
邦之臧,惟汝众。邦之不臧,惟予一人有佚罚 ……………… 50

bao

保民而王,莫之能御也 293

宝珠玉者,殃必及身 303

暴内陵外则坛之,野荒民散则削之 88

bei

背施无亲,幸灾不仁 168

背施幸灾,民所弃也 168

备豫不虞,古之善教也 161

倍则攻,敌则战,少则守 224

bi

彼苍者天,歼我良人!如可赎兮,人百其身 65

彼骄我怒,而后可克 197

彼姝者子,何以畀之 81

诐辞知其所蔽,淫辞知其所陷,邪辞知其所离,遁辞知其所穷 293

敝邑易子而食,析骸以爨 213

必有忍,其乃有济。有容,德乃大 50

币重而言甘,诱我也 161

biao

摽有梅,其实七兮。求我庶士,迨其吉兮 72

bing

兵不戢,必取其族 197

兵,民之残也,财用之蠹也,小国之大菑也 197

兵戎不起,不可从我始 105

bo

拨乱世,反诸正 217

博闻强识而让,敦善行而不怠,谓之君子 131

博学而详说之,将以反说约也 319

博学之,审问之,慎思之,明辨之,笃行之 153

薄言往愬,逢彼之怒 65

伯夷隘,柳下惠不恭 303

伯夷、叔齐不念旧恶,怨是用希 249

bu

不背本,仁也;不忘旧,信也 …… 201
不耻不若人,何若人有 …… 304
不揣其本而齐其末,方寸之木可使高于岑楼 …… 287
不得乎亲,不能为人 …… 314
不得志,独行其道 …… 318
不得中行而与之,必也狂狷乎 …… 249
不度德,不量力,不亲亲,不征辞,不察有罪 …… 197
不愤不启,不悱不发 …… 255
不敢暴虎,不敢冯河 …… 65
不刚不柔,厥德允修 …… 34
不轨不物,谓之乱政 …… 168
不恒其德,或承之羞 …… 18
不患人之不己知,患不知人也 …… 249
不患人之不己知,患其不能也 …… 239
不患无位,患所以立 …… 239
不及黄泉,无相见也 …… 213
不教民而用之,谓之殃民 …… 293
不靖其能,其谁从之 …… 169
不媚,不信 …… 169
不能,如辞 …… 208
不能战,莫如守险 …… 197
不逆诈,不亿不信,抑亦先觉者,是贤乎 …… 240
不让,则不和 …… 169
不仁者不可以久处约,不可以长处乐 …… 240
不事王侯,高尚其事 …… 18
不违农时,谷不可胜食也 …… 293
不孝有三,无后为大 …… 314
不挟长,不挟贵,不挟兄弟而友 …… 314
不信仁贤,则国空虚 …… 294
不信以幸,不可再也 …… 161

不以家事辞王事,以王事辞家事 …… 219
不义,不可肆也 …… 201
不义不暱,厚将崩 …… 161
不役耳目,百度惟贞 …… 34
不用法者,国有常刑 …… 88
不曰"如之何,如之何"者,吾末如之何也已矣 …… 240
不在其位,不谋其政 …… 240
不臧厥臧,民罔攸劝 …… 34
不直则道不见 …… 287
不作无益害有益,功乃成 …… 34

C

cai

财尽则怨,力尽则怼 …… 224
采采卷耳,不盈顷筐 …… 65

ce

恻隐之心,人皆有之 …… 314

chang

裳裳者华,其叶湑兮。我觏之子,我心写兮 …… 73
常厥德,保厥位 …… 34
长木之毙,无不摽也 …… 161

chen

臣不心竞而力争,不务德而争善 …… 169
臣弑其君,子弑其父,非一朝一夕之故 …… 4
臣闻爱子,教之以义方,弗纳于邪 …… 214
臣闻以德和民,不闻以乱 …… 169
臣无二心,天之制也 …… 169
臣义而行,不待命 …… 169
臣之而逃其难,若后君何 …… 170
陈之于德义,而民兴行 …… 272
臣,治烦去惑者也,是以伏死而争 …… 170

cheng

成覸谓齐景公曰:"彼丈夫也 …… 304
承天之休,寿考不忘 …… 96
成性存存,道义之门 …… 18
诚者,天之道也 …… 132
诚者自成也,而道自道也 …… 132

chi

絺兮绤兮,凄其以风 …… 65
尺蠖之屈,以求信也 …… 4
耻之于人大矣 …… 304

chong

重施而不报,其民必携 …… 170

chou

仇有衅,不可失也 …… 161

chu

出乎尔者,反乎尔者也 …… 287
出乎其类,拔乎其萃 …… 315
出竟有可以安社稷利国家者,则专之可也 …… 217
出纳王命,王之喉舌 …… 63
初筮告,再三渎,渎则不告 …… 26
出则事公卿,入则事父兄 …… 253
除腹心之疾,而寘诸股肱,何益 …… 162

chuan

川泽纳污,山薮藏疾,瑾瑜匿瑕,国君含垢 …… 162

chuang

创钜者其日久,痛甚者其愈迟 …… 103

chun

春祭曰祠,夏祭曰礿,秋祭曰尝,冬祭曰烝 …… 281
春猎为蒐,夏猎为苗,秋猎为狝,冬猎为狩 …… 281
春秋无义战 …… 294
春省耕而补不足,秋省敛而助不给 …… 294

唇亡则齿寒 …… 217
鹑之奔奔,鹊之疆疆 …… 73

ci

辞达而已矣 …… 259
赐人者不曰来取,与人者不问其所欲 …… 132

cong

从善如流,宜哉 …… 170

cun

存乎人者,莫良于眸子 …… 315

D

da

达于礼而不达于乐,谓之素 …… 122
大臣不顺,国之耻也 …… 170
大道之行也,天下为公 …… 105
大风有隧,有空大谷 …… 62
大夫,国体也,而行妇道,恶之 …… 224
大夫君子,无我有尤 …… 60
大羹不和,贵其质也 …… 103
大匠不为拙工改废绳墨 …… 319
大匠诲人,必以规矩,学者亦必以规矩 …… 320
大人者,不失其赤子之心者也 …… 304
大上以德抚民,其次亲亲,以相及也 …… 170
大上有立德,其次有立功,其次有立言 …… 213
大事奸义,必有大咎 …… 162
大孝终身慕父母 …… 315
大学之法,禁于未发之谓豫 …… 153
大乐与天地同和,大礼与天地同节 …… 123

dang

当官而行,何强之有 …… 171
当其时不能治也,后之人何罪 …… 171
当仁不让于师 …… 240

dao

导之以礼乐,而民和睦	272
道得众则得国,失众则失国	105
道千乘之国,敬事而信	232
盗所隐器,与盗同罪	171
道以淫虐,弗可久已矣	171
道有升降,政由俗革	35
道之以政,齐之以刑,民免而无耻	233

de

德不孤,必有邻	240
德不失民,度不失事	171
得宠而忘旧,何以使人	208
得道者多助,失道者寡助	294
德厚者流光,德薄者流卑	224
得乎丘民而为天子	294
德立、刑行、政成、事时、典从、礼顺	171
得其民有道,得其心,斯得民矣	294
德日新,万邦惟怀	35
得天下英才而教育之,三乐也	315
得天下有道,得其民,斯得天下矣	294
德威惟畏,德明惟明	35
德惟善政,政在养民	35
德惟一,动罔不吉	35
德惟治,否德乱	35
德无常师,主善为师	50
德之不建,民之无援	171
德之不修,学之不讲,闻义不能徙	261
得主而为之死,犹不死也	213

di

| 地势坤,君子以厚德载物 | 19 |
| 帝曰:"龙,朕塈谗说殄行,震惊朕师 | 36 |

弟子入则孝,出则悌,谨而信 …… 253

dong

东方者春,春之为言蠢也,产万物者圣也 …… 103
东门之杨,其叶牂牂 …… 73

du

都邑之士,则知尊祢矣 …… 99

dui

追琢其章,金玉其相。勉勉我王,纲纪四方 …… 63

duo

多货则伤于德,币美则没礼 …… 97
多陵人者皆不在 …… 162
多行不义,必自毙 …… 162
多行无礼,弗能在矣 …… 162
度德而处之,量力而行之 …… 201

E

en

恩者仁也,理者义也 …… 132

er

尔身克正,罔敢弗正?民心罔中,惟尔之中 …… 36
尔为尔,我为我 …… 304
尔惟风,下民惟草 …… 36
二人同心,其利断金 …… 26
二三子以我为隐乎 …… 261
二子乘舟,泛泛其景 …… 66
二足而羽谓之禽 …… 281

F

fa

发然后禁,则扞格而不胜 …… 154
伐木丁丁,鸟鸣嘤嘤 …… 62

fan

凡邦国三岁则稽士任而进退其爵禄 …… 88

樊迟问仁。子曰:"居处恭,执事敬	240
凡盗贼军乡邑及家人,杀之无罪	88
凡国都之竟有沟树之固,郊亦如之,民皆有职焉	88
凡国失火,野焚莱,则有刑罚焉	89
凡嫁子娶妻,入币纯帛无过五两	92
凡奸声感人,而逆气应之。逆气成象,而淫乐兴焉	123
凡君即位,卿出并聘,践修旧好,要结外援	172
凡礼之大体,体天地,法四时	114
凡窃木者有刑罚	89
凡人之所以为人者,礼义也	105
凡赏无常,轻重眡功	89
凡生天地之间者,有血气之属必有知,有知之属莫不知爱其类	114
凡失财用、物辟名者,以官刑诏冢宰而诛之	89
凡事豫则立,不豫则废	103
凡庶民不畜者祭无牲	89
凡天患,禁贵价者,使有恒贾,四时之珍异,亦如之	90
凡为人子之礼,冬温而夏清,昏定而晨省,在丑夷不争	115
凡学之道,严师为难。师严然后道尊,道尊然后民知敬学	154
凡音之起,由人心生也	123
凡治人之道,莫急于礼	115
凡诸侯即位,小国朝之,大国聘焉	172
反身而诚,乐莫大焉	304
泛彼柏舟,亦泛其流。耿耿不寐,如有隐忧	73
泛彼柏舟,在彼中河。髧彼两髦,实维我仪	73
饭疏食,饮水,曲肱而枕之,乐亦在其中矣	241

fang

方以类聚,物以群分	4
放弑其君则残之,犯令陵政则杜之,外内乱,鸟兽行,则灭之	90
放于利而行,多怨	250

fei

非德,莫如勤;非勤,何以求人?能勤,有继	201

非法不言,非道不行 …………………………………………… 275
非其道,则一箪食不可受于人 …………………………… 305
非其君不事,非其民不使,治则进,乱则退,伯夷也 ………… 305
非其义也,非其道也,禄之以天下,弗顾也;系马千驷,弗视也 ……… 305
非我族类,其心必异 ……………………………………… 162
非知之艰,行之惟艰 ……………………………………… 55
非知之实难,将在行之 …………………………………… 163
匪手携之,言示之事。匪面命之,言提其耳 ……………… 81

feng

风雨凄凄,鸡鸣喈喈。既见君子,云胡不夷 ……………… 74
风雨如晦,鸡鸣不已。既见君子,云胡不喜 ……………… 74
奉不可失,敌不可纵。纵敌患生,违天不祥 ……………… 198
凤鸟不至,河不出图,吾已矣夫 …………………………… 261
奉先思孝,接下思恭。视远惟明,听德惟聪 ……………… 36

fu

夫妇之道不可以不久也 …………………………………… 26
夫兵,犹火也,弗戢,将自焚也 …………………………… 198
夫德,俭而有度,登降有数 ………………………………… 172
夫鼎有铭,铭者,自名也 …………………………………… 115
夫礼禁乱之所由生,犹坊止水之所自来也 ……………… 115
夫礼,所以整民也 ………………………………………… 172
夫礼,天之经也,地之义也,民之行也 …………………… 172
夫礼、乐、慈、爱,战所畜也 ……………………………… 198
夫礼者,自卑而尊人 ……………………………………… 116
夫令名,德之舆也;德,国家之基也 ……………………… 173
弗虑胡获?弗为胡成 ……………………………………… 56
夫民,神之主也 …………………………………………… 173
夫民有血气心知之性,而无哀乐喜怒之常 ……………… 123
夫名以制义,义以出礼,礼以体政,政以正民 …………… 173
夫能固位者,必度于本末而后立衷焉 …………………… 173
夫其败也,如日月之食焉,何损于明 ……………………… 208

夫仁,天之尊爵也,人之安宅也 …………………………… 315
夫人之行也,不以所恶废乡 ……………………………… 201
弗慎厥德,虽悔可追 ……………………………………… 50
夫圣人之德,又何以加于孝乎 …………………………… 268
夫恃才与众,亡之道也 …………………………………… 198
夫昔者君子比德于玉焉 …………………………………… 132
夫小人之性,衅于勇,啬于祸 …………………………… 173
夫孝,德之本也,教之所由生也 ………………………… 268
夫孝始于事亲,中于事君,终于立身 …………………… 270
夫孝,天之经也,地之义也,民之行也 ………………… 268
夫学,殖也。不学将落 …………………………………… 215
夫以信召人,而以僭济之,必莫之与也 ………………… 208
夫义,路也;礼,门也。惟君子能由是路,出入是门也 … 305
夫《易》,圣人所以崇德而广业也 ……………………… 29
夫义者,所以济志也,诸德之发也 ……………………… 133
夫战,勇气也。一鼓作气,再而衰,三而竭。彼竭我盈,故克之 …… 198
夫正其疆埸,修其土田 …………………………………… 174
夫志,气之帅也。气,体之充也 ………………………… 305
夫志至焉,气次焉。故曰:"持其志,无暴其气 ………… 305
辅人之不能民而讨犹可 …………………………………… 225
抚我则后,虐我则仇 ……………………………………… 36
父必三年然后娶,达子之志也 …………………………… 99
富而可求也,虽执鞭之士,吾亦为之。如不可求,从吾所好 …… 262
富而能臣,必免于难。上下同之 ………………………… 174
父父、子子、兄兄、弟弟、夫夫、妇妇而家道正 ……… 13
负固不服则侵之,贼杀其亲则正之 ……………………… 90
富贵不能淫,贫贱不能移,威武不能屈,此之谓大丈夫 …… 306
富贵而知好礼,则不骄不淫;贫贱而知好礼,则志不慑 …… 124
父教子贰,何以事君 ……………………………………… 215
父母俱存,兄弟无故,一乐也 …………………………… 315
父母在,不远游,游必有方 ……………………………… 253

父母之年,不可不知也,一则以喜,一则以惧 …… 253
父母之于子,虽有罪,犹若其不欲服罪然 …… 221
妇人有三从之义,无专用之道 …… 97
妇人在家制于父,既嫁制于夫,夫死从长子 …… 228
富润屋,德润身,心广体胖,故君子必诚其意 …… 133
富岁,子弟多赖;凶岁,子弟多暴 …… 288
父为考,母为妣 …… 281
父兮生我,母兮鞠我,拊我畜我,长我育我 …… 63
父有争子,则身不陷于不义 …… 272
富有之谓大业,日新之谓盛德 …… 19
父在观其志,父没观其行,三年无改于父之道,可谓孝矣 …… 253
父之考为王父,父之妣为王母 …… 281
父子一体也,夫妻一体也 …… 99
父子有亲,君臣有义,夫妇有别,长幼有叙,朋友有信 …… 288
父子之道,天性也,君臣之义也 …… 272

G

gai

盖有不知而作之者,我无是也 …… 255

gang

刚而无礼,不可以治民 …… 202
刚、毅、木、讷近仁 …… 241

gao

告子曰:"食色,性也 …… 288

ge

各共尔职,修乃事,以听王命。其有不正,则国有常刑 …… 90

gong

功崇惟志,业广惟勤 …… 56
攻乎异端,斯害也已 …… 256
公家之利,知无不为,忠也;送往事居,耦俱无猜,贞也 …… 202
公事不私议 …… 106
工以纳言,时而飏之,格则承之庸之,否则威之 …… 36

公曰:"敢问何谓成身 …… 133
公曰:"敢问何谓敬身 …… 134
恭者不侮人,俭者不夺人 …… 306
躬自厚而薄责于人,则远怨矣 …… 241

gou

苟得其养,无物不长;苟失其养,无物不消 …… 288
苟利社稷,请以我说,罪我之由 …… 214
苟利社稷,死生以之 …… 214
苟利于民,孤之利也 …… 174
苟为后义而先利,不夺不餍 …… 306
苟为善,后世子孙必有王者矣。君子创业垂统,为可继也 …… 295
苟无礼义、忠信、诚悫之心以莅之,虽固结之,民其不解乎 …… 106
苟信不继,盟无益也 …… 202
苟有用我者,期月而已可也,三年有成 …… 262
苟正其身矣,于从政乎何有?不能正其身,如正人何 …… 233

gu

孤臣孽子,其操心也危,其虑患也深,故达 …… 288
谷不熟为饥,蔬不熟为馑,果不熟为荒,仍饥为荐 …… 282
股肱惟人,良臣惟圣 …… 36
股肱喜哉!元首起哉!百工熙哉 …… 36
古人有言曰:"民讫自若,是多盘 …… 51
古人有言曰:"虽鞭之长,不及马腹 …… 163
谷则异室,死则同穴。谓予不信,有如皦日 …… 74
古者虽有文事,必有武备 …… 225
古者言之不出,耻躬之不逮也 …… 241
古者易子而教之,父子之间不责善 …… 320
古者杅不穿,皮不蠹,则不出于四方 …… 220
古之君人者,必时视民之所勤 …… 225
古之君子,过则改之;今之君子,过则顺之 …… 306
古之君子举大事,必慎其终始 …… 134
古之君子,其过也,如日月之食,民皆见之 …… 295

古之人得志,泽加于民;不得志,修身见于世 …… 306
古之王者,知命之不长,是以并建圣哲 …… 174
古之学者为己,今之学者为人 …… 241
古之欲明明德于天下者,先治其国 …… 134
故当不义则争之,从父之令,又焉得为孝乎 …… 268
故当不义,则子不可以不争于父 …… 272
故歌之为言也,长言之也 …… 124
故君之所为服,子亦不敢不服也 …… 96
故君子不动而敬,不言而信 …… 134
故君子内省不疚,无恶于志 …… 134
故君子之道,暗然而日章 …… 135
故君子之于学也,藏焉,修焉,息焉,游焉 …… 154
故君子尊德性而道问学 …… 135
故礼以道其志,乐以和其声,政以一其行,刑以防其奸 …… 124
故礼之教化也微,其止邪也于未形 …… 125
故礼主其减,乐主其盈 …… 125
故明乎其节之志,以不失其事,则功成而德行立 …… 106
故人不耐无乐,乐不耐无形。形而不为道,不耐无乱 …… 125
故所贵于勇敢者,贵其敢行礼义也 …… 106
故孝弟忠顺之行立,而后可以为人 …… 116
故自天子至于庶人,孝无终始,而患不及者,未之有也 …… 268

gua

寡人唯是一二父兄不能共亿,其敢以许自为功乎 …… 175

guan

官不及私昵,惟其能。爵罔及恶德,惟其贤 …… 37
观乎天文,以察时变;观乎人文,以化成天下 …… 13
《关雎》,乐而不淫,哀而不伤 …… 259
官人,国之急也。能官人,则民无觊心 …… 175
观于海者难为水,游于圣人之门者难为言 …… 288
冠而字之,敬其名也 …… 99

gui

鬼神非人实亲,惟德是依 …… 175

贵贱明,隆杀辨,和乐而不流 …… 106

贵义而不贵惠,信道而不信邪 …… 227

贵者无后,待之以初也 …… 217

guo

国不堪贰 …… 176

国不以利为利,以义为利也 …… 107

国家之败,由官邪也。官之失德,宠赂章也 …… 176

国将亡,本必先颠,而后枝叶从之 …… 176

国将兴,听于民 …… 176

国君不可以轻,轻则失亲。失亲,患必至 …… 176

国君一体也 …… 218

国奢则示之以俭,国俭则示之以礼 …… 107

国无九年之蓄曰不足 …… 107

国无三年之畜,曰国非其国也 …… 225

国无小,不可易也 …… 176

国无政,不用善,则自取谪于日月之灾,故政不可不慎也 …… 176

国有大任,焉得专之 …… 177

国之兴也以福,其亡也以祸 …… 177

过而不改,又之,是谓之过 …… 227

H

han

含章可贞 …… 19

hao

好恶不愆,民知所适,事无不济 …… 177

好善优于天下 …… 295

好田、好女者亡其国 …… 107

好勇疾贫,乱也。人而不仁,疾之已甚,乱也 …… 233

he

何草不黄,何日不行。何人不将,经营四方 …… 66

鹤鸣于九皋,声闻于野。鱼潜在渊,或在于渚 …… 83

heng
衡门之下,可以栖迟。泌泌洋洋,可以乐饥 …… 66
衡而委蛇,必折 …… 163

hong
鸿雁于飞,肃肃其羽 …… 83

hou
后克艰厥后,臣克艰厥臣,政乃义,黎民敏德 …… 37

hu
狐死正丘首,仁也 …… 116
怙其俊才,而不以茂德,兹益罪也 …… 202

hua
华而不实,怨之所聚也。犯而聚怨,不可以定身 …… 208

huai
怀必贪,贪必谋人。谋人,人亦谋己 …… 163
怀恶而讨不义,君子不予也 …… 219
怀恶而讨,虽死不服 …… 225

huang
皇天无亲,惟德是辅。民心无常,惟惠之怀 …… 37

hui
惠迪吉,从逆凶,惟影响 …… 37
惠而好我,携手同行 …… 64

huo
火炎昆冈,玉石俱焚。天吏逸德,烈于猛火 …… 37
祸福无门,唯人所召 …… 208
或劳心,或劳力。劳心者治人,劳力者治于人 …… 295
货恶其弃于地也,不必藏于己;力恶其不出于身也,不必为己 …… 107

J

ji
积而能散,安安而能迁 …… 135
饥寒之不恤,谁遑其后 …… 177

鸡鸣而起,孳孳为善者,舜之徒也 ············· 295
鸡栖于埘,日之夕矣,羊牛下来 ············· 83
积善之家,必有馀庆;积不善之家,必有馀殃 ············· 4
稽于众,舍己从人,不虐无告,不废困穷 ············· 37
饥者甘食,渴者甘饮 ············· 288
饥者歌其食,劳者歌其事 ············· 221
疾不可为也,在肓之上,膏之下,攻之不可,达之不及 ············· 163
吉人之辞寡,躁人之辞多 ············· 19
及陷乎罪,然后从而刑之,是罔民也 ············· 295
己则不明,而杀人以逞,不亦难乎 ············· 177
骥不称其力,称其德也 ············· 241
既成谋矣,盍及其未作也,先诸?作而后悔,亦无及也 ············· 198
季康子患盗,问于孔子 ············· 233
季康子问政于孔子 ············· 233
既明且哲,以保其身 ············· 61
继母如母。传曰:"继母何以如母?继母之配父与因母同 ············· 97
记问之学,不足以为人师,必也其听语乎 ············· 154
忌则多怨,又焉能克 ············· 163

jia

家道穷必乖 ············· 4
《家人》,女正位乎内,男正位乎外。男女正,天地之大义也 ············· 26
家人有严君焉,父母之谓也 ············· 27
加我数年,五十以学《易》,可以无大过矣 ············· 262
嘉言罔攸伏,野无遗贤,万邦咸宁 ············· 38
驾言出游,以写我忧 ············· 66

jian

蒹葭苍苍,白露为霜。所谓伊人,在水一方 ············· 74
渐渐之石,维其高矣。山川悠远,维其劳矣 ············· 84
歼厥渠魁,胁从罔治。旧染污俗,咸与维新 ············· 38
监于先王成宪,其永无愆 ············· 38
俭,德之共也;侈,恶之大也 ············· 202

贱妨贵,少陵长,远间亲,新间旧,小加大,淫破义 …………… 177
见可而进,知难而退,军之善政也 ……………………………… 199
见贤而不能举,举而不能先,命也 ……………………………… 107
见贤思齐焉,见不贤而内自省也 ………………………………… 241
见险而能止,知矣哉 ……………………………………………… 19
谏以自纳于刑,刑犹不忘纳君于善 ……………………………… 178

jiang

将大有为之君,必有所不召之臣;欲有谋焉,则就之 ………… 296
将求于人,则先下之,礼之善物也 ……………………………… 202
姜氏何厌之有?不如早为之所,无使滋蔓 ……………………… 178
疆场之事,慎守其一,而备其不虞 ……………………………… 199
江有沱,之子归,不我过。不我过,其啸也歌 ………………… 66

jiao

教民礼顺,莫善于悌 ……………………………………………… 273
教民亲爱,莫善于孝 ……………………………………………… 273
教亦多术矣,予不屑之教诲也者,是亦教诲之而已矣 ………… 320
骄淫矜侉,将由恶终 ……………………………………………… 56
教胄子,直而温,宽而栗,刚而无虐,简而无傲 ……………… 38

jie

桀、纣之失天下也,失其民也。失其民者,失其心也 ………… 296
介人之宠,非勇也;损怨益仇,非知也;以私害公,非忠也 … 203
戒哉!儆戒无虞,罔失法度 ……………………………………… 38

jin

金谓之镂,木谓之刻,骨谓之切,象谓之磋 …………………… 282
今之教者,呻其占毕,多其讯,言及于数,进而不顾其安 …… 155
尽信《书》,则不如无《书》 …………………………………… 320

jing

敬,德之聚也。能敬必有德。德以治民,君请用之 …………… 178
敬尔威仪,淑慎尔德。眉寿万年,永受胡福 …………………… 97
静女其姝,俟我于城隅。爱而不见,搔首踟蹰 ………………… 75
敬慎重正,而后亲之,礼之大体,而所以成男女之别 ………… 116

静言思之,不能奋飞 …… 67
静言思之,躬自悼矣 …… 67
靖诸内而败诸外,所获几何 …… 178

ju

居宠思危,罔不惟畏,弗畏入畏 …… 39
居上不宽,为礼不敬,临丧不哀,吾何以观之哉 …… 234
居上位而不骄,在下位而不忧 …… 13
居天下之广居,立天下之正位,行天下之大道 …… 306
居下位而不获于上,民不可得而治也 …… 296
居移气,养移体,大哉居乎 …… 289
橘踰淮而北为枳,鹳鹆不踰济,貉踰汶则死,此地气然也 …… 87
举趾高,心不固矣 …… 163

jun

君不君,臣不臣,此天下所以倾也 …… 225
君不密则失臣,臣不密则失身,几事不密则害成 …… 19
君不为匹夫兴师 …… 225
君抚小民以信,训诸司以德,而威莫敖以刑也 …… 178
君好之,则臣为之;上行之,则民从之 …… 108
君仁莫不仁,君义莫不义,君正莫不正,一正君而国定矣 …… 296
君人者,将昭德塞违,以临照百官,犹惧或失之 …… 179
君若以德绥诸侯,谁敢不服 …… 179
君食不兼味,台榭不涂,弛侯,廷道不除,百官布而不制 …… 226
君使民慢,乱将作矣 …… 179
君弑,臣不讨贼,非臣也。子不复仇,非子也 …… 221
君之视臣如手足,则臣视君如腹心 …… 296
君子安而不忘危,存而不忘亡,治而不忘乱 …… 14
君子病无能焉,不病人之不己知也 …… 242
君子博学于文,约之以礼,亦可以弗畔矣夫 …… 256
君子不重伤,不禽二毛 …… 199

君子不厄人	219
君子不尽人之欢,不竭人之忠,以全交也	150
君子不可小知而可大受也,小人不可大受而可小知也	234
君子不亮,恶乎执	307
君子不器	242
君子不食奸,不受乱,不为利疚于回,不以回待人	203
君子不推人危,不攻人厄	228
君子不以天下俭其亲	315
君子不以言举人,不以人废言	234
君子不重则不威,学则不固	242
君子成人之美,不成人之恶。小人反是	242
君子耻其言而过其行	242
君子大居正	219
君子道者三,我无能焉:仁者不忧,知者不惑,勇者不惧	242
君子笃于礼而薄于利,要其人而不要其土	218
君子而不仁者有矣夫,未有小人而仁者也	242
君子恭敬、撙节、退让以明礼	135
君子和而不同,小人同而不和	242
君子怀德,小人怀土;君子怀刑,小人怀惠	243
君子既知教之所由兴,又知教之所由废	155
君子见几而作,不俟终日	4
君子见人之厄则矜之,小人见人之厄则幸之	221
君子戒慎,不失色于人	135
君子矜而不争,群而不党	243
君子敬以直内,义以方外	19
君子可欺以其方,难罔以非其道	307
君子乐得其道,小人乐得其欲	136
君子明于礼乐,举而错之而已	125
君子莫大乎与人为善	307

君子谋道不谋食。耕也,馁在其中矣 …………………… 243

君子求诸己,小人求诸人 ………………………………… 243

君子上达,小人下达 ……………………………………… 243

君子上交不谄,下交不渎 ………………………………… 27

君子尚能而让其下,小人农力以事其上,是以上下有礼 …… 179

君子尚消息盈虚,天行也 ………………………………… 5

君子慎其独也 ……………………………………………… 136

君子食无求饱,居无求安,敏于事而慎于言 …………… 256

君子素其位而行,不愿乎其外 …………………………… 136

君子所,其无逸。先知稼穑之艰难,乃逸,则知小人之依 … 39

君子泰而不骄,小人骄而不泰 …………………………… 243

君子坦荡荡,小人长戚戚 ………………………………… 243

君子体仁足以长人,嘉会足以合礼,利物足以和义 …… 20

君子谓:"羊斟非人也,以其私憾,败国殄民 ………… 180

君子无所争。必也射乎！揖让而升,下而饮。其争也君子 …… 244

君子务在择人 ……………………………………………… 180

君子学以聚之,问以辩之,宽以居之,仁以行之 ……… 20

君子以常德行,习教事 …………………………………… 14

君子以惩忿窒欲 …………………………………………… 20

君子以多识前贤往行,以畜其德 ………………………… 20

君子以反身修德 …………………………………………… 20

君子以非礼弗履 …………………………………………… 20

君子以果行育德 …………………………………………… 20

君子以见善则迁,有过则改 ……………………………… 21

君子以居贤德善俗 ………………………………………… 21

君子以立不易方 …………………………………………… 21

君子以明慎用刑而不留狱 ………………………………… 14

君子以赦过宥罪 …………………………………………… 14

君子以慎言语,节饮食 …………………………………… 21

君子以施禄及下,居德则忌 …… 14
君子以思不出其位 …… 21
君子以思患而豫防之 …… 27
君子以同而异 …… 5
君子以虚受人 …… 21
君子以言有物而行有恒 …… 21
君子以懿文德 …… 21
君子以远小人,不恶而严 …… 27
君子以作事谋始 …… 22
君子义以为质,礼以行之,孙以出之,信以成之。君子哉 …… 244
君子有三乐,而王天下不与存焉 …… 297
君子有远虑,小人从迩 …… 164
君子有终身之忧,无一朝之患也 …… 307
君子于役,不知其期。曷至哉 …… 67
君子欲讷于言而敏于行 …… 244
君子喻于义,小人喻于利 …… 244
君子曰:"不备不虞,不可以师 …… 199
君子曰:"大德不官,大道不器,大信不约,大时不齐 …… 155
君子曰:"恶之来也,己则取之 …… 209
君子曰:"礼乐不可斯须去身 …… 126
君子曰:"信不由中,质无益也 …… 203
君子曰:"众之不可以已也 …… 180
君子则不然,言思可道,行思可乐。德义可尊,作事可法 …… 276
君子贞而不谅 …… 244
君子之爱人也以德,细人之爱人也以姑息 …… 150
君子之道费而隐 …… 136
君子之道,辟如行远必自迩,辟如登高必自卑 …… 150
君子之德风,小人之德草,草上之风,必偃 …… 234
君子之谋也,始、衷、终皆举之,而后入焉 …… 203

君子之事君也,务引其君以当道,志于仁而已 …………………… 297
君子之事亲孝,故忠可移于君;事兄悌,故顺可移于长 ………… 273
君子之事上也,进思尽忠,退思补过,将顺其美,匡救其恶 …… 273
君子之所为,众人固不识也 ……………………………………… 297
君子之所以教者五:有如时雨化之者,有成德者,有达财者 … 320
君子之为国也,必有三年之委 …………………………………… 218
君子之行,思其终也,思其复也 ………………………………… 203
君子之言,信而有征,故怨远于其身 …………………………… 209
君子之于天下也,无适也,无莫也,义之与比 ………………… 234
君子之泽,五世而斩 ……………………………………………… 297
君子终日乾乾,夕惕若厉,无咎 ………………………………… 22
君子周而不比,小人比而不周 …………………………………… 244

K

kai

凯风自南,吹彼棘心。棘心夭夭,母氏劬劳 …………………… 81

kang

亢龙有悔 …………………………………………………………… 5
"亢"之为言也,知进而不知退,知存而不知亡 ………………… 5

ke

苛政猛于虎也 ……………………………………………………… 108
可以取,可以无取,取伤廉。可以与,可以无与,与伤惠 …… 307
可以仕则仕,可以止则止,可以久则久,可以速则速,孔子也 … 307
可以速而速,可以久而久,可以处而处,可以仕而仕,孔子也 … 307
可与共学,未可与适道;可与适道,未可与立 ………………… 250
可与言而不与言,失人;不可与言而与之言,失言 …………… 244
克勤于邦,克俭于家 ……………………………………………… 39

kong

孔子登东山而小鲁,登泰山而小天下 …………………………… 289
孔子曰:"古之为政,爱人为大 ………………………………… 108

孔子曰:"君子也者,人之成名也 …… 108
孔子曰:"入其国,其教可知也 …… 126
孔子曰:"天地不合,万物不生 …… 103
孔子曰:"天无二日,民无二王 …… 289
孔子曰:"天无私覆,地无私载,日月无私照 …… 104

kou

口无择言,身无择行,言满天下无口过 …… 276
口之于味也,有同耆焉;耳之于声也,有同听焉 …… 289

ku

枯杨生华,老妇得其士夫,无咎无誉 …… 5
枯杨生稊,老夫得其女妻,无不利 …… 5

kuan

宽而栗,柔而立,愿而恭,乱而敬,扰而毅,直而温,简而廉 …… 51

kuang

狂而不直,侗而不愿,悾悾而不信,吾不知之矣 …… 245

kun

困兽犹斗,况国相乎 …… 209

L

lao

劳谦,君子有终,吉 …… 22
劳师以袭远,非所闻也 …… 199
老吾老,以及人之老;幼吾幼,以及人之幼 …… 308

le

乐民之乐者,民亦乐其乐。忧民之忧者,民亦忧其忧 …… 297
乐天知命,故不忧 …… 27

li

离娄之明,公输子之巧,不以规矩,不能成方员 …… 289
礼不下庶人,刑不上大夫 …… 109
礼从宜,使从俗 …… 127

礼,国之干也;敬,礼之舆也 …………………………………… 180
礼,国之干也。杀有礼,祸莫大焉 ……………………………… 180
礼节民心,乐和民声,政以行之,刑以防之 …………………… 127
礼,经国家,定社稷,序民人,利后嗣者也 …………………… 180
礼人而不答,则反其敬;爱人而不亲,则反其仁 ……………… 228
里仁为美,择不处仁,焉得知 …………………………………… 245
礼尚往来,往而不来,非礼也;来而不往,亦非礼也 ………… 116
礼,上下之纪、天地之经纬也,民之所以生也 ………………… 204
礼,身之干也;敬,身之基也 …………………………………… 204
礼,所以守其国,行其政令,无失其民者也 …………………… 181
礼闻来学,不闻往教 ……………………………………………… 156
礼闻取于人,不闻取人 …………………………………………… 136
礼,无毁人以自成也 ……………………………………………… 164
礼以顺天,天之道也。己则反天,而又以讨人,难以免矣 …… 209
礼以行义,信以守礼,刑以正邪。舍此三者,君将若之何 …… 181
礼义也者,人之大端也 …………………………………………… 116
礼云礼云,玉帛云乎哉?乐云乐云,钟鼓云乎哉 ……………… 234
礼者,殊事合敬者也。乐者,异文合爱者也 …………………… 127
礼,政之舆也;政,身之守也 …………………………………… 181
礼之于正国也,犹衡之于轻重也,绳墨之于曲直也 …………… 109
立爱惟亲,立敬惟长 ……………………………………………… 39
立適以长不以贤,立子以贵不以长 ……………………………… 222
立乎人之本朝,而道不行,耻也 ………………………………… 297
力能则进,否则退,量力而行 …………………………………… 199
立身行道,扬名于后世,以显父母,孝之终也 ………………… 270

liang

良君将赏善而刑淫,养民如子,盖之如天,容之如地 ………… 181
良人者,所仰望而终身也 ………………………………………… 316
量力而动,其过鲜矣。善败由己,而由人乎哉 ………………… 209

lin

临财毋苟得,临难毋苟免,很毋求胜,分毋求多 …… 137

临患不忘国,忠也。思难不越官,信也 …… 204

临祸忘忧,忧必及之 …… 164

临下以简,御众以宽。罚弗及嗣,赏延于世 …… 39

ling

令仪令色,小心翼翼 …… 81

liu

柳下惠不以三公易其介 …… 308

long

龙蛇之蛰,以存身也 …… 5

lu

鹿死不择音 …… 164

lü

履霜,坚冰至 …… 6

虑善以动,动惟厥时 …… 39

lun

论笃是与,君子者乎?色庄者乎 …… 250

M

man

满招损,谦受益,时乃天道 …… 51

慢藏诲盗,冶容诲淫 …… 6

mao

貌曰恭,言曰从,视曰明,听曰聪,思曰睿 …… 51

meng

蒙以养正,圣功也 …… 22

孟之反不伐,奔而殿,将入门,策其马 …… 245

mian

湎于酒,淫于色,心昏,耳目塞,上无正长之治 …… 226

miao

苗而不秀者有矣夫；秀而不实者有矣夫 …………………… 232

min

民非后，罔克胥匡以生。后非民，罔以辟四方 …………… 40
民患王之无厌也，故从乱如归 ……………………………… 181
民可近，不可下。民惟邦本，本固邦宁 …………………… 40
民可使由之，不可使知之 …………………………………… 235
民生厚而德正，用利而事节，时顺而物成 ………………… 182
民生在勤，勤则不匮 ………………………………………… 209
民事不可缓也 ………………………………………………… 298
民为贵，社稷次之，君为轻 ………………………………… 298
民者，君之本也。使人以其死，非正也 …………………… 226
民之多违，事滋无成 ………………………………………… 182
民主偷，必死 ………………………………………………… 182
敏以事君，必能养民，政其焉往 …………………………… 182

ming

鸣鹤在阴，其子和之。我有好爵，吾与尔靡之 …………… 22
明明扬侧陋 …………………………………………………… 40
明明在下，赫赫在上 ………………………………………… 64
明清于单辞，民之乱，罔不中听狱之两辞 ………………… 40
明试以功，车服以庸 ………………………………………… 40
明王立政，不惟其官，惟其人 ……………………………… 40
名者，人治之大者也，可无慎乎 …………………………… 137
命不共，有常刑 ……………………………………………… 182

mo

末大必折，尾大不掉 ………………………………………… 164
默而成之，不言而信，存乎德行 …………………………… 14
默而识之，学而不厌，诲人不倦，何有于我哉 …………… 256
莫之为而为者，天也；莫之致而至者，命也 ……………… 316

墨子兼爱,摩顶放踵利天下,为之 ……………………………… 318

mou

谋不失利,以卫社稷,民之主也 ……………………………… 182

谋于长者,必操几杖以从之 …………………………………… 116

mu

母之考为外王父,母之妣为外王母 …………………………… 282

N

nan

男女居室,人之大伦也 ………………………………………… 316

南容三复白圭,孔子以其兄之子妻之 ………………………… 245

南山有桑,北山有杨。乐只君子,邦家之光 ………………… 82

南有樛木,葛藟累之。乐只君子,福履绥之 ………………… 82

南有乔木,不可休息。汉有游女,不可求思 ………………… 75

男子先生为兄,后生为弟。[男子]谓女子先生为姊,后生为妹 ………… 282

难不已,将自毙 ………………………………………………… 210

nei

内大恶,讳也 …………………………………………………… 218

内作色荒,外作禽荒。甘酒嗜音,峻宇雕墙 ………………… 40

neng

能以国让,仁孰大焉 …………………………………………… 183

能以礼让为国乎?何有?不能以礼让为国,如礼何 ………… 235

能以众正,可以王矣 …………………………………………… 14

能自得师者王,谓人莫己若者亡。好问则裕,自用则小 …… 51

nian

年十九至十六为长殇,十五至十二为中殇 …………………… 100

niao

鸟则择木,木岂能择鸟 ………………………………………… 164

ning

宁武子,邦有道,则知;邦无道,则愚 ……………………… 245

宁我薄人,无人薄我 …………………………………………… 199
niu
牛虽瘠,偾于豚上,其畏不死 ………………………………… 164
nü
女曷为或称女,或称妇,或称夫人 …………………………… 222
女也不爽,士贰其行 …………………………………………… 75
女有家,男有室,无相渎也,谓之有礼。易此必败 …………… 210

P

pan

叛而不讨,何以示威? 服而不柔,何以示怀 ………………… 183

pi

皮之不存,毛将安傅 …………………………………………… 165
譬如为山,未成一篑,止,吾止也 …………………………… 254

pin

贫而无怨难,富而无骄易 ……………………………………… 250
贫者不以货财为礼,老者不以筋力为礼 ……………………… 117

ping

平国以礼不以乱。伐而不治,乱也 …………………………… 183
冯弱犯寡则眚之,贼贤害民则伐之 …………………………… 90

pu

仆臣正,厥后克正;仆臣谀,厥后自圣。后德惟臣,不德惟臣 … 41
溥天之下,莫非王土。率土之滨,莫非王臣 ………………… 60

Q

qi

妻也者,亲之主也,敢不敬与? 子也者,亲之后也,敢不敬与 ………… 117
其爱之如父母,而归之如流水。欲无获民,将焉辟之 ……… 183
其本乱而末治者否矣。其所厚者薄,而其所薄者厚,未之有也 ……… 104
其弼直,惟动丕应 ……………………………………………… 41
其尔万方有罪,在予一人。予一人有罪,无以尔万方 ……… 52

其进锐者,其退速 ⋯⋯⋯⋯⋯⋯⋯⋯⋯⋯⋯⋯⋯⋯⋯⋯⋯⋯⋯⋯ 289
其身正,不令而行;其身不正,虽令不从 ⋯⋯⋯⋯⋯⋯⋯⋯⋯ 235
其室则迩,其人甚远 ⋯⋯⋯⋯⋯⋯⋯⋯⋯⋯⋯⋯⋯⋯⋯⋯⋯ 75
其所善者,吾则行之;其所恶者,吾则改之,是吾师也 ⋯⋯⋯⋯⋯ 204
其为气也,至大至刚,以直养而无害,则塞于天地之间 ⋯⋯⋯⋯⋯ 290
其为人也小有才,未闻君子之大道也,则足以杀其躯而已矣 ⋯⋯⋯ 308
其言之不怍,则为之也难 ⋯⋯⋯⋯⋯⋯⋯⋯⋯⋯⋯⋯⋯⋯⋯ 250
齐一变至于鲁,鲁一变至于道 ⋯⋯⋯⋯⋯⋯⋯⋯⋯⋯⋯⋯⋯ 235
其有不共,则国有大刑 ⋯⋯⋯⋯⋯⋯⋯⋯⋯⋯⋯⋯⋯⋯⋯⋯ 91
岂不尔思?畏子不敢 ⋯⋯⋯⋯⋯⋯⋯⋯⋯⋯⋯⋯⋯⋯⋯⋯⋯ 67
岂曰无衣?与子同袍。王于兴师,修我戈矛,与子同仇 ⋯⋯⋯⋯⋯ 64
弃尔幼志,顺尔成德;寿考惟祺,介尔景福 ⋯⋯⋯⋯⋯⋯⋯⋯⋯ 97
弃父之命,恶用子矣?有无父之国则可也 ⋯⋯⋯⋯⋯⋯⋯⋯⋯ 210
弃人用犬,虽猛何为 ⋯⋯⋯⋯⋯⋯⋯⋯⋯⋯⋯⋯⋯⋯⋯⋯⋯ 165
弃信、背邻,患孰恤之?无信,患作;失援,必毙 ⋯⋯⋯⋯⋯⋯⋯ 183

qian

千里而袭人,未有不亡者也 ⋯⋯⋯⋯⋯⋯⋯⋯⋯⋯⋯⋯⋯⋯ 221
谦尊而光,卑而不可逾 ⋯⋯⋯⋯⋯⋯⋯⋯⋯⋯⋯⋯⋯⋯⋯⋯ 22
潜龙勿用 ⋯⋯⋯⋯⋯⋯⋯⋯⋯⋯⋯⋯⋯⋯⋯⋯⋯⋯⋯⋯⋯ 27

qiang

墙有茨,不可埽也。中冓之言,不可道也。所可道也,言之丑也 ⋯⋯ 61

qiao

巧言令色,鲜矣仁 ⋯⋯⋯⋯⋯⋯⋯⋯⋯⋯⋯⋯⋯⋯⋯⋯⋯⋯ 246
巧言、令色、足恭,左丘明耻之,丘亦耻之 ⋯⋯⋯⋯⋯⋯⋯⋯⋯ 262
巧言乱德。小不忍,则乱大谋 ⋯⋯⋯⋯⋯⋯⋯⋯⋯⋯⋯⋯⋯ 250

qin

亲亲、尊尊、长长、男女之有别,人道之大者也 ⋯⋯⋯⋯⋯⋯⋯ 117
亲仁善邻,国之宝也 ⋯⋯⋯⋯⋯⋯⋯⋯⋯⋯⋯⋯⋯⋯⋯⋯⋯ 183
亲有礼,因重固,间携贰,覆昏乱,霸王之器也 ⋯⋯⋯⋯⋯⋯⋯ 184

亲之以德,皆股肱也,谁敢携贰 …………………… 184
禽兽知母而不知父 ………………………………… 96

qing

轻其志而求外之重也,虽圣人弗能得也 ………… 117
青青子衿,悠悠我心。纵我不往,子宁不嗣音 …… 75
轻则寡谋,无礼则脱。入险而脱,又不能谋,能无败乎 … 199
请业则起,请益则起 ………………………………… 156

qiong

穷大者必失其居 ……………………………………… 6
穷则变,变则通,通则久 …………………………… 6
穷则独善其身,达则兼善天下 …………………… 308

qiu

求逞于人,不可。与人同欲,尽济 ………………… 210
求逞志而弃信,志将逞乎?志以发言,言以出信,信以立志 … 204
求也退,故进之;由也兼人,故退之 ……………… 256

qu

取彼谮人,投畀豺虎。豺虎不食,投畀有北 …… 67
取国有五难:有宠而无人,一也;有人而无主,二也 … 184

quan

权,然后知轻重;度,然后知长短。物皆然,心为甚 … 308
权者反于经,然后有善者也 ……………………… 217

qun

群居终日,言不及义,好行小慧,难矣哉 ………… 250

R

ran

然后知生于忧患而死于安乐也 …………………… 316
然君异于器,不可以二。器二不匮,君二多难 … 184

ren

人病舍其田而芸人之田,所求于人者重,而所以自任者轻 … 309

人不独亲其亲,不独子其子,使老有所终,壮有所用 ……………… 109
人不可以无耻,无耻之耻,无耻矣 ………………………………… 309
人藏其心,不可测度也。美恶皆在其心,不见其色也 …………… 150
人而不仁,如礼何?人而不仁,如乐何 …………………………… 246
仁而不武,无能达也 ………………………………………………… 165
人而无信,不知其可也 ……………………………………………… 246
人恒过,然后能改。困于心,衡于虑,而后作 …………………… 318
人皆可以为尧舜 ……………………………………………………… 309
人皆有不忍人之心 …………………………………………………… 316
人伦明于上,小民亲于下 …………………………………………… 298
人能弘道,非道弘人 ………………………………………………… 246
人人亲其亲、长其长,而天下平 …………………………………… 298
仁人无敌于天下 ……………………………………………………… 298
仁,人之安宅也。义,人之正路也 ………………………………… 309
人谁无过,过而能改,善莫大焉 …………………………………… 205
人所以立,信、知、勇也。信不叛君,知不害民,勇不作乱 …… 205
人惟求旧,器非求旧,惟新 ………………………………………… 41
人无于水监,当于民监 ……………………………………………… 41
人无远虑,必有近忧 ………………………………………………… 232
人心惟危,道心惟微,惟精惟一,允执厥中 ……………………… 41
人有不为也,而后可以有为 ………………………………………… 318
人有礼则安,无礼则危 ……………………………………………… 117
人有土田,女反有之。人有民人,女覆夺之 ……………………… 67
仁远乎哉?我欲仁,斯仁至矣 ……………………………………… 246
仁者见之谓之仁,知者见之谓之知 ………………………………… 6
人之过也,各于其党。观过,斯知仁矣 …………………………… 250
人之患,在好为人师 ………………………………………………… 309
人之生也直,罔之生也幸而免 ……………………………………… 246
仁之实,事亲是也;义之实,从兄是也 …………………………… 298

人之所以为人者,让也 ············ 228
人之所以为人者,言也。人而不能言,何以为人 ············ 228
人之行莫大于孝 ············ 268
人之易其言也,无责耳矣 ············ 309
人之有道也,饱食、煖衣、逸居而无教,则近于禽兽 ············ 309
人之有德慧术知者,恒存乎疢疾 ············ 290
人之有技,若己有之。人之彦圣,其心好之 ············ 52
人之有能有为,使羞其行,而邦其昌 ············ 41
人之于天也,以道受命;于人也,以言受命 ············ 224
人知之,亦嚣嚣;人不知,亦嚣嚣 ············ 310
任官惟贤材,左右惟其人 ············ 42

ri

日就月将,学有缉熙于光明 ············ 81
日居月诸,出自东方。乃如之人兮,德音无良 ············ 67
日往则月来,月往则日来,日月相推而明生焉 ············ 6
日月得天而能久照,四时变化而能久成 ············ 15
日月丽乎天,百谷草木丽乎土 ············ 6
日中则昃,月盈则食,天地盈虚,与时消息 ············ 7
日纵敌,数世之患也 ············ 200

rong

戎狄豺狼,不可厌也;诸夏亲暱,不可弃也 ············ 165
戎轻而不整,贪而无亲,胜不相让,败不相救 ············ 200

rou

柔亦不茹,刚亦不吐。不侮矜寡,不畏强御 ············ 61
肉食者鄙,未能远谋 ············ 184

ru

"如切如磋",道学也。"如琢如磨",自修也 ············ 280
儒有博学而不穷,笃行而不倦;幽居而不淫,上通而不困 ············ 137
儒有不宝金玉,而忠信以为宝;不祈土地,立义以为土地 ············ 137

儒有不陨获于贫贱,不充诎于富贵 …………………… 138
儒有合志同方,营道同术;并立则乐,相下不厌 ………… 151
儒有居处齐难,其坐起恭敬,言必先信,行必中正 ……… 138
儒有可亲而不可劫也,可近而不可迫也,可杀而不可辱也 …… 138
儒有内称不辟亲,外举不辟怨,程功积事 ………………… 109
如有王者,必世而后仁 ……………………………………… 235
儒有委之以货财,淹之以乐好,见利不亏其义 …………… 138
儒有闻善以相告也,见善以相示也 ………………………… 139
儒有席上之珍以待聘,夙夜强学以待问 …………………… 139
儒有衣冠中,动作慎;其大让如慢,小让如伪 …………… 139
儒有忠信以为甲胄,礼义以为干橹;戴仁而行,抱义而处 …… 139
如有周公之才之美,使骄且吝,其余不足观也已矣 ……… 251
如月之恒,如日之升。如南山之寿,不骞不崩 …………… 82
汝惟不矜,天下莫与汝争能。汝惟不伐,天下莫与汝争功 …… 52
入竟而问禁,入国而问俗,入门而问讳 …………………… 117
入则无法家拂士,出则无敌国外患者,国恒亡 …………… 298

ruo

若不可禁,则搏而戮之 ……………………………………… 91
若乘舟,汝弗济,臭厥载 …………………………………… 32
若尔之年者,宰上之木拱矣,尔曷知 ……………………… 221
若火之燎于原,不可向迩,其犹可扑灭 …………………… 32
若金,用汝作砺。若济巨川,用汝作舟楫 ………………… 42
若敬行其礼,道之以文辞,以靖诸侯,兵可以弭 ………… 184
若杀不辜,将失其民,欲安,得乎 ………………………… 185
若升高,必自下。若陟遐,必自迩 ………………………… 32
若圣与仁,则吾岂敢! 抑为之不厌,诲人不倦 ………… 256
若网在纲,有条而不紊。若农服田,力穑乃亦有秋 ……… 32
若药弗瞑眩,厥疾弗瘳。若跣弗视地,厥足用伤 ………… 32
若以恶来,有备,不败 ……………………………………… 165

若知不能,则如无出 ………………………………………… 205

S

san

三代之得天下也以仁,其失天下也以不仁 ……………… 299

三军可夺帅也,匹夫不可夺志也 …………………………… 254

三年耕,必有一年之食;九年耕,必有三年之食 ………… 109

三年学,不至于穀,不易得也 ……………………………… 247

三人行,必有我师焉 ………………………………………… 257

三人行则损一人,一人行则得其友 ………………………… 7

sang

丧事无求 ……………………………………………………… 219

sao

嫂叔不通问 …………………………………………………… 118

sha

杀人以自生,亡人以自存,君子不为也 …………………… 220

shan

山林薮泽之利,所以与民共也 ……………………………… 226

山有木,工则度之。宾有礼,主则择之 …………………… 165

善不积,不足以成名;恶不积,不足以灭身 ……………… 7

善不可失,恶不可长 ………………………………………… 205

善歌者使人继其声,善教者使人继其志 …………………… 156

善人教民七年,亦可以即戎矣 ……………………………… 235

善人,天地之纪也,而骤绝之,不亡何待 ………………… 185

善人为邦百年,亦可以胜残去杀矣 ………………………… 235

善人在上,则国无幸民 ……………………………………… 185

善为国者,赏不僭而刑不滥 ………………………………… 185

善学者,师逸而功倍,又从而庸之 ………………………… 156

善者在外,动者在内 ………………………………………… 87

善政,不如善教之得民也 …………………………………… 299

shang

赏罚无章,何以沮劝? 君失其信,而国无刑,不亦难乎 ……… 185

上古结绳而治,后世圣人易之以书契,百官以治 ……… 15

上好礼,则民易使也 ……… 236

上无礼,下无学,贼民兴,丧无日矣 ……… 299

上下交征利,而国危矣 ……… 299

上有好者,下必有甚焉者矣 ……… 299

she

奢则不孙,俭则固。与其不孙也,宁固 ……… 236

社稷有主,而外其心,其何贰如之 ……… 186

shen

身不行道,不行于妻子 ……… 310

身体发肤,受之父母,不敢毁伤,孝之始也 ……… 269

身贤,贤也。使贤,亦贤也 ……… 226

神福仁而祸淫 ……… 210

慎厥初,惟厥终,终以不困 ……… 52

慎厥身修,思永 ……… 52

慎厥终,惟其始 ……… 53

慎乃出令,令出惟行,弗惟反 ……… 42

慎乃俭德,惟怀永图 ……… 53

甚矣,吾衰也! 久矣,吾不复梦见周公 ……… 262

慎终于始 ……… 53

sheng

生财有大道。生之者众,食之者寡,为之者疾,用之者舒 ……… 110

升而不已必困 ……… 7

生事爱敬,死事哀戚,生民之本尽矣 ……… 270

声闻过情,君子耻之 ……… 310

生于乱世,贵而能贫,民无求焉,可以后亡 ……… 210

生在敬戒,不在富也 ……… 211

圣立而将之以敬曰礼,礼以体长幼曰德 …………… 118
圣人,百世之师也 ……………………………………… 320
圣人亨以享上帝,而大亨以养圣贤 …………………… 15
圣人以神道设教,而天下服矣 ………………………… 15
圣人与众同欲,是以济事,子盍从众 ………………… 186
圣人之教不肃而成,其政不严而治,其所因者本也 … 269

shi

师克在和,不在众 …………………………………… 200
失礼违命,宜其为禽也 ……………………………… 211
《诗》三百,一言以蔽之,曰:"思无邪" …………… 260
施十有二教焉:一曰以祀礼教敬 ……………………… 92
《诗》《书》,义之府也;礼、乐,德之则也 …………… 165
诗,言其志也。歌,咏其声也 ……………………… 127
师挚之始,《关雎》之乱,洋洋乎盈耳哉 …………… 260
食不语,寝不言 ……………………………………… 247
食而弗爱,豕交之也 ………………………………… 316
时日曷丧,予及汝皆亡 ………………………………… 42
十室之邑,必有忠信如丘者焉,不如丘之好学也 …… 263
时哉弗可失 ……………………………………………… 32
食哉,惟时! 柔远能迩 ………………………………… 42
时止则止,时行则行,动静不失其时,其道光明 ……… 7
使疾其民,以盈其贯,将可殪也 …………………… 186
使能,国之利也 ……………………………………… 186
使人不以道,不能行于妻子 ………………………… 299
使死者反生,生者不愧乎其言,则可谓信矣 ………… 220
使医除疾,而曰"必遗类焉"者,未之有也 ………… 166
事充,政重,上不能谋,士不能死,何以治民 ……… 186
仕而废其事,罪也 …………………………………… 186
士而怀居,不足以为士矣 …………………………… 247

事父母几谏,见志不从,又敬不违,劳而不怨 …………………… 254
是故古之人有言曰:"善终者如始 …………………………………… 104
是故君子动而世为天下道,行而世为天下法 ………………………… 140
是故君子兴敬为亲,舍敬是遗亲也。弗爱不亲,弗敬不正 ………… 118
是故君子之教也,外则教之以尊其君长 ……………………………… 118
是故孝子之事亲也,有三道焉:生则养,没则丧,丧毕则祭 ……… 119
是故言悖而出者,亦悖而入 …………………………………………… 151
是故知声而不知音者,禽兽是也 ……………………………………… 128
誓将去女,适彼乐土。乐土乐土,爰得我所 ………………………… 64
事君尽礼,人以为谄也 ………………………………………………… 236
恃陋而不备,罪之大者也;备豫不虞,善之大者也 ………………… 166
视其所以,观其所由,察其所安 ……………………………………… 251
事亲者居上不骄,为下不乱,在丑不争 ……………………………… 270
士,穷不失义,达不离道 ……………………………………………… 316
式微,式微,胡不归?微君之故,胡为乎中露 ……………………… 68
恃险与马,不可以为固也,从古以然 ………………………………… 186
是宜为君,有恤民之心 ………………………………………………… 187
士有争友,则身不离于令名 …………………………………………… 276
示之以好恶,而民知禁 ………………………………………………… 273
士志于道,而耻恶衣恶食者,未足与议也 …………………………… 251

shou

手如柔荑,肤如凝脂。领如蝤蛴,齿如瓠犀 ………………………… 76
受禄于天,宜稼于田,眉寿万年 ……………………………………… 97
受命以出,有死无霣,又可赂乎 ……………………………………… 187

shu

疏则怠,怠则忘 ………………………………………………………… 217
树德莫如滋,去疾莫如尽 ……………………………………………… 166
树德务滋,除恶务本 …………………………………………………… 53
述而不作,信而好古,窃比于我老彭 ………………………………… 263

恕而行之,德之则也,礼之经也 …… 166
shuai
率是道也,其何不济 …… 187
shui
谁将西归,怀之好音 …… 68
谁能出不由户?何莫由斯道也 …… 247
谁生厉阶,至今为梗 …… 68
谁谓河广?一苇杭之 …… 76
谁侜予美,心焉惕惕 …… 68
说大人,则藐之,勿视其巍巍然 …… 317
shun
顺丰年,逆时雨,宁风旱,弭灾兵,远罪疾 …… 91
舜视弃天下犹弃敝蹝也 …… 310
顺天者存,逆天者亡 …… 290
shuo
说《诗》者,不以文害辞,不以辞害志,以意逆志,是为得之 …… 321
si
思则有备,有备无患 …… 166
死而不义,非勇也。共用之谓勇 …… 205
死生契阔,与子成说。执子之手,与子偕老 …… 76
死徙无出乡,乡田同井,出入相友,守望相助 …… 299
四海困穷,天禄永终 …… 42
四牡騑騑,周道倭迟 …… 68
song
松柏之下,其草不殖 …… 166
崧高维岳,骏极于天 …… 84
颂其诗,读其书,不知其人,可乎 …… 321
诵《诗》三百,授之以政,不达;使于四方,不能专对 …… 257

su

溯洄从之,道阻且长 …… 76

肃肃宵征,夙夜在公 …… 64

夙兴夜处,小心畏忌,不惰其身,不宁 …… 98

夙夜罔或不勤,不矜细行,终累大德 …… 53

sui

虽不能始,善终可也 …… 205

虽有嘉肴,弗食,不知其旨也 …… 157

虽有天下易生之物也,一日暴之,十日寒之,未有能生者也 …… 290

虽有智慧,不如乘势 …… 290

岁寒,然后知松柏之后彫也 …… 232

sun

损而不已必益 …… 7

损刚益柔有时。损益盈虚,与时偕行 …… 8

损上益下,民说无疆 …… 15

suo

所不此报,无能涉河 …… 214

所敬者寡,而悦者众,此之谓要道也 …… 269

所违民欲犹多,民何安焉 …… 187

所谓诚其意者,毋自欺也 …… 140

所谓齐其家在修其身者 …… 140

所谓修身在正其心者 …… 141

所恶于上,毋以使下;所恶于下,毋以事上 …… 151

T

ta

他山之石,可以攻玉 …… 60

tai

汰侈,无礼已甚,乱所在也 …… 187

太上贵德,其次务施报 …… 119

tan

贪色为淫,淫为大罚 ……………………………………… 187

tao

桃之夭夭,灼灼其华。之子于归,宜其室家 ……………… 77

tian

天聪明,自我民聪明。天明畏,自我民明威 …………… 43
天道福善祸淫 ……………………………………………… 43
天道亏盈而益谦,地道变盈而流谦,鬼神害盈而福谦 …… 8
天道下济而光明,地道卑而上行 ………………………… 8
天地不交而万物不通也,上下不交而天下无邦也 ……… 15
天地不交,而万物不兴 …………………………………… 8
天地感而万物化生,圣人感人心而天下和平 …………… 8
天地革而四时成,汤武革命,顺乎天而应乎人 ………… 8
天地合而后万物兴焉 ……………………………………… 104
天地交而万物通也,上下交而其志同也 ………………… 16
天地节而四时成,节以制度,不伤财,不害民 ………… 16
天地睽而其事同也,男女睽而其志通也,万物睽而其事类也 … 9
天地严凝之气,始于西南而盛于西北,此天地之尊严气也 … 104
天地之大德曰生 …………………………………………… 9
天地之道,寒暑不时则疾,风雨不节则饥 ……………… 104
天地之道,恒久而不已也 ………………………………… 9
天地之性,人为贵 ………………………………………… 273
天高地下,万物散殊,而礼制行矣 ……………………… 128
天将降大任于是人也,必先苦其心志,劳其筋骨,饿其体肤 … 310
天矜于民,民之所欲,天必从之 ………………………… 43
天命之谓性,率性之谓道,修道之谓教 ………………… 141
天时不如地利,地利不如人和 …………………………… 290
天视自我民视,天听自我民听 …………………………… 43
天下同归而殊途,一致而百虑 …………………………… 9

天下有达尊三:爵一,齿一,德一 …… 318
天下有道,小德役大德,小贤役大贤 …… 300
天下有道,以道殉身;天下无道,以身殉道 …… 318
天下之本在国,国之本在家,家之本在身 …… 310
天下之达道五,所以行之者三 …… 119
天下之恶一也,恶于宋而保于我,保之何补 …… 187
天下诸侯有为无道者,臣弑君,子弑父 …… 218
天行健,君子以自强不息 …… 23
天有时,地有气,材有美,工有巧,合此四者,然后可以为良 …… 87
天有时以生,有时以杀 …… 87
天佑下民,作之君,作之师 …… 43
天灾流行,国家代有 …… 188
天之假助不善,非祚之也,厚其凶恶,而降之罚也 …… 211
天之生此民也,使先知觉后知,使先觉觉后觉也 …… 300
天之所坏,不可支也;众之所为,不可奸也 …… 211
天之所助者,顺也;人之所助者,信也 …… 27
天子不能以天下与人 …… 300
天子亲耕,以共粢盛,王后亲蚕,以共祭服 …… 227
天子之元子犹士也,天下无生而贵者也 …… 96
天尊地卑,君臣定矣 …… 128
天尊地卑,乾坤定矣 …… 9
天作孽,犹可违;自作孽,不可逭 …… 56

tiao

苕之华,其叶青青。知我如此,不如无生 …… 69

ting

听其言也,观其眸子,人焉廋哉 …… 311
听讼,吾犹人也。必也使无讼乎 …… 236
听言则答,谮言则退 …… 60

tong

同力度德,同德度义 …… 43

同声相应,同气相求 …… 9

同罪异罚,非刑也 …… 188

tou

投我以木瓜,报之以琼琚 …… 77

投我以桃,报之以李 …… 77

tu

徒善不足以为政,徒法不能以自行 …… 300

土敝则草木不长,水烦则鱼鳖不大,气衰则生物不遂 …… 105

土反其宅,水归其壑,昆虫毋作,草木归其泽 …… 110

tui

推贤让能,庶官乃和,不和政庞 …… 43

tuo

萚兮萚兮,风其吹女。叔兮伯兮,倡予和女 …… 77

W

wai

外言不入于梱,内言不出于梱 …… 120

wan

玩人丧德,玩物丧志 …… 53

菀彼柳斯,鸣蜩嘒嘒 …… 69

wang

王事靡盬,不能艺稷黍。父母何怙 …… 69

王之同姓有罪,则死刑焉 …… 91

枉尺而直寻 …… 291

枉己者,未有能直人者也 …… 311

往来行言,心焉数之 …… 63

罔违道以干百姓之誉,罔咈百姓以从己之欲 …… 44

wei

威克厥爱,允济。爱克厥威,允罔功 …………………………………… 32
巍巍乎,舜、禹之有天下也,而不与焉 ………………………………… 236
委委佗佗,如山如河 …………………………………………………… 82
危以动,则民不与也;惧以语,则民不应也 …………………………… 16
危者使平,易者使倾 …………………………………………………… 10
惟德动天,无远弗届 …………………………………………………… 44
为高必因丘陵,为下必因川泽 ………………………………………… 291
惟后非贤不乂,惟贤非后不食 ………………………………………… 44
唯君子为能通天下之志 ………………………………………………… 16
惟克果断,乃罔后艰 …………………………………………………… 56
惟口出好兴戎 …………………………………………………………… 33
惟口起羞,惟甲胄起戎,惟衣裳在笥,惟干戈省厥躬 ………………… 44
违命不孝,弃事不忠 …………………………………………………… 206
惟木从绳则正,后从谏则圣 …………………………………………… 44
违强陵弱,非勇也;乘人之约,非仁也 ………………………………… 206
为人君,止于仁;为人臣,止于敬;为人子,止于孝 ………………… 120
唯仁者能好人,能恶人 ………………………………………………… 236
惟仁者宜在高位 ………………………………………………………… 300
为善不同,同归于治 …………………………………………………… 44
惟上帝不常,作善降之百祥,作不善降之百殃 ………………………… 33
惟圣罔念作狂,惟狂克念作圣 ………………………………………… 33
惟事事,乃其有备,有备无患 ………………………………………… 33
惟天地万物父母,惟人万物之灵 ……………………………………… 56
惟天生民有欲,无主乃乱,惟天生聪明时乂 ………………………… 45
惟天无亲,克敬惟亲 …………………………………………………… 45
惟王建国,辨方正位,体国经野,设官分职,以为民极 ……………… 91
惟教学半,念终始典于学,厥德修罔觉 ……………………………… 53
惟一介断断焉,无他技。其心休休,能有容,是难也 ………………… 220

唯有德者能以宽服民,其次莫如猛 …………………… 188

唯则定国 …………………………………………………… 188

为政以德,譬如北辰,居其所而众星共之 …………… 237

为政者不赏私劳,不罚私怨 ……………………………… 188

惟治乱在庶官 ……………………………………………… 45

位卑而言高,罪也 ………………………………………… 301

位不期骄,禄不期侈 ……………………………………… 45

未见君子,惄如调饥 ……………………………………… 77

未见君子,忧心靡乐 ……………………………………… 77

未见君子,忧心钦钦 ……………………………………… 77

未见君子,忧心如醉 ……………………………………… 78

为其多闻也,则天子不召师,而况诸侯乎 …………… 301

谓天盖高,不敢不局 ……………………………………… 61

为渊驱鱼者獭也,为丛驱爵者鹯也 …………………… 301

wen

温故而知新,可以为师矣 ………………………………… 257

闻伯夷之风者,顽夫廉,懦夫有立志 ………………… 311

文不犯顺,武不违敌 ……………………………………… 188

闻敌强而退,非夫也 ……………………………………… 211

文,莫吾犹人也。躬行君子,则吾未之有得 ………… 263

文王一怒而安天下之民 …………………………………… 301

wo

我徂东山,慆慆不归 ……………………………………… 69

我非生而知之者,好古,敏以求之者也 ……………… 257

我生之初,尚无为;我生之后,逢此百罹 …………… 69

我闻吉人为善,惟日不足 ………………………………… 54

我闻曰:"世禄之家,鲜克由礼,以荡陵德,实悖天道 …… 45

我闻忠善以损怨,不闻作威以防怨 …………………… 189

我心匪石,不可转也 ……………………………………… 78

我行其野,言采其蓫 …………………………………… 78
我以不贪为宝,尔以玉为宝 ……………………… 214
我有嘉宾,中心好之 ……………………………… 78

wu

诬善之人其辞游,失其守者其辞屈 …………… 10
毋拔来,毋报往,毋渎神,毋循枉,毋测未至 …… 141
无备而官办者,犹拾渖也 ………………………… 166
毋变天之道,毋绝地之理,毋乱人之纪 ………… 120
无别无义,禽兽之道也 …………………………… 120
毋不敬,俨若思,安定辞,安民哉 ………………… 142
吾不可以正议而自与也 …………………………… 206
吾尝终日不食,终夜不寝,以思,无益,不如学也 … 257
毋剿说,毋雷同 …………………………………… 142
无处而馈之,是货之也 …………………………… 311
无怠无荒,四夷来王 ……………………………… 45
无德而禄,殃也 …………………………………… 211
无德以及远方,莫如惠恤其民,而善用之 ……… 189
无父何怙?无母何恃 ……………………………… 63
无稽之言勿听,弗询之谋勿庸 ………………… 45
无疆惟休,亦无疆惟恤 …………………………… 33
无教逸欲有邦,兢兢业业,一日二日万几 ……… 46
无君子莫治野人,无野人莫养君子 …………… 301
无旷土,无游民,食节事时,民咸安其居,乐事劝功 … 110
无礼,必食言 ……………………………………… 167
无礼不乐,所由叛也 ……………………………… 189
无礼义,则上下乱 ………………………………… 311
无虐茕独而畏高明 ………………………………… 46
无偏无陂,遵王之义。无有作好,遵王之道 …… 46
无平不陂,无往不复 ……………………………… 10

无启宠纳侮,无耻过作非	46
无起秽以自臭	54
无轻民事,惟艰。无安厥位,惟危	46
无丧而戚,忧必雠焉	189
吾十有五而志于学,三十而立,四十而不惑,五十而知天命	254
无始祸,无怙乱,无重怒	206
无始乱,无怙富,无悖宠,无违同,无敖礼,无骄能	206
无妄行,有眚,无攸利	23
无妄之灾,或系之牛,行人之得,邑人之灾	28
无为其所不为,无欲其所不欲	311
毋为戎首,不亦善乎	110
吾未见好德如好色者也	247
吾闻出于幽谷迁于乔木者,未闻下乔木而入于幽谷者	291
吾闻抚民者,节用于内,而树德于外,民乐其性,而无寇仇	189
吾闻国家之立也,本大而末小,是以能固	190
无厌,将及我	211
吾以不详道民,灾及吾身,何日之有	218
无已大康,职思其居	61
吾有知乎哉?无知也。有鄙夫问于我	263
吾与回言终日,不违,如愚	251
无欲速,无见小利。欲速则不达,见小利则大事不成	247
无自广以狭人,匹夫匹妇,不获自尽,民主罔与成厥功	47
吾自卫反鲁,然后乐正,《雅》《颂》各得其所	260
无总于货宝,生生自庸	56
五百年必有王者兴,其间必有名世者	317
五福:一曰寿,二曰富,三曰康宁,四曰攸好德,五曰考终命	56
五谷者,种之美者也;苟为不熟,不如荑稗	291
五刑之属三千,而罪莫大于不孝	269
物不可以久居其所	10

物不可以终动,止之 …… 10
物不可以终遁 …… 10
物不可以终过 …… 10
物不可以终难 …… 10
物不可以终否 …… 11
物不可以终通 …… 11
物不可以终止 …… 11
物不可以终壮 …… 11
物格而后知至,知至而后意诚,意诚而后心正 …… 142
务其三时,修其五教,亲其九族,以致其禋祀 …… 190
物生必蒙 …… 11
物有本末,事有终始 …… 105
物稚不可不养也 …… 11

X

xi

昔阖庐食不二味 …… 190
昔我往矣,杨柳依依 …… 70
昔先王议事以制,不为刑辟,惧民之有争心也 …… 190
昔者明王之以孝治天下也 …… 274
昔者天子有争臣七人,虽无道,不失其天下 …… 274
西子蒙不洁,则人皆掩鼻而过之 …… 311
习习谷风,以阴以雨 …… 61
习与性成 …… 54

xia

狎侮君子,罔以尽人心 …… 47
夏之日,冬之夜。百岁之后,归于其居 …… 78

xian

先进于礼乐,野人也 …… 237
先君之耻,犹今君之耻也 …… 218

先人有夺人之心,后人有待其衰 …… 200
先人有夺人之心,军之善谋也 …… 200
先王有至德要道,以顺天下,民用和睦,上下无怨 …… 274
先王子惠困穷,民服厥命,罔有不悦 …… 47
先之以博爱,而民莫遗其亲 …… 274
先之以敬让,而民不争 …… 274
贤君必恭俭礼下,取于民有制 …… 301
贤哉,回也 …… 254
贤者狎而敬之,畏而爱之 …… 142
贤者以其昭昭,使人昭昭 …… 311
见龙在田,利见大人 …… 28
宪问耻。子曰:"邦有道,穀 …… 247

xiang

详乃视听,罔以侧言改厥度 …… 54
相鼠有皮,人而无仪 …… 62
《象》曰:地中生木,《升》。君子以顺德,积小以高大 …… 23
《象》曰:地中有山,《谦》。君子以裒多益寡,称物平施 …… 16
《象》曰:地中有水,《师》。君子以容民畜众 …… 16
《象》曰:风行地上,《观》。先王以省方观民设教 …… 17
《象》曰:火在天上,《大有》。君子以遏恶扬善 …… 23
《象》曰:洊雷,《震》。君子以恐惧修省 …… 23
《象》曰:明两作,《离》。大人以继明照于四方 …… 23
《象》曰:山上有雷,《小过》。君子以行过乎恭 …… 28
《象》曰:山下有风,《蛊》。君子以振民育德 …… 17
《象》曰:山下有火,《贲》。君子以明庶政,无敢折狱 …… 17
《象》曰:上天下泽,《履》。君子以辩上下,定民志 …… 17
《象》曰:天地不交,《否》。君子以俭德辟难,不可荣以禄 …… 24
《象》曰:泽灭木,《大过》。君子以独立不惧,遁世无闷 …… 24
《象》曰:泽上有地,《临》。君子以教思无穷,容保民无疆 …… 17

《象》曰：泽上于地，《萃》。君子以除戎器，戒不虞 …………… 18

《象》曰：泽无水，《困》。君子以致命遂志 ………………………… 24

xiao

萧萧马鸣，悠悠旆旌 …………………………………………………… 84

小惩而大戒，此小人之福也 …………………………………………… 24

小国无文德，而有武功，祸莫大焉 …………………………………… 191

小惠未遍，民弗从也 …………………………………………………… 191

小人以小善为无益而弗为也 …………………………………………… 11

小之能敌大也，小道大淫 ……………………………………………… 191

小子何莫学夫诗？诗，可以兴 ………………………………………… 260

孝，礼之始也 …………………………………………………………… 207

孝莫大于严父，严父莫大于配天 ……………………………………… 269

孝悌之至，通于神明，光于四海，无所不通 ………………………… 270

效尤，祸也 ……………………………………………………………… 212

孝子扬父之美，不扬父之恶 …………………………………………… 229

孝子之丧亲也，哭不偯 ………………………………………………… 271

孝子之事亲也，居则致其敬 …………………………………………… 271

孝子之有深爱者，必有和气 …………………………………………… 120

xie

挟贵而问，挟贤而问 …………………………………………………… 312

xin

心苟无瑕，何恤乎无家 ………………………………………………… 212

心乎爱矣，遐不谓矣 …………………………………………………… 78

心则不竞，何惮于病 …………………………………………………… 212

心之忧矣，其谁知之？其谁知之，盖亦勿思 ………………………… 70

信，国之宝也，民之所庇也 …………………………………………… 191

信誓旦旦，不思其反 …………………………………………………… 79

信以守礼，礼以庇身 …………………………………………………… 212

xing

形而上者谓之道,形而下者谓之器 …… 11

行迈靡靡,中心摇摇 …… 70

刑期于无刑 …… 47

行权有道:自贬损以行权,不害人以行权 …… 220

行修言道,礼之质也 …… 142

刑之不滥,君之明也,臣之愿也 …… 192

行之而不著焉 …… 312

性相近也,习相远也 …… 232

xiong

兄弟具在,以成厥德 …… 98

兄弟,天伦也 …… 229

凶年不修 …… 219

雄雉于飞,下上其音 …… 70

xiu

修城郭、贬食、省用、务穑、劝分,此其务也 …… 192

修己而不责人,则免于难 …… 207

修教明谕,国道也 …… 227

修六礼以节民性 …… 110

修身践言,谓之善行 …… 142

休兹知恤,鲜哉 …… 54

xu

于嗟女兮,无与士耽 …… 79

需,事之贼也 …… 212

蓄疑败谋,怠忽荒政,不学墙面,莅事惟烦 …… 54

xuan

选贤与能,讲信修睦 …… 111

xue

学而不思则罔,思而不学则殆 …… 257

学而时习之,不亦说乎 …………………………………… 258

学如不及,犹恐失之 …………………………………… 258

学问之道无他,求其放心而已矣 …………………… 312

学者有四失,教者必知之 …………………………… 157

xun

洵有情兮,而无望兮 …………………………………… 79

Y

yan

言出乎身,加乎民 ……………………………………… 24

言而履之,礼也 ………………………………………… 129

言近而指远者,善言也 ……………………………… 321

言念君子,温其如玉 …………………………………… 70

言行,君子之枢机 ……………………………………… 25

言行,君子之所以动天地也,可不慎乎 …………… 25

颜渊曰:"舜,何人也?予,何人也?有为者亦若是 …… 319

厌厌良人,秩秩德音 …………………………………… 82

谚曰:"高下在心 ……………………………………… 167

yang

阳虎曰:"为富不仁矣,为仁不富矣 ……………… 291

扬之水,不流束薪 ……………………………………… 70

仰不愧于天,俯不怍于人,二乐也 ………………… 312

养其小者为小人,养其大者为大人 ………………… 312

养生丧死无憾,王道之始也 ………………………… 302

养心莫善于寡欲 ……………………………………… 312

仰以观于天文,俯以察于地理,是故知幽明之故 …… 12

yao

要君者无上 ……………………………………………… 275

夭寿不贰,修身以俟之,所以立命也 ……………… 313

妖由人兴也 …………………………………………… 212

尧舜之道,孝弟而已矣 …… 302

窈窕淑女,君子好逑 …… 79

ye

叶公问政。子曰:"近者说,远者来 …… 237

夜如何其? 夜未央 …… 84

yi

一国两君,其谁堪之 …… 192

一人三失,怨岂在明? 不见是图 …… 54

一人刑善,百姓休和,可不务乎 …… 192

一人有庆,兆民赖之,其宁惟永 …… 47

一人元良,万邦以贞 …… 47

一日不见,如三秋兮 …… 71

一日不见,如三月兮 …… 71

衣食所安,弗敢专也,必以分人 …… 192

一乡之善士,斯友一乡之善士 …… 317

一薰一莸,十年尚犹有臭 …… 167

一阴一阳之谓道 …… 12

一曰廉善,二曰廉能 …… 91

一之谓甚,其可再乎 …… 213

夷狄之有君,不如诸夏之亡也 …… 237

疑而筮之,则弗非也 …… 142

移风易俗,莫善于乐 …… 275

疑事毋质,直而勿有 …… 157

宜言饮酒,与子偕老 …… 79

以不教民战,是谓弃之 …… 237

以公灭私,民其允怀 …… 47

以官爵人,德之杀也 …… 96

以贵下贱,大得民也 …… 18

以荒政十有二聚万民 …… 92

以力服人者,非心服也,力不赡也 …… 302

以三德教国子 …… 93

以善服人者,未有能服人者也。以善养人,然后能服天下 …… 302

以天下与人易,为天下得人难 …… 302

以孝事君则忠,以敬事长则顺 …… 276

已矣乎！吾未见能见其过而内自讼者也 …… 247

以佚道使民,虽劳不怨 …… 302

以欲从人,则可;以人从欲,鲜济 …… 167

以约失之者鲜矣 …… 248

益而不已必决 …… 12

义生,然后礼作。礼作,然后万物安 …… 120

《易》与天地准,故能弥纶天地之道 …… 29

弈者举棋不定,不胜其耦 …… 167

yin

因人之力而敝之,不仁 …… 192

饮食男女,人之大欲存焉;死亡贫苦,人之大恶存焉 …… 105

ying

鹦鹉能言,不离飞鸟;猩猩能言,不离禽兽 …… 129

应乎天而时行,是以元亨 …… 12

yong

庸勋、亲亲、暱近、尊贤,德之大者也 …… 193

颙颙卬卬,君之德也 …… 280

用人惟己,改过不吝 …… 48

用师,观衅而动 …… 201

用天之道,分地之利。谨身节用,以养父母 …… 276

you

悠悠我里,亦孔之痗。四方有羡,我独居忧 …… 71

尤而效之,罪又甚焉 …… 167

有不虞之誉,有求全之毁 …… 291

有大而能谦必豫 …… 25
有大者不可以盈 …… 25
有德者必有言,有言者不必有德 …… 251
有匪君子,如金如锡,如圭如璧 …… 82
有匪君子,如切如磋,如琢如磨 …… 83
有官守者,不得其职则去;有言责者,不得其言则去 …… 302
有恒产者有恒心,无恒产者无恒心 …… 292
有教无类 …… 258
有君不吊,有臣不敏 …… 193
有力不足,臣何敢不勉 …… 220
有美一人,清扬婉兮。邂逅相遇,适我愿兮 …… 79
有美一人,伤如之何? 寤寐无为,涕泗滂沱 …… 80
有美一人,硕大且俨。寤寐无为,辗转伏枕 …… 80
有朋自远方来,不亦乐乎 …… 252
有其善,丧厥善。矜其能,丧厥功 …… 55
有孺子歌曰:"沧浪之水清兮,可以濯我缨 …… 313
有事于山,艺山林也;而斩其木,其罪大矣 …… 193
有天地然后有万物 …… 12
有言逆于汝心,必求诸道。有言逊于汝志,必求诸非道 …… 33
有子曰:"礼之用,和为贵 …… 237
有子曰:"信近于义,言可复也 …… 248
宥过无大,刑故无小。罪疑惟轻,功疑惟重 …… 48
佑贤辅德,显忠遂良,兼弱攻昧,取乱侮亡,推亡固存 …… 48

yu

于不可已而已者,无所不已 …… 313
予弗克俾厥后惟尧舜,其心愧耻,若挞于市 …… 48
予临兆民,懔乎若朽索之驭六马,为人上者,奈何不敬 …… 48
予美亡此,谁与独处 …… 71
予其惩,而毖后患 …… 62

于人何有,人亦于女何有	167
予视天下愚夫愚妇一能胜予	57
于所厚者薄,无所不薄也	317
予唯不食嗟来之食	143
予违,汝弼。汝无面从,退有后言	49
鱼我所欲也,熊掌亦我所欲也,二者不可得兼	317
与君言,言使臣;与大人言,言事君	98
与老者言,言使弟子;与幼者言,言孝弟于父兄	98
与其害于民,宁我独死	193
与其进也,不与其退也,唯何甚	238
与其杀不辜,宁失不经。好生之德,洽于民心	49
与人不求备,检身若不及	57
禹之治水,水之道也	292
与众言,言忠信慈祥;与居官者言,言忠信	98
欲败度,纵败礼	55
玉不琢,不成器。人不学,不知道	157
欲加之罪,其无辞乎	213
欲求得人,必先勤之	193
欲为君,尽君道;欲为臣,尽臣道	303
欲新而无穷,敝尽而无恶	92

yuan

鸢飞戾天,鱼跃于渊	84
缘民臣之心,不可一日无君	219
源泉混混,不舍昼夜,盈科而后进,放乎四海,有本者如是	319
元首明哉!股肱良哉!庶事康哉	49
远礼不如死	207
愿言思伯,甘心首疾	71
怨之所聚,乱之本也。多怨而阶乱,何以在位	193

yue

曰休征：曰肃，时雨若。曰乂，时旸若。曰哲，时燠若 ········· 49

月出皎兮，佼人僚兮。舒窈纠兮，劳心悄兮 ················· 71

月出照兮，佼人燎兮。舒夭绍兮，劳心惨兮 ················· 72

乐，所以修内也；礼，所以修外也 ····················· 129

乐也者，圣人之所乐也，而可以善民心 ··················· 129

说以先民，民忘其劳；说以犯难，民忘其死 ················· 18

乐由中出，礼自外作 ····························· 129

乐者，天地之和也；礼者，天地之序也 ··················· 129

乐者为同，礼者为异 ····························· 130

乐者，心之动也；声者，乐之象也 ····················· 130

乐者，音之所由生也，其本在人心之感于物也 ················ 130

Z

zai

载，岁也。夏曰岁，商曰祀，周曰年，唐虞曰载 ··············· 282

在今尔安百姓，何择非人？何敬非刑？何度非及 ··············· 49

在上不骄，高而不危。制节谨度，满而不溢 ················· 277

在上位者洒濯其心，壹以待人，轨度其信 ·················· 194

zang

臧文仲其窃位者与！知柳下惠之贤而不与立也 ················ 238

ze

责人斯无难，惟受责俾如流，是惟艰哉 ··················· 55

择善而举，则世隆也 ····························· 207

责善，朋友之道也 ······························ 317

zeng

曾子曰："夫孝，置之而塞乎天地 ····················· 120

曾子曰："江汉以濯之，秋阳以暴之，皜皜乎不可尚已 ············ 313

曾子曰："慎终追远，民德归厚矣 ····················· 238

曾子曰："士不可以不弘毅，任重而道远 ·················· 263

曾子曰："吾日三省吾身：为人谋而不忠乎 …… 248
曾子曰："孝有三：大孝尊亲，其次弗辱，其下能养 …… 121

zhan

瞻卬昊天，有嘒其星 …… 84

zhang

彰善瘅恶，树之风声 …… 50
"张仲孝友"，善父母为孝，善兄弟为友 …… 283
长者赐，少者贱者不敢辞 …… 121
长者问，不辞让而对，非礼也 …… 121
丈夫生而愿为之有室，女子生而愿为之有家 …… 292
杖莫如信 …… 207

zhao

朝闻道，夕死可矣 …… 255
招携以礼，怀远以德。德礼不易，无人不怀 …… 194

zheng

争地以战，杀人盈野 …… 303
丁丁嘤嘤，相切直也 …… 280
政贵有恒，辞尚体要 …… 50
政宽则民慢，慢则纠之以猛 …… 194
政如农功，日夜思之，思其始而成其终，朝夕而行之 …… 194
政亡，则国家从之，弗可止也已 …… 195
政以治民，刑以正邪 …… 195
政者正也。君为正，则百姓从政矣 …… 111
郑之刀，宋之斤，鲁之削，吴粤之剑，迁乎其地而弗能为良 …… 87

zhi

知臣莫若君 …… 195
知进退存亡而不失其正者，其唯圣人乎 …… 12
知命者，不立乎岩墙之下 …… 317
知难而有备，乃可以逞 …… 168

知人则哲,能官人。安民则惠,黎民怀之	50
之死矢靡它。母也天只!不谅人只	80
知为人子,然后可以为人父	121
知我者,谓我心忧;不知我者,谓我何求	72
知之为知之,不知为不知,是知也	258
知之者不如好之者,好之者不如乐之者	255
知止而后有定,定而后能静,静而后能安	157
之子于归,远送于野	72
知子之来之,杂佩以赠之	80
执中无权,犹执一也	292
陟彼阿丘,言采其虻	72
治国者,不敢侮于鳏寡,而况于士民乎?故得百姓之欢心	275
治家者,不敢失于臣妾,而况于妻子乎?故得人之欢心	275
质胜文则野,文胜质则史。文质彬彬,然后君子	260
志士不忘在沟壑,勇士不忘丧其元	319
志士仁人,无求生以害仁,有杀身以成仁	263
治世之音安以乐,其政和	130
志于道,据于德,依于仁,游于艺	258
知者乐水,仁者乐山;知者动,仁者静;知者乐,仁者寿	264
知者虑,义者行,仁者守,有此三者,然后可以出会	227
知者无不知也,当务之为急	292
至治馨香,感于神明。黍稷非馨,明德惟馨	55

zhong

终风且暴,顾我则笑。谑浪笑敖,中心是悼	72
忠,民之望也	195
中人以上,可以语上也;中人以下,不可以语上也	258
忠,社稷之固也,所盖多矣	195
终始惟一,时乃日新	55
终温且惠,淑慎其身	83

中心好之,曷饮食之 80
中心疑者其辞枝 13
忠信,礼之本也;义理,礼之文也 121
忠信,礼之器也;卑让,礼之宗也 207
中行无咎 25
中也养不中,才也养不才,故人乐有贤父兄也 313
中庸之为德也,其至矣乎 264
仲尼曰:"君子中庸,小人反中庸 143
仲尼曰:"能补过者,君子也 207
众怒不可犯也 168
众怒不可蓄也 195
众恶之,必察焉 252

zhou

周监于二代,郁郁乎文哉!吾从周 238
周任有言曰:"为国家者,见恶,如农夫之务去草焉 196
周于利者,凶年不能杀;周于德者,邪世不能乱 314

zhu

诸侯之宝三:土地、人民、政事 303
主民,玩岁而愒日,其与几何 196

zhuan

专则速及,侈将以其力毙 196

zhuo

倬彼云汉,为章于天 85

zi

子不私其父,则不成为子 98
子贡问君子。子曰:"先行其言而后从之 264
子贡问为仁。子曰:"工欲善其事,必先利其器 264
子贡问友。子曰:"忠告而善道之,不可则止,毋自辱焉 252
子贡问曰:"孔文子何以谓之文也 258

子贡曰:"夫子之文章,可得而闻也 …… 259

子贡曰:"君子之过也,如日月之食焉 …… 248

子罕言利与命与仁 …… 264

子惠思我,褰裳涉溱。子不我思,岂无他人 …… 80

子既生,不免乎水火,母之罪也 …… 229

子见齐衰者、冕衣裳者与瞽者,见之,虽少,必作 …… 264

梓匠轮舆能与人规矩,不能使人巧 …… 292

子绝四:毋意,毋必,毋固,毋我 …… 259

子路问事君。子曰:"勿欺也,而犯之 …… 238

子路问政。子曰:"先之,劳之。"请益。曰:"无倦 …… 238

子生三月,则父名之 …… 99

子谓《韶》:"尽美矣,又尽善也 …… 261

子谓仲弓曰:"犁牛之子骍且角,虽欲勿用,山川其舍诸 …… 252

子谓子夏曰:"女为君子儒,无为小人儒 …… 255

子温而厉,威而不猛,恭而安 …… 265

子夏曰:"大德不逾闲,小德出入可也 …… 248

子夏曰:"君子信而后劳其民,未信则以为厉己也 …… 239

子夏曰:"贤贤易色,事父母,能竭其力 …… 249

子言之:"归乎!君子隐而显,不矜而庄 …… 143

子言之:"君子之道,辟则坊与 …… 111

子言之曰:"为上易事也,为下易知也,则刑不烦矣 …… 111

子以母贵,母以子贵 …… 222

子以四教:文、行、忠、信 …… 259

子游曰:"事君数,斯辱矣;朋友数,斯疏矣 …… 252

子与人歌而善,必使反之,而后和之 …… 265

子曰:"道不远人 …… 143

子曰:"道之不行也,我知之矣。知者过之,愚者不及也 …… 143

子曰:"德薄而位尊,知小而谋大,力小而任重,鲜不及矣 …… 28

子曰:"恭近礼,俭近仁,信近情 …… 143

子曰:"苟有车,必见其轼;苟有衣,必见其敝 …………………… 151
子曰:"故君子不可以不修身;思修身,不可以不事亲 …………… 144
子曰:"绐夺慈仁 …………………………………………………… 144
子曰:"敬而不中礼谓之野 ………………………………………… 144
子曰:"君子安其身而后动,易其心而后语,定其交而后求 ……… 25
子曰:"君子不失足于人,不失色于人,不失口于人 ……………… 144
子曰:"君子不以辞尽人。故天下有道,则行有枝叶 …………… 152
子曰:"君子道人以言,而禁人以行 ……………………………… 144
子曰:"君子居其室,出其言善 …………………………………… 25
子曰:"君子慎以辟祸,笃以不掩,恭以远耻 …………………… 145
子曰:"君子庄敬日强,安肆日偷 ………………………………… 145
子曰:"口惠而实不至,怨灾及其身 ……………………………… 145
子曰:"宽柔以教,不报无道,南方之强也,君子居之 …………… 145
子曰:"劳而不伐,有功而不德,厚之至也 ………………………… 26
子曰:"礼乎礼 ……………………………………………………… 121
子曰:"礼也者,理也 ……………………………………………… 131
子曰:"礼者何也? 即事之治也 ………………………………… 111
子曰:"礼之所兴,众之所治也 …………………………………… 121
子曰:"立爱自亲始,教民睦也 …………………………………… 158
子曰:"乱之所生也,则言语以为阶 ……………………………… 26
子曰:"民以君为心,君以民为体 ………………………………… 112
子曰:"轻绝贫贱,而重绝富贵 …………………………………… 152
子曰:"情欲信,辞欲巧 …………………………………………… 146
子曰:"丘闻之,民之所由生,礼为大 …………………………… 121
子曰:"丘闻之也,君子之学也博,其服也乡 …………………… 131
子曰:"人皆曰'予知',驱而纳诸罟、攫、陷阱之中 …………… 152
子曰:"仁人不过乎物,孝子不过乎物 …………………………… 146
子曰:"仁之为器重,其为道远 …………………………………… 146
子曰:"上人疑则百姓惑,下难知则君长劳 ……………………… 112

子曰:"是故古之君子,不必亲相与言也,以礼乐相示而已 …… 146

子曰:"是故君子不以其所能者病人 …… 146

子曰:"是故君子不自大其事,不自尚其功,以求处情 …… 147

子曰:"是故君子服其服,则文以君子之容 …… 147

子曰:"书不尽言,言不尽意 …… 29

子曰:"素隐行怪,后世有述焉,吾弗为之矣 …… 147

子曰:"天下国家可均也,爵禄可辞也 …… 112

子曰:"王言如丝,其出如纶 …… 113

子曰:"危者,安其位者也 …… 13

子曰:"唯君子能好其正,小人毒其正 …… 153

子曰:"温良者,仁之本也 …… 147

子曰:"下之事上也,不从其所令,从其所行 …… 113

子曰:"小人不耻不仁,不畏不义,不见利不劝,不威不惩 …… 28

子曰:"小人溺于水,君子溺于口,大人溺于民 …… 113

子曰:"言从而行之,则言不可饰也 …… 148

子曰:"言有物而行有格也,是以生则不可夺志 …… 148

子曰:"以德报德,则民有所劝 …… 153

子曰:"中庸其至矣乎!民鲜能久矣 …… 148

子云:"从命不忿,微谏不倦,劳而不怨,可谓孝矣 …… 122

子云:"夫礼,坊民所淫,章民之别,使民无嫌,以为民纪者也 …… 122

子云:"君子驰其亲之过,而敬其美 …… 122

子云:"君子辞贵不辞贱,辞富不辞贫,则乱益亡 …… 148

子云:"君子贵人而贱己,先人而后己,则民作让 …… 148

子云:"贫而好乐,富而好礼,众而以宁者,天下其几矣 …… 149

子云:"善则称亲,过则称己,则民作孝 …… 122

子云:"善则称人,过则称己,则民不争 …… 149

子云:"天无二日,土无二王 …… 113

子云:"吾不试,故艺 …… 252

子云:"小人皆能养其亲,君子不敬,何以辨 …… 122

子云:"小人贫斯约,富斯骄 ………………………… 131
子云:"有国家者,贵人而贱禄,则民兴让 …………… 114
子在川上曰:"逝者如斯夫,不舍昼夜 ………………… 255
子在齐闻《韶》,三月不知肉味 …………………………… 261
子张问政。子曰:"居之无倦,行之以忠 ……………… 239
子张曰:"士见危致命,见得思义,祭思敬,丧思哀,其可已矣 …… 249
子之燕居,申申如也,夭夭如也 ………………………… 265
子之子为孙,孙之子为曾孙 ……………………………… 283
自暴者,不可与有言也 …………………………………… 292
自诚明,谓之性 ……………………………………………… 149
自天子以至于庶人,壹是皆以修身为本 ……………… 149
自行束脩以上,吾未尝无诲焉 …………………………… 259

zong

宗邑无主,则民不威 ………………………………………… 196

zu

阻兵,无众;安忍,无亲 …………………………………… 196

zun

尊不亲小事,卑不尸大功 ………………………………… 227
尊让絜敬也者,君子之所以相接也 ……………………… 149
尊贤使能,俊杰在位 ………………………………………… 303

zuo

作德,心逸日休 ……………………………………………… 55
坐如尸,立如齐 ……………………………………………… 150
作事不时,怨讟动于民,则有非言之物而言 …………… 197
作事威克其爱,虽小,必济 ………………………………… 168
作于其心,害于其事 ………………………………………… 303